新时代卓越中学数学教师丛书

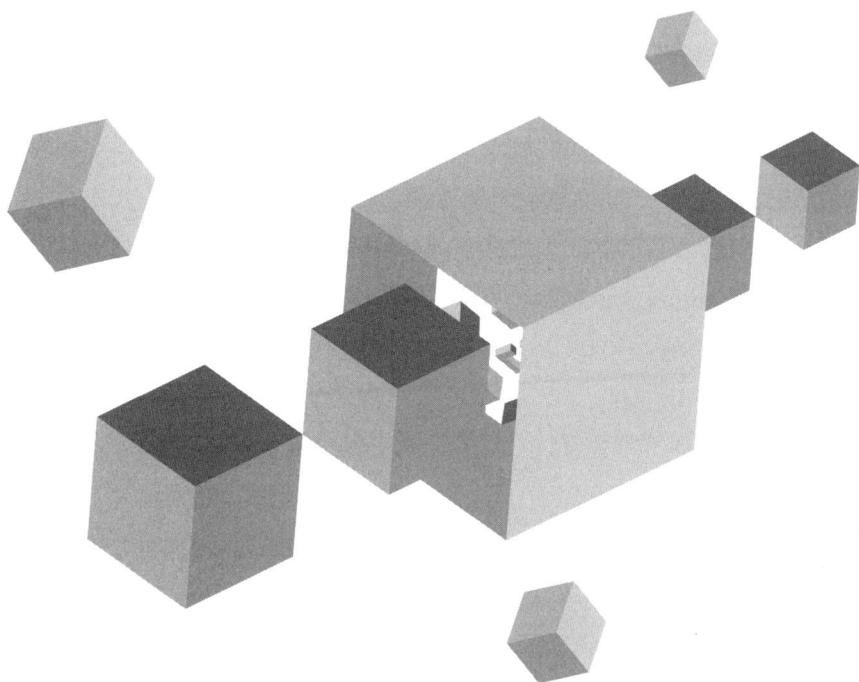

The Art of Mathematical Test Design

数学命题设计

董建功　　著

华东师范大学出版社
·上海·

图书在版编目(CIP)数据

数学命题设计/董建功著.—上海:华东师范大学出版
社,2021
(新时代卓越中学数学教师丛书)
ISBN 978 - 7 - 5760 - 2169 - 1

Ⅰ.①数… Ⅱ.①董… Ⅲ.①中学数学课-教学设计
Ⅳ.①G633.602

中国版本图书馆 CIP 数据核字(2021)第 213196 号

数学命题设计
SHUXUE MINGTI SHEJI

著　　者　董建功
责任编辑　李文革
项目编辑　平　萍
责任校对　樊　慧　时东明
装帧设计　刘怡霖

出版发行　华东师范大学出版社
社　　址　上海市中山北路 3663 号　邮编 200062
网　　址　www.ecnupress.com.cn
电　　话　021 - 60821666　行政传真 021 - 62572105
客服电话　021 - 62865537　门市(邮购)电话 021 - 62869887
地　　址　上海市中山北路 3663 号华东师范大学校内先锋路口
网　　店　http://hdsdcbs.tmall.com

印 刷 者　上海景条印刷有限公司
开　　本　787×1092　16 开
印　　张　21.5
字　　数　362 千字
版　　次　2021 年 11 月第 1 版
印　　次　2024 年 7 月第 3 次
书　　号　ISBN 978 - 7 - 5760 - 2169 - 1
定　　价　68.00 元

出 版 人　王　焰

(如发现本版图书有印订质量问题,请寄回本社客服中心调换或电话 021 - 62865537 联系)

前　言

　　目前,国内外学者对考试的关注较多,主要集中在考试的历史、文化、项目管理、数据统计及相关信息的挖掘上. 在测试理论方面主要研究的是经典的测试理论和项目反应理论,而有针对性的命题理论多数是在布卢姆教育目标分类学指导下,从教育测量的角度进行泛学科的评价研究.以数学学科命题研究为例,主要成果为专业杂志上的一些零散的数学命题案例,很少有系统的关于数学评价命题方面的理论.其中的原因不仅在于命题的组织单位出于保密,所给的命题要求往往是不公开的泛学科的理念和原则,而且也在于具体实施过程中,命题者往往以老带新,口授言传,缺乏严谨的培训.大多数命题人仅凭借个人解题感悟、教学经验来命题,组卷中较偏爱个人潜心设计的试题,致使整卷缺乏评价灵魂,这些情况极易导致试卷质量和考试难度忽高忽低.作为教学指挥棒的考试及考试核心层面的命题已受到越来越多的重视,为此有必要尽快构建学科的命题技术理论和评价体系.

　　《国家中长期教育改革和发展规划纲要(2010—2020 年)》明确提出要提高试卷命制质量,推进考试招生制度改革,促进教育公平.2013 年 11 月,《中共中央关于全面深化改革若干重大问题的决定》提出推进考试招生制度改革的任务,其中关于高考内容改革的目标和措施之一是"探索全国统考数学不分文理科",这是高考历史上首次提出数学高考不分文理.2014 年 9 月,国务院发布《关于深化考试招生制度改革的实施意见》.2016 年,教育部考试中心提出构建高考评价体系.高考评价体系是基于国家人才战略的系统性人才选拔体系,是新时代高考内容改革和命题操作的理论支撑和实践指南.教育评价事关教育发展方向,有什么样的评价指挥棒,就有什么样的办学导向.中共中央、国务院近日印发《深化新时代教育评价改革总体方案》,再次强调扭转不科学的教育评价导向的重要意义.

　　数学因科学性、严谨性的特点较适宜进行命题技术理论的构建,中学数学是中学阶段的重要学科,对学生的科学素养的形成起着至关重要的作用,中学阶段有中考和高考两个高利害的数学考试,数学命题质量的高低对于培养学生的学科核心素养、减轻学生的学业负担、推进新课程教育改革、培养创新型人才有着重要的作用. 尽管国家在新课标的制定方面考虑到评价的实施,但落实在数学评价方面尚无系统性合理的、易于操作和可执行的评价标准,由此带来的问题是:如何才能有效地考查学生的核心素养? 如何才能解决目前的命题质量评判困难的问题?

《高中数学课程标准(2017 年版)》中提出六大核心素养:数学抽象、逻辑推理、数学建模、直观想象、数学运算和数据分析. 学生通过数学学习,能获得进一步学习以及未来发展所必需的数学基本知识、基本技能、基本思想、基本活动经验,提高从数学角度发现和提出问题的能力、分析和解决问题的能力. 但如何命好题呢? 有效实施评价的关键是建立一支高素质的命题团队. 命题人员要培训合格持证上岗,要建立专业命题队伍,切忌临时、任性地抽调命题人员. 在命题团队中专业命题和审题人员要占命题总人数的三分之二以上,非专业命题人员只可以作为试做人员参与.

近年来,各地纷纷出台以课程标准为依据的考试命题指导性文件. 2019 年教育部《关于加强初中学业水平考试命题工作的意见》(教基〔2019〕15 号)中明确规定取消初中学业水平考试大纲,严格依据义务教育课程标准命题,不得超标命题. 从有"纲"到无"纲"和落实"双减"政策的命题环境的变化来看,提升命题人员的专业素养迫在眉睫,尽快地探索出一套好操作、易执行的数学命题设计理论也势在必行.

如何考查学生用数学眼光观察现实世界、用数学思维思考现实世界、用数学语言表达现实世界? 这是目前摆在每个数学命题人面前的重大问题. 每个命题专业人员也必须有良好的测评素养,在每次测试前需要自我思考几个问题:考查什么对象? 考生学过什么? 想了解考生什么? 考试的时间多长? 考试结果有何意义? 本书通过对"问题""习题""试题"概念的界定,将"认识与谬误""在场与缺席""能测与所测""设计与结果"等关系引入对考试评价的哲学思考. 为了启迪新的数学评价理念,基于教育与心理测量的理论基础和实践经验,本书将理论研究和实证研究相结合、定性研究和定量分析相结合,综合运用文献分析法、案例分析法、统计分析法、功能分析法、误差研究法等方法,重点解构命制试题和设计试卷的质量评价理论与技术模型,通过教育目标分类学、经典测试理论、项目反应理论、概化理论等建构试题与试卷质量评价标准和指标体系,提出基于证据中心的、强调评价思想和设计理念的试题开发模式,并给出大规模考试数学试卷质量评价范例.

通过在安徽省芜湖市国家课改试验区数学命题评价方面十多年的探索,将命题经验提炼,2009 年笔者在所撰写的专著《如何命数学题》中初步构建了操作性较好的数学命题技术思路,后又经过三年多的思考和提升,提出命题设计理论.该理论又经过近十年的命题实践及培训的锤炼,将其中评价理念上升为评价设计理念,得到多数教师的认可.该理论提出创新地认识命题与考试,在试卷结构设计方面借鉴建筑设计学理论,强调设计风格;借鉴生态学理论认识整个试卷,强调试卷难易、基础与创新的绿色生态分布,把整个试卷看成是一棵参天大树,细分枝蔓,关注筋脉相连;借鉴语言学和集合理论看待一份试卷,整份试卷应该是具有教育测量与评价功能的文字、图形与数学符号的评价集合体.本书首次提出试题具有"能测"和"所测"的二元关系理论,在设计试题时需要考虑"试题考征",并借鉴艺术创作理论来剖析试题和试卷的关系:试题和试卷就好像和弦和乐章,而命题者则是作曲和指挥,其评价的思想,对于考试评价的影响是深远的.

本书共分为十四章.第一章从数学考试的现象出发引发对数学考试及评价意义、理念与价值取向的思考.第二章阐述了数学考试的试卷评价的基础,通过对考试、评价、试题、试卷四个核心概念的界定,使读者了解什么是数学试题,能区别问题、习题与试题,在此基础上明确数学试题的分类和功能及数学试题库的建设.第三章提出建立数学命题理论的必要性,明确好的试题是精心设计的,由此构建数学评价设计的概念以及设计思维的培养.第四章从创新视角来看试卷,从生态学角度看试题与试卷,引导读者深入理解试卷的组织与脉络.从建筑学角度看试卷的结构与模块,从音乐学角度看试卷的和音与高潮.高观点地从设计学角度看待试卷,引导读者自然而然理解规划设计试卷蓝图的必要性,从简单的双向细目表,拓展延伸到多维目标表,来规范试卷的设计.将命题设计的一般思想延伸至基于题库的试卷设计.

从第五章开始讨论大规模、高利害考试命题设计前的准备与培训工作,从数学命题设计前的培训到研读课程标准,充分了解试题评价分析指标,合理地进行数学命题的蓝图设计,设计易于操作的双向细目表,确定命题具体内容和考查知识点,统一思想,在具体命题中落实基本原则.第六章从命题中的统筹安排出发,先确定具体题目情境材料和呈现方式,分析试题的结构和类型,再从数学基础试题——选择题、填空题、解答题的命制入手,从解法看编制的一般方法与常见模式.第七章给出数学创新题、探索性试题、应用性试题、阅读理解题、操作思考题、实验探究题、无字证明题、动态几何题的命题设计个案分析.第八章就数学命题设计的再加工,如何体现命题设计过程中的民主,如何预估和控制试题难度的一般方法以及确定参考答案、评分标准和评分细则做了研究.第九章就数学试题的审核原则,命题设计的初审、复审的操作流程进行规划,提出数学命题的检验策略与问题发现的几种有效的方法.第十章给出数学命题的错误案例分析,就知识性错误、逻辑性错误、策略性错误、心理性错误、定式性错误案例进行了客观与主观两方面的分析.

第十一章从数学命题设计中的纠错与评价机制构建入手,就数学命题中的校对提出明确要求,并给出不易发现问题的校对案例.利用几何画板动态演示查错,回顾考试的功能与测量指标再核查,以及如何使用数学试题评价量表.从第十二章开始介绍如何使数学试卷设计得更美观,就文字录入和排版,图文比例的控制,数学公式编辑器的使用,数学符号、单位、公式的规范等方面作了具体的要求.第十三章主要谈试卷评价报告的撰写并给出撰写案例.第十四章从考试评价的长远健康发展的角度谈命题人员的培养和队伍建设,从试题设计者的良好数学素养、崇高的评价理念、稳定的心态入手,就试题设计的团队建设、团队文化以及设计的理念传承提出实践性设想.

目前本书提出的数学命题设计学理论正在笔者教授的安徽师范大学数学教育硕士课程和教育部"国培"计划课程中分段实施,反响较好.本书提出的评价与命题设计的观点比较系统,有较强的操作性,编拟的试题具有原创性,并在具体实测中效果较好.希望本书的出版能在有效提升师范生和在职教师的数学命题能力,促进中国的创新教育研究和对学生的减负增效等方面尽一份微薄之力.

董建功

2021 年 6 月

目　录

引　论

在平常教学中数学教师常会选一张现成试卷进行考试,对数学试卷和试题早已习以为常.在继续教育和业务培训中也常常遇到考试、测验和教育测量、教育评价、教育评估等难以辨识清晰的事件,由于很少有人对数学考试和评价理念真正理解透彻,多数人也难以区分问题、习题、试题等概念,时常混淆混用,这样模糊的理解和认识必然对树立良好的数学评价理念、在数学评价实践中成为命题能手产生负面影响,因此有必要明确这些概念的产生、区别及相关背景.

1. 考试的起源

据专家考证,中国关于考试的最早记载,可见于约公元前二千年左右尧选舜做接班人的传说:尧年事已高,欲选接班人,便向四岳征求意见.大家推荐舜,并介绍了他的事迹.但舜能否胜任这个职务呢?尧决定"吾其试哉".这个"试",当然还不是考试,而是试用——在实践中考察.经过多方面考察,历时三年,证明舜"谋事至而言可绩",方决定让舜"登帝位".

《周礼》《礼记》中还有一些关于"考""察""比""试""视""校""论"等的记载.如"以考其德行,察其道艺""三年则大比,考其德行道艺而与贤者能者".周代学校也有"比""考""视""校",以检查学生学习是否达到了教学的要求,"此大学之道也".

尧选舜、鲧是在实践中试用、考察.但人人经过实践试用,费事、费时,且不能及时任用.选拔人才的方法,到汉文帝时发生了质的飞跃.汉文帝二年(公元前178年)、十五年(公元前165年),有两次举贤良方正之后的"对策",尤十五年这次记载比较明确、具体.

汉文帝刘恒不再使用在实践中试用、考察的方法,而是将自己在治理国家的实践中遇到的重大问题,提炼成**试题**,要考生回答.这是中国乃至世界历史上第一次使用**考试**的方法选拔人才.此次考试,虽仅限贤良方正科,考生也是先经推荐,考试结果也仅定高下,却开创了考试历史之先河.

举贤良方正后"对策",汉文帝时仅两次,到汉武帝刘彻时已渐成制度,其中最著名的是元光元年(公元前134年)汉武帝策问董仲舒,董仲舒以"天人三策"作答. 当时, 先笔试, 即"对策". 皇帝之试题为"策", 考生之答为"对". "著之于篇"——"篇, 谓竹简也."然后还有口试, 即"策问". 如汉武帝之问, 董仲舒之答. 除了对策还有"射策"——类似于现代的抽签考试. "射策者, 谓为难问疑义书之于策, 量其大小署为甲乙科, 列而置之, 不使彰显. 有欲射者, 随其所取得而释之, 以知优劣. 射之, 言投射也. 对策者, 显问以政事经义, 令各对之, 而观其人文辞定高下."试题内容都是国家大事. "国家以科目取士, 士以科目进身者必如此, 然后为有益于人国耳."可见, 对策等有明显的政策咨询作用, 实践意义非常强.

中国历史上第一次将"考"与"试"并用, 创造了"考试"这个概念的, 是汉代大政治家董仲舒. 他说: "考试之法, 合其爵禄, 并其秩, 积其日, 陈其实, 计功量罪, 以多除少, 以名定实, 先内第之."然后, 他还详细制定了计分方法. 应当明确, 董仲舒所说之"考试", 并非指刘恒、刘彻之"对策""策问", 而是对官员任职情况的考核.

以上史实说明, 考试不是与人类社会同时产生的. 当人类社会出现了强制性的脑体分工, 特别是出现了"劳心者治人, 劳力者治于人", 必须从人群中选拔出领导者或管理人员、专业技术人员等脑力劳动者的时候, 人类才创造了考试. 考试是人类社会发展中一定历史阶段的产物, 强制性的脑体分工是考试产生、存在的社会根源.

尧选舜是在实践中试用、考察. 经过长期探索, 汉文帝已不再使用这种方法, 而是把自己在实践中存在的问题, 提炼成试题, 要应试者回答; 主考者凭经验与能力, 对应试者的答案做出是非高下的判断. 董仲舒所说的"考试"也是对官员实践活动的考核. 考试方法来源于实践, 是对实践的模拟与抽象, 实践是考试方法的认识论的基础. 从这个意义上说, 考试方法愈接近实践, 就愈真实.

汉代虽然创造了考试方法, 但汉代选拔人才并不实行考试制, 而是实行察举制. 察举制是中国历史上第一个正规的选拔人才的制度, 这是历史的一大进步. 虽然察举制在推荐之后也有考试, 如贤良方正科, 但选拔的基本方法是推荐, 主要标准是"德", 主要对象是孝子、廉吏. 从西汉到东汉, 历时 420 多年, 察举制改良为九品中正制, 再经过魏晋南北朝, 又 360 多年; 察举、九品中正制的弊病反复、充分暴露, 考试的优越性逐渐显现, 并逐渐被人们认识. 这是一个实践的过程, 反复比较、凸显优劣的过程.

中国, 乃至人类历史上的第一个考试制度是科举制. 隋炀帝大业元年(公元 605 年)建进士科, 成为科举制诞生的标志. 中国的科举考试经历了 1 400 多年, 曾选拔无数英才盛极一时,最后因墨守成规而渐渐没落.中国的科举考试是人类历史上最有影响力的教育评价活动之一.它在命题、制卷、施测、评分、考试结果的使用和考试管理等方面均形成了比较完备的制度,对现代考试产生了深远的影响.

16世纪以后,西方传教士逐渐把中国人的科举制度介绍到欧洲,受到高度赞扬.至19世纪,首先在英国建立了文官考试制度.中国今天的考试,是在废科举后,学习西方而实行的.

18世纪末,西方国家开始大规模的运用考试进行社会、心理的测量与评价,并在此基础上孕育和发展出标准化考试.1952年我国开始实行统一高考,其中历经波折,于1977年恢复高考考试,其影响之大也是有目共睹的.恢复高考40多年来,数学考试经历了突出"双基"、探索加强知识与能力考查、创新考试内容、以能力立意命题等不同的发展阶段.数学高考坚持改革创新,以基础知识为载体,发挥数学学科特点,加强理性思维、应用能力和创新能力的考查,在人才选拔中发挥了重要作用,同时对中学数学教学产生了良好的导向作用.

20世纪初,西方建立了经典测量理论,20世纪50年代又创立了项目反应理论,使考试在测量领域成为科学.然而,测量理论"通常指的是如何应用数学方法对测量的可靠性和有效性进行分析和评价",还不能包括考试理论的全部内涵,如考试制度、考试管理、试题命制等,至于考试与社会各有关方面的关系,则有更广阔的领域尚待研究开发.

我国在考试与评价理论的研究方面起步比较晚.考试虽然是人类特有的一种实践活动,但就其本质而言,考试是人类社会测度、甄别人的素质和智能的活动.从广义上说,凡是有意识的测度、甄别人的知识、能力和技能,考察人的思想和品德,检测人的体质的活动都是考试;从狭义上说,考试是根据一定社会、阶级或一定社会集团的客观要求,对应试者所进行的一种有目的、有计划、有组织地测量其知识、能力、素质、技能等个别差异的活动.

2. 考试与测验

考试(examination)是对人的知识、技能和能力以及其他某些心理特征的测量,是教育评价者获得评价信息的工具之一.考试的过程其实就是考试组织者编制试题,通过试题作用于考生,将正确答案、评分标准与考生的反应(答案)相比较,然后给出考分的过程.

测验(或测试)"test"一词最早出现于心理学科,即心理测验,包括智力测验、人格测验、职业兴趣测验、态度测验等. 在西方"测验"这一专业术语的创立者是美国心理学家卡特尔(Cattell). 1890年,他在《心理测验与测量》一书中首次使用该术语,后来"测验"被沿用至教育领域形成教育测验,包括成就测验、能力测验和能力倾向测验,"测验"是一种程序,意在获得个体的一组最佳表现或典型性表现. 或者说"测验"是设计用来了解考生在某个确认范畴内的行为的一组任务,或描述这些行为的一个衡量尺度,或收集一个人在某个特定方面的工作样本的系统.

考试相对于测验是一种更具规模、严格规范的评价活动,是一种严格的知识水平鉴定方法. 有时候小规模、便捷、测点灵活机动的考试又被称为测验. 通过考试可以检查学生的学习能力和其他能力. 为了保证结果的公正、公平,考场必须要求有很强的纪律约束和时间限定,并且专门设有主考、监考等监督考试过程,绝对禁止任何作弊行为,否则将要承担法律和刑事责任.

考试也是让一群拥有不同教育资源的人在一定的时间内完成一份相同的答卷. 然而考试的意义并不局限于此,考试也可以是针对一个目标对一个人进行全方位的考核. 因此这样的考试其实就是让社会中来自不同阶层的人拥有改变自己的机会.

考试即利用有限的试题样本来观察考生对于试题的反应,从而反映出学生的心智水平和心理属性. 针对不同的主体和不同的测量目的,可以采用不同的考试类型,考试也因此具有不同的功能和作用. 对于学生而言,考试主要起到自我检查、自我检测的作用,通过考试可以发现自己的知识空白、技能的薄弱点以及知识结构的不完整之处,从而在后续的学习中加以补充和改进. 对教师而言,考试一方面可以对教学效果进行检验;另一方面也为教师诊断学生提供依据. 对于学校而言,考试主要是对教育教学起到导向和调控作用. 对社会而言,考试的主要作用是进行人才的选拔与甄别.

随着对考试理论与实践研究的深入,也发现其部分弊端开始显露,如标准化考试中的简单易猜题和对高层次的思维和能力考察力不从心,偏重于内容效度,忽视其他效度的情况. 对能力方面的测量具有片面性,过分强调客观性知识和低级技能. 另外不同试卷间的等值测验的可比性和稳定性还没有解决,有些考试除了对应试能力进行测量较为明显外,还不能有效地测量其他本应改善的真实过程.

从现实情况来看,由于纸笔考试对人的能力的测量都是有境界的、不完全的、不精确的、主观的和相对的,所以几乎所有的测验和考试在测量目标的定义和命题与评分的过程中均存在着一定的局限性,而这些反应往往都直接影响测验的信度和效度指标,产生刻板化和不当解释.测验和考试还会激发考生特有的心理活动,如应付心理、逆反心理、迎合心理,以及异常的心理现象,如敏感心理行为.所以对被试要进行积极的引导,对测验的结果采用艺术化的反馈方式.

3. 教育测量、教育评价与教育评估

教育测量(educational measurement)是运用各种测量手段和数理统计方法,根据教育目标或教学计划的要求,研究如何测量和评价教育效果,如何编制测量计划,如何进行测验结果的统计分析、测验分数的解释和评价等.

教育评价(educational evaluation)是按照一定的价值标准和教育目标,利用测量和非测量的种种方法系统地收集资料信息,对学生的发展变化及其影响学生发展变化的各种要素进行价值分析和价值判断,并为教育决策提供依据的过程.

教育评估(educational assessment)是一种系统地寻找并搜集资料,对评估对象作预测性、估计性的评判,以便协助教育决策者从若干种可行的策略中择一而行的过程.教育评估的一个重要目的就是为教育决策提供重要依据,国家教育管理部门要根据教育评估的结果,及时调整教育的决策.教育评估的结果对国家、对学校都是一份咨询材料,而不是行动纲领.

评价本身是一个一般化的术语,它包括与学生学业相关信息的所有方法,如观察、项目评价等,也包括对学生学业进步的价值判断过程.随着时间的推移和对评价认识的深入,评价的内涵也在悄悄地发生着改变.评价不仅关注被试的知识技能,还要关注诸如问题解决和素养水平.评价应当运用情境化的、复杂的、挑战性的任务,而不能运用情境化的、碎片化的、基于事实回忆的任务.教育评价从教育测量中分离出来,随着教育评价的发展对其分类也越加精细和全面,按照参照系的不同评价可以分为标准参照评价、常模参照评价、增值性评价和潜力参照测量与评价.

评价与测量含义并不同.后者是指根据某种法则对研究对象的属性,常特指能力表现等赋予数值,进行量化描述的过程.此处法则是指测量的工具及其操作规范,数值是测量的结果.在教育领域中的评价与测量分别被称为教育评价和教育测量.由于教育测量只能通过对被试提供一定的刺激,检验心理现象的外显行为和外在表现特征,由此来推断个体的心理特征,因此教育测量具有间接性、相对性、多元性、随机性、艰巨性、可行性等特点. 教育评价和教育测量既有联系又有区别. 教育测量的结果往往作为教育评价的基础;教育测量是教育评价的重要环节和工具;教育评价是教育测量的深化和发展;教育测量是事实判断,教育评价是价值判断;教育测量强调客观性,教育评价强调科学性;教育测量是单一的活动,教育评价是综合性活动;教育测量是定量的活动,教育评价是定量和定性相结合的活动.

从以上分析可以得出它们之间的关系如下:

(1) 考试与教育评价

考试可以对学生个性心理特征属性进行数量化表述,即定量描述. 考试作为教育评价的手段之一,是按照一定的价值标准和教育目标,利用测量的方法,系统地收集相关的资料信息,对于教育行为及其行为结果进行价值分析和判断的过程. 评价不一定需要考试,同样考试也不一定是为了评价. 只有用考试结果作出某种决策时,考试才与评价相关.

(2) 教育测量与教育评价

教育评价最根本的特征是作出价值判断. 教育测量则通过对学生知识的掌握、智能的发展、思想品德的变化、体质状况以及教育活动各个方面的测定,为教育评价提供价值判断的依据,是教育评价信息的主要来源. 如果没有教育测量提供的资料,教育评价的科学性、准确性就难以保证. 另外,教育测量的结果只有通过教育评价才能获得实际意义,成为对改进教育工作有参考价值的信息.

(3) 教育评价与教育评估

教育评价与教育评估是非常相近的两个概念,在许多场合是通用的. 评价是精确的价值判断;而评估是估计的、预测性的价值判断. 在我国,教育评价与教育评估不作严格区别,在实践中具体运用时,不同的范围和场合有不同的习惯用法,如高等教育中多用评估,政府督导部门也称督导评估,而在普通教育领域多用教育评价.

4. 数学考试与科举

数学考试通常通过书面、口头提问或实际操作等方式,考查参试者所掌握的数学知识和技能的情况. 数学考试要求考生在规定的时间内按指定的方式解答精心选定的题目或按主办方的要求完成一定的实际操作的任务,并由主办方评定其结果,从而为主办方提供考生某方面的数学知识或技能等状况的信息.

中国是考试的发祥地. 在历史上, 最早的考试制度是中国用考试来选拔行政官员的制度, 以及对已进入仕途的官员的定期考核. "考试"一词由"考"与"试"二字组成,《尚书》中有"试可乃已""试不可用""明试以功""三载考绩, 三考黜陟幽明"等记载. 虽然考试是中国人的一大发明, 但中国古代数学主要成就并没有与科举制度的兴起和完善紧密地结合在一起.

中国古代数学突出成果主要体现在算术上, 以解决实际问题为主要研究方向. 但由于儒学重仕的观点, 科举考试中并没有将算术真正重视起来. 隋文帝时期 (公元 541—604 年), 国家在国子监设"算学", 这是中国最早的学习数学的专门学校, 设算学博士 1 人、助教 2 人、学生 8 人, 定期进行校内考试. 因此, 独立的数学考试, 实际上出现在这个时期.

科举制度中的数学考试, 最初以算术为主, 即明算. 考试方法是闭卷考试为主, 考试内容以《九章算术》《海岛算经》《孙子算经》《五曹算经》《张邱建算经》《夏侯阳算经》《周髀算经》《五算经》《记遗术》《三等数》算经十书为主要内容. 明算科的考试要求是: 明数造术, 详明术理. 其含义就是要求考生给出明确的得数, 以及得出该数的过程与方法, 此外还要说明解题时所用方法的具体理由.

到了唐朝, "明算"作为常设考试科目每年举行. "明算"考试与"算学"考试内容相近. 北宋元丰七年 (公元 1084 年) 才有"算学"考试之举. 宋代《数术记遗》中记载了一些数学考试的情况, 延续了唐代的做法. 元代 (公元 1206—1368 年) 科举考试将数学内容完全砍去, 明代 (公元 1368—1644 年) 官学不设"算学", 虽然科举考试更加完善, 但考试内容不设"明算".

历史上将逻辑推理与考试结合的雏形是"博学鸿词科"的开考, 其可追溯至唐开元年间, 始称"博学宏词", 目的在于考拔能文之士, 但不常设. 宋代时, 因进士科重经义、策论, 朝廷甚感起草诏、诰、章、表等应用文书乏人, 遂于宋高宗绍兴三年 (公元 1133 年) 重置此科. 这其中对参考人的逻辑推理、运筹等思想加以考察. 清代康熙与乾隆时曾两次举试, 因乾隆名弘历, "宏"音形义与"弘"相近, 故改为"博学鸿词".

如果说吏部科目选的性质是科举与铨选考试的结合, 那么, 其中的"博学宏词科"却兼有一定的制科举性质. 至于宋代以后的"博学宏词科"就更加贴近制科, 清代的己未词科和丙辰词科则已属于制科了, 与唐代的"博学宏词科"差异颇大. 从总的发展变化历程看来, 唐代至清代"博学鸿词科"经历了从科目选到制科的转化.

清代康熙五十二年(公元 1713 年)"设算学馆于畅春之蒙养斋",康熙"钦定"编写《算学精蕴》为算学馆的主要教材.乾隆四年(公元 1739 年)算学隶国子监,遵《御制数理精蕴》,分线、面、体三部,部限一年,通晓七政限二年.有季考、岁考.明算科的考试虽然与现在的数学考试有些接近,但在中国各朝代的历史发展过程中时断时续,这说明作为考试科目的数学并没有受到重视.

古希腊的数学教育是精英教育,受苏格拉底"产婆术"的问答式谈话影响较大,主要以口头问答的口试为主.此外古希腊热衷于竞赛,求解难题,著名的一元三次方程求解公式就是问题竞赛求解的结果.古代西方并没有中国科举制度,相当长的时间里没有正规的纸笔考试.

中国近代数学的发展得益于《几何原本》的传入,它最早的译本是 1607 年意大利传教士利玛窦(Matteo Ricci,1552—1610)和徐光启根据拉丁文本《欧几里得原本》(15 卷)合译的,定名为《几何原本》,几何的中文名称就是由此而得来的.该译本第一次把欧几里得几何学及其严密的逻辑体系和推理方法引入中国.同期,利玛窦也将中国的科举制度介绍给西方,西方在教会学校建立了考试制度,直到 1702 年,在英国剑桥大学才开始采用笔试考核学生.1747 年开始,法国在巴黎的公立学校建立了会考制度,鼓励竞争.1776 年开始用竞争性学衔考试来选拔大、中学教师.1795 年法国师范学院入学考试出现.1808 年法国开始学士学位考试,之后法、德、英、美的学校均采用了笔试.近代考试制度在英国开始实行,但追根溯源还是从中国学去的.

1894 年甲午战争失败以后,清政府面临空前的危机.各帝国主义掀起瓜分中国的狂潮,国内反抗清政府的运动也没有止息.内外交困,岌岌可危的清政府不得不寻找出路.大学翁同龢受到维新派思潮的影响,感到"当此时变,不能不破格求才".光绪二十三年(公元 1897 年),贵州学政严修请开设专科,也既经济(经国济世)特科.光绪皇帝特命总理衙门会同礼部妥善计议,然后上奏.不久,章程议定,上奏折,其中提到"理财,凡考求税则、矿产、农工商务诸学者隶之;经武,凡考求行军布阵、驾驶测量诸学者隶之;格物,凡考求中西算术、声、光、化、电诸学者隶之;考工,凡考求名物象数、制造工程诸学者隶之".这四科均涉及数学知识的考查.

奏折中的建议比较具体,切合实际,在当时来说很有价值.同时又议定人员推荐之法与考试评卷方法:"其保送,应请如该编修所奏.饬下京官三品以上,外官督抚学政,各举所知,毋限疆域,无论人数,悉填姓名、籍贯,已仕未仕,并其人何所专长,咨送总理衙门,定期考试."由臣衙门会同礼部奏请试期,钦定题目,简派阅卷大臣,在保和殿试以策论,差次优劣,分别去留.录取者再殿廷复试一场,另请简派阅卷大臣详定等第,以昭郑重."此为特科,或十年一举,或二十年一举,统俟特旨,不为常例."光绪二十四年(公元 1898 年),慈禧太后发动政变,新政全部被废,经济特科也被说成"易滋流弊"而中途流产.

光绪二十七年(公元 1901 年)慈禧太后迫于形势和舆论压力,也开始实行新政,其中便包括开设经济特科.她以个人的名义发布懿旨:"为政之道,首在得人,以值时局阽危,尤应破格求才,以资治理.允宜敬遵成宪.照博学鸿词科开经济特科,于本届会前举行."慈禧太后的懿旨得到了贯彻执行,朝廷上下切实行动起来.光绪二十九年(公元 1903 年),大臣们保荐的考生达到 370 多人.闰 5 月 16 日,在保和殿正式开始考试,参加者 186 人.经济特科考试之正赶上暑热难当.当时光绪皇帝同慈禧太后驻跸颐和园.正常考试试题辰刻才到考场,拆封一看,是醒目的朱书红字,原来是光绪皇帝御笔所书.正场阅卷大人有张之洞等八人.

此次经济特科的开考正式拉开了近现代中国数学考试评卷和命题的帷幕.后续比较有影响的考试还有庚子赔款官费生选拔考试,至此中国的数学考试及命题开启了新的探索之路.

第一章　什么是数学考试

目前真正理解数学考试、评价的深刻含义的专家学者型教师并不多,这往往会导致在考试和评价的实践过程中偏离初衷,造成不必要的考试失误.因此有必要重新认识一下我们习以为常的数学考试,了解其发生、发展以及受制约的相关因素.

第一节　数学考试与评价

早在 1300 多年前,中国就开启了影响中国乃至整个东亚儒家文化圈 1000 多年的科举制度,直至 1905 年清政府举行最后一科进士考试为止.考试一直秉承历史传统文化,在尊崇教育、扬弃创新的理念下蓬勃发展,特别是恢复高考这 40 多年来,选拔并培养出一代又一代的高素质人才.

中国教育考试事业发展至今,从规模上讲已达到世界级水平,未来必然将在提质上下功夫.针对考试评价中的突出问题,中共中央、国务院印发《深化新时代教育评价改革总体方案》(以下简称《总体方案》),这份新中国第一个关于教育评价系统改革的纲领性文件立足群众关切、社会关注,破立并举,通过改革评价机制,力促教育事业高质量发展.《总体方案》的出台,标志着"指挥棒"的转向,将造就更多具有家国情怀和国际视野、担当引领未来和造福人类的领军人才,而这将在很大程度上塑造中国乃至世界未来几十年的发展格局.

什么是数学考试? 针对数学考试现象有哪些值得思考的问题? 思考以上问题对于提升数学教育工作者的考试与评价理念是大有裨益的.

数学考试是对考生的数学知识、技能和能力以及其他某些心理特征的测量,是教育评价者获得评价信息的工具之一.因此,在各类考试中,以全面考查考生的数学知识与技能、数学思想方法和数学解决问题能力为目的的考试,称为数学考试.数学考试的过程其实就是考试组织者编制数学试题,通过数学试题作用于考生,将正确答案、评分标准与考生的反应(答案)相比较,然后给出考分的过程.

一、数学考试类型

1. 测试与测验

测试是具有试验性质的测量,即测量和试验的综合.而测试手段可以是测试题或测试仪器仪表.由于测试和测量密切相关,在实际使用中往往并不严格区分测试与测量.测试的基本任务就是获取有用的信息,通过借助专门的测量工具,设计合理的实验方法以及进行必要的反馈信息分析与数据处理,从而获得与被测对象有关的信息.测试最终的结果是将显示的信息输入到信息处理库中,对测试对象进行调控.根据评分方法不同,测试可以分为主观性测试和客观性测试,以及分立式测试和综合式测试.平常我们把课堂上或课后单独的纸笔教学效果检测也作为测试.

小型的数学考试一般可被视为诊断性测验.诊断性测验在测量学生掌握某一部分数学内容的情况时使用,是一种具有诊断性质的测验.通过这种测验可及时看到学生的学习情况,直接获得教学的反馈信息,以便调整教学的进度和教学的方式、方法.这种测验一般在课堂上进行,学生的情况也比较接近.测验的安排多为主讲教师根据本人教学的需要自行命题,灵活性比较大.学生的成绩主要作为了解教学情况之用,不一定作为衡量水平之用.这种测验的范围比较小,内容比较集中,目标单一.试题往往只围绕一个核心进行命题,关键在于是否抓住考查内容的重点和难点,抓住了才能促进教学.在试题的设计上要十分注意其诊断作用,即通过试题的解答,能清楚地反映学生对某一特定的知识点和数学方法是否理解和掌握,有时还得反映其熟练程度和深刻程度.一般来说,这种测验不宜采用综合性试题.

阶段性的数学考试通常可被视为成绩测验.学生在一定阶段内完成了某一教学阶段或教材的学习,为了检测他们的学习成绩,往往对其进行成绩测验.例如,每学期的期中、期末,甚至升级、毕业测验,都属于这类测验.这是一种检查学习进度的测验,测验内容为所考查的阶段内的教学内容.试题的命制可被看作对所考核的教学内容进行抽样.这种抽样不应被认为是随机抽样,而应该被认为是能比较好地反映教学内容全貌的抽样. 因此,必须对教学内容和教学要求进行深入地分析,弄清其中的主次轻重,命题时应把握住基本的和重点的内容,而且在设问上也应该考虑不同的层次要求,以便通过测验能较好地反映学生对所学内容的掌握程度.

大规模的对能力倾向进行评价的数学考试通常可被视为学能测验,这类测验旨在测量考生完成某项任务的能力倾向,这些能力倾向在很大程度上带有潜在性,即在测验时,考生不一定已具备这些能力,而只是具备发展这些能力的基础和倾向. 这类测验并不完全根据以往的教学内容来命题,更主要的依据是对学能结构的分析. 以往的教学内容作为命题的取材,往往是选用那些可作为学能基础的内容,在要求上也不一定局限于教学要求这个层次上. 这类测验往往带有选拔的性质,应有较好的区分度,使能力倾向的大小和优劣能得到较为细致的区分.

2. 高利害考试

中考、高考、研究生入学考试为高利害考试(high stake test),是对考生今后受教育的前途及就业选择有直接和明显影响的考试. 高考是一个特指名词,就是指普通高等学校招生全国统一考试;中考一般是指初中毕业学业考试. 中考大都是两考合一,既是学业水平考试,又是高中升学考试.

中考、高考都是体现政府教育思想与理念的考试,命题必须保证公平性、科学性、严谨性和教育性;中考、高考也是各类高一级学校招生的选拔性评价考试,因此,命题必须具有必要的效度和信度,还要有一定的难度和区分度,以确保招生工作顺利进行.

高考在我国是公共政策,是政府配置高等教育资源的政策手段. 一般是由教育部授权教育部考试中心或省级招生委员会负责考试设计开发,组织相关人员统一阅卷. 考生的成绩作为高校录取的最主要的依据,甚至是唯一的依据. 高考在中国的地位举足轻重,可谓全民高考,涉及社会的方方面面,甚至是牵一发而动全身. 中考原则上由省、市级招生委员会负责考试设计开发,组织相关人员统一阅卷,其成绩对学生升入什么样的高中继续学习产生决定性的影响.

中考、高考作为高利害考试,其考试目的具有双重性,一方面要为上一级学校选拔新生提供依据;另一方面又要赋能基础教育改革. 因此,中、高考命题一方面要依据人才选拔的要求;另一方面又要根据课程标准的要求,正因为如此,中、高考也被称为基于标准的考试. 基于标准的教育考试有其独特的作用,它提供学生学业水平、教师教学、课程绩效等方面的信息. 应用这些信息既可以对学生作出评价,也可以对学校的教学和课程进行指导,以保证其符合课程标准的要求,有利于促进教学和新课程改革.

中、高考属于高利害考试,因此也具有高利害考试的一切优势和弊端. 由于是较高风险考试,高利害考试存在着某些难以革除的弊端. 如表现在用统一的命题去测量全域内的知识水平千差万别的不同考生的个性特征;不能做到对考生绝对公平,增加了复读或辍学的比例;滋生了为考试而教的风气,一定程度上误导了考生家长. 中、高考的局限性还会在一定程度上压抑考生的个性和求异思维,基于一次高利害考试的结果的决策往往过于武断和不可信任.

恢复高考以来的 40 多年的高考数学实践,以及新课程改革以来的中考数学实践,充分体现了国家对人才选拔的要求和基础教育课程改革的历程,发挥了数学培养理性思维的价值和解决实际问题的工具作用. 目前创新驱动发展成为我国社会发展的关键动力,中、高考数学考试应发挥对创新人才培养的激励功能,发挥对中学素质与创新教育的促进作用,中、高考的评价体系应该与高一级教育培养目标和基础教育课程改革相互协调,探索基础性、综合性、应用性和创新性的人才选拔方式和方法,为国家的人才强国战略作出贡献.

二、数学考试的方法

长期以来,人们对于数学考试的批评不断,对于数学考试的目的指责较少,而针对数学考试命题技术颇多微词. 很多重大数学考试的试题难度环比波动较大,不同评分者之间缺乏一致性. 由此,不可避免地在数学考试中出现加大误差的现象. 如何提升数学考试测量的准确性,使其科学性、公平性得到保证,虽然具有挑战性,但值得不断地去追求. 这其中对数学考试方法的恰当运用也是改革的一个方向. 数学考试的方法常见的有:数学口试、数学笔试、数学操作性测试. 下面选取数学口试和笔试(含操作性考查)加以说明.

1. 数学口试

数学口试是通过考生口头回答数学问题,对其数学学习进行测试的一种方法. 数学口试时,考官与被试面对面,可以较清晰地观察被试回答数学问题的思维状态和情绪变化. 数学口试往往不受事先规定的数学考试题目的限制,可以根据被试的回答反馈情况,继续深入追问下去,能较准确地把握被试的智力和非智力水平的整体状况.数学口试在自主招生或数学教师招聘面试中使用,在个性化的场合使用较多.

2. 数学笔试(含操作性考查)

数学笔试是通过被试进行书写回答事先设计好的一系列数学问题,对其数学学习进行测试的方式.数学笔试有诸多优点,如节约时间,内容覆盖面更广;作答结果以书面呈现,评分更加准确,相对来说较好地减低阅卷中的误差.其中的数学操作性考查主要是一般作图、尺规作图、折纸操作实验等.数学笔试虽然客观性、可靠性比数学口试高,节约时间,测试结果受考官的主观影响较小,但如果数学题量过小,或主客观比例不合理,也不太容易准确得出被试在数学知识和技能等方面的详情.

事实上,我国的科举制度对考试的形式较关注,但对数学能力测量与评价理论研究不深入,而科举制度传到欧美之后,促进了西方对数学考试制度、方法体系的深入研究,并形成了一整套现代教育测量与评价的理论与方法,促进了数学考试的实践更加科学化.

三、数学考试理论的研究对象和任务

考试学理论的研究对象是测度人的知识和能力个体差异的社会活动,即考试活动;它的任务是揭示考试活动的客观规律,阐述适应社会政治、经济、文化发展需要,符合考试规律的考试理论,以指导考试实践.数学考试理论研究的对象和任务也是数学考试活动的主体、客体、手段、工具等和数学考试活动相关的客观规律.随着科学技术的发展及其广泛应用,社会各行各业对人的数学知识和数学能力素质要求各异,数学类考试的运用也越加广泛.在当代,凡是需要育人和选才的考试,大多需要对逻辑思维能力进行考查,对这类考试也部分归为数学类考试.

数学考试理论所研究的是整个人类社会的数学考试现象,是各类数学考试的共有规律,为数学考试的具体应用提供一般的理论基础.数学考试作为一种测试活动,有其内部规律.数学考试作为一种社会现象,又与一定社会的政治、经济、文化有密切的关系.数学考试不仅要研究数学考试活动的内部规律,探索科学、准确地考查人的数学知识和能力水平的办法,还要研究数学考试活动的外部规律,探索如何适应社会的需要建立和完善数学考试制度,制定数学考试政策,确定数学

考试内容和方法,以便更好地发挥数学考试的功能.

随着数理统计方法的运用和标准化考试的发展而逐步走向成熟,对整个社会中各种数学考试现象的研究将变得快捷和更具有普遍的意义.在数学考试成绩的分析和测量中引入关于潜在特质或素养水平的假设、试题参数分析的方法、解释分数的量表理论以及标准化的技术,会有效提高数学考试与评价的效果和价值.

四、数学考试评价理论的渊源

人类的考试活动已有几千年的历史,但直到上世纪初才出现第一个考试理论——教育测量学的经典理论.它把考试作为一种测试手段,研究其在教育效果测量中的应用,实际上它只是一种试卷编制的理论(信度和效度理论)和分数解释的理论(量表理论).

早在上世纪二、三十年代美国教育测验运动中发展起来的教育测量学,使考试活动中的试卷编制工作有了具体的理论指导,从这种意义上可以说教育测量学就是一种科学的考试理论.但艾钦和泰勒领导的批判教育测验运动的"八年研究"的结果表明,考试的效果并不完全取决于试卷的编制.20世纪60年代之后,随着潜在特质理论特别是项目反应理论的逐步成熟和计算机在试题分析中的广泛应用,测验编制理论和编制技术发展到一个新的阶段.

我国1977年恢复了高考制度和学校成绩考试制度,考试在人才培养、发现、选拔和管理中的作用越来越大.但同时,"分数贬值""高分低能"等批评声也随之而起.这些批评,有的是从测量学角度提出的,但更多的是从社会学角度提出的.

人们越来越认识到,考试(含数学考试)这种测量,不是一种纯技术过程,而是与社会的政治、经济、文化密切相关的社会活动;考试理论不应限于测试技术和试卷编制的研究,还应当研究考试的社会性质、社会功能和作用,研究考试制度、政策等.于是,到20世纪80年代初,世界各地陆续建立考试研究机构,对考试组织、管理、命题开展了系统而深入的理论与实践研究,涌现出一大批测量理论,如经典的信度、效度理论和现代的潜在特质理论,以及常模参照考试和目标参照考试的分数解释理论.

在考试测验中,为使测验能有效地进行,必须对这些心理现象(包括智力、学习、知识、技能、情感等)的本质和可检验性,乃至量化的问题展开深入的理论研究,并在其指导下探索测验的操作方法和施测程序.以下就与我国中、高考的实际情况有较密切关系的智力理论、教学目标分类理论等作简单介绍.

1. 智力理论

高考属于心理测量的范畴,侧重测量学生的学科知识和智力发展水平,因此智力理论是其重要的基础. 智力理论是指心理学家对人类智力组成的系统解释. 关于智力理论,主要有三种:

(1) 智力二因论. 最早是由英国心理学家斯皮尔曼(Spearman,C. E.)在 1904年提出. 他认为人类的智力包括两种因素:其一为一般因素,其心理功能表现在一般性的活动上;其二为特殊因素,其心理功能只表现在特殊性的活动上. 斯皮尔曼认为,人类智力的差异,既表现在一般因素上,也表现在特殊因素上,两种因素之间的关系并不是一定的. 1963 年斯皮尔曼的弟子、美国心理学家卡特尔(Cattell,R. B.)将智力分为两类:其一是流体智力,流体智力主要通过对空间关系的认知、机械式记忆和对事物判断反应的速度等方面表现;其二为晶体智力,晶体智力主要通过对语文词汇和数理知识的记忆表现.

(2) 智力群因论. 美国心理测量学家瑟斯顿(Thurstone,L. L.)不同意斯皮尔曼的智力二因论的观点,他认为智力是由一些基本心理能力组成,这些基本能力是:①言语理解;②词语流畅;③数字运算;④空间关系;⑤联想记忆;⑥知觉速度;⑦一般推理.

(3) 多元智力理论. 多元智力理论是由美国心理学家加德纳(Gardner)提出的,他强调人类的心理能力至少应该包括以下七种不同的智力:①语言智力;②数理智力;③空间智力;④音乐智力;⑤体能智力;⑥社交智力;⑦自知智力.

中、高考既是成就测验,也是性向测验. 智力测验是对人的一般性向进行测量的过程,因此对智力测验有指导意义的智力理论对中、高考尤其是中、高考考试目标和学科能力要求的确定也是有指导意义的.

2. 教学目标分类学理论

教学目标(instructional goal)是指在教学之前,预期教学活动结束之后,学生从教学活动中学到些什么,是知识与技能,还是态度与观念. 在教学目标的研究中,教学目标的分类问题尤其引人注目. 从教学目标的分类方式看,在各种教育目标分类理论中,在理念上有共识者,一般都认为在学校不同学科的教学活动中,所期望达到的教学目标不外乎下列三方面:(1)认知方面,指从教学中学到知识性的行为;(2)情意方面,指从教学中学到感情与意志性的行为;(3)技能方面,指从教学中学到动作技能性的行为.

　　芝加哥大学布鲁姆(Bloom，B. S.)领导的研究小组对教学目标分类学采用的是分列与描述取向,因为布鲁姆的教学目标分类研究是以学生的行为为标准的,所以也称为行为目标;另一种教学目标取向是教学目标分类的统合与处方取向,采用这一取向的主要是美国佛罗里达州立大学加涅(Gagne，R. M.),奥苏贝尔(Ausubel，D. P.)等心理学家也都对教学目标的分类作过专门的论述.

　　布鲁姆等认为,教学目标包括三个主要方面,即"认知领域中的行为目标""情感领域中的行为目标"和"技能领域中的行为目标"."认知领域中的行为目标"按照由简单到复杂的程度分为知识、理解、应用、分析、综合和评价六个层次.知识是指在教学之后学生凭记忆能够记得学过的一些事实性的知识.理解是指学生在学习后能够解释和说明所学知识的含义,并能对不同的知识采用适当的形式进行表达.应用是指学生能将所学的抽象知识实际应用于特殊的或具体的情境之中解决问题.分析主要包括要素的分析、关系的分析和组织原则的分析.综合是指学生能将学习到的零碎知识综合起来,构成自己的完整的知识体系,这里强调了学生要表达出自己的意见或提出自己的计划.评价是指学生能在学习后对其所学到的知识或方法依据个人的观点给予价值判断.认知领域中的行为目标的分类是由布鲁姆本人 1956 年提出来的.需要强调的是,我国目前的中、高考主要是对认知领域的行为目标的评价,因此布鲁姆的理论对中、高考命题的指导意义非常大,事实上命题过程中的双向细目表就是教学目标分类学理论的应用.

　　中、高考命题在应用这一理论的过程中,尤其在分析和制定考试目标的过程中,常常要根据社会的需要以及不同学科的特点,把认知领域中的"行为目标"按照由简单到复杂的程度分为知识、理解、应用、分析、综合和评价六个层次,并作出适当的调整,而不是照搬照抄.对于理解、应用、分析、综合和评价五个不同层次的行为目标,中、高考不同学科在分析和制定考试目标的过程中对其都有所参考,并根据学科的特点对其作相应的调整.如数学学科的知识要求层次分为了解、理解、掌握、灵活运用几个层次,能力要求强调综合性和应用性.

五、理解考试的评价体系

　　考试学是一门正在孕育和创建中的新学科,目前我国已构建中国特色的考试评价体系,提出了基于"素养为本"的考试命题原则,正在探索构建"一核、四层、四翼"的考试评价与命题体系.

"一核"强调立德树人、服务选拔、导向教学的目标.

"四层"主要指:(1)必备知识:强调考查学生长期学习的知识储备中基础性、通用性知识,"学科本质"是最能反映学科核心素养的高质量的知识,它包括知识的产生和来源、事物的本质和规律、学科的思想与方法、知识的关系与结构、知识的作用与价值等意义系统.(2)关键能力:重点考查学生所学知识的运用能力,强调独立思考、分析问题和解决问题等学生适应未来不断变化发展社会的至关重要的能力.(3)学科素养:要求学生能够在不同情境下综合利用所学知识和技能完成测试任务,具有扎实的学科观念和宽阔的学科视野,并体现出自身的实践能力、创新精神等内化的综合学科素养.(4)核心价值:要求学生能够在知识积累、能力提升和素质养成的过程中,逐步形成正确的核心价值观.

"四翼"主要指基础性、综合性、应用性和创新性的要求.

具体操作时,应以"核心价值"为引领,在"必备知识"基础上对"关键能力"和"学科素养"的全面覆盖.对不同思维方式、素养构成有别的考生进行全方位的考查.碎片化的知识与能力考核无法满足落实发展学生的核心素养这一根本目标.因此,应该设置相应的问题情境,增加实践型、探究型、信息迁移型试题比重,探索结构不良型试题、开放性试题等新题型命题方式,适当将填空式作答改为问答式、开放式作答,让学生充分地表达自己的思维状况和逻辑推理水平,同时可以检测学生的语言表达能力,为测查高层次的学科核心素养奠定基础.

此外,还必须从我国考试工作的实际需要出发,不仅应研究考试的测量特性,关注测试过程的规律,还应研究考试的社会性质,论述考试的产生、发展与社会发展的关系,阐明考试在育才、选才、用才中的功用;不仅应研究控制测试误差的方法和技术,还应研究考试制度;不仅应研究考试的一般原理,还应研究成绩考试、选拔考试、资格考试的特殊规律.

重视考试机构和考试的组织管理.根据现代管理的一般原理研究大规模社会考试的组织管理;提升考试技术,包括试题和试卷的编制方法,规范标准化技术,发挥计算机在题库管理、试卷编制、等级赋分和试卷分析中的运用;针对不同类别考试的研究,主要探讨成绩考试、选拔考试和资格考试的特殊规律和实施要求,在K12阶段主要研究水平性考试和选拔性考试的命题风格与方向的差异.

发挥考试活动的社会性质和功用,为考试制度的建立、考试政策的制定和考试的应用提供理论依据；阐明考试的测量性质和测试误差控制理论,为考试设计和实施提供理论指导. 要在认真总结我国各类考试工作实践经验的基础上,特别重视考试活动与社会政治、经济、文化关系的研究,重视考试活动的系统研究,把考试的微观研究(测验编制理论和技术的研究)与宏观研究(考试活动的社会性质和管理的研究)很好地结合起来,发挥考试对教学和国家选才、民族振兴的积极作用.

六、国内外数学考试比较研究

研究国外和境外大学入学考试中的数学考试,包括美国的 SAT、ACT 考试,英国的 A-level、GCSE 考试,澳大利亚的 HSC 考试,日本、中国台湾的大学入学考试等考试中的数学考试,对中外考试在考试目标、考试内容、题型、试卷结构、试题难度等方面进行比较,从中汲取有益的经验.

通过重点聚焦国际数学和科学趋势研究(简称 TIMSS)和国际学生评估项目(简称 PISA),可以为科学、有效的数学教育评价提供决策参考. 两个项目均以学生的阅读、数学、科学素养和能力为核心内容,测评结果最能体现教育质量. 不同点主要在于:(1)评价理念不同. TIMSS 的理念是评估学生在基本知识和概念方面,与课程框架紧密联系的数学、科学和阅读的思维能力. PISA 的理念是评估学生在日常生活情境中处理问题所需要的阅读、科学和数学素养. (2)评价内容不同. TIMSS 评价内容大多与学校课程有密切的联系,试图测量学生对具体知识、技能和概念的掌握程度,大量题目覆盖课程的内容,少量题目测评学生综合能力. PISA 则侧重于测量广义的"素养",主要是应用知识和技能解决问题的能力,以及在日常生活情境下作出良好判断和决策的能力. 这些不同于且高于对学校课程所设置的学科相关知识的理解或记忆能力的考察.

在国内的高考研究中,依据高考评价体系,分别从"一核、四层、四翼"等方面研究了新高考中数学学科的地位和作用、考试目标和内容、考试要求. 在对考生知识和能力的要求的基础上,有了可操作执行的规划,实现了目的和手段、内容和形式的统一,为实现高考考查目的提供了保证.

《普通高中数学课程标准(2017 年版)》提出了核心素养的理念,应加强对这些核心素养内涵的研究,同时研究对数学核心素养测量的方法和手段. 目前基于能力兼顾素养框架的评分细则已用于指导阅卷. 能力和素养的考查一方面在于命题环节对试题的设计,另一方面更需要在阅卷环节中体现才能实现.基于能力兼顾素养框架的评分细则可以规范阅卷评分,使考生的能力水平按统一的标准进行评价,保证新高考对能力和素养考查的效果.

不断探索数学不分文理科后的定位、考试目标和内容研究.要在理论研究和实证测试的基础上,提出数学高考的改革思路和改革方案,并在命题和考试实践中进行检验,根据检验的结果进行修订和完善,形成更为切合实际的方案.要研究并测试创新题型,形成完整的试卷进行测试.应进一步命制完整的试卷,在模拟的实际环境中进行测试,研究这些新题型的实际考查效果.随着计算机技术在考试领域的发展,现在计算机化考试成为全球考试方式的未来趋势,应进一步研究在机阅环境中能力与素养考查的特点和规律.

第二节　数学考试、评价的意义与分类

一、数学考试、评价的意义

在素有考试文化的中国,数学考试可以说是每个学生成长道路的一道道坎,跨过的每一道决定前途的坎都会给学生留下难以忘却的记忆.设置这些坎的数学命题者肩负着公平、公正评价和选拔人才的重任,必须是训练有素的研究者.

数学考试是教育教学评价的一个重要的方面,也是中小学数学课程改革的重要环节.评价观念的更新和评价方式的改革成为制约数学课程改革发展的一个关键因素,它对考试的影响也是不言而喻的.新课程数学教育评价和考试命题的发展离不开中国的实际,也要建立在对数学教育评价基本内涵深刻理解的基础上.

一般地,数学教育评价是全面搜集和处理数学课程与教学的设计与实施过程中的信息,从而作出价值判断、改进教育决策的过程.数学教育评价既包括课程评价,也包括教学评价.数学考试是数学教育评价的重要方面,从考试结果中也能收集到各个评价对象的发展信息,从而了解教育工作的进展,发现问题,作出价值判断和进一步改进的决策,这也是考试评价的主要功能和宗旨,是有效地开展评价工作的指导方向.

二、数学考试、评价的分类

就数学考试评价的功能而言,考试评价可分为两类. 一类是在数学教育活动的某个阶段结束后,为整体效益作全面鉴定所进行的终结性评价. 其目的在于总结整个阶段数学教育成果. 其作用是鉴定教学效益或成果,提供升学和发展的决策信息. 通常指中考、高考等在整个教学阶段结束时进行的考试. 另一类是形成性评价. 即在教学过程中,为了获得反馈信息,促进教学方案、计划、课程等的形成所进行的评价. 其目的在于改进教学过程. 其作用在于了解教学过程中的问题和缺陷,提供改进信息. 通常指期中考试、期末考试等在每个教学单元结束时进行的考试.

1. 按考试评价的基准分类

一类是目标参照性评价. "评价标准在被评价的集体之外,是预先制定的. 通过与评价标准相比较,可以确定被评价对象达到目标的程度." 这种评价又称绝对评价,主要用于合格性和达标性的考试. "其特点为评价标准是由目标所决定的绝对标准. 评价时,个体只与标准相比较,不进行相互比较." 目标参照性考试评价通常采用原始分数预先制定教学目标,如"优秀""良好""及格"和"低分"等分数线,量化指标为相应的"优秀率""良好率""及格率"和"低分率"等. 其优点为"可以使被评价对象明确与教学目标的差距,激励被评价对象上进的积极性." 其缺点为"客观标准的制定比较困难." 另外,由于各个测验的难度不同,各原始分数的价值也不相同,对不同测验的原始分数和相应的量化指标直接进行比较是毫无意义的.

另一类是常模参照性评价. "评价标准在被评价的集体之内,通过与评价标准相比较,可以确定被评价对象在集体中所处的位置,以分优劣". 这里的被评价集体也称为常模团体. 这种评价又称相对评价,主要用于选拔性的考试. 其特点是评价标准随被评集体的状况而异,仅适用特定的被评集体. 常模参照性评价采用导出分数(百分等级分数、标准分数)和常模表(由原始分数和导出分数共同组成的分数量表)作为评价工具. 在特定的团体内进行"名次排序"及对中考、高考的"有效分、上线率"的分析也可以归属到本类评价的范围. 其优点是"无论常模团体的状况如何,都可以确定的标准进行评价". 其缺点为"容易降低客观标准,评价结果并不表示被评价者的实际水平". 本章之后所谈数学考试均是常模参照性数学考试评价,明白这一点,对于考试命题的针对性和有效性至关重要.

2. 按考试评价的目的分类

数学考试主要有两种目的:一是检测被试对某方面数学知识或技能的掌握程度;二是检验被试是否已经具备获得某种资格的基本能力. 从这两种目的看,考试可以分为效果考试和资格考试.

(1) 效果考试

无论从主考者的角度看,还是从学习者的角度看,效果考试都仅仅是检验学习者的学习水平,以便更好地制定随后的教学或学习方略. 在效果考试中,学习者一定要坦诚地展示自己的知识水平. 靠一些小技巧可能会提高自己的测试成绩,但这种提高无疑会掩盖自己的真实水平,从而阻碍了教学者对学习者以及学习者对自己的知识掌握程度的清楚认识. 典型的效果考试有课堂考试、期中考试、期末考试.

(2) 资格考试

资格考试的核心目的是,给予被试一个公平竞争的机会,以获得某个更高层次的学习或工作的资格. 严格地讲,资格考试也是效果考试的一种,因为资格考试的设计假设就是,只有拥有更高学习效果的学习者才能获得这一资格. 但在某种程度上,会学习但不会考试的学习者往往要败给不会学习但会考试的学习者,因为前者就是不能在考场上淋漓尽致地发挥出自己的学习水平. 从哲学的角度来看,前者知识能力往往在考试中"在场"不足,"缺席"较多,考试结束后,往往恢复正常.

资格考试常常会严重影响一个人的命运,因为在资格考试这一高度浓缩的时间段,一个人会不会学习已经不再是关键,而会不会考试才是核心. 典型的资格考试有小升初、中考、高考. 此外,分析师、律师资格考试、注册会计师考试、托福考试、GRE 等都是资格考试.

效果考试好比到达路程终点的一座座小桥,它只是为了更好地联系起桥前和桥后的学习. 在效果考试中,"学习者"依然是"学习者";而资格考试则是阶段性高利害考试,在资格考试中,"学习者"变为"考试者",此前一直进行的学习到这里阶段性停止.

在中小学数学教学中,效果考试常常指高中会考,这是一种水平性考试,而资格考试通常指的是中考和高考这两种高利害考试.

3. 按考试评价的规模分类

数学考试评价从规模上可分为:大规模数学考试,如全国性、省级规模普通高等学校招生考试、省市级初中毕业及升学考试与课改试点地市中考等;中等规模数学考试,如县、区级统一数学考试或同级同类学校的联考等;较小规模的校内同年级统一考试、班级阶段性检测等. 不论其规模大小,从规范考试行为、提升命题者水平的角度来说,了解数学试题评价的指导原则是非常必要的.

由于目前阶段统一考试主要集中在初中和高中阶段,我们对于命题的研究也相应集中在初、高中学段,后面将以最常见的初中毕业学业水平考试和高校招生考试为例分别阐述,而把数学评价命题研究的重点放在中考层次上.

第三节 数学评价的命题依据

初中毕业生数学学业考试是义务教育阶段数学科目的终结性考试,其目的是全面、准确地评估初中毕业生达到《义务教育数学课程标准》(以下简称《标准》)所规定的数学学业水平的程度. 因此,命制初中毕业生数学学业考试有关试题的依据是《标准》.

普通高等学校招生数学考试是高中教育阶段数学科目的终结性考试,其目的是全面、准确地评估高中毕业生达到《普通高中数学课程标准》(以下也简称《标准》)所规定的数学学习水平的程度. 因此,命制普通高等学校招生数学考试有关试题的依据,是《标准》和基于《标准》的有关命题指导文件.

新课程改革起步至今,基础教育取得了显著成就,整个中学数学教育教学和评价理念处于不断更新和重新建立的过程中,需要研究的问题很多,数学教育评价改革方面也不例外.

1999 年 4 月,教育部印发了《关于初中毕业、升学考试改革的指导意见》.同时委托北京师范大学、华东师范大学,对全国部分省、自治区、直辖市的初中毕业、升学考试试卷和考试管理等工作进行了调查与评估.情况表明,各地在考试改革方面进行了积极的探索,取得了一定的效果,但在考试指导思想、命题、阅卷与考试管理等方面仍存在一些问题,需继续推进改革,以进一步贯彻《中共中央、国务院关于深化教育改革全面推进素质教育的决定》的精神.

2000 年 3 月 13 日教育部下发了《关于 2000 年初中毕业、升学考试改革的指导意见》,文件中指出,初中毕业、升学考试是义务教育阶段的重要考试,进行考试改革,将对推进中小学教育教学改革、实施素质教育产生积极的导向作用.

文件指出初中毕业、升学考试改革应有利于贯彻国家的教育方针,推进中小学实施素质教育;有利于体现九年义务教育的性质,全面提高教育质量;有利于中小学课程教学改革,培养学生的创新精神和实践能力,减轻学生过重的负担,促进学生生动、活泼、主动学习.

文件中明确了要进一步端正考试指导思想,提高命题的科学性,保证命题的质量.命题要切实体现素质教育的要求,加强与社会实际和学生生活实际的联系,重视对学生运用所学的基础知识和技能分析问题、解决问题能力的考查,有助于学生创造性的发挥.

对数学考试及命题提出了以下指导性建议:

(1)数学考试应在考查学生的基本运算能力、思维能力和空间观念的同时,着重考查学生运用数学知识分析和解决简单实际问题的能力.应设计一定的结合现实情境的问题和开放性问题,不要出人为编造的、繁难的计算题和证明题.

(2)试卷结构应简约、合理.应根据学科特点处理好客观题与主观题的比例.试题数量要适当,要留给学生足够的思考时间.

(3)注意控制试卷的整体难度.各地应积极探索不同难度试题的适当分值比例.

(4)试题的表述形式应规范.试题陈述所使用的语言要简洁、连贯、无歧义,图文匹配,插图准确.

(5)不出偏题、怪题和计算、证明繁琐或人为编造的似是而非的题目,不出死记硬背的考题.

在考试的管理制度建设方面提出要逐步建立命题、审题、阅卷人员的资格制度,经过适当培训并获得相应资格的人员方可参加命题、审题和阅卷.要逐步建立命题、审题阅卷的管理制度.加强对命题的审查和阅卷的监控,尤其要加强对主观题评分的复评工作.作文阅卷要保证三人独立评阅.积极采用现代化手段提高阅卷质量.

为提高初中毕业、升学考试命题和管理的科学性,教育部委托北京师范大学和华东师范大学就初中毕业、升学考试题库的建立开展研究,并为命题单位提供技术支持.

同时提出逐步建立对初中毕业、升学考试工作的评估制度.教育部将定期对各省（自治区、直辖市）教育行政部门考试改革的方案、考试说明、试卷及评分标准、试卷分析报告、工作总结汇总进行评估，发布评估报告，指导考试改革.

2002年12月27日，教育部下发《教育部关于积极推进中小学评价与考试制度改革的通知（教基〔2002〕26号）》，指出：现行中小学评价与考试制度与全面推进素质教育的要求还不相适应，突出反映在强调甄别与选拔功能，忽视改进与激励的功能；注重学习成绩，忽视学生全面发展和个体差异；关注结果而忽视过程，评价方法单一；尚未形成健全的教师、学校评价制度等.因此要积极推进中小学评价与考试制度改革.

建立以促进学生发展为目标的评价体系；建立有利于促进教师职业道德和专业水平提高的评价体系；建立有利于提高学校教育质量的评价体系.

初中毕业、升学考试命题必须依据国家课程标准，杜绝设置偏题、怪题，要采用形式多样的考试方式，使学生在考试中有展示特长和潜能的机会.国家和省级教育行政部门要对初中升高中的考试命题和考试管理进行评价和指导.对不符合国家考试命题和考试管理要求的命题单位要提出改进要求，不能按要求改进的取消其命题权，另由省级教育行政部门组织命题，或者委托该省（自治区、直辖市）其他具备命题能力的单位组织命题.

各省、自治区、直辖市对普通高中会考具有统筹决策权.由省级教育行政部门提出是否组织普通高中毕业会考方案，报省级人民政府批准，并报教育部备案.不再进行普通高中会考的地方要建立和完善普通高中毕业考试制度；继续实施普通高中会考的地方要在省级教育行政部门的指导下，以全面实施素质教育为宗旨，坚持按照会考作为水平考试的原则进行命题.适当减少会考科目，加强对学生实验能力和其他实践能力的考查.经省级教育行政部门认定，部分质量好、信誉好的学校可免予会考，允许其自行组织毕业考试，对成绩合格者颁发会考合格证书.逐步形成允许高中阶段其他学校的学生和社会人员参加会考的机制.要为学生提供多次考试机会和补考机会.

教育督导部门要将中小学评价与考试制度改革作为对地方教育行政部门和学校督导评估的一项重要内容，并根据本通知精神对现行督导评估标准进行必要的调整.教研部门应贯彻课程改革的精神，认真研究评价内容和评价方式，提高为学校和教师服务的能力，促进教师的发展和学校课程实施水平的提高.

各级教育行政部门要加强对本地区中小学校长、教师的培训，使中小学广大教育工作者了解评价与考试制度的改革方向和要求,掌握评价的基本方法,克服在部分地区、学校和教师中存在的陈旧评价和考试观念以及对评价与考试制度改革的疑虑;要以多种形式向全社会宣传中小学评价与考试制度的改革,宣传现代教育评价思想,转变传统的考试评价观念,使中小学考试评价制度的改革得到全社会的广泛支持.

2004 年 5 月 13 日国务院同意教育部牵头建立国家教育统一考试工作部际联席会议制度(国函〔2004〕34 号).

2014 年,《国务院关于深化考试招生制度改革的实施意见》进一步明确提出深化高考内容改革的要求,"依据高校人才选拔要求和国家课程标准,科学设计命题内容,增强基础性、综合性,着重考查学生独立思考和运用所学知识分析问题、解决问题的能力".并且特别提出数学学科不再分文理科,所有考生使用同一张试卷,数学科的考查目标和考试形式都迫切需要进行改革,以适应高考整体改革和人才选拔的需要.新一轮的考试招生制度改革,明确了高考改革的时间表和路线图.文件对学科考查内容和考查要求提出的总体改革要求,各学科都要在考试中贯彻落实.

2019 年 6 月中共中央、国务院印发的《关于深化教育教学改革全面提高义务教育质量的意见》(中发〔2019〕26 号)明确指出:"稳步推进初中学业水平考试省级统一命题,坚持以课程标准为命题依据,不得制定考试大纲,不断提高命题水平."《教育部关于加强初中学业水平考试命题工作的意见》(教基〔2019〕15 号)进一步提出,要"依据课程标准科学命题.各地要将义务教育课程设置方案所设定的除综合实践活动以外的全部科目纳入初中学业水平考试范围,促进学生认真学好每门课程,完成国家规定的义务教育学业.考试具体方式由省级教育行政部门依据学科特点确定.取消初中学业水平考试大纲,严格依据义务教育课程标准命题,不得超标命题".对高考也取消了普通高等学校招生全国统一考试大纲及说明,严格依据高中课标指导命题.

第四节　数学命题的理念和导向

2016 年,教育部考试中心开始高考评价体系的研制工作,明确了"立德树人、服务选才、引导教学"的核心功能,"必备知识、关键能力、学科素养、核心价值"的考查内容以及"基础性、综合性、应用性、创新性"的考查要求.高考数学科基于高考核心功能,以"一核、四层、四翼"的高考评价体系框架为指导,梳理、总结国内外对人才培养和选拔的要求,依据新修订的《普通高中数学课程标准(2017 年版)》,构建高考数学学科化的评价内容框架和指标体系.

随着高考改革的深入和高考评价体系的建立,作为统考科目的数学科考试目标、考查内容和考查要求都发生了变化,需要与此相适应的新的题型实现考查目的和考试效果,更加精确地区分考生,发挥对中学教学积极的导向作用.数学科构建了学科化的评价框架,研究设计了新题型试卷结构,开发了新的题型,命制了新题型测试卷,在广东、山东和浙江进行了测试,并对与测试试卷的考查目标、题型结构、题型功能等相关的统计数据和问卷调查结果进行系统分析研究,对高考数学科的命题改革进行实证分析和理论探索.

目前,数学命题的指导原则和思想必须服从基础教育课程改革的大方向.这就要求每个命题者对基础教育课程改革的基本理念有深入地理解,只有这样才能在命题中把握正确方向,沿着考试评价体系的路线前行,不走弯路,不偏离教学实际.

基础教育课程改革要以"三个面向",即"教育要面向现代化,面向世界,面向未来"的重要思想为指导,全面贯彻党的教育方针,全面推进素质教育.新课程的培养目标应着重体现时代要求,培养学生初步的创新精神、实践能力、科学素养等,并使其具有适应终身学习的基础知识、基本技能和方法.

基础教育课程改革的具体目标是要改变课程过于注重知识传授的倾向,强调学生形成积极主动的学习态度,使获得基础知识与基本技能的过程同时成为学会学习和形成正确价值观的过程.加强课程内容与学生生活以及现代社会和科技发展的联系,关注学生的学习兴趣和经验,精选终身学习必备的基础知识和技能.改变课程实施过于强调接受学习、死记硬背、机械训练的现状,倡导学生主动参与、乐于探究、勤于动手,培养学生搜集和处理信息的能力、获取新知识的能力、分析和解决问题的能力以及交流与合作的能力.改变课程评价过分强调甄别与选拔的功能,发挥评价促进学生发展、教师提高和改进教学实践的功能.

国家课程标准是教材编写、教学、评估和考试命题的依据,是国家管理和评价课程的基础.它体现国家对不同阶段的学生在知识与技能、过程与方法、情感态度与价值观等方面的基本要求,规定课程的性质、目标、内容框架,提出教学和评价建议. 由此可以得出命题人是否称职的前提之一就是必须对代表国家意志的课程标准了如指掌.

命题者必须是第一线教师或关注教学第一线的教研人员,只有这样命题者才能有效命题而不至于命题脱离实际,才可能被广大教师和学生认可. 了解教学的新情境才可能在命题中根据新颖的素材,创新地编制试题. 课程改革倡导建立促进学生全面发展的评价体系. 要求评价不仅要关注学生的学业成绩,而且要发现和发展学生多方面的潜能,了解学生发展中的需求,帮助学生认识自我,建立自信. 发挥评价的教育功能,促进学生在原有水平上的发展. 这就要求命题者在命题过程中对发现和发展学生潜能有帮助的素材特别给予留意.

在教育部相关基础教育评价文件中强调要完善初中升高中的考试管理制度,考试内容应加强与社会实际和学生生活经验的联系,重视考查学生分析问题、解决问题的能力. 高中毕业会考改革方案由省级教育行政部门制定,继续实行会考的地方应突出水平考试的性质,减轻学生考试的负担. 高等学校招生考试制度改革,应与基础教育课程改革相衔接. 要按照有助于高等学校选拔人才、有助于中学实施素质教育、有助于扩大高等学校办学自主权的原则,加强对学生能力和素质的考查,改革高等学校招生考试内容,探索提供多次机会、双向选择、综合评价的考试和选拔方式. 考试命题要有助于减轻学生的考试负担,依据课程标准,杜绝设置偏题、怪题的现象. 阶段性考试后教师应对每位学生的考试情况做出具体的分析指导,不得公布学生考试成绩并按考试成绩排列名次.

第五节　数学命题的价值取向

数学命题的价值取向从某种意义上说与数学评价是同质的. 了解评价的价值取向对把握命题的价值取向至关重要. 越来越多的数学教育工作者认识到,理想的教育在于尊重个性,尊重个体差异,实施因材施教,使学生学会做人,学会生存,学会求知,学会发展. 评价不是完成某种任务,而是一种持续的过程,不同于教与学的过程;评价被用来辅助教育,它是教与学主要的、本质的、综合的一个组成部分,贯串于教与学的每一个环节.评价提供的是强有力的信息、洞察力和指导,旨在促进发展.

评价的基本目标是为了教育并促进学生的表现,而不是仅仅为了检查学生的表现,评价是为学习服务的,其目的在于提高学习的效率,是学习的动力和源泉,评价是为人的终身发展服务的.评价应体现以人为本的思想,建构个体的发展.要关注个体的处境和需要,尊重和体现个体的差异,激发个体的主体精神,以促使每个个体最大可能地实现其自身价值.

新理念下的学生评价,其核心在于建立学生发展性评价新体系,包括促进学生发展的评价体系.评价不仅要关注学生的学业成绩,而且要发现和发展学生多方面的潜能,了解学生发展中的需求,帮助学生认识自我,建立自信.发展评价的教育功能,促进学生在原有水平上的发展.此评价的根本目的在于促进发展,而决不是简单地进行优劣高下的区分.在发展性评价体系上除了基本的检查和固有的选拔、筛选功能以外,更重要的是,评价要发挥评价的反馈调节的功能、展示激励的功能、反思总结的功能、建立成长的功能、积极导向的功能等多种功能.

基础教育考试也是发展性评价的重要部分,发展性评价决定了考试命题的导向也应具有鼓励性、发展性.将考试看成一个收集和分析数据与评价过程同等重要的过程,并且重视命题的过程本身蕴涵的评价新思想,这些新思想将随着评价具体的实施过程渗透到新课程改革的其他各个环节,通过明确改进要点并指定改进计划对教学方式的转变,从而有助于建构出促进教师、学生、学校发展的模式与框架.

由于我国中、高考的特殊性(以水平考试为主要功能,同时兼顾选拔功能),其分数呈现方式也并非使用考试理论所研究的常模参照性考试之标准分,如何评价目标还是一个相对不够成熟的话题.同时,我们的考试评价也不局限于纯知识、技能、方法层面,还包括过程、情感、态度、价值观领域,命题从某种角度来说受到考生原始分数的局限(不能使得考生成绩过低),所以了解学情是非常必要的,这样可以根据学生实际情况,运用和完善命题技巧,以满足命题达到预期的评价目标.

在此我们强调试题的教育功能,并放在判别试题质量高低的首位.有些人对试题和试卷的教育功能可能很不以为然,但是值得强调的是作为命题管理人员任职资格的第一条就是对国家相关考试政策的执行能力,作为命题教师也必须要严格执行国家的相关考试政策.

第二章　什么是数学试题

本章在前一章基础上深刻认识什么是数学试题,透视数学试题、试卷的呈现形式及相关特征.

第一节　题目、问题、习题与试题

一、题目、问题、习题与试题的概念

题目、问题、习题与试题这几个词意义接近,有时候难以准确理解. 这些概念的混淆,将影响评价理念的正确形成. 下面我们先从题目的含义入手进行考察.

1. 题目

题目的基本解释中有:①主题、题目. 作为标题的含义出现在《隋书·经籍志一》:"其分部题目,颇有次序,割析辞义,浅薄不经."

② 练习题目,测试题目. 作为试题和习题的含义出现在唐代封演《封氏闻见记·敏速》:"须中书考试,陟令善书者三十人,各令操纸执笔,向席环庭而坐,俱占题目,身自循席,依题口授." 宋代欧阳修《进拟御试应天以实不以文赋》:"题目初出,中外群臣皆欢然."

2. 问题

问题的解释:①要求回答或解答的题目.《续资治通鉴·宋太宗太平兴国八年》:"进士免贴经,只试墨义二十道,皆以经中正文大义为问题."②需要解决的矛盾、疑难. ③事故. ④麻烦.

3. 习题

习题,通常指的是教科书中的练习题、教辅材料中的问题. 它承载着夯实和深化新知、扩充与拓展新知、综合应用知识、领会数学思想方法、诊断学情与反馈补救等方面的育人功能. 数学习题是数学教学实践活动过程中不可或缺的组织形

式,它对数学教学有着不可忽视的影响.

数学习题是一个系统$\{Y, O, P, Z\}$,其中系统的各要素分别是:Y 表示习题的条件;O 表示解题的依据;P 表示解题的方法;Z 表示习题的结论. 分析四个要素中已知要素的多少,可将数学习题分为以下四类(B. A. 奥加涅相、Ю. M. 柯里亚金、Г. Л. 卢坎金,1981):

① 标准性题,即四个要素都为已知的题;

② 训练性题,即四个要素中有一个是学生所不知道的,而其余三个都是学生已经知道的题;

③ 探索性题,即四个要素中有两个是学生不知道的,其余两个为已知的题;

④ 问题性题,即四个要素中仅有一个是学生已知的,其余三个是学生都不知道的题.

通过要素法将数学习题分为四类,对于教师掌握习题的难度是有好处的. 试题的难度由易到难依次是:

标准性题——训练性题——探索性题——问题性题.

目前中学数学课本中的练习题分为三个层次,即练习——习题——复习题. 一般来说练习中适于安排标准性题和训练性题,复习题中适于安排探索性题和问题性题,习题则介于两者之间. 当然某个数学题究竟属于哪一类,还要取决于学生的知识基础和解题经验,同一个数学题对于不同的学生来说,可能属于不同的类型.

标准性题和训练性题,由于不存在未知要素或仅仅有一个未知要素,通常具有定向的解题方法,所以也称之为收敛性题;探索性题和问题性题,由于未知要素较多,通常不具有定向的解题方法,所以也称之为发散性题. 收敛性题常用于即时巩固学生的知识,以便强化学生的思维定式;发散性题则常用于培养学生的思维灵活性,有助于发展学生的智力.

在解题的过程中,通常先把问题性题转化为探索性题,再把探索性题转化为训练性题或标准性题,这就是从未知到已知的转化过程. 当学生解决某个习题有困难时,教师就已知条件加以分析或者提示解题的依据和方法,或者帮助学生析出结论,这实际上就是降低题目的难度层次,创造适合学生认知水平的解题情境. 反之,教师也可以通过增加题目中的未知要素的方法. 提高题目的难度,以加强学生的思维训练.

习题量化指标:

① 习题数量. 该指标可反映教科书习题系统在数量上的水平高低. 通常约定:以大题计数.

② 结论开放性. 按习题结论是否唯一,分为封闭与开放两类. 开放性习题是相对有明确条件和明确结论的封闭性习题而言的,是指题目的条件不完备或结论不确定的习题.

③ 习题类型. 习题类型一般分为客观题和主观题两大类. 客观题包括选择题、是非题、填空题;主观题包括解答题、证明题、作图题等. 在统计中分为选择题、是非题(或判断题)、填空题、计算题、证明题、解答题六种,凡是不能明确判断为前五种的全部归为解答题.

④ 习题难度. 习题难度模型,从要求水平(YQ)、知识点含量(ZS)、背景水平(BJ)三个维度进行分析,具体难度水平见表2-1.

表2-1 习题难度水平划分

难度(N)	要求水平(YQ)	模仿;理解;运用;探究
	知识点含量(ZS)	一个;两个;三个;三个以上
	背景水平(BJ)	无背景;个人生活;公共常识;科学背景

4. 试题

试题是指用于特定考试,在一定时间内对考生在某方面的知识或能力等进行测试的问题,是考查或检测的重要手段或工具. 问题不一定是试题,习题也不一定能进入某一考试作为试题使用. 部分问题和习题可以在适当的约定条件下成为试题,而成为试题则必须具有"**能测**"和"**所测**"的二元关系. 如果问题太难,在规定时间内就不具有可解答性,如哥德巴赫猜想、费马定理等就不具有"能测"属性;部分问题虽然不难,但超越或远低于学生认知水平或与特定考试性质相悖时,即不具有对特定考试的所测属性,也不能成为试题. "所测"指的是试题在该考试中所考查的具体内容、知识和能力要求,并符合相关评价细则.

作为考试中的重要因素,试题应具有习题所不具有的考试特征(简称试题的考征).

试题考征:试题所承载的特定考试的评价特征,如呈现的试题类型、潜在的解答时间阈值、知识点考查水平、检测核心素养水平的指向等. 试题天生具有指向性,其所指向的考试对象和考试用途必须明确,评价理念必须科学合理.

从评价的实践可以看出,考试也是一种教育现象学运动,因此研究考试和评价(实践)也必须回到事物(考试和评价)本身,悬置那些对考试和评价的干扰因素,从"能测"与"所测"的角度来分析试题及评价的作用.

本书希望从最平常的日常事物(考试及相关现象)的沃土中构建数学命题设计理论. 与"考试""试题"等概念生成并作为数学命题设计理论的基本命题和假设一样,通过这些概念以及概念间的连接或关系来建构具有重要意义的命题技术理论. 基于此,我们可以通过观察被试、考试行为以及人们对考试的长期理解产生的影响而忠于某一个特定的倾向,并根据同一区域被试的行为是比较一致的,他们会年复一年的作出类似的选择的假设来检验并不断修改完善该理论.

二、问题、习题与试题的区别

何为问题? 实践中可将问题界定为没有现成方法可以解决的,需要给定信息克服目标之间某些障碍,或没有直接明显的方法,想法达到目标的一种心理状态等等. 一般而言,数学问题是指已经明确不能直接用已有知识处理,但可以间接用已有知识来处理的实际状态同期望或目标状态之间存在着需要缩小和克服的差距,这个界定可以将问题分成三种状态:目标状态、初始状态,以及介于初始状态和目标状态之间的提升状态. 从这个意义上讲,所谓问题解决就是从初始状态出发搜寻适当的道路,寻找适宜的手段,借助于一系列中间状态达到目标状态的过程.

从历史上看,成书于公元一世纪前后的我国辉煌数学文献《九章算术》就是一本问题集. 其中收集的方田、粟米、衰分、少广、商功、均输、盈不足、方程、勾股九类共 246 个问题,几乎反映了当时社会生活的各个方面的实际问题. 它记载了世界上最先进的分数四则、比例算法和线性方程组的解法. 南宋数学家秦九韶《数书九章》又是一本百科全书式的问题集,它将 81 个问题分成了九类,其中包括对贾宪的"增乘开方法"的公式化这样一个创造性的工作,使之成为一种程序化的思想方法. 时至今日仍然是数学家进行研究工作汲取营养的源泉,也是考试中数学文化非常好的素材.

对于数学教学来说,问题是它的心脏. 当代著名的数学教育家波利亚(G.

Polya)强调指出:"中学数学教学首要的任务就是加强解题训练."(1961)他还指出:掌握数学意味着什么呢？这就是说善于解题,不仅善于解一些标准的题,而且善于解一些要求独立思考、思路合理、见解独特和有发明创造的题.但是解题毕竟是一种复杂的智力劳动,它是最富有创造性特征的人类活动.对于一般意义下的问题解决(problem solving),长期以来,刺激—反应派心理学与认知派心理学的见解存在着分歧.前者倾向于用尝试错误来解释问题解决,后者倾向于用顿悟来解释问题解决.从 20 世纪 50 年代开始,教育心理学的一系列卓越的成果都把"问题解决"当作数学教育的中心任务.

准确地把握问题需要理清情境与问题、问题与位置、问题与其难度、问题与解答的四个关系.有些问题不一定是实际生活中的,解决问题的物质属性不一定客观存在,这就需要借助数学抽象来探究解决问题的位置状态及隐含的假设是一定存在的,即解决问题的方法是客观存在的.

数学问题的范围很大,对其研究比较难以给出明确的方法,而对于数学习题,此前有一些专家探索并提出过数学习题理论.习题就是一门课程或者一部教材为学生或读者提供的,可供练习和实践的、具有已知答案的问题.在学校教育中,习题也常常指用作教学练习用的题目.数学习题理论(Mathematical Exercise Theory)是关于研究数学习题的功能、结构、方法等规律性知识的学问.

按照系统论的观点,若 S 代表某个主体,R 代表某个抽象或具体的系统的集合,则称系统(S, R)中集合 R 为"题系统".如果主体接触 R 后认为其全部元素、性质及关系都是他知道的,就称 R 为稳定系统,否则便称为问题系统.问题系统以 R 表示.当求某个主体从 R 中确定他所不了解的元素、性质和关系时,集合 R 对该主体就变成了题.解题就是将问题系统 Rx 转变为稳定系统.

通过对多版本教科书的习题题型的分析,能够清晰地看到,习题类型包含计算题、选择题、辨析题、阅读题、说理题、解答题、拓展题等.习题设置中要突破题型单一的局面,以促进学生学习的积极性与主动性,让学生的数学思维不断舒展,学习能力不断提升.

习题背景多样化,可以增强数学与其他领域融合度,帮助学生在应对复杂世界的挑战时,会用数学的眼光、思维、语言来分析、思考数学与现实的联系,进而有效地去解决现实问题.为此,需要加强数学习题背景的多样化,依据生活情境、公共常识,以及科学背景来设计习题,用贴近实际生活的数据拉近数学与生活的距离,应该用多样化的背景,结合各个领域的现实来表征知识的实用性,激发学生的学习兴趣.

习题要注重分层设计,体现难度的梯度性,以巩固基础知识为主,题目较为简单,有很大的提升空间.教科书习题应当有明显的层级关系,如人教 A 版、B 版有A、B组的分类,其习题设计的思路是"以基础诱发思考,然后应用巩固,加深理解,最后一般是对其新学知识的拓展延伸,这对学生要求比较高".事实上,习题设计中的分层设计有利于引导学生明晰思路,逐步突破,也有利于不同层次的学生完成不同水平的习题任务,盘活学习的动机与资源,为教师在教学中恰当地设计与处理不同的习题类型提供一条有效路径.但现阶段各版本教科书习题的难度差异并不大,因此需要有梯度性的特色化设计,才能有目的地激活学生的思维,从而培养学生的独立思考能力和探索精神.

总之,完成习题是学生课上、课后巩固知识,提升学习品质的重要途径之一,习题的设置应该以学生的认知为出发点,过多或不足均不利于学习任务的完成.因此,要高度重视习题的设计,深入思考不同内容背后习题设置的类型、背景、难度等问题,科学合理地论证习题设计的意境、题量、表述,基于学生数学核心素养发展的视角来探索习题系统,通过对内容的学习、思考与习题的解决达到提升学生数学核心素养的目的.

试题是为考试所设置的,要求被试在特定场所(考场)和规定时间内解决的问题.考试中对相同问题的重复解题也不是一般性的重复,是在不同被测环境下的重复,与类似性存在着本质上的差异.考试中试题呈现的一般性表现出两大秩序:"能测"状态下类似性的质的秩序(order)和"所测"状态下等价性的量的秩序.同类考试中的考点重复和不同考试中试题等值处理是它们的象征.

数学试题是具有"能测"和"所测"的考征,在规定时间、特定场合中检测被试的数学知识、能力、意识和素养的状态,并能给予可量化的尺度的工具.在题型、知识点呈现上与习题有许多相同的地方,但在评价的指向性方面受被试和测试环境及社会关注等影响较大.

问题、习题、试题之间关系如下:

问题是范围广泛的有待解决的题目,习题是可作为练习的问题,而试题则是从中甄别、遴选出来或按照此方法编拟出来的题目,具有"能测"和"所测"的属性.

历史上许多著名的问题都曾吸引无数数学家为之创造数学思想方法,为数学

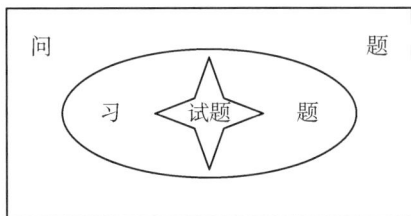

图 2-1 问题、习题、试题的关系

理论的发展树立了丰碑,如黎曼猜想、哥德巴赫猜想、四色问题、哥尼斯堡七桥问题、费尔马大定理和希尔伯特向本世纪数学家提出的 23 个问题,都是无法变成习题的,更不可能变成试题.而通过改编中国古代《九章算术》中的问题,将它们赋予时代特征,就可以在一定程度上使之转化为习题或试题.如鸡兔同笼问题在近代方程术的简化下就可以转变为习题,甚至可以变成小学数学考试中的试题.

例题 2-1 (七年级期末考试题)小明和小玲每人都有若干面值为整数元的人民币.小明对小玲说:"你若给我 2 元,我的钱数将是你的 n 倍."小玲对小明说:"你若给我 n 元,我的钱数将是你的 2 倍."其中 n 为正整数,则 n 的可能值的个数是( ).

A. 1   B. 2   C. 3   D. 4

答案:D.

解:设小明所有的钱数为 x 元,小玲所有的钱数为 y 元,x、y 均为非负整数.由题设可得

$$\begin{cases} x+2=n(y-2), \\ y+n=2(x-n), \end{cases}$$

消去 x 得

$$(2y-7)n=y+4$$

$$2n=\frac{(2y-7)+15}{2y-7}=1+\frac{15}{2y-7}.$$

因为 $\dfrac{15}{2y-7}$ 为正整数,所以 $2y-7$ 的值分别为 1、3、5、15,因此 y 的值只能为 4、5、6、11.从而 n 的值分别为 8、3、2、1;x 的值分别为 14、7、6、7.

【评注】 本题是由竞赛题改编的,所测内容已经超过绝大多数学生的所学,对能力的要求也过高,作为七年级思考性习题或竞赛试题是可以的,但是作为常规学期检测性试题就不合适了,一道题目是否能成为指定考试的试题是有前提条件的.

经过大量的研究和深入的思考,可以认为作为数学评价的试题必须满足以下三点:

（1）能测. 试题是否适合被测？如果不考虑或不了解对象被测属性，盲目选题或编拟题目进行检测与评价是没有针对性的和不科学的.

（2）可测. 进入考试的试题受考试时间限制，不可能放任学生不受时间限制思考作答. 因此作为检测的试题，如果单个试题受监测时间阈值所限，超过几乎所有考生能力，导致全部解答错误，而失去分数，这说明该题不具备"可测"特征. 有些问题，如果给予考生充足时间，考生也许可以解答，但从实际考试而言，这些题也是不"可测"的，因为人的思维有敏锐型和慢热型的区别，必须以大多数考生的解题状况作为选择并考虑的要素.

（3）所测. 考试内容符合教学实际状况，得出的反馈信息能较好地引导教学.

第二节　数学试题的结构特征

数学试题是指在特定的考试中，考查考生对数学知识、技能和数学思想方法以及数学活动经验的理解、掌握和应用等情况的问题.

数学试题从符号学研究来看，可以将其结构特征分为：题型、题形、题意、题用、设计几个方面，所以试题具有"限时、能测、所测、指向性"的四个特殊属性，不是任意的问题都可以拿来作为试题.

综合国内外的相关研究，我们认为试题与问题和习题的内涵不完全一样. 试题是在限时条件下，针对特定被测能较准确测量其认知心理素质的符号集，所测量得出的反馈信息具有良好的评价及导向功能.

试题的结构特征包括试题的组成要素（主要的知识点）、试题的评价维度、试题中的文字表述、试题中的符号表述、试题中的图形呈现、试题中的背景、试题的主干与结构等.

选择题的结构分析注意题干和选择支的个数，对于单选型选择题、多选型选择题要区别处理；填空题的结构分析要注意题干和提示语；简单解答题的结构分析要注意题干＋填空/填表/作图等等.

例 2-2　选择题的结构分析要注意题干＋选择支：

在如图 2-2 所示的四个立体图形中，主视图是三角形的是（　　）.

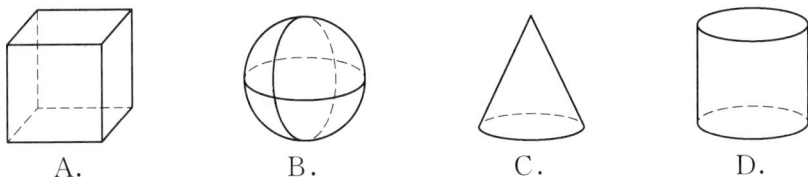

图 2-2

例 2-3 填空题的结构分析要注意题干＋提示语：

如图 2-3,在 4×4 的方格中(共有 16 个小格),每个小方格都是边长为 1 的正方形.O、A、B 分别是小正方形的顶点,则扇形 OAB 的弧长等于_____.(结果保留根号及 π)

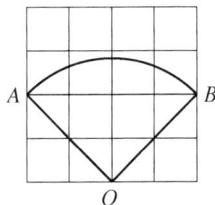

图 2-3

例 2-4 简单解答题的结构分析要注意题干＋填空/填表/作图：

已知抛物线 $y = -x^2 + 2x + 2.$

(1) 该抛物线的对称轴是_____,顶点坐标是_____;

(2) 选取适当的数据填入下表,并在图 2-4 的直角坐标系内描点画出该抛物线的图象;

x	...						...
y	...						...

(3) 若该抛物线上两点 $A(x_1, y_1)$、$B(x_2, y_2)$ 的横坐标满足 $x_1 > x_2 > 1$,试比较 y_1 与 y_2 的大小.

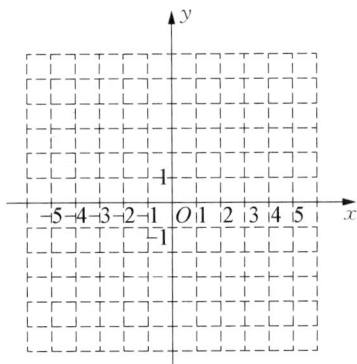

图 2-4

第三节　数学试题的分类和功能

一、数学试题的分类

试题的类型反映考试内容的形式,它服务于考试测量的目的、内容与要求,不同的题型,实现的功能不同. 题型与考试的效度和信度有非常密切的关系,同时,大规模教育考试对学校的教学和训练方式有明显的"指挥棒"作用. 不同考试应结合命题宗旨和目标,设计合适的题型,以实现对学生核心素养的测试.

通常研究数学试题的角度会根据需求而调整,因此数学试题可以按照不同的标准加以分类.

(一) 按考查知识点分类

将数学试题按知识内容的不同,分为算术、代数、平面几何、立体几何、解析几何和三角题等,这是一种最常见的分类方法.

按照知识点的不同分类,可以在不同层次上进行,如代数题又可以分为代数式、集合对应、函数、方程、不等式、复数、排列组合、二项式定理、数列等试题. 解方程题又可分为解整式方程、分式方程、根式方程等试题.

一个数学试题,如果涉及的知识超出某一单元或学科,则称这样的试题为综合题. 综合题有利于培养学生综合应用知识来分析问题和解决问题的能力,有利于培养学生思维品质的广阔性和多向性,因此在考试中采用这种题型压轴. 特别是有区分度的考试中更是离不开数学综合题. 但是综合题必须体现知识的内在联系,要注意综合题与堆砌题的区别.

如果把几个没有必然联系的问题生硬地扯在一起,就不能说是真正的综合题,只能说是简单的堆砌,如果用作考题,可能使做错前面一个小题的学生失去解出后面结果的机会,造成不必要的失分,难以考查出学生的实际水平,所以堆砌题在教学中是应该避免的.

(二) 按形式分类

形式是数学试题的外部特征,数学试题的形式和它的解法常常是有联系的,虽然这种联系不一定是必然的,如将几何按照形式分为证明题、计算题、作图题和轨迹题四类.

第一类　计算题或求解题

在这类试题中要求的是计算结果或识别、寻找、求出某种未知数及其值. 未知数或量可能是某种对象、物体、量、关系式及其位置或者形状等等. 这类试题包括:

计算各种代数式的值;求一个未知数的方程;解方程组;解不等式;几何计算题等.

第二类　证明题或说明题

在这类试题中,要求是证实某一个论断的正确性或者检验其真假,或者说明某一种现象、某一个事实为什么成立. 这一类试题包括:

证明恒等式;证明不等式;几何证明题;确定几何图形的形状;证明表达式、图形或事件的某种性质,如存在性等.

第三类　变换题或作图题

凡是在试题中要求变换某种表达式;要求化简为其他形式;要求作出某一几何图形或者表达式满足给定的条件等等都属于这一类. 它包括:

化表达式为标准的形式;化简各种表达式;多项式的因式分解;作出函数解析式的图象;尺规作图;作经过某种几何变换得到的新图形.

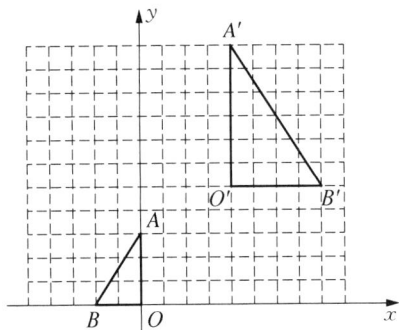

图 2-5

例 2-5　如图 2-5,在对 Rt△OAB 依次进行位似、轴对称和平移变换后得到 Rt△$O'A'B'$.

(1) 在坐标纸上画出这几次变换后得到的相应的图形;

(2) 设 $P(x,y)$ 为△OAB 边上任一点,依次写出这几次变换后点 P 对应点的坐标.

(三) 按开放性分类

凡是具有完备的条件和固定答案的试题,我们称之为封闭题. 而答案不固定或者条件不完备的试题,我们称之为开放题.

现行中学数学课本中的习题和考试中的试题大多数是封闭题. 开放题是在研究问题解决的热潮中出现的,封闭题和开放题各有千秋. 封闭题定向性强,有利于在不同条件下重复思维操作,是巩固推理技能和加强知识理解所必需的;开放性题则在不同的经验和能力水平的基础上通过自己的观察或理解,提出自己的解题思路,获得多种不同的解题方法.封闭题多用于巩固知识,起到了同化作用;开放题在解题的过程中要建立新的认知结构,起到了顺应作用.

（四）按评分的客观性分类

有唯一正确答案,不论谁评分都只能给出同一个分数的试题叫做客观性试题.正确答案可用多种方式表示,评分者须凭主观经验给分的试题,叫做主观性试题.

传统的证明题、计算题等都属于主观性试题,以证明题来说,虽然有明确的已知条件和求证结论,但是不同的学生可以依据不同的知识、采用不同的方法来解题.即使有同一依据、采取相同的方法,在叙述过程中,其繁简程度、清晰程度和严谨程度也各不相同.面对试题答案多种多样的情况,教师只能凭主观经验评分.因此采用主观性试题作为考试题目,从考试的准确性、可靠性来说有不利的一面.目前网上双评阅卷模式从一定程度上降低了主观阅卷中的误差,使整体成绩更可信.

客观性试题又分为选择题、填空题、判断题等类型.通常所说的客观性试题主要指的是选择题,选择题属于固定应答性题目,它的结构严谨.这种题目的答案学生不能自由发挥,不会出现部分正确的答案,也不可能在答案中夹杂与试题无关的内容,学生除了选择答案别无他途.因此在考试中采用客观性试题对于提高考试的准确性、可靠性有一定好处.

（五）按解题时思维方式分类

针对初、高中学业水平考试题型,可以分成以下 7 类:

（1）再认型试题:指对所学知识回忆、再认、辨认,即可回答的试题.

（2）推演型试题:指对已学知识直接引用,再根据相似、类似、借用、模仿的规律举一反三,进行推理考察就可以回答的试题.

（3）开发型试题:指必须发掘已学知识的内涵,包括描述性和程序性知识,作较深层次开发,从中归纳出某些规律和解题关键,据此推理解决的试题.

（4）重组型试题:指将已经掌握的多种信息（知识块、信息块）予以筛选、提取、转换、倒置,特别是正向、逆向、横向重组后才能解决的试题.

（5）结构反应型试题（也称信息迁移题）:指必须将试题所给予的新信息吸收消化后重组成新的知识结构,然后再按再认型、推演型、开发型或重组型的思维方式才能解决的试题.

（6）探究型试题：指问题本身比较复杂，要细加分析，分别予以讨论才能得到完整答案的试题. 或者是有多种可能解答还需要分类比较评价选择最佳答案的试题.

（7）结构不良型试题（也称开放性试题）：是指没有明确解决方法的问题. 结构不良问题的解决过程可以分为：理情问题及其情境限制；澄清、明确各种问题的角度、立场和利害关系；提出可能的解决方法；评价各种方法的有效性；对问题的表征和解法的监控；实施、监察解决方案；调整解决方案 7 个环节. 由于此类试题结构上的不明确性，解法规则和答案上具有模糊性、开放性和多样性，且需要综合大量不同领域的知识解决问题，所以它有利于考核学生的创新思维和解决问题能力.

例 2-6 结构不良型试题：

小胖和小瘦去公园玩标准的跷跷板游戏，两同学越玩越开心，小胖对小瘦说："真可惜！我现在只能将你最高翘到 1 米高，如果我俩各边的跷跷板都再伸长相同的一段长度，那么我就能将你翘到 1 米 25，甚至更高！"

（1）你认为小胖的话对吗？请你作图分析说明.

（2）你能否找出将小瘦翘到 1 米 25 高的方法？试说明.

【评析】 本题的解决过程受问题及其情境限制，需要澄清、明确该数学问题的模型，提出可能的解决方法，需要考生对问题的表征和解法的监控，实施可能的解决方案，调整解决方案等环节把握较好才行. 由于此类试题结构上的不明确性，解法规则和答案上具有模糊性、开放性和多样性，且需要综合大量不同领域的数学知识、生活体验来解决问题，因此有利于考核学生的创新思维和解决问题能力. 本题的解题命制过程与学生作答情况在本书第七章将全面阐述.

二、数学试题的功能

不同的研究者对数学试题的功能研究有着不同的界定. 美国《共同核心州立标准》的评估系统把数学试题按其对考生心理影响分为四种：选择反应性试题（selected-response item）、建构反应性试题（constructed-response item）、表现性任务（performance task）、革新性试题（innovative item）.

选择反应性试题要求考生根据题设从备选项中选择唯一或最佳的答案，包括单项选择题、多项选择题、是非题、匹配题、分类题以及其他的变异形式. 建构反应性试题,包括填格题(gridded-response item)、填空题(fill-in response item)和开放题(open-ended item),其应答形式和应答结果并不唯一,在设问方式上要求学生多方面、多层次、多角度地思考问题. 表现性任务是指提供学生具体操作的条件,教师直接观察或评价学生的表现,它不同于纸笔测验,可以考查比较复杂的知识与技能,以及创新能力和实践能力,不仅评价学生"知道什么",而且评价学生"能够干什么". 表现性任务和学习记录是两种收集学生学习进步细节信息的有效方式,它们给学生和教师提供丰富的反馈,并为公众报告和问责提供有效和可靠的信息.

革新性试题(innovative item),又称技术提升型试题(technology-enhanced item)或计算机提升试题(computer-enhanced item),是指借助计算机来考查传统纸笔考试难以实施测评的那部分试题,包括以图片、音频、视频为载体的试题. 这些元素具有交互、模拟功能,考生可以在动态化和情境化的环境中进行实时应答和参与. 革新性试题广受学生、教师和课程专家的喜爱.

由于不同的试题具有不同的属性和功能,因此,在实际的测验过程中,我们常常选择多种题型进行组合测试,这样可以有效发挥不同题型的作用. 我国高考数学考试一般只有选择题、填空题和解答题,较缺少表现性任务和革新性试题,选择题属于选择反应性试题,填空题和解答题均属于建构反应性试题.

第四节 数学考试题库的建设

为了使考试更加安全、科学和公平,考试的命题方式亟待革新. 数学教育考试题库建设成为必不可少的工作,要实现考试命题方式由会议任务型向日常题库工作型转变,命题思维方式由传统经验型向现代技术规范型转变,命题业务人员由管理型向专业技术型转变. 从根本上关注数学教育考试的整体质量,全面提升数学教育考试事业的核心竞争力和国际影响力.

目前我国题库建设经验较少,特别缺少大规模、高利害考试的题库建设经验. 题库命题的工作模式是怎样的? 基于题库怎样设计和产出试卷? 题库系统应该怎样设计,有哪些功能? 怎样获得试题的统计学参数? 怎样对试题和试卷的质量进行评价? 题库怎样维护和运转? 这些问题的解决,都要建立在对题库深入研究的基础上.

数学题库建设是一个系统工程,需要从数学题库软件的设计与实现、数学试题设计、数学试卷设计、题目的试测校准和等值处理、试题试卷评价和试题入库编码及题库调出的管理机制六个方面对教育考试题库进行较为系统的研究.

一、题库软件的设计与实现

各考试项目负责人及数学学科秘书经过分析、规划,提取出题库系统的需求规格说明,定义项目背景、各功能模块需求和对系统安全的要求. 根据需求设计系统的软件架构,定义和明确题库软件各功能模块的相关概念模型,定义和描述系统使用数据库管理软件、应用程序对数据库数据存储和检索的方式和要求、数据结构以及逻辑关系.

为了满足各数学考试项目、用户使用题库系统命制、管理试题和试卷的不同需求,在属性管理功能和代码实现阶段,探讨不同编辑器呈现和编辑试题的效果. 在此基础上,参考国际现行题库系统的模型,构造题库系统初始原型. 不断地进行迭代,每一次迭代过程中都利用面向对象的技术来实现,而且是增量式的.

二、基于题库的试题设计

试题的命制是题库建设的重要环节,试题的质量直接决定了题库的质量. 要将命题经验上升到制度层面,建立题库命题的理论与实践标准. 以基于题库的试题命制为主要研究内容,通过对比传统的经验型命题和题库模式下的命题,提出了题库命题的理念和原则;从宏观的角度构建题库命题的方向和质量标准;通过分析数学学科的主要特征和研究问题的方法、手段,建立起学科化的评价目标体系;通过总结以往题库建设的经验,科学设计题库试题的属性和入库标签.

三、基于题库的试卷设计

对基于题库的试卷设计要分析试卷设计过程中需要考虑的因素. 为确保试卷设计的合理规范,避免试题组配中的主观随意性,在研究中要着重分析命题细目表的设计与构建. 在题库系统中实现基于命题细目表的二阶段组卷策略.

题库命题方面可以进行"一题多卷""多题多卷"的探索,对"一题多卷"进行分类,明确"一题多卷""多题多卷"的操作流程. 总结多种形式试卷设计过程中需要注意的事项,提升实施效果.

入库的试卷应依据由"目标分类学"研发的编码打上试题标签、依标签进行检索,分类编码科学深入的研究对入库、检索、出库的效率及精准性都具有重要的意义.

四、题库试题的试测校准和等值处理

为了保证考试的公平性和可靠性,必须使题库中生成的试卷之间实现等值. 题库建设的核心问题就是标定和等值. 由于试测和等值工作对于人力、物力、技术力量特别是保密条件的苛刻要求,能够实现严格意义上的考前试测与考后等值的考试并不多,目前国内绝大多数考试的难度控制仍主要依赖于命题者的经验. 凭借经验的做法经常导致实测难度与预估难度产生差异,在实践中要探讨提高预估难度有效性的策略.

五、加强题库试题试卷评价研究

可以通过试测法和高级统计分析,探讨试题试卷的质量. 具体包括:运用验证性因素分析方法探讨数学考试的结构效度;运用概化理论和协方差分析探讨不同类型试题对于考查考生数学能力的贡献和测量精度;运用潜在类别分析方法对中、高考的选择题部分进行分析,探讨试题对考生群体的能力特征分类是否具有稳定性和一致性.

运用标准参照考试的理论和 Rasch 测量模型将考生的数学能力水平和不同版本的数学试题的考试分数转换到同一个分数系统上,对不同年度间试题水平进行比较,同时也对考生水平进行比较. 通过题库试题试卷评价研究,不仅实现对试题试卷质量的全方位评价,也要将高级统计模型应用在考试领域中.

六、试题入库编码及题库调出的管理机制研究

题库建设和管理是一项投入大量人力、物力和财力的工作,要保证题库软件的良好运行,科学命题和对试题进行分类编码,确保进入题库试题的高质量及存放得科学合理,必须建立良好的管理机制. 特别是对试题入库标签的科学性和合

理性重点关注,只有试题入库标签科学合理,试题分类和存放才精准. 只有这样在调用试题或更换试题时才高效. 通过对题库建设和管理整体流程及题库软件运行的详细梳理和分析,在总结以往入闱命题和现阶段题库命题经验的基础上,可以从题库的监测和评估、题库的维护和管理、试题沉淀及处理措施、题库的安全和保密四个方面进行研究,提出解决题库监测和评估的内容与方法、题库维护和管理的策略、试题沉淀的解决措施、题库安全保密的重要措施等.

第三章　如何设计好的试题

本章将概述命题设计思维背后的基本理念,这些理念也正是由命题设计者年复一年地实践并不断提升和完善的.不同的工作需要运用不同的思维过程和技巧来发展和实现有创造力的设计理念,其最终目的是以最好的方式来展现信息,并与参考师生进行有效的沟通.此外,命题设计思维还为命题设计进程提供了一个运行框架,有助于命题设计者从创意产生或概念阶段顺利推进到最终试题、试卷的审查复核过程中.

第一节　试题设计的进程

试题设计是一个过程,即把一项评价任务或要求转换为一个试题或评价方案.试题设计进程可以归纳为七个阶段:定向、调研、构思、初稿、研磨、实施和总结.设计思维贯穿于每个阶段.

首先,需要定向设计问题和目标受众.对于问题的准确理解有助于制定更多合理的解决方案,这一阶段决定了什么是该评价项目成功的必要因素.

调研阶段主要是收集信息,如设计评价项目的历史资料、被测研究资料以及反馈意见等,并且找出潜在的障碍.

构思阶段必须围绕满足评价的目的和需求进行讨论,可以采用集中研讨或入闱研磨等方法.

初稿是对试题设计构思的初步确认,在试做组和命题成员审核后提交给命题组织者.

研磨是改进那些经审查不太符合目标的方案.有些方案可能很实用,但并不一定是最好的.

设计理念的实施确保了试题设计的顺利进行,并且将最终作品(试卷)交付给考试组织者印刷.

最后的总结有助于提高试题设计人员的能力,因此命题设计者应收集教师和考试的反馈意见,并确定预期方案是否达到了既定目标,这也有助于日后进一步改善命题设计水平.

命题设计任务一旦确立就要立刻行动,在构思阶段产生创意或形成解决设计问题的理念,这也是设计进程中释放创造力的一个阶段.构思的目的是创造在随后的阶段中能够发展并解决问题的理念,因此需要关注创意而不是设计的词汇本身.

创造力体现出一种纯粹的独创意识,并且它是没有边界的.但是命题设计需要的是适用于特定目标的实用评价型创新,这受到了命题任务要求以及在调研阶段所产生的定量信息和定性信息的影响或制约.

构思阶段要注意把握如下几方面:

(1)基本命题设计方向:从已知点开始,命题设计者可以按特定的"方向"思考,以便从现有的设计中形成新的思路.特定的"方向"包括:差异、趋同、转换.

(2)构思的主题:命题设计人员经常要面对挑战,这种挑战是要在有限空间(试卷正文)中整合大量信息.有几个原则可以用于设计进程,并有助于战胜这一挑战:

① 简洁明了.

② 中心点:只挑选关键考查要素作为命题设计的中心点.

③ 自上而下和自下而上:系统地审视设计试题,然后向下挖掘,以在基础区域添加细节(自上而下),或首先聚焦于基本要素,向上运作以把这些链接成为系统的一部分(自下而上).

(3)灵感和参考:灵感是任何创造性活动中必不可少的,试题设计也不例外.灵感是命题专业设计人员从无数来源中吸收好的想法,产生激动人心的命题设计思路的关键.

(4)入闸风暴法:是一种集体开发创造性思维的方法,它同时有助于在构思阶段产生解决方案.

(5)评价价值:价值是设计中经常使用的术语,例如,命题设计者通过视觉识别的创新,提高一个试题的"附加值".然而在命题设计思维领域,我们所关注的是命题设计为教学所创造出来的价值,比如说直接引导教学,或者间接地提升学生对数学的兴趣.

（6）包容性：整合试卷设计过程中，重要的是牢记谁是目标受众，并考虑怎样的命题设计思路才可能与这些考生思想产生共鸣. 命题设计必须关注与谁沟通，而不仅仅代表命题设计者的品味. 包容性意味着需要事先调研并征求考生群体的观点、意见和看法.

（7）初稿：大多数命题设计者通过初稿把想法快速地呈现在文稿上. 初稿能够非常直接地传达出一个命题设计的符号和评价理念，可以被用于命题设计进程的许多步骤.

（8）命题设计提案：一定要把几种具有可行性的命题设计方案同时提交给命题组长，组长会在这些提案中遴选出一个大家都较满意的命题设计用来统卷.

随着基于标准的命题研究的深入，题型的创新与开发也得到重点关注，目前数学试卷包括单项选择题、多项选择题、逻辑推断填空题、数学填空题、计算题、证明题、应用题、数据处理题、举例题、开放题等题型. 高考数学正在开发下列 5 种新题型：

（1）多选题：选择题的答案不唯一，存在多个正确选项.

（2）逻辑题：以日常生活的语言和情境考查推理、论证、比较、评价等逻辑思维能力.

（3）数据分析题：给出一些材料背景，以及相关数据，要求考生自己读懂材料，获取信息，根据材料给出的情境、原理以及猜测等，自主分析数据，得出结论，并解决问题.

（4）举例题：要求考生通过给出已知结论、性质和定理等条件，从题干中获取信息，整理信息，写出符合题干的结论或具体实例.

（5）开放题：问答题开放设问，答案并不唯一，要求考生能综合运用所学知识，进行探究，分析问题并最终解决问题.

第二节　数学试题应具有良好的评价性导向

如何设计好的试题？如何使其具有良好的评价导向？只有摈弃应试教育的

纷扰,深入细致的品味试题及其与生俱来的特征,才能体会到不一样的新课程的评价理念,才能真正理解国家出台一系列提升命题质量文件、指导全面深化教育评价改革的初衷.

一、关于试题的哲学思考

试题和试卷都是数学评价思想落实的载体,是将被测的知识、能力及核心素养通过检测形式达到一个可视化的结果的手段.从符号学角度来看,试题和试卷也是符号的集合体,由语言的"能指""所指"及由不稳定状态指向稳定状态的问题"求解倾向",引出试题是"能测"和"所测"在测试环境、测试指向和限定时间阈值(以下简称:**测向阈**)中的统一体.

对试题的哲学思考源于索绪尔(Ferdinand de Saussure)把语言符号解释为"能指(signifier)"和"所指(signified)"的结合体.索绪尔所说的"能指"指的是语言符号的"音响形象","所指"是它表示的概念.

试题也可以看作符号的集合,而符号是一种关系."能指"就是符号的形式,亦即符号的形体;"所指"即是符号内容,也是符号"能指"所传达的思想感情,或"意义".符号就是"能指"和"所指",亦即形式和内容所构成的二元关系.例如中国的"龙"符号,那种奇特的动物形象是符号的"能指",作为中华民族的象征是"所指".交通信号灯是符号,红、绿灯是"能指","禁止通行""允许通行"的含义是"所指".由此理论拓展,可以认为试题的"能测"是试题的呈现形式,而"所测"是试题的所测内容,试题也可以看作是"能测"和"所测"在"测向阈"中的统一体.

美国哲学家皮尔斯(Charles Sanders Peirce)提出符号三元关系理论,将符号定义为任何一个事物.它一方面由一个对象所决定;另一方面又在人们的心灵(mind)中决定一个观念(idea).而对象又间接地决定着后者那种决定方式,我们把这种决定方式命名为解释项.由此,符号与其对象、解释项之间存在着一种三元关系.

皮尔斯的"三元关系"学说是对符号学理论最卓越的贡献,正是这种三元关系决定了符号过程(semiosis)的本质,也因此奠定了符号学科的理论基础.

由此可以进一步认为:试题是由"能测""所测"和"测向阈"(测试环境决定的限时和指向性)所构成趋向稳定状态的符号集.

考试实际上是考查被试的知识、技能、素养的提取和再现的过程.当然这种重复不是一般性重复,这种重复与类似性之间存在着本性上的差异.

考试中的再认(知识回顾、图示提取、解法确认)的一般性(知识能力有时"在场",有时也会"缺席")表现出两大秩序:类似性的质的秩序和等价性的量的秩序.重复和等值是它们的象征和追求,只有被测在考试中完美重复和等值再现才能取得高分.这就表明任何考试都不可能百分之一百准确测出学生的真实情况,任何考试都会在测评的精准性上有误差.

试题所承载的特定考试的评价特征称为试题考征,如呈现的试题类型、潜在的解答时间阈值、知识点考查水平、学科核心素养评价指向等.试题天生具有测评的指向性,其所指必须明确、科学和合理.

从评价的实践可以看出,评价与考试也是一种教育现象学运动,因此评价和考试(实践)也必须回到事物(评价和考试)本身,悬置那些干扰因素(应试文化影响、社会家长的教育焦虑),从"能测"与"所测"的角度来分析试题及评价的作用,科学合理地引导教育教学活动.

试题和试卷是考试指挥棒的主体,要具有良好的评价性导向作用,要引导对学生的学习掌握、实践探索以及思维方法等方面的能力的考查.能力和素养考核是中、高考的主要内容,主要包括:着重考查学生识别、分析、运用关键信息的能力,考查学生逻辑推理的能力,考查学生论证与证据使用的能力,考查学生发现、分析、解决问题的能力,考查学生清楚表达、清晰思维的能力,考查学生独立思考和创新的能力等,特别是对思维品质的强调,包括学生的形象思维能力、抽象思维能力、归纳概括能力、演绎推理能力、批判性思维能力、辩证思维能力等.将这些核心素养、关键能力以及思维品质贯彻到中、高考命题中进行考查,这也是中、高考命题的主要趋势和特征.

深化考试内容改革要求中、高考命题要坚持立德树人,加强对学生德智体美劳全面发展的考查和引导.要优化情境设计,增强试题开放性、灵活性,充分发挥中、高考命题的育人功能和积极导向作用,引导减少死记硬背和"机械刷题"现象.各地要加强国家教育考试工作队伍建设,完善教师参与命题和考务工作的激励机制,提升国家教育考试队伍能力和水平.

要使试题具有良好的评价导向,落实对数学核心素养的考查,就要分析数学核心素养研究和发展的脉络,总结数学核心素养的特点,提出数学核心素养的评价策略,即以知识为基础,以数学思想方法为引领,以情境为载体,注重综合性和层次性.要改革考查方式,实现考查目的和考查形式的完美统一,为数学核心素养的评价进行基础性的理论探索.

通过大量的"信息获取",收集适合命题的问题情境,合理地组织、调动各种相关知识与能力,开展命题设计.落实调研、探究或实验活动,分析结果,提出新观点或发现新问题,寻求提出有效的问题解决方法.在"语言表达"方面可根据问题情境的需要,合理地组织、准确传达信息、调动各种相关的知识与能力,熟练运用图象、图表、图形表达思维、观点,借助书面语言、符号或绘图工具等表达抽象的概念和数学思想.

可通过对 PISA、TIMSS 等大型国际考生学业评价项目试题的对比,结合我国的实际情况,深入分析优质试题与不合格试题的特征,以明确优质试题的特征是什么,不合格试题的"问题"又出在何处.确立优质试题的概念和标准,构建系统的命题策略,对不合格试题进行"问诊分析".确立批判性思维能力对提升和完善我国数学学科优质中、高考试题的编制策略所起的重要作用.

例 3-1 如图 3-1,管中放置着三根同样的绳子 AA_1、BB_1、CC_1.

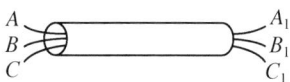

图 3-1

(1) 小明从这三根绳子中随机选一根,恰好选中绳子 AA_1 的概率是多少?

(2) 小明先从左端 A、B、C 三个绳头中随机选两个打一个结,再从右端 A_1、B_1、C_1 三个绳头中随机选两个打一个结,求这三根绳子能连结成一根长绳的概率.

【试题考征分析】 本题的"能测",即试题形式上的呈现,是紧密联系学生生活实际的数学探究活动及生活中的概率求解问题;"所测"是考查中考考生生活中的概率统计知识和数学建模、数据分析、数学运算等数学核心素养水平;"测向阈"是指该题出现在中考测试环境,学生为九年级完成义务教育阶段的毕业生,完成解答限时≤15分钟(否则会影响其他试题求解),以及指向被测学生用数学的眼光观察世界、用数学的思维分析世界、用数学的语言表达世界的能力水平.试题设计形式为数学文字、符号、图形所构成的可操作性的趋向稳定状态的符号集.

【命题意图分析】 本题的命制是想引导初中数学教学,落实数学探究活动,考查学生经历数学学习的过程和体验后,利用所学数学知识和技能、数学思想方法,探究并创新解决问题的能力.本题的编制过程将在后面章节给出.

二、数学试题应有助于促进问题意识的产生

新的考试评价体系,强调学习和测量的有效连接,不再是原来考试与学习的捉迷藏关系,而是互相促进、相辅相成的关系.新的考试评价体系对考试内容不再简单框定,对考试能力描述不再单一表述或呆板要求,而是讲求人才成长的动态性、学科发展的前沿性、学生学习的规律性.

命题者要通过设计生活实践情境和学习探索情境作为任务创设和基本知识能力,运用考查的载体实现对学生学科基本概念、原理、技能和思维方法的考查和选拔,着重考查学生运用所学知识、原理和思维方法发现问题、解决现实问题的能力.中、高考命题一方面将进一步创新试题的情境创设和呈现方式,另一方面将进一步加大试题的开放性和探究性,实现对学生创新思维和批判性思维的考查.在教学和命题实践中,越来越多的证据表明,情境已经是命题的必备要素,通过情境设置考查学生的关键能力和核心素养,是当前中、高考改革以及国际考试测量的基本方向.

近年来,中、高考数学科的试卷很注重探索情境类命题的设计,在情境营造方面下足了功夫,采用了很多图片和表格,图文并茂,大大加强了情境的新颖性和开放度.中、高考评价体系下的命题情境将进一步呈现出复杂性、综合性和创新性的特点,就是要通过各类情境的设置,考查学生综合运用知识的能力水平;考查学生独立思考、敢于质疑、发现问题、逻辑论证和批判性思维的能力;考查学生发现新规律、研发新理论、开发新技术、解决新问题的能力.对广大学生而言,大量刷题,死记解题套路,寄希望于猜题、押题等传统做法就显然行不通了.

重视变式理论及其对命题梯度化设计思想的影响,命题情境化要求命题尽量紧贴生活实践、科技前沿,考查相关学科应用能力的试题逐渐增多.中、高考试题的学科价值多在于考查知识的"应用性",运用所学知识解决实际生活中不断变化的问题,这也正是命题的目的所在.试题背景要与社会政治生活和经济生活的热点问题相结合,紧密联系生产生活实际和科学技术发展,使试题呈现出实际性、应用性和学科性.对数学应用能力的考核是对学生是否具备科学素养的初步考查,也是知识迁移能力的要求.为了加强实践应用能力培养的导向,试题常常融入很多知识点,要通过知识点之间的应用才能解答好题目.有些压轴试题知识点的变

式呈现与综合应用很多,而且各个知识点又是相互穿插融合的,这就要求考生的识别变式与综合思维能力必须提升.由于中、高考考生需要直面众多开放、创新和复杂的情境,这对考生的抽象思维能力提出了更高的要求.

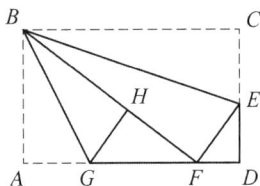

图 3-2

例 3-2 如图 3-2,在矩形纸片 $ABCD$ 中,$AB=6$,$BC=10$.点 E 在 CD 上,将 $\triangle BCE$ 沿 BE 折叠,点 C 恰落在边 AD 上的点 F 处;点 G 在 AF 上,将 $\triangle ABG$ 沿 BG 折叠,点 A 恰落在线段 BF 上的点 H 处.有下列结论:①$\angle EBG = 45°$;②$\triangle DEF \backsim \triangle ABG$;③$S_{\triangle ABG} = \frac{3}{2}S_{\triangle FGH}$;④$AG + DF = FG$.其中正确的是 _____.

(把所有正确结论的序号都选上)

【试题考征分析】 本题的"能测",即试题形式以填空题形式呈现,紧密联系学生实际的数学探究活动(折纸操作)及图形与几何的求值、判断、求解、证明;"所测"是考查中考考生探究活动中的图形与几何知识和数学建模、数学运算、逻辑推理等数学核心素养水平;"测向阈"是指该题出现在中考测试环境,学生为九年级完成义务教育阶段的毕业生,完成解答限时≤5 分钟(否则会影响其他试题求解),以及指向被测学生对数学的实用性、数学无处不在、数学可操作性(数学好玩)的理解.试题设计形式为数学文字、符号、图形所构成的可操作性的趋向稳定状态的符号集.

【命题意图】 本题的命制是想引导数学教学,有效地进行折纸的问题探究,落实实现教学中的操作实践活动.强调在考查学生经历数学实践的过程和折叠体验后,利用所学矩形、对称变换、三角形全等、数学计算与证明等数学知识和技能、数学思想方法,创造性地解决问题的能力.

三、数学试题应有助于引导创新思维的发展

中、高考评价体系的出台以及在命题中的实践,凸显了新时代中、高考综合改革对学生能力的考查要求,它既可以通过对高级思维能力的直接考查,也可以通过复杂、开放、创新的情境进行考查,还可以通过试题阅读能力的提升、紧贴社会现实与科学前沿、凸显时代感与重大社会现实问题等方式来进行考查.总体而言,中、高考评价体系的出台,就是要实现从原有的"考知识"向"考能力"的转变,实现

从原有的"解答题目"向"解决问题"的转变,从而积极引导教学注重学生的思维能力、学科素养和解决实际问题能力的培养.对于一线教师和教育工作者而言,中、高考评价体系下的命题变革要求在平时的教学中,完成从"教教材"转向"用教材"的思维切换,由粗放式教学转化为精准化指导,设置或运用真实情境,设计有效互动环节,在活动中综合训练考生能力.这既符合中、高考改革方向,又能提高学生的高阶思维能力,从而有利于学生的全面发展.

新的考试评价体系,不仅是中、高考实施的根本指南,而且也是对接高一级教育的重要保障和引领初、高中教育的重要参考.新的考试评价体系具有自身的鲜明特色.一是全新的评价理念,对思维的考查远远大于对知识的考查.二是独立的学科化操作.实施多年的文、理分科数学考试,最终将被全新的独立数学学科评价所替代.新的数学单科评价体系凸显数学学科特色,建立了符合自身学科素养培育特点的评价体系.

中、高考评价体系意图引导教学改革,就数学科目而言有这样一个清晰的立意:学生走出校门,即便忘掉具体的知识,却拥有了伴随终生的数学素养和基本能力.

新的中、高考评价体系实质是全新的科学测评体系.要实现从"考知识"到"考能力"、从"解答问题"到"解决问题"的转变,要走出"死记硬背"和"解题套路",提升学科的思维品质,培养高阶的思维能力,这既是未来"教与学"的主攻方向,也将是中、高考命题改革的基本方向.

当然值得注意的是,在中、高考评价体系下的命题不能无限度地加大对"能力"的考查力度,特别防止借改革之名增加试题量,增多试题中的信息描述和文字,不设天花板地增大探究性,过分扩大开放性,以确保试题、试卷的"能测"属性.

目前中、高考结束后大量的新试题汇编蜂拥而出,为新一届考生的刷题库添砖加瓦的局面应予扭转.要加大对各独立命题单位的督查力度,坚决撤销一些"滥竽充数"的命题单位的命题权,改革评价"良莠不齐"的局面,建立试题、试卷的评估机制,加大对优秀试题的甄别与遴选,实现"题不在多,有灵则明",切实从源头减少入库的"不良试题".对聚焦学生的思维品质、思维程序和思维方法特点以及考查考生的关键能力和学科素养的优秀试题给予褒奖.

建议对试题的著作权和版权的保护机制进行探索,让真正的精品试题得到相应的版权保护,以鼓励命题爱好者对命题设计的创新和追求.

这里需要强调的是,对学科素养和关键能力的重点考查是新高考有别于传统高考的主要特征,学科素养对命题中的科学思维、创新思维、信息加工、研究探索、语言表达作出了明确的界定和要求,这些都是批判性思维能力的具体体现,需要引起充分的重视.

命题要体现"科学思维"."科学思维"是指采用严谨求真的、实证性的逻辑思维方式应对各种问题,能够根据对问题情境的分析,运用实证数据分析事物的内部结构和问题的内在联系,以抽象的概念来反映客观事物的本质特征和内在联系;能够运用抽象与联想、归纳与概括、推演与计算、模型与建模等思维方法来组织、调动相关的知识与能力,解决生活实践情境或学习探索情境中的各种问题.

命题要促进"创新思维"的发展."创新思维"是指运用开放性、创新性的思维方式应对问题情境,组织相关的知识与能力,注重独立性、批判性、发散性的思考.能够综合运用直觉的、顿悟的、灵感的、形象的、逻辑的方法,提出新视角、新观点、新方法、新设想,创新性地解决生活实践情境或学习探索情境中的各种问题.

第三节　数学试题的科学性

一、概念必须明确定义

数学试题中概念和符号必须是明确定义的,其包含:一是考生已学习过的概念和定义;二是考生在审阅试题时在考场中实时生成的新概念或定义.不管是哪一种概念、符号,都必须具有"能测、所测"两种特性.

例 3-3　若两个二次函数图象的顶点、开口方向都相同,则称这两个二次函数为"同簇二次函数".

(1) 请写出两个为"同簇二次函数"的函数;

(2) 已知关于 x 的二次函数 $y_1 = 2x^2 - 4mx + 2m^2 + 1$ 和 $y_2 = ax^2 + bx + 5$,其中 y_1 的图象经过点 $A(1, 1)$,若 $y_1 + y_2$ 与 y_1 为"同簇二次函数",求函数 y_2 的表达式,并求出当 $0 \leqslant x \leqslant 3$ 时,y_2 的最大值.

【命题意图】　本题命制中采用了新定义法,给出新概念"同簇二次函数",在此生成该概念明确定义,"能测"要求在考场中考生结合已经学习的知识和体验可以快速生成可理解的概念. 本题干中概念阐述精准,定义明确,易于考生理解和运用. 一方面,对于"同簇二次函数"这一概念,考生通过其描述性定义结合已有认知,在考场易于生成,具备"能测"的基础;另一方面,"同簇二次函数"这一概念考查对象具体,指向顶点、开口方向都相同的一类二次函数图象,"所测"目标明确,检测维度全面. 应考虑到大多数九年级毕业生完成解答限时≤12 分钟(否则会影响其他试题求解),在命题设计的"测向阈"的阈值范围之内.

二、情境不可简单臆测

试题的情境必须是科学和合理的,简单臆测的结论是不能进入命题者的思考范围的,而且简单臆测特殊情况将会导致试题科学性错误.

例 3 - 4 在锐角三角形 ABC 中,角 A、B、C 所对的边分别是 a、b、c,且 $\dfrac{1}{\tan A}+\dfrac{1}{\tan B}=1$,$a\sin B=\sqrt{3}R$($R$ 为 $\triangle ABC$ 的外接圆的半径).

(1) 求 C 的值;

(2) 若 $c=\sqrt{10}$,且 $\dfrac{1}{a}+\dfrac{1}{b}=1$,求 $\triangle ABC$ 的面积.

【原题解析】

(1) $\dfrac{\cos A}{\sin A}+\dfrac{\cos B}{\sin B}=\dfrac{\sin A\cos B+\sin B\cos A}{\sin A\sin B}=\dfrac{\sin C}{\sin A\sin B}=1$,

由 $a\sin B=\sqrt{3}R$ 得 $2R\sin A\sin B=\sqrt{3}R$,即 $\sin A\sin B=\dfrac{\sqrt{3}}{2}$,代入上式得 $\sin C$

$=\dfrac{\sqrt{3}}{2}$,因为 $\triangle ABC$ 为锐角三角形,所以 $C=\dfrac{\pi}{3}$.

(2) 由 $\dfrac{1}{a}+\dfrac{1}{b}=1$ 得到 $a+b=ab$,

由余弦定理得 $(\sqrt{10})^2=a^2+b^2-2ab\cos 60°=(a+b)^2-3ab=(ab)^2-3ab$,

得 $ab=5$,即 $\triangle ABC$ 的面积 $\dfrac{5\sqrt{3}}{4}$.

【试题分析】 本命题情境抽象,在 $\triangle ABC$ 及其外接圆中讨论只限定 C 为锐角,而对 $c=\sqrt{10}$ 与(2)中的条件考虑不周全,出现臆测性错误,第(2)问中条件 $\dfrac{1}{a}+\dfrac{1}{b}=1$ 与题设中 $\dfrac{1}{\tan A}+\dfrac{1}{\tan B}=1$ 自相矛盾,根据不同条件计算结果并不一样.

【命题建议】 在第(2)问中给出了新的条件,但是如果用条件 $\dfrac{1}{\tan A}+\dfrac{1}{\tan B}$

$=1$,根据第(1)问得 $\sin A\sin B=\dfrac{\sqrt{3}}{2}$,所以 $ab=\dfrac{\sqrt{3}}{2}\cdot(2R)^2=2\sqrt{3}R^2$,又 $\dfrac{c}{\sin C}=\dfrac{\frac{\sqrt{10}}{\sqrt{3}}}{\frac{\sqrt{3}}{2}}$

$=2R$,所以 $ab=\dfrac{20\sqrt{3}}{3}$,所以 $\triangle ABC$ 的面积为 10.因为多给了条件,导致出现了两

个不同的答案.根据整体试题结构,可以删除第(2)问中的条件 $\dfrac{1}{a}+\dfrac{1}{b}=1$.

三、条件不能欠缺或冗余

试题的条件必须是充分和完备的,如果条件不充分或不完备,就会无法求解;如果条件过多也会导致命题意图不清,易导致学生解题思路混乱.这两种情况在命题设计中都应该避免出现.

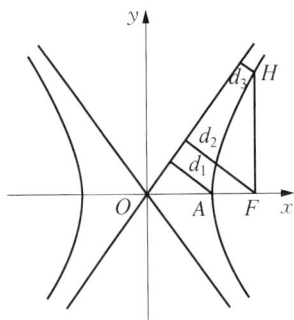

图 3-3

例 3-5 如图 3-3,A、F 分别为双曲线 $C:\dfrac{x^2}{a^2}-\dfrac{y^2}{16}=1(a>0)$ 的右顶点和右焦点,过 F 作 x 轴的垂线交双曲线于 H,且 H 在第一象限,A、F、H 到一条渐近线的距离分别为 d_1、d_2、d_3,且 d_1 是 d_2 和 d_3 的等差中项,则 C 的离心率为 _____.

【原题解析】 由题意可知,点 A 到渐近线的距离等于 FH 的中点 G 到渐近线的距离,其中 G 点坐标为

$\left(c,\dfrac{8}{a}\right)$,所以直线 AG 与渐近线平行,即 $\dfrac{4}{a}=\dfrac{\frac{8}{a}}{c-a}$,所以 $c-a=2$.又因为 $c^2-a^2=$

16,所以 $a=3$,$c=5$,$e=\dfrac{5}{3}$.

【常规解法】 由题意得点 H 的坐标为 $\left(c,\dfrac{b^2}{a}\right)$,图示渐近线方程为 $bx-ay$

$=0$,则 $d_1=\dfrac{ab}{c}$,$d_2=b$,$d_3=\dfrac{bc-b^2}{c}$.因为 d_1 是 d_2 和 d_3 的等差中项,所以有 $2\dfrac{ab}{c}=$

$b + \dfrac{bc - b^2}{c}$，化简得 $2a = 2c - b$，代入 $c^2 = a^2 + b^2$ 消去 b，得到 $(c - a)(3c - 5a)$

$= 0$，$e = \dfrac{5}{3}$.

【命题分析】　通过以上两种解答对比，发现该试题中 b^2 为 16 的条件出现冗余过剩，运用通法通性显然更符合学生考场思维且运算难度不大. 命题者原想强调数形结合的解题思想，以形降低运算难度，为了便捷用好 $c - a = 2$ 这个条件，给出了 b 值，用到 $c^2 - a^2 = 16$ 因式分解后得 $c + a = 8$. 如果不给 b 值，该题仍可求解，因此原题解析没有计算优势，易对学生解题思维形成干扰. 导致该题条件过剩的原因，在于命题者陷入自我设定中，而忽略了知识点的本质；后期校对过程中，试做与审题教师也只注意答案的正确与否，而没有对试题本身严格把关. 建议将双曲线方程改为 $C : \dfrac{x^2}{a^2} - \dfrac{y^2}{b^2} = 1 (a > 0)$.

四、文字、符号、图象必须简洁、明了

由于考试时间有限，所需考查的点较多. 作为数学试题的语言必须叙述简洁、清晰、明了，能够用图象说明的可以多采用图象法呈现.

例 3-6　如图 3-4，矩形 $ABCD$ 中，$AB = 3$，$BC = 4$，动点 P 从 A 点出发，按 $A \to B \to C$ 的方向在 AB 和 BC 上移动，记 $PA = x$，点 D 到直线 PA 的距离为 y，则 y 关于 x 的函数图象大致是（　　）.

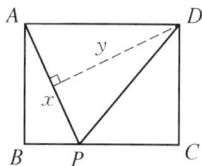

图 3-4

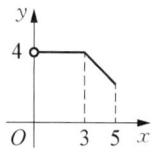

A.

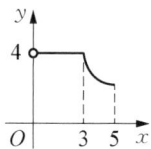

B.

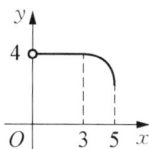

C.

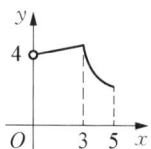

D.

【命题分析】　本题表明：作为数学试题的语言、符号必须叙述简洁、清晰、明了，能够用图象说明的可以多采用图象法呈现，这样可以减少文字阅读量，增加试题思路分析的清晰度. 命题者强调数形结合的数学思想，在命题评价中也能较好地体现出来.

五、用词避免脱离学生实际

作为数学试题的用词必须贴近学生生活实际,避免过于专业的词语出现在试题中.

例 3-7

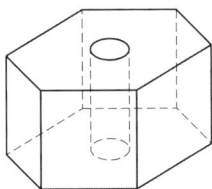

图 3-5

如图 3-5,六角螺帽毛坯是由一个正六棱柱挖去一个圆柱后所构成的.已知螺帽的底面正六边形边长为 2 cm,高为 2 cm,内孔半径为 0.5 cm,则此六角螺帽毛坯的体积是 _____ cm³.

【命题建议】 命题中六角螺帽毛坯中的"毛坯"一词与学生生活联系较远,不能正确理解该词含义会造成解题困难.建议不要用远离学生生活的太专业的术语,改用准确描述的数学语言即可.

六、问题求解必须是可行的

试题的设问必须明确,求解指向精准.这样可以方便考试中考生数学建模、动态演示(头脑中虚拟演示)和求解.

例 3-8 如图 3-6,Rt$\triangle ABC$ 中,$AB \perp BC$,$AB = 6$,$BC = 4$,P 是 $\triangle ABC$ 内部的一个动点,且满足 $\angle PAB = \angle PBC$,则线段 CP 长的最小值为( ).

A. $\dfrac{3}{2}$

B. 2

C. $\dfrac{8\sqrt{13}}{13}$

D. $\dfrac{12\sqrt{13}}{13}$

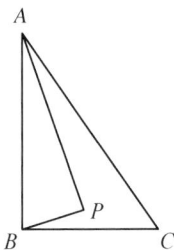

图 3-6

【原题解析】 如图 3-7,∵ $\angle PAB = \angle PBC$,$\angle ABC = 90°$,∴ $\angle BAP + \angle PBA = 90°$,∴ $\angle APB = 90°$,∴点 P 始终在以 AB 的中点 O 为圆心,以 $OA = OB = OP = \dfrac{1}{2}AB = 3$ 为半径的圆上.由图可知,只有当在点 P 在 OC 与 $\odot O$ 的交点处时,PC 的长最小.在 Rt$\triangle OBC$ 中,$OC = \sqrt{OB^2 + BC^2} = \sqrt{3^2 + 4^2} = 5$,∴ $P'C = OC - OP' = 5 - 3 = 2$,∴线段 CP 长的最小值为 2.

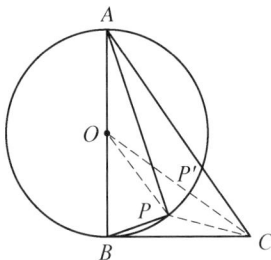

图 3-7

【命题意图】 本题的命制背景将"费马点"问题简明化,图形简单明了,适合学生构造"两边之和大于第三边"的数学最值求法模型.本题是动态几何型的选择题的压轴题. 命题者的命题目的是想引导教学,考查学生经历数学学习的过程和体验后,利用所学数学知识和技能、数学思想方法,灵活、创新地解决问题的能力.

七、难度加大的问题入口尽量要宽

有区分度的试题对考生的压力较大,入口较窄的试题尽可能不要命制,因为考试的目的不是为了出偏题、怪题去难倒考生,而是努力开放端口,让解题思路"条条大路通罗马",以达到科学评价的目的.

例 3-9　如图 3-8(1),在正△ABC 中,已知 D、E 分别为边 AB、AC 上的点,且 DE ∥ BC,设 CD 的中点为 F,正 △ADE 的中心为 O,求 ∠BOF 的大小.

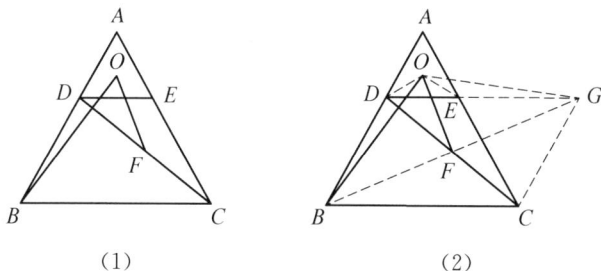

（1）　　　　　　（2）

图 3-8

【原题解析】

方法 1:

如图 3-8(2),延长 DE 至点 G,使得 DG=BC,则 DBCG 为平行四边形. 连结 OD、OE、OG、CG、BG,不难知 ∠ODB=∠OEG=150°, OD=OE, BD=CE=GE,于是 △ODB ≌ △OEG,

∴ OB=OG, ∠DOB=∠EOG. 又 F 为 BG 中点,所以 ∠BOF=$\frac{1}{2}$∠BOG=$\frac{1}{2}$∠DOE=60°.

方法 2:

如图 3-9(1),连结 OA、OD,延长 OF 至 G,使 GF=OF,连结 GB、GC,只要证明 △ODF ≌ △GCF, △ABO ≌ △CBG,便可得 △OBG 是等边三角形,从而得出 ∠BOF=60°.

方法 3：

如图 3 - 9(2)，取 DE 的中点 G，连结 DO、OG、GF，只要证 $\triangle ODB \backsim$ $\triangle OGF$，便易得结论.

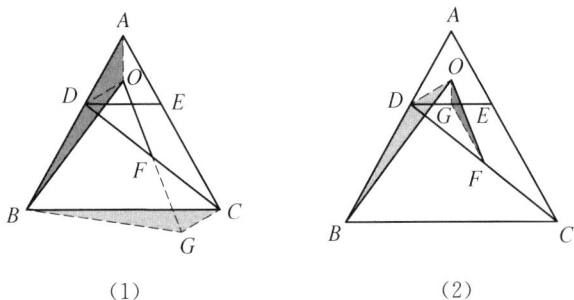

(1)　　　　　　　　　　　(2)

图 3 - 9

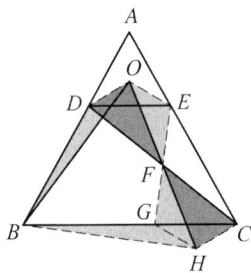

图 3 - 10

方法 4：

如图 3 - 10，作 O、E 关于 F 的对称点 H、G，连结 OD、OE、EF、FG、GH、HF、HB、HC，只要证明 $\triangle ODF \cong \triangle HCF$，$\triangle EOF \cong \triangle GHF$，$\triangle ODB \cong \triangle HGB$，便可得 $\triangle OBH$ 是等边三角形，从而得出 $\angle BOF = 60°$.

【命题分析】　命题意图主要是考查学生的几何推理能力. 解答本题需要综合利用所学三角形、四边形等知识，渗透图形变换的思想，有一定难度. 命制这样区分度较大的试题入口一定要较宽，表述简洁，本题共 48 个字符，图形直观且内涵深刻. 题设条件对结论具有启示作用，凭借几何直观，可以初步猜测 $\angle BOF$ 是 60°. 本题的"题眼"应引起重视，如中点 $F \rightarrow$ 中心对称，等边三角形 $\rightarrow$ 旋转变换，从不同的"题眼"切入，就可能会产生不同的证明方法，利于引导教学培养学生分析问题的能力，提升学生的发散思维.

第四节　建立数学命题理论

建立数学命题理论需要吸收、借鉴教育与心理测量领域的重要理论. 教育与心理测量领域中有三种重要的测验理论:经典测量理论(CTT)、概化理论(GT)和项目反应理论(IRT).它们分别从微观和宏观角度分析数据,能较全面解读测试结果,综合多种评价指标和统计图表,多元化呈现分析结果,可全面反映新题型试卷的质量与考生的能力水平.

一、中、高考命题的理论基础

主要依据有三个方面:斯皮尔曼(Spearman,1863—1945)的能力因素说理论、教育目标分类学理论和标准化考试理论.

1. 斯皮尔曼的能力因素说理论

有关能力的研究可以分为因素说和结构说.因素说是研究能力构成要素的学说,一般能力和特殊能力理论是因素说理论中有代表性的一种,最早是由斯皮尔曼提出的.斯皮尔曼为了说明能力的本质提出了二因素论,认为各种不同的能力包含着一种共同的因素,即 G 因素;除了 G 因素,不同的能力包含着各种不同的特殊因素,即 S 因素.

根据我国的数学教学实际和纸笔考试的实践,中、高考所考查的能力概念只含心理因素,不含生理因素;只含后天获得的东西,不含先天遗传的东西;着重考虑认知等智力因素,不直接考虑非智力因素.在这一意义上,按照心理学比较一致的看法,把能力理解为:对活动的顺利有效进行起直接、稳定的调控作用的个性心理特征.对于这一概念应注意三点:第一,能力是顺利完成某种活动的主观条件.因为顺利完成一项活动需要多方面的条件,既需要物质设备、工具等客观条件,也需要主体自身的知识、技能、能力、意志等许多主观条件,能力是这些诸多重要条件之一.第二,能力是指主观条件中的一种心理特征.这包含两方面的意义:①能力是主观条件中属于心理特征范畴的条件,因为主观中主体掌握的知识和技能不属于心理特征范畴.②能力是心理特征之一,因为心理特征除了能力之外,还包括性格、气质等.第三,能力总是和一定的活动相联系,并且直接影响人的活动效率.能力总是存在于具体的活动中并且在活动中表现出来,离开了活动,就无所谓能力.当然,其他心理特征,如性格、气质等也对活动有一定的影响,但只有能力才是影响活动效率最直接、最基本的效率特征.如果一个人缺乏从事某种活动的相应的能力,那么他的性格、气质再优越,也难以顺利有效地完成这种活动.

关于智力和能力,国内外心理学界对它们的理解很不一致,对这两个概念之间的关系也存在分歧.我们同意这样的观点:智力与能力是从属关系,智力是一个种概念,能力是一个属概念,能力的范围比智力大.能力可以分为一般心理能力和特殊心理能力.一般心理能力是指顺利完成各种活动所必备的基本心理能力,如注意力、观察力、记忆力、思维力等.智力就是这些在认识活动中表现出来的一般心理能力的一种综合的整体结构,就是在由它引起并与它相互作用的意识性的心理活动中的协调反应.思维力构成了智力的核心.特殊心理能力是顺利完成某种特殊活动所具备的心理能力,如数学能力就是一种特殊的心理能力,它是顺利完成数学活动所必备的心理能力.

一般认为应将数学能力区分为两种水平:一种是独立创造具有社会价值的数学新成果的能力;另一种是在数学学习过程中学习数学的能力.中学阶段数学教学应着重培养的和大学入学考试应着重考查的应是指第二种数学能力.因此把数学能力区分为两种水平是有意义的.但这两种数学能力有什么关系?它们有多大程度的相关?这是很重要的问题.如果这两种能力很不相同或相关很低,那么数学教学培养学生数学能力的意义就值得怀疑;数学考试能否有效考查学生的潜能,能否发现具有数学天赋的学生也值得讨论.命题人员创设的一些情境对命题人员和教师来说是已知的,但对考生来说却是陌生的,需要考生将已知的知识和方法进行重新组合,使之适用于新的情境.这需要考生有一定的创造性,但通常高中生的创造能力还达不到我们常说的数学家的创造的程度.

关于这两种数学能力之间的关系,可以归纳为三种不同的观点.第一种是以数学家阿达玛(Hadamard,1865—1963)为代表的,认为这两种数学能力本质是相同的,只是在程度上不同.第二种是以贝金汉姆(B. R. Buckingham)和贝兹(W. Betz)为代表的,认为这两种能力性质不同,中、小学生在其学习过程中表现出来的机动灵活性与科学家的创造活动具有本质的区别.第三种观点是以克鲁捷茨基为代表,其观点与前两种观点有所不同,这种观点认为学习数学的能力是创造性数学能力的一种表现,"对于数学彻底的、独立的和创造性的学习,是发展创造数学活动能力的先决条件——是对那些包含新的和社会意义的内容的问题,独立地列出公式并加以解决的先决条件".中、小学生的数学能力是高水平数学能力的初级阶段,中、高考所考查的主要是中学生应具备的基本数学能力.

根据心理学对能力的研究,能力包括各种心理过程——知觉、注意、记忆、想象、思维等方面的个性特征,作为能力的一种特殊形态或成分的数学能力理应包括各种心理过程的个性特征,因此我们关心的是具有数学特点的能力因素.从这一观点出发,根据数学抽象性、概括性的特点及数学活动"三段论"的观点,我们把数学活动中这种特殊的知觉及注意归属于一种有数学特征的能力——数学观察力;记忆、想象、思维方面的数学能力成分,我们分别记以数学记忆能力、空间想象能力和数学思维能力,这些都是具有数学特征的能力.此外,数学活动作为一种特殊的活动,对应一种特殊的能力成分,即数学化能力.由此我们得到数学能力结构的五大能力成分:数学观察力、数学记忆力、空间想象力、数学思维力、数学化能力.其中,数学思维力是数学能力的核心.

由各种能力因素的意义可知,运用思维块能力、迁移概括能力和直觉思维能力是较高层次的能力因素,这些能力因素的形成要有其他能力作基础.

总之,数学思维能力结构是一个具有整体性和层次性特点的系统结构.这对我们设计中、高考数学能力的测试与命题提供了一定的理论根据.

在中、高考中,对数学学科能力的考查是以数学知识为基础、以数学问题为载体的.应当注意的是,各种学科能力具有同等重要的意义."同等重要"有几个含义:一是学科能力要求不是以能力层次为出发点划分的,而是以学科能力因素的不同方面和不同特点划分的,不存在谁高谁低的问题;二是这些能力要求在命题中的地位是相同的,可以用不同的材料,通过不同的形式考查,不存在哪种能力重要,哪种能力不重要的问题;三是这些能力因素是有内在联系的,这种联系反映在试题上表现为一道试题可能有多种能力要求.一般来说,孤立地强调考查某一种能力是不适宜的,考生解决问题的过程是综合运用各种能力的过程,因此,中、高考中对能力的考查也应强调综合考查.再比如,数学科在考查逻辑思维能力时,经常通过具体的计算推导与运算能力结合考查;同时,在计算题中,也较多地融入了逻辑推理的成分,边推理边计算.因此在考查过程中应明确能力考查的目的,全面准确理解能力考查的意义,摆正各种能力考查之间的关系,确定合适的比重.

2. 教育目标分类学理论

在教育目标分类学研究中,以布鲁姆的教育目标分类学影响最为显著,其理论包括认知领域、情感领域和精神运动技能领域.布鲁姆对认知领域的研究最为深入.布鲁姆的认知领域教育目标模型由六个简单到复杂的层次构成,即:知识、理解、应用、分析、综合、评价.中、高考命题在应用这一理论的过程中,也发现一些问题,如认知层次划分没有学科特点,缺少一些重要的认知过程,不同的学科往往不能套用,如对数学、物理这样的学习科目,其至关重要的观察、实验和实验设计等项目未被列入上述的层次.针对这些问题,中、高考命题研究人员根据我国中、高考的实际情况进行了调整.根据这一理论,中、高考各科都确定考试的要求层次,多数科目分为三级,个别科目分为四级或五级.由于知识点的重要程度不同,所以在考查过程中对其要求的层次也不同.数学科的要求层次分为了解、理解、掌握、灵活运用四个层次.

3. 标准化考试理论

考试标准化包括试题编制、考试实施、阅卷评分以及分数转换与解释四个环节.在20世纪80年代后期我国的中、高考命题中已经逐步应用标准化考试的基本理论指导实际工作.

考试是个复杂的系统,它由考生、试题编拟者、评卷人、监考人以及课程标准(以前是考试大纲)、试卷、考场等相互联结而成,并且是由理解课标、制定考试计划、编拟试题与合成试卷、实施考试、评分和分数合成等环节所组成的大系统.考试所产生的误差是上述的各个环节误差的综合.要提高考试的效率,必须从考试的各个环节抓起.标准化考试就是这样的一种考试,它虽已有几十年的历史,但其含义仍未得到统一.标准化考试是在工业革命所引发的标准化思潮下产生的,而标准化的核心就是减少误差、提高精度和效率.因此下面的定义更可取:标准化考试是按照系统的科学程序组织,具有统一的标准,并对考试过程的各个环节的误差作了严格控制的考试.其中减少人为误差、提高评价信度和效度的做法值得借鉴.

二、建立数学命题理论的必要性

在数学教育评价活动中,"命题""解题"是最基本的活动形式.无论是学生的数学概念的形成、数学命题的掌握、数学方法和技能技巧的获得,还是学生智力的培养和发展,都必须通过"命题""解题".命题质量的高低是准确评价学生的知识、能力和发展素养水平的前提.

解答数学试题本身不是目的,而是一种获取考生学科核心素养水平的手段.同时,高水平的试卷也可以减轻学生考试负担,引导教学理性发展.

建立数学命题的一般理论,对数学试题的编制、数学试题的科学性、数学试题的错误分析、数学试卷的评价报告等有一定的指导意义.

目前我国要尽快建立教育考试的行业标准,所谓行业标准就是关于规范我国教育考试专业实践方面的技术说明和行为规范.不仅包括命题、题库建设,也包括考务等一系列环节.只有建立考试的行业标准,才能为判断教育考试技术的充分性、使用的适当性、分数的合理性、评价的科学性等方面提供依据.

数学考试之所以重要的一个原因是它具有考查考生解决问题潜在能力的功能.近年来,随着数学命题实践的发展,迫切需要提炼出有针对性的、操作性较好的命题理论.通过对数学命题实践中的一系列问题的研究,并随着国内外数学教育专家和教师的普遍关注和经验的积累,命题理论科学化的步伐已不可阻挡.

数学命题理论作为一种历史的产物是数学教育理论发展客观要求的反映.考试文化的兴起,高利害考试的影响,都迫切需要科学、规范、易操作的命题理论.从历史上看,成书于公元一世纪的我国辉煌文献《九章算术》、南宋数学家秦九韶所著《数书九章》都是一部百科全书式的问题集,其中的问题提出和简洁明了的描述为命题工作者提供了丰富营养的源泉.

同样西方欧几里得《几何原本》中公理结构不仅对数学学习影响深远,而且也深刻地影响了数学评价.古希腊学者丢番图的《算术》是关于代数的一部最早巨著,涉及代数数论的解析处理问题,代表了古希腊代数思想的最高成就.它也是一部问题集,书中每个问题都有不同的解法,为设计开放性试题提供了可供借鉴的方法.

上述所提到的中国古代数学著作一般认为是问题集,从实际生活中的问题出发,重视算的方法和技巧.而作为大规模的考试,其数学试题必须依据课标,其评价实践中必须蕴含从"**能测**"到"**所测**"的哲学思考.

数学命题要成为一门独立的学科,就必须从本身的特点和实践经验出发,运用现代语言学理论、数学教育学理论、数学解题学理论,通过科学的概括和整理,真正达到一种系统的、规律的、理性的认识.

第五节　试题设计思维

一、试题设计思维及其特征

一个"问题"能否成为"习题",关键看它能否在课堂教学中或之后起到对课堂教学的知识与技能"巩固与练习"的效果；类似地，一个"问题"能否成为"试题"，关键看它能否在特定考试中起到对考生的数学知识与技能、数学思想、数学基本活动经验的"能测"及"所测"的效果.

要对命题流程各环节给予科学界定，细化命题程序，制定命题各环节的质量控制标准.重视对考试结果的分析研究，努力实现从考试到评价的飞跃，并在新的命题理念指引下，对试题的创新设计进行探索和研究.

思维是建立在人们对现存事物充分认识基础之上，经过大脑对这些现存事物的感性认识、理解、分析、总结等逻辑思考过程，从而对其本质属性做出内在的、联系的、间接的、概括的反映.而设计则是通过一定的手段创造性地改变这些事物的性质，形成可以具备价值的物品的活动.

命题也可以看作是命题设计，通过一定的评价、审美理念和试题编拟等设计手段改变试题和试卷的呈现方式，更好地评价被测的学习状态，引导被测更好地发展.

我们对周围事物的感觉经验，都是通过各种信息接触媒介对过去的接触进行积累，进而判断和确定它的存在状态和精神价值.尽管生活环境、学习经验各异，但经过人类自觉和不自觉的归纳、总结，形成了几乎相同的感官经验（同感或共识）.正是在这种认识基础上，我们对设计思维才能抽象出来，形成科学体系，并能够建立认知评价模型等理性方式.

线条和符号本身是没有情绪的.但由于经验的积累，才使人感受到粗线的坚实、细线的纤柔.对称的线条有和谐美感，平移的线条有运动感，断挫的线条有停凝的感觉，不同符号有了不同美的象征意义.优秀的设计不用声音就可以表现节奏和旋律，不必模拟实物的外形，就能准确表达疏密、虚实、斜正等结构形态.利用点、线、面的规划，疏密均衡，大小错落有致，产生顿挫、缓急的节奏，进而达到优美旋律的追求.人们之所以产生优美的意识和情趣，其本质是人的思维状态起了作用，而并非是事物本身，事物应该是中性的，而人的自我认识和思维却是有方向性的.

正因为如此，要在命题实践中，在试题、试卷与思维之间建立联系，就必须要求命题设计教师有较高的审美情趣和扎实的形象、评价表达能力，能对命题技术和试题布局艺术进行合理的理解和优化处理，掌握与数学命题设计有关的自然科学和社会科学的知识，能够不断激发创造力与灵感，从而提高命题设计的内涵.

人类思维的过程在哲学意义上可以认为包括:分析、综合、比较、抽象、概括和具体化. 其中,分析和综合是思维的基本过程,其他过程都是从分析、综合过程派生出来的.

命题设计思维是思维方式的延伸,是命题设计过程中所必需的内容与方法,它不是设计的思维,而是独立成为系统的一种认识观和方法论. 人借助于思维将自己的本质力量对象化,因此命题设计与思维在思维过程中是一个完整的概念,"命题设计"是前提,限定了思维的范畴;"思维"是手段,借助于各种表现形式,最终形成设计思维.

设计思维过程是一个非常复杂的心理现象,创造性思维是逻辑思维与形象思维、发散思维与收敛思维等方式的有机结合. 命题设计思维的突破口在于整卷架构的形象思维,命题设计求解的答案不能直接利用逻辑推导出来,在一定程度上要靠命题设计教师的直觉和思维的创新.

命题设计教师经过有意识的训练与长期的命题设计实践,逐渐认识了设计对象与考试环境之间的各种联系,逐渐熟悉命题设计规律,从而形成一定的命题设计思维方式和方法.

命题设计教师的灵感来自于观察和体会,命题设计思维的演进是一个从形象思维启发开始,逐渐发展到逻辑思维推理的复杂过程. 在一定程度上命题灵感也属于命题设计思维的一种形式.

成功的命题设计者,就是利用"形象思维"来思索点、线、面、试题、试卷的构成,从而设计推演出有效的唤起美感的评价作品(试题与试卷).

有限的符号、文字视觉,配合少量的插图,要将这些素材提升为具备清楚描述事件或呈现评价美感的东西,必须通过"形象思维"直接捕获内心的原点,这是命题设计的有效途径.

命题设计最重要的是,设计者如何把评价涵养和观念传达给被测和各观者(社会利益方),以便使设计上的思想能进入观者的心灵. 这是充分利用命题设计思维的结果,同时又是命题设计过程中对试题编拟技法和整卷设计方法充分熟练运用的结果.

一般来说,数学习题的科学性应符合如下六条标准:有关的概念必须是被定义的;有关的记号必须是被阐明的;条件必须是充分的、不矛盾的;条件必须是独立的、最少的;叙述必须是清楚的;要求必须是可行的.

中、高考数学科考试属于学能测验,应当向能力素养测试倾斜,或者说注意能力素养考查. 当然测试能力素养必须以数学知识和技能为载体来进行. 不仅考查学生对初、高中阶段数学知识的掌握情况,而且以这些知识作为材料,考查考生在运用知识和方法过程中的学科能力和一般心理能力. 基于上述理念,在中、高考数学科考试中应采用以能力素养立意命题的思想. 建构主义认为,在具体问题中,知识并不是拿来便用,一用就灵,而是需要针对具体情境进行再创造. 学生的学习不仅是对新知识的理解,而且还是对新知识的分析、检验和批判. 知识在各种情况下应用并不是简单套用,具体情境总有自己的特异性,所以,学习知识不能满足于教条式的掌握,而是需要不断深化,把握它在具体情境中的复杂变化,使学习走向"思维中的具体". 实际上,考试特别是近年来中、高考,正是试图创设新颖的情境,考查考生在具体情境中应用知识的能力. 因此数学科近年提出了以能力素养方面的考查为目的,然后根据能力素养考查的要求,选择适宜的数学内容,设计恰当的设问方式. 强调以能力素养立意使命题工作发生了深刻的变化.

（1）在中、高考命题操作中,试题考查意向立足点的确定是一个关键问题. 在经验命题的年代,它的解决往往是凭借命题人员的个人经验,既缺乏深刻的理论指导,也缺乏有效的操作方法. 多年来,随着标准化命题的推进,解决这个问题的自觉性大为提高,从理论与实践的结合上日趋成熟. 就数学科而言,经历了"以知识立意"到"以问题立意",再发展为"以能力立意"的过程. 在中、高考命题中,试题立意的困难源于中、高考的社会性与中、高考目的的多重性,随着以能力立意命题方式的实行,在命题功能中不仅抓住了主要矛盾,而且还抓住了矛盾的主要方面,许多问题便迎刃而解.

（2）以能力立意命题,保障了中、高考突出能力与学习潜能考查的要求,使知识考查切实服务于能力考查. 这是因为,以知识立意命题往往过多地着眼于知识结构的系统性和完整性,着重考虑知识点和覆盖面,而其他的考查目的则只能依附于知识的考查,难以突出能力考查. 而以能力立意,命题时应根据以能力立意的要求确定试题的选材,自由裁剪、搭配各项考试内容,确定科学适宜的表现形式和提问方式,使情境与设问服务于能力考查的立意,达到目的与手段、形式与内容的协调统一.

（3）以能力立意命题拓展了命题思路,在选材时视野更为宽广,不拘泥于学科知识的束缚,更多地着眼于数学科学的一般的思想方法,着眼于有普遍价值和实际意义的问题,或实用背景.选材的观点提高了,命题者关注的是反映能力和潜能的本质特征,解决问题时的思维与操作活动的心理过程,体现思维品质与技能的典型问题,并以其为核心选用题材,构筑试题,使之对知识和能力的考查容易实现和谐统一的要求.以知识立意的命题不仅束缚命题的思路,而且难以解决考查知识与考查能力之间的矛盾.在着重考查能力的解答题中,在设计试题时也是尽量考查到一些数学内容,特别是相应的数学知识,这使得一些较好地考查能力的试题,因为不是知识的主体内容而被否定删去.

(4)以能力立意命题利于题型设计,易于形成综合自然、新颖脱俗的试题.因为现实世界的问题本身就是综合的,以能力立意命题,从问题入手,不囿于具体的知识和资料的束缚,用统一的数学观点组织材料,对知识的考查自然地倾向于理解和应用,尤其是综合和灵活应用,所考查的知识也往往是学科的主体知识,或者是知识网络结构中的交汇点部分,因此也较易形成不同综合程度的系列试题.这样可减少试题的反复修改,也可节省命题时间.同时这样设计的试题,深入浅出,不落俗套.

二、数学试题设计的基本方法

命题是对能力和素养的测量,考试对于考生能力的测量是间接的、主观的、相对的和不完全的.考试通过考生的应答,运用推理判断的方法来间接测量考生能力,而且只是根据考生的部分知识与能力"在场"的行为特征来作出不完全、相对的推测.考试从命题到评分的诸多方面都不可避免地具有一定的主观性.

数学试题的设计是一种有意义的创造性工作,首先要考虑科学性,确保能推导出来;其次要考虑推证和运算的繁简程度及其实际意义;还要注意目的性,不能矫柔造作故弄玄虚.设计数学试题的简单方法有演绎法、基本量法、倒推法、类推仿造法和改造成题法等.很多数学命题教师对数学的本质把握不到位,有些题目命制出来看起来像语文阅读题.究竟什么是数学?怎样才能命制有"数学味"的高水平试题?对此命题者有必要仔细思考.

在百度百科上,数学是"研究数量、结构、变化、空间以及信息等概念的一门学科";在《大不列颠百科全书》里,数学是"从计算、度量以及描述物体形状所发展出的关于结构、次序和关系的学科".很多人都给数学下过定义:数学是一切知识中的最高形式(柏拉图);数学是知识的工具(笛卡儿);数学是通往科学之门和钥匙

(培根);数学是科学的皇后(高斯);数学是符号加逻辑(罗素);数学是上帝描述自然的符号(黑格尔);数学是研究抽象结构的理论(布尔巴基学派);数学是一种别具匠心的艺术(哈尔莫斯);数学是各式各样的证明技巧(维特根斯坦);数学是无穷的科学(外尔).

各省教育厅下发的《关于全面落实中考中招改革进一步强化考试招生评价育人导向的通知》要求"严格依据各学科国家课程标准(2011年修订版)命题".课程标准对课程的具体内容、掌握程度、深度、广度、难度等都有明确界定,是教师施教的基本遵循.这里的"严格依据"指的是命题依据就是课程标准,试题的范围和难度不会超出课程标准.

命题必须坚持以学科核心素养为导向,准确把握"素养""问题""情境"和"知识"4个要素在命题中的定位及相互关系."情境"和"知识"同时服务于"问题"的提出和解决;"问题""情境""知识"三者之间存在密切的联系;情境的设计、知识的运用、问题的提出与解决应有利于实现对学生核心素养的测试.同时要运用考试测量技术,呈现不同陌生度的问题情境,搭建丰富、生动的测试载体,从而确定试题.图3-11给出了以学科核心素养为导向的命题框架.

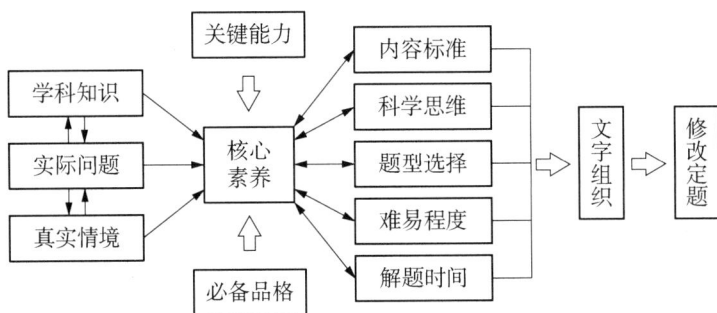

图3-11 以学科核心素养为导向的命题框架

三、基于证据中心的试题开发

1. 试题开发原则

高质量的试题是有效测试的重要工具,同时也是测试信度的重要保证和分数解释的重要依据.因此,试题的开发和设计至关重要,基于考试性质、学科规范、测量技术和评价理论,试题的开发需要遵循一定的原则,见表3-1.

表3-1　试题开发的基本原则

序号	基 本 原 则
1	科学性原则——考试命题清晰、准确、符合学科规范,无科学性错误
2	适纲性原则——考试内容和试卷结构以课程标准为依据
3	针对性原则——试题相互独立,具备明确的考试目标和考查功能,针对数学学科的重难点和考生的薄弱环节施测
4	适度性原则——题量合适、内容覆盖度高,难度水平和梯度与考生心理状态相适应
5	良构性原则——试卷布局科学、合理,结构良好,试题相互独立并有一定的综合性
6	规范性原则——试题和试卷中的概念、术语、符号、计量单位以及各种说明性语言,都必须符合数学的学科标准和规范,试题格式和陈述清楚明确、无歧义,参考答案易于操作
7	公平性原则——试题呈现的情境、材料以及评分标准不会对特定群体产生不公平的影响
8	度量性原则——知识的认知层次、能力的掌握水平、试题的难易梯度排列、综合程度的大小层次符合试卷规范和课程标准的要求
9	导向性原则——为教师教学和学生后续学习提供正确的导向
10	创新性原则——敢于创新,稳步创新,试题设计不落俗套,新颖而不怪异
11	完备性原则——试题、试卷、评分标准、版式印刷、配套资料等方面完整,无疏漏
12	整体性原则——试题整体感觉优美、自然、简洁、清晰

　　试卷的设计与开发是一项技术性和科学性都很强的工作,也是一项复杂的、综合性的系统工程,必须考虑影响试题质量及其实施的方方面面,不但需要成熟的测评理论作指导,而且需要先进的测量技术为支撑.试题开发的各个原则不是孤立存在的,它们相互交织,甚至相互制约,形成一个有机整体,共同约束试题的开发和设计.因此,只有将各项试题开发原则灵活使用,才可能命制出高水平的试卷.

　　基于证据中心的试题设计理念在考生应答、测量目标、分数解释之间建立了强大的证据链,以充分的理由为彼此提供证据支持.当然,试题和任务与标准的一致性仍然非常重要,但这里更需要强调每个试题和任务析出关于评价目标的证据,用以支持关于学生的包含在内容标准中的知识、技能和能力发展的论断.

　　2. 基于证据中心的试题设计

　　高质量的教育评价需要高质量的试题和表现性任务来支撑.高质量试题和任

务的最重要的特征是它有能力提供足够的证据来支持对于学生学习的任何决定，无论是高风险的还是低风险的，长期的还是短期的.

一直以来，教育者使用传统的方法来开发试题并测量学生的学习成果，传统的命题方法包括选题、改题和编题.选题，即选用已有的试题，所选试题要有一定的代表性，服务于特定的考查目的和考查要求.改题，即改造现成的题目，通过改变参数、替换条件、改造结构、变更题型、组合重整、使用等价命题、对原题进行特殊化或一般化处理等方式达到改题的目的.编题，即根据命题要求编制新颖的试题，这也是我国中、高考命题的主要方式.

因此，在试题命制和开发的过程中，每一步骤都需要有足够的证据支持所做的决定是恰当的.例如，为了提供学生已掌握加法运算的相关证据，试题需要重新基于"证据链"来进行设计，其目的是确保由试题析出的信息对于内容标准来说是合适的.基于证据中心的试题设计包括6个关键步骤，见表3-2.

表3-2　基于证据中心的试题设计关键步骤

序号	关 键 步 骤
1	清晰地定义需要测量的内容领域或范围
2	生成关于内容领域或范围的评价论断
3	清晰定义与内容领域相关的知识、技能和能力（它们被称为评价目标）
4	鉴别证据的类型，以便教育者对学生在评价目标成就方面作出有意义的评价
5	创建任务模型，描述能够析出证据的试题或任务的特征
6	基于任务模型开发一个或多个试题或任务

在这6个关键步骤中，定义测量的内容领域是前提，生成相应的评价论断是关键，形成测量的评价目标是主导，鉴别测量的证据类型是核心，创建测量的任务模型是手段，开发测量的试题或任务是成果.6个步骤环环相扣，紧密联系，构成了基于证据中心的试题开发与设计系统.

证据是基于证据中心试题命制模式的关键因素和内隐主线，也是连接标准和试题的桥梁.一方面，证据可以解释试题或任务模型是否体现了评价标准的相关要求；另一方面，证据可以用来确定评价标准或评价论断是否落实于试题或评价任务之中.从标准到试题生成的每一环节都需要上一环节提供相应的证据支持，如此一来,提供考生反应得到的考试分数就有了解释的依据,进而所作出的教育决策也就有了更多的科学的理由.

上述试题命制程序只是一种框架性结构,其实,真正的试题命制过程远比这个复杂得多,它涉及多个因素和多重环节,不但需要技术层面的设计和开发,还需要管理部门和教育行政机构的多项审核.

我们知道,创造一个公平、有效和可靠的测评系统是一个复杂的过程,涉及多项技术审核和利益平衡.美国加利福尼亚州将测验开发的步骤规定为:定义测验目的、开发测验规范、开发和试测试题(试题编写、指示、试用、试测、分析、选择和汇集).ETS的试卷开发过程更为详尽和规范,需要经过严格的多项审查,以达到质量和公平的最高标准.其中,试题的预测、反馈和修正是试卷质量保障的关键一环,这也是我国试题开发开始重视的方面,ETS试卷开发程序的规定见表3-3.

表3-3　ETS试卷开发程序的规定

步骤	解　释
步骤1:定义目标	谁将参加这个考试,用于什么目的; 什么技能和/或领域的知识应该被测试; 考生应该如何利用自身的知识; 什么问题应该被包含在测试之内,每种问题应该有多少,测试多长时间
步骤2:成立试题开发委员会	
步骤3:编写和审查问题	每个测试问题(由ETS成员或试题开发委员会编制)经历多次审查和修改; 确保试题尽可能清晰; 确保选择题只有一个正确答案; 试卷整体风格一致; 建构反应试题也要经历类似的审查
步骤4:进行预测	确定每个试题的难度; 确定试题是否明确或存在误导; 确定试题是否需要修订或删除; 确定试题是否需要修正或更换
步骤5:检测和消除不公平的问题	仔细检查每个测试问题,确保任何描述在语言、符号、单词、短语和内容等方面没有性别、种族歧视,或其他不恰当或冒犯任何子群体的可能; ETS统计学家检查两组知识和能力相似的考生是否能够得到相同的评价结果,即DIF检验; 在特定的试题上,如果一组始终比另一组的表现要好,那么,这个试题将需要得到额外的审查,并可能被视为有偏见或不令人满意的

步骤	解　释
步骤 6:组合试题	试题组合之后,还需要通过其他领域的专家或委员会审核,他们通常是外部专家; 每位审查员向试题开发单位独立提交审查结果; 请相关专家独立试测,确保所提供的答案是唯一正确的; 任何缺陷都需要在试题发布前解决
步骤 7:确保试题运行正常	统计学家和测试开发人员确保试题与预期运行一致; 在最终评分之前,对每个问题逐一进行初步统计分析和结果审查; 如果确实检测到有问题(如误导性的答案),则需要在分数报告之前采取纠正措施; 审查测验的信度; 判断根据考生在一个版本试题上的表现是否可以合理地预测在其他版本试题上表现

ETS 的试题开发遵循的是一个科学、系统的流程.明确考查的对象特征和考查目标是测验的前提;试题开发委员会从制度和组成程序上保障试题设计的规范性;各项审查意在保证试题与评价论断及评价标准和评价目标的一致性,同时关注特殊群体的考试要求;预测是对试题的实证检验,也是试题修改或更换的凭证;公平性审查也是试题命制的关键步骤.

ETS 与国际范围内的多个组织机构广泛合作已经超过 60 年,它在试题的设计、等值、量规和评分等方面遵照高质量的标准,按照测试领域的内容规范和评价标准来开发和分析评价,具体包括:基于证据中心的试题设计,精确而可信的试卷等值、量规和评分,分析和管理复杂的大规模数据,提升测验得分的公平、有效地使用.在"共识"的基础上自觉地践行这一原则,从其开发程序不能看出些许端倪.首先,测试目标的确定需要以考试性质、考试时间、测量内容和考生水平等因素为依据;其次,试题的审查和预测是试卷质量的证据基础;再次,试题施测的保障程序是分数解释和教育决策的证据支持.总的来说,ETS 的试题命制也是一种基于证据中心的试题命制模式.

以上流程是基于证据中心的试题设计的总体框架,涵盖了试题命制过程中的绝大多数环节,这些环节并非绝不可少,也不是唯一的顺序关系.但是,在试题命制的客观条件允许的情况下,遵循此流程来设计和开发试卷,无疑会提高试题的质量.

四、试题命制的具体操作

试题的命制过程实际上也是试题的设计过程,从现代艺术设计人才的培养模式上看,开启命题教师丰富自由的想象力是重要的一步.可以通过试题审美的理论和实践相结合的方法,提升教师的审美意识,让教师对设计艺术的特点进行充分感受,再辅之以提炼、概括,提高教师的命题设计审美意识.

整卷命题设计是以构型为主要表达呈现的,主要由整体设计、局部设计、试题设计等组成.通过对各类型测试题的重要特征的了解和认识,将其转换成评价设计的语言和元素,再进行重构和组合,形成新的视觉形态,然后在充分理解评价之美的基础上,融合具象思维并转化为抽象思维.尽量深入到学生生活实践中,汲取素材,追求"外师造化,中得心源".

要在发挥命题教师的主观能动性的基础上进行培养,促进他们出新题.因此,在命题中要用突破传统的命题模式,培养命题教师联想思维表达能力、理性构思能力、趣味构思能力.只有具备创造思维和数学评价构型基础,才能做好专业命题设计.

通过专业的命题实践,培养命题教师对客观物象的主观表达能力和创造能力.发挥评价中审美理念的作用,呈现出更具备设计感、审美层次高的试卷.整卷的科学、美观离不开每道试题的贡献,如何具体落实单个试题的内容和形式,应在命题组内讨论、切磋、磨合以将其打造成为适合科学评价的一部分.如表3-4所示,是命题中可使用的、操作性较好的考试命题设计诊断分析表.

表3-4 考试命题设计诊断分析表

素材来源	
评价理念	标题:主要评价的方面
	对此评价展开具体描述

	具体的题目和内容（能测）
题目呈现	
命题意图	命题的背景、选材是否符合课标和学生生活实际？命题的出发点、考查的方法和切入点是否贴切？对学生日后学习会产生哪些正面或负面影响？（所测）
诊断建议	本题在命制过程中还有哪些注意事项？如何修改会更有利于评价和学生的发展？

第四章　如何设计好的评价试卷

第一节　以创新视角看试卷

高考中,当监考教师拆开带有绝密字样的考卷,神秘由此被揭开面纱.参加高利害考试的考生在考前敬畏的试卷挥洒充满艰辛的墨迹,试卷的神秘由此变成真实而明确的符号集合体,试卷的命题创新与质量由此进入媒体、家长、学校等相关利益方的关注与评价之中.

如何看待平凡过、神秘过的试卷? 难道它仅仅是黑白点、线的结合体? 如果把试卷的命制和发展的历程作为研究对象,赋予对其的尊重,冥思隐藏其中的测评理念、主线和手段,那试卷又成为了具有生命的、有着美的韵味的可爱之物.

一、从生态学角度看试卷

试题与试卷的关系恰如一棵大树,试题的题型、题组题目、选择项等如树的根、干、枝、叶,选择题常用题干和选择支描述.各类试题组合成试卷,不应该是简单堆砌,而应该是各部分组织有机地联系在一起,通过数学思想方法这一脉络贯穿联结为一整体.整卷要图文并茂,每页适当配图,呈现青山绿水、和谐评价的生态感.

二、从建筑学角度看试卷

试题与试卷的关系恰如一座拥有众多房间的高楼,试题的题型如高楼的层,试题为独立功能的房间,房间通过电梯、楼梯、水电管线等相互联系,试题间通过评价理念、知识点关联、数学思想方法的布局等相互联系.试题与试卷的关系恰如模块与整体.由试卷命题要先作设计蓝图可知,命题的设计思维,从整体结构到具体落实,也都渗透了建筑设计的思想.由此可知由试题组成的试卷,并不是简单的试题堆砌,也不应该是知识点简单的顺序排列,其中的组织编排要具有周密的设计与规划.

三、从音乐学角度看试卷

激发学生喜欢数学的重要因素之一是数学的和谐与美.随着社会的进步、人类的发展,人才对国家的发展越来越重要.而考试是国家选拔人才最主要的,也是最重要的方法.考试焦虑症是因为考生的学习压力过大而造成的,如何缓解考试压力,放松心态,也是一个优秀命题者应该追求的.

设计图文并茂的试卷,把简洁明了、赏心悦目的高质量试卷提供给考生,让考生适应考试从易到难的梯度,调节好心理,努力地在考场上攻克难题,遇到确实一时难以解决的困难,也能以正确的心态轻松面对考试,从而发挥出自己最好的水平,这是一名优秀命题者应该倡导的.

试题在试卷中的位置顺序会极大影响考生的解题心态.将不同知识点、水平要求层次不一样的试题错落有致地组合,体现出和谐的音律,使压轴题变得像交响乐的高潮,这样,考生战胜困难的信心会随着战胜困难的和谐体验大大提高.这样的试卷其艺术性是不言而喻的.

四、试题开发阶段的职责

试题命制是一项科学性、技术性、程序性和创造性都非常强的工作,作为项目(评价)而言其开发与维护(题库)也是一个复杂的、长期的、资源密集型的工作.在试题开发的整个过程中需要试卷开发者明确试卷开发阶段的职责,见表 4-1.

表 4-1　试卷开发者在试卷开发阶段的职责

序号	试卷开发者职责内容
1	提供测量内容的证据和被试、试卷的优势和局限性,以及测试分数的精度
2	描述被测试的内容和技能是如何被选择的、相应试题是如何被开发的
3	与期望的试卷使用者交流试卷特征的详细信息
4	提供试卷审核、选择和管理方面的知识与技能的指导和训练
5	提供技术质量(包括效度、信度和试卷满足预定目标)方面的证据
6	给试卷使用者提供测试问卷、测试指导、答题卡、操作手册和分数报告等方面的样例

序号	试卷开发者职责内容
7	在开发测试问卷和相关材料时,避免潜在的冒犯性内容或语言
8	为特殊被试(如残疾者)提供修订的测试模式或管理程序
9	获取和提供不同亚群体测验表现的证据,并获得足够的样本量来进行亚群体分析,评价证据,确保学生测验表现的不同是缘于被测试者的知识、技能和能力的不同

第二节　从设计学的角度看待试卷

命题是考试的中心环节.要提高考试工作的质量,关键是规划好蓝图以提高命题的效率和效果.命题的蓝图是规划试题如何编制、试卷如何组成的方案,是供命题者编制试题和试卷的依据,也可以看作是一份组卷细节呈现图.如果命题计划制定得准确、合理,那么只要命题者严格按照命题计划编制试题、试卷,就可以保证试题、试卷的质量.

科学化的考试工作以命题为中心可以分为前后两大步骤:

第一步,确定考试目标——明确考试内容和方法——编制命题规划(考试蓝图).

第二步,选择试题类型——编选试题——组卷——制定评分标准——印刷试卷——实施考试——评卷——成绩的解释与使用.

第一步完成的只是考试的想法和计划,只有经过具体的命题才能转化为可执行的东西;第二步是以命题的结果(试卷和评分标准)为测量工具和读数依据来实施具体测量和处理、使用测量数据.第一步设计得再好,计划编制得再完善,如果命题细节工作没做好,也不会产生好的考试结果;测试过程再严密,数据处理得再科学,如果试卷编制得不好,也不可能很好地实现考试目标.所以要做好考试工作,必须抓好命题环节的工作.

命题工作的重要性还表现在许多考试的试题不仅是一定时期、一定阶段的教育和教育测量水平的反映,而且还是一种重要的历史资料,它的作用和价值,并不随考试的过去而消失.做好命题工作,提高考试质量,有着比实现某次考试目标更为深广的意义.

一、数学试卷双向细目表

双向细目表是根据教育评价目标模型制定的命题蓝图,一般包括知识、能力和要求层次两个维度.在实际应用时应注意,首先,双向细目表具有局限性.双向细目表只规定了基础知识的要求层次,是以知识立意命题的产物.以知识立意的命题方式着眼于知识结构的系统性和完整性,着重考虑知识点和覆盖面,而其他的考查目的只能依附于知识,顺带考查,造成了考查目的的随意性和盲目性,也限制了人为的调控.目前中、高考的数学学科考试更强调在考查基础知识的同时考查能力,同时学科考查要求还包括其他内容,如学科的思想和方法等.数学科中提出了数学思想和方法的三个层次考查目标,包括数学思想方法、逻辑学中的方法和具体的数学方法.在从以知识立意为主过渡到以能力立意为主的命题的过程中,应把能力的考查放在首位,在双向细目表中应充实能力和思想方法的要求.因此,理想的命题细目表应不止二维,而应包括方法、思想、能力,可能是三维、四维甚至更多维度.

制定双向细目表或多维细目表必须对如表 4-2、表 4-3 和表 4-4 所示的《布卢姆认知目标分类学 2001 版》中的教育目标分类有比较深入的理解,这样才能制定出科学、合理、针对性强的细目表.

表 4-2 《布卢姆认知目标分类学 2001 版》教育目标分类

知识维度	认知过程维度					
	1. 记忆	2. 理解	3. 应用	4. 分析	5. 评价	6. 创造
A. 事实性知识						
B. 概念性知识						
C. 程序性知识						
D. 元认知知识						

表 4-3 新认知目标分类学知识维度的框架

A. 事实性知识——学习者在掌握某一学科或解决问题时必须知道的基本要素
Aa. 术语知识
Ab. 具体细节和要素的知识

B. 概念性知识——某个整体结构中发挥共同作用的各基本要素之间的关系 Ba. 类别与分类的知识 Bb. 原理与概括的知识 Bc. 理论、模式与结构的知识
C. 程序性知识——如何做事的知识;探究的方法;运用技能的准则;算法、技巧和方法的知识 Ca. 具体学科技能和算法的知识 Cb. 具体学科技巧和方法的知识 Cc. 确定何时运用适当程序的知识
D. 元认知知识——关于一般的认知知识和自我认知的知识 Da. 策略知识 Db. 关于认知任务的知识,包括适当的情境性和条件性知识 Dc. 自我知识

表 4-4　新认知目标分类学认知过程维度的框架

1. 记忆——从长时记忆库中提取相关知识 1.1　识别:从长时记忆库中找到相关的知识与当前呈现的信息进行比较,看其是否一致或相似. 识别的替换说法可以是"确认" 1.2　回忆:指当给予某个指令或提示时,学习者能从长时记忆库中提取相关的信息. 回忆的替换说法可以是"提取"
2. 理解——能够确定口头的、书面的或图表图形的信息中所表达的意义 2.1　解释:学习者能够将信息的一种表征方式转换成另一种表征方式,如不同语词之间的转换、图表转换成语词或反之、数字转换成语词或反之,等等 2.2　举例:学习者能指出某一概念或原理的特定事例. 必须指出的是,这个事例应该是教师讲解和教科书举例中没有提到过的新事例,这才是属于理解的范畴,否则就是记忆了 2.3　分类:学习者能够识别某些事物(如某一事例)是否属于某一类别(如概念或原理). 分类能够查明既适合具体事例又适合概念或原理的相关特征或范型. 如果说"举例"是从一般概念或原理出发,要求学习者找到相应的具体事例,那么,"分类"则是从具体事例出发,要求学习者找到相应的概念或原理 2.4　总结:学习者能提出一个简短的陈述以代表已呈现的信息或抽象出一个一般主题 2.5　推断:学习者能够从已有的信息中得出结论. 当学习者能够从一组事例中发现特征及其相互联系从而抽象出一个概念或原理时,这就表明其能作出推断 2.6　比较:查明两个或两个以上的客体、事件、观念、问题和情境等之间的异同. 比较包括了发现要素或范型之间的意义对应性 2.7　说明:学习者能够建构或运用因果模式. 这一模式可以从正规的理论中推演,也可以依据经验或研究得出. 一个完整的说明包括阐明某一系统中的主要部分是什么,它们之间如何发生变化,等等
3. 应用——在特定情境中运用某个程序 3.1　执行:学习者面对的是一个熟悉的任务,所做的是执行某一程序. 执行更多的是同运用技能与算法相联系的. 技能与算法有两个特点:一是其步骤遵循着固定的程序;二是只要正确地执行,其结果是一个预期的答案

3.2 实施:学习者要选择和运用程序以完成一个不熟悉的任务.因为要求作出选择,所以学习者必须理解问题的类型及适用程序的范围,因而常与其他认知过程(如"理解"和"创造")结合使用.实施同运用技巧或方法类的程序性知识有关.它们有两个特点:一是程序并非固定,而是一个有不同"决策点"的流程;二是正确运用程序时常常不存在单一的、固定不变的答案,尤其是在运用概念性知识时更是如此
4.分析——将材料分解为其组成部分,确定这些部分是如何相互关联的以及部分同总体之间的联系 4.1 区分:学习者能够按照其恰当性或重要性来辨析某一整体结构中的各个部分 4.2 组织:指确定事物和情境的要求,并识别其如何共同形成一个一致的结构.组织常常与区分一起进行.也就是说,先要确定相关的或重要的因素,然后再考虑要素适配的总体结构 4.3 归属:指学习者能够确定沟通对象的观点、价值和意图等.归属属于"解构"的过程,期间学习者要确定作者的意图.如果要作出"解释",学习者只要去理解材料的意义就可以了,但"归属"则要求超越基本理解去推断材料的意图或观点
5.评价——依据准则和标准来作出判断 5.1 核查:指对某一操作或产品检查其是否内在一致.例如,结论是否从前提中得出;数据是否支持假设;呈现的材料是否互相有矛盾;等等.当核查与"计划"("创造"中的一个子类)和"实施"("应用"中的一个子类)相结合运用时,就可以确定该计划是否运作良好 5.2 评判:指基于外部准则或标准来判断某一操作或产品的一致性程度.评判是批判性思维的核心
6.创造——将要素整合为一个内在一致、功能统一的整体或形成一个原创的产品 6.1 生成:指学习者能够表征问题和得出符合某些标准的不同选择路径或假设.这里的"生成"同"理解"过程中各个认知子过程不完全一样.一般来说,理解所包含的各个认知子过程也都带有生成的功能,但往往是求同的(如领会某一种意思),而此时的生成却是求异的,尽可能提出不同的解决路径 6.2 计划:指策划一种解决方案以符合某个问题的标准,也就是说,形成一种解决问题的计划.通常在生成阶段最初问题表征时所考虑的解决路径往往有多种,经反复推敲调整,会慢慢走向求同,形成一条新的解决路径 6.3 贯彻:指执行计划以解决既定的问题.贯彻要求协调四种类型的知识,同时也不是非得要强调原创性和独特性

命题细目表的制定过程是动态的.命题之初,可以根据课标的要求、数学科的特点、以往的经验和当年的实际情况制定命题细目表.但这只是一个初步的设想和粗糙的轮廓,在命题过程中应根据实际情况不断调整.特别是在以能力立意的命题中,应根据立意的要求确定命题的情境,自由剪裁,搭配各项考试内容,确定数学科适宜的表现形式,使情境与设问服务于立意,达到目的与手段、形式与内容的较完美统一.

案例 4-1 中考双向细目表——以知识点划分

中考数学试卷的双向细目表可以以课程标准较为具体的知识点为基本单位

进行设计,具有较强的可操作性(表4-5).该命题细目表中,一方面,它对数与代数、图形与几何、统计与概率、综合与实践等内容标准的大类进行了知识层面的覆盖,可以有效地保证课程标准之内容标准的落实.另一方面,它又从课程标准所规定的初中毕业水平在知识与技能、数学思考和解决问题等方面发展应该达到的要求出发,以对数学思想发展情况的考查为根本(针对函数与方程思想、转化思想、数形结合思想、统计思想的考查占全卷满分的33.33%),将学生获得数学常识(主要是配方法、确定圆心、点的坐标、众数、中位数、基本运算、幂的乘法运算、式子表示、基本推理、勾股定理、无理数概念等,直接针对它们的考查分数占全卷满分的36.67%)、数学素养发展(主要是数感和空间观念,直接针对它们的考查分数占全卷满分的12.5%)及用数学能力的发展(主要是获取图形信息、体现数学工具性的应用、综合应用等,针对它们的考查分数占全卷满分的17.5%)有机地统一起来,既兼顾了具体编制考试题目的要求,又较好地保证了考查初中数学教学整体性目标的实现.当然,本表没有包括对分类讨论的思想进行针对性的考查,而且从中也难于获得课程标准之"学段目标"部分的信息,这种做法是否合适,尚有待进一步研究.

表4-5 某省中考数学试卷双向细目表

题号	考查内容	内容分类				数学思想方法
		数与代数(分值)	图形与几何(分值)	统计与概率(分值)	综合与实践(分值)	
1	有理数乘法运算	3				基本运算
2	合并同类项	3				基本运算
3	解一元二次方程	3				基本运算
4	三角形的内角和		3			基本运算
5	反比例函数性质	3				跨学科,体现数学的工具性
6	二次函数	3				配方法
7	圆周角与圆心角的关系		3			转化思想
8	确定圆心、点的坐标		3			
9	众数、中位数			3		

题号	考查内容	内容分类				数学思想方法
		数与代数（分值）	图形与几何(分值)	统计与概率(分值)	综合与实践(分值)	
10	找规律、列代数式	3				式子表示
11	幂的乘法运算	3				
12	用有理数估计无理数	3				数感
13	视图（主视图）		3			空间观念
14	方程应用（打折销售）	3				方程思想
15	二次函数的性质	3				数形结合
16	勾股定理、无理数概念	3				
17	分式乘法运算	6				基本运算
18	解不等式组	7				基本运算、数形结合
19	概率的意义及简单计算			7		统计思想
20	统计图			8		图形信息
21	一次函数	8				数形结合
22	全等三角形		8			基本推理
23	几何知识的应用				9	函数与统计思想（几何建模）
24	图形变换		9			空间观念
25	综合应用		10			
合计		54	39	18	9	

以能力立意命题在全卷的规划时,对试题的整体布局、层次安排有高屋建瓴之势.以能力考查统领全局,考查全面合理,能兼顾各个水平层次的考生,确保考试的区分度.因为重视能力,重视考生的心理活动,对试题难度的把握就会更有分寸,所提供的成绩就更具有可信度.以能力考查为核心构筑试卷,可使能力的考查全面合理,层次分明,对考生区分精确合理,为高一级学校选拔新生提供真实可信的成绩.

案例 4-2 中考双向细目表——以能力水平划分

有的地市中考数学试卷在编制双向细目表方面进行了另外一种尝试,在编制知识细目表的同时编制了能力双向细目表(表4-6).在知识细目表中,将各题所考查的课程标准之内容标准的四级知识点及覆盖强度(赋分)明列出来,保证了试卷具有较高的内容效度.而在如表4-6所示的能力双向细目表中,又从事实性知识和简单技能、理解概念、运用规则、解决问题几个具有可观察特征的维度,使试卷所考查的知识成为一个整体,较为全面地把握了课程标准所规定的毕业标准,保证了试卷具有较好的结构效度.当然,由表4-6难于直接发现其对课程标准所倡导的数学思想和重要方法的考查情况,这有可能是在进一步完善此类双向细目表设计时应该加以研究解决的.

表4-6　中考数学试卷能力双向细目表

内容领域与考察要点　　相关题数　　评价的能力		事实性知识和简单技能	理解概念	运用规则	解决问题
数与代数	数与式	2	1	1	3
	方程与不等式		1	3	
	函数	1	1		
图形与几何	图形的认识	2	1	2	2
	图形与变换	1		1	
	空间与坐标	1		1	
	证明			1	
统计与概率	数据统计		2	1	
	不确定现象			1	
分值合计		15分	30分	60分	45分

在命题过程中,当然也应注意以能力立意命题的一些不利影响,例如可能导致试题总体上偏难,某些知识点或技能容易出现重复考查等,因此要注意及时调整.同时在命题过程中,在立意之后还要考虑方法的运用、知识的布局、题型的选择、难度的配比、分值的分配、参考答案的编拟等.

二、中考试卷内容结构多向细目表

某些地区从试题所考查的知识领域,认知水平层次,以及主要学科能力与思想方法、数学活动过程、数学思考、问题解决能力的实现情况三个维度设计试卷内容结构的细目表(表4-7).这个细目表具有四个特点:其一,细目表紧扣课程标准之内容标准,能使试卷直接考查的知识一目了然;其二,细目表基本反映了课程标准之"学段目标"部分的要求,能使题目所考查的目标指向初中学段的总体要求;其三,细目表结合实际对认知水平的分解,层次较为清楚,具有较好的可操作性;其四,从细目表可以清楚地发现该考试是能力立意的.这样的细目表为整卷具有较好的结构效度提供了重要保证,值得借鉴.当然,该细目表在"内容领域"对于"分项细目"的划分和表述、"认知水平"的划分与内涵确定、对同一题目所考查的认知水平层次的划分等方面,均有待进一步改进和完善.

表4-7 中考试卷内容结构多向细目表

内容领域		题号（分值）	认知水平				主要学科能力与思想方法、数学活动过程、数学思考、问题解决能力的实现情况	合计比重
领域	分项细目		一	二	三	四		
数与代数	相反数、绝对值	1(3)	*				数感、概念理解能力、对数学本身的认识	51分 42.5%
	因式分解、简便运算	2(3)	*				规则运用能力、最优化思想、数学表达能力	
	一次方程组图象解法	6(3)		*			概念理解能力、数形结合思想、知识的联系	
	科学记数法	11(3)	*				规则理解能力、数感、符号感	
	不等式应用	14(3)		*			不等式、方程的应用与比较	
	数字规律探索	16(3)				*	规律探索、建模计算、推理能力、抽象思维	
	解一元二次方程	17(6)	*				解方程的基本技能、方法选择能力	
	分式化简求值	18(6)		*			化简运算求值能力、公式运用能力	
	反比例函数的应用	21(6)		*			待定系数思想、建模能力	
	一次函数的应用	22(6)			*		待定系数思想、建模能力、问题解决	
	方程应用	24(3)			*		问题解决、建模能力、应用意识	
	二次函数	25(4)			*		问题解决、函数思想、探究能力	
	二次函数的最值	27(2)				*	数形结合思想、综合分析、问题解决能力	

续表

内容领域		题号（分值）	认知水平				主要学科能力与思想方法、数学活动过程、数学思考、问题解决能力的实现情况	合计比重
领域	分项细目		一	二	三	四		
图形与几何	三角形内角和定理	4(3)	*				数学思考、操作探究能力、空间观念	48分 40%
	正方体展开图	7(3)			*		空间想象能力、动手操作能力	
	圆锥侧面展开图	8(3)		*			平—体转换能力、公式运用能力	
	扇形面积	9(3)	*				估算思想、运算能力、合情推理	
	正方形对角线性质的应用	10(3)			*		观察能力、数形结合、方程思想	
	圆的直径、切线	14(3)		*			观察能力、符号思想、表示能力	
	旋转、对折、平移	15(3)			*		数形结合、建模表达、图形变换能力	
	全等三角形、平行四边形	20(7)			*		探究推理能力、问题解决能力	
	坐标、解直角三角形	23(7)			*		问题解决、建模计算、数形结合	
	阳光、影子、相似三角形	24(3)				*	分析判断、建模计算、数学思考	
	平面密铺的应用	26(3)				*	阅读理解、探究、动手实验、问题解决	
	图形认识的综合应用	27(7)				*	数形结合思想、综合分析、问题解决能力	
统计与概率	简单概率计算	3(3)	*				概率类型分析计算、数感	16分 13.3%
	解读条形统计图	5(3)	*				图形信息解读能力、数学思考	
	游戏公平性的判断	12(3)		*			数感、概率类型分析计算	
	解读统计图	19(7)		*			图表信息解读、信息整合、问题解决能力	
综合与实践	二次函数的探究实验	25(2)			*		问题解决、函数思想、探究能力	5分 4.2%
	平面密铺的特征探索	26(3)				*	阅读理解、探究、动手实验、问题解决	
合计			27	34	35	24	合计	120

三、题型设计

1. 题型设计原理

题型设计是在一定的评价思想和理念的指导下进行的,同时也受到命题者经验和水平的制约,是一件技术性很强的工作.为了提高题型设计的水平,保证试题的质量,必须深入研究其设计原理与设计技术.

在进行题型设计时,首先必须确定选用哪些形式的试题,不同形式的试题(俗称题型)有着不同的考查功能和教学教育功能,有些功能是题型自身固有的,而有些功能是靠题型设计时加以发掘的.不论是哪一种题型,都有自己的长处,又有其不足和短处.因此,为了完成一定的考试任务,达到预定的考试目的,通常不能只使用单一题型,而必须将几种题型按一定比例配合使用.

(1)选择题的特点和功能

数学选择题通常是由一个问句或一个不完整的句子和若干个供考生选择用的选择项(支)组成的.考生只需从选择项(支)中提取一项或几项作为答案,便完成解答,无需写出提取的依据.目前,中、高考中较常用的数学选择题为"四选一"的单项选择题,即提供考生选用的选择项是四个,作为答案只有一项是正确的.新高考的数学选择题增加了多项选择题,对考生的思维广度与创新提出了新要求.

选择题的结构和解答特点,决定了其优点:首先,判卷评分准确,不会因判卷评分人员的个人兴趣和不同的观点而发生误差,同时也方便用电脑进行机器评卷,大大提高判卷效率,节省大量的人力.其次,由于选择题多数考查目的集中单一,试题比较短小,选项简单,因而在一份试卷中可容纳较大的题量,可扩大考查内容的覆盖面,有利于对基础知识和基本技能的全面考查.最后,当考试对解题速度有一定要求时,采用选择题比较容易实现速度考查的目的.

选择题的不足与考查的局限性主要是:难以进行深层次的考查;无法考查解决问题的思路和陈述表达能力;考生应答易生猜测投机成分.

(2)填空题的特点和功能

填空题和选择题同属于客观性试题,它们有许多共同的特点:形态短小精悍;考查目标集中;答案简短、明确、具体,不必填写解答过程;评分客观、公正、准确;等等.对于答案都是数字或符号的一组填空题,在试卷的编排上还可以将其"选择化",这样同样可用电脑阅卷评分和统计成绩,节省人力物力.

填空题和选择题也有质的区别.首先,填空题没有备选项.因此,解答时既有不受诱惑出错的干扰之好处,又有缺乏提示的帮助之不足,对考生独立思考和求解,在能力要求上会高一些.长期以来,填空题的答对率一直低于选择题的答对率,这就是一个重要的原因.其次,填空题的结构,往往是在一个正确的命题或断言中,抽去其中的一些内容(既可以是条件,也可以是结论),留下空位,让考生独立填上,考查方法比较灵活.在对题目的阅读理解上,较之选择题有时会显得较为费劲.当然并非常常如此,取决于命题者对试题的设计意图.

填空题与解答题比较,同属于提供型的试题,但也有本质区别.首先,解答题应答时,考生不仅要给出最后的结论,还得写出或说出解答过程的主要步骤,提供合理、合法的说明.填空题则无此要求,只需填写结果,省略过程,而且所填结果应力求简练、概括和准确.其次,就试题的内涵而言,解答题比填空题要丰富得多.填空题的考点少,目标集中,否则,试题的区分度差,其考试信度和效度都难以得到保证.如果填空题的考点多、解答过程长、影响结论的因素多,那么对于答错的考生便难以知道其出错的真正原因.有的可能是一窍不通,入手就错了;有的可能只是到了最后一步才出错.但他们在答卷上表现出来的情况一样,得到相同的成绩,尽管他们的水平存在很大的差异.这会造成评价新的不公平.对于解答题,则不会出现这种情况,这是因为解答题成绩的评定不仅看最后的结论,还要看其推演和论证过程,按具体情况评定分数,用以反映其差别,因而解答题命题的自由度较之填空题大得多.

（3）解答题的特点和功能

在中、高考数学试题的三种题型中,解答题的题量虽然比不上选择题,但其占分比重最大,足见其在试卷中地位之重要.

这里所说的解答题题型,即通常所说的主观性试题、开放式试题,也叫答案不唯一的提供型试题.这种题型内涵丰富,包含的试题模式灵活多变,其基本架构是:给出一定的题设(即已知条件),然后提出一定的要求(即要达到的目标),让考生解答.不过,"题设"和"要求"的模式五花八门,多种多样.考生解答时,应把已知条件作为出发点,运用有关的数学知识和方法,进行推理、演绎或计算,最后到达所要求的目标,同时要将整个解答过程的主要步骤和经过,有条理、合逻辑、完整地陈述清楚.

数学解答题具有传统数学试题的自然形态,这种题型历史悠久,几乎可以说,还没有数学学科的时候,已经有了数学问题.人们正是通过对一个个具体的带有现实背景的数学问题的研究和解决来获得数学知识的,经过长期的积累和升华、概括和抽象,并逐步系统化,才发展产生出数学这门自然科学.这些早期的和原始的数学问题,如果作为试题,大体上都应归属于解答题这种题型.因此,用这种题型进行考试,尤其是大规模的考试,遇到的主要麻烦是:判卷时,评分的误差难以控制.对于同一份答卷,别说不同的人进行成绩评定时,会出现不同的分数,而且有时还可能相差较大;就是同一个人,在不同时候,不同的心理状态下对该卷进行成绩评定时,也时常会给出不同的分数.这就是说,判卷人员的主观因素几乎不可避免地会使评分出现误差,影响考试的信度和效度.此外,解答题题型的另一个不足是:单题虽可考查多个知识点,但一份试卷所包含的这一题型的题量不能太多,因此考查的知识覆盖面受到比较大的限制.不过这个不足可通过采用多种题型搭配成卷来解决,这也是目前我国中、高考中所采用的办法.

尽管解答题题型有缺点和不足,但比起它强有力的考查功能,并不算突出,而且对这些缺点和不足有一定的补救办法,例如,为了把评分误差降低到最低限度,可采用网阅"双评"到"三评"直到"四评"仲裁的阅卷评分模式.解答题这种题型具有反映数学教育状况的全息之功能.

2. 题型设计的原则

要较好地处理题型设计中的若干重要关系,必须坚持以下设计原则:

(1)摆正各种能力的位置关系,将三种基本的数学能力置于同等重要的地位进行考查.

在中、高考中,着重考查逻辑思维能力、运算能力和空间想象能力.在能力考查的题型设计中,对这三种能力的考查应当一视同仁,把它们置于同等重要的位置上,不宜厚此薄彼,其理由如下:

首先,这三种能力是平行关系,有相对的独立性,它们是以数学能力因素的不同个性和不同特点划分而成的能力成分,而不是以发展的先后或因果关系的疏密来划分.它们的关系不是一种层次关系,没有高低上下之分;也不是一种包含关系,谁也包含不了谁,谁也代替不了谁.因此,在它们之间不宜分层排序.

其次,从考查技术上看,完全有条件将它们置于同等重要的地位上,不存在谁重要谁不重要的问题,也不存在哪种能力容易侧重,哪种能力难以侧重的问题.这是因为可以采用不同的材料,通过适当的形式来考查各种能力.

最后,从三种数学能力在解答数学问题时的作用和表现看,它们通常是联动的、相互补充和相互促进的,往往难以将其机械地割裂. 同时,数学问题,尤其是与客观实际背景联系密切的问题,解答时对能力的要求往往不是单一的能力因素,而是要求多种能力因素同时发挥作用. 因此,在试题题型设计中,不宜孤立地强调考查某一种能力,否则容易出现矫揉造作的偏题和怪题.

(2) 摆正层次性和综合性的关系,实现多角度、多层次综合考查各种能力的考试要求.

试题题型设计与习题题型设计的目的不同,前者用于测试,后者用于练习. 因此,设计的原则也不一样.

进行习题题型设计时,为了有效地帮助学生复习与巩固所学的知识和技能,往往要注意题目的专题性、模仿性、集中性,还应该有一定的重复性. 而试题题型设计是为了在有限的考试时间内,测试考生的知识和能力,由于时间短,试卷篇幅有限,因此,要绝对避免重复性,注意层次性和综合性,摆正层次性和综合性的关系.

客观现实存在的问题尽管错综复杂,但并非无序. 问题中的各种因素往往按一定的规律和法则交织在一起,这就使问题隐含着一定的层次性,为问题的分解和解决提供了认知的客观物质基础. 可见,层次性是寓于综合性之中的. 因此,在中、高考数学能力考查的题型设计中,突出综合性,并在此基础上注意层次性的安排,不仅必要,而且可行,把它作为一条设计原则,也就十分自然.

实行这条原则,在中、高考的数学能力考查中,应强调综合考查,也就是说,当考查逻辑思维能力时,往往兼有运算能力的考查或几何图象的考查. 例如,推导和证明问题的结论时,需要通过具体的计算或者图象的分析和说明,就属于这种情况. 再比如,在计算题中,往往可适当地融入若干逻辑推理的成分,形成推理计算型试题.

对三种基本的数学能力的综合考查,在立体几何试题中往往表现突出,而且显得十分自然有效. 事实上,为了确定图形中元素间的基本位置关系,必须识图,并进行必要的论证,论证中时常又需要进行某些几何量的计算才能达到目的. 又如,在体积、面积的计算中,为了正确有效地运用计算公式,通常必须对计算的根据(如直线与直线的垂直或平行、直线与平面的垂直或平行、平面与平面的垂直或平行,等等)给予证明,这样,计算中又有逻辑推理,而且都得以对图形的辨识作为基础. 解题中可谓三种能力都得具备,缺一不可.

但是,在试题题型设计中,不能只强调综合性,不顾及层次性,否则考试将失去应有的区分度.如果所有的试题都是综合性很强的题目,那么势必加大试卷的难度,不少题目将会失去有效的考查功能.

这里所说的层次性,包含两重意思:其一是对单个试题来说的,不论该题综合性的大小程度如何,其解答总是可以分步或分类按一定的程序进行,这便产生了层次性的问题.题型设计应力求逐层加深难度,首层宜让绝大多数考生能够顺利通过,然后,随着层次的渐进,能够通过的考生也渐次减少.这样做可使试题的难度结构合理,有利于考试区分度的落实,以保证中、高考数学中一定选拔性的实现.其二是对题组和整卷来说的,不论它所含题量的多寡,对于它所要考查的一定范围内的知识和能力,从整体上说,都必须强调考查的全面性和综合性,但从题与题之间的联系上来说,则应十分重视和注意它的层次性.不过这种层次性不一定只按由易到难的单一模式加以排列,可以灵活务实一点,更好地服务于考试要求.

(3)摆正试题与试卷的关系,整卷重在谋篇布局,单题重在立意鲜明,力求相得益彰.

试题的个体与试卷的整体之间的关系是局部与全局的关系.试卷由一个个的试题组成,为了使试卷的使用能取得全面和综合考查数学能力的效果,首先应做好全卷的谋篇布局;其次还得使各个试题能够按整卷布局的要求,各司其责.实践证明,哪怕逐题看来都是具有良好考查功能的试题,但如果不讲究章法布局,便把它们放在一起,组成整套试卷,用来进行考试,那么其效果往往甚差.

全卷的谋篇布局也就是应该依照考试的目的要求,根据课程标准的各项规定,设计好试题的框架结构,制定出各个构件的考查功能,明确其在整卷中的地位和职责.把全卷的考查要求分解成若干个考查成分,合理分配给各个构件,每一个构件实际上也就是由若干试题组合而成的题组,而且每个题组的试题既可集中在一起,也可分散于其他题组进行穿插.这一步工作通常借助双向细目表这一工具来实现.题组的任务又作进一步的分解,落实到每个试题上去.因此,每个试题在全卷中便分别承担了各自的职责,要求完成特定的功能.这些特定的功能是单题设计和具体编写的依据.

单题立意鲜明是指每一个单题都必须有效地服务于整卷,测试目的明确、恰当.测试目的也就是"立意".立意者,立足点和考查意向之谓也.试题必须以一定的情境或背景为依托,作为立足之地,情境或背景离不开知识和问题. 单题所采用的知识项目和问题的铺陈,应服务于能力考查这个目的,而不是只着眼于知识的系统性和完整性. 单题的构建,应把重心放在能力要求上,根据考查能力的需要,剪裁材料,搭配各项数学知识的考查. 而不宜反过来,以知识安排为中心,把对能力的考查依附其中,因为这样做势必会带来能力考查的随意性和盲目性,所以不可取.

对能力考查要求的安排,既可以着重考查某一种能力为主,兼考其他能力,也可以有意识地综合考查各种能力. 同时,为了区分考查数学能力和一般能力的强弱、大小,还应在能力考查的综合程度和深浅层次上作出划分,统筹兼顾,设计好整卷的布局. 单题构筑之初,对其所应考查的能力成分及其深浅层次上的要求如何,一定要心里有数,十分鲜明. 在此基础上,进行素材的选用和裁剪.

总之,无论是整卷还是单题,都应以能力为主线进行题型设计,不宜以知识为主线进行中、高考试题的题型设计.

(4) 摆正各种题型的位置,处理好创新题型与传统题型的关系. 以能力考查为中心,合理配置各种题型,取长补短,发挥群组效应. 发扬开拓精神,开发传统题型的考查功能,探索发展新的试题题型.

从对试题题型分类及其考查功能的讨论和分析中可以清楚看到,各种题型都有其优点和长处,但也都存在着一些不足和短处. 在运用它们于考试尤其像中、高考这样大规模的考试时,应当扬长避短,取长补短,合理搭配,一般不宜只强化单一题型. 搭配题型时,不能只考虑到考查要求这一因素,还得考虑到考试及阅卷的经济效益和社会影响,进行统筹安排. 当然,在对各因素的统筹中,应有主次,首要强调的是应以能力考查为中心,兼顾其他的因素. 这一原则必须贯彻始终,不得动摇.

题型与考查目标是工具、手段与目的的关系;题型与考查材料是形式与内容的关系. 这类关系中的两者并非是对抗的,它们有着明显的一致性. 因此,进行题型设计时,应力求和谐自然.

题型并非是一成不变的,而是随着考试科学的发展和新技术在考试中的应用,不断变化和创新. 在题型设计中,不能囿于一方,墨守成规,应努力改革,以适应时代的发展和需求. 多年来,中、高考数学科的试题采用的是选择题、填空题和解答题三种题型,虽然基本稳定,但随着能力考查的强化,出现了多项选择题,并且其比例关系有向解答题加重倾斜的态势.同时,各种题型的具体模式也不是固守常规,而是有所创新和变革,其考查功能得到逐步的开发.例如,选择题加大了综合性,改变备选项的个数和呈现方式;有些填空题采用多项判断的辨识,使考查的容量扩大了;在解答题中,开拓和发展信息迁移题之类的试题,加强了探索能力和数学应用能力的考查,等等,这些尝试和革新得到普遍的欢迎和肯定.

四、试卷命制的一般原则

试卷命制与试题命制有时容易混淆,试题的命制是微观的单个试题的设计,试卷的命制是宏观的规划设计,分开研究,可以更好理解命题设计的理念.试卷命制的原则是指在考试命题中应当遵循的基本准则和要求.尽管考试内容不同,题型种类繁多,作用各异,但根据考试过程的基本规律、各种题型的特点,可归纳试卷命制的一般原则.

1. 试题之间彼此独立性原则

具体要求是:(1)各个试题不可互相牵连,不要使一个题目的回答影响另外一个题目的回答.(2)题目不可含有暗示本题或其他题正确答案的线索.(3)对由多人编制的试卷要回避原创者,逐题审定.

2. 试题难易适度性原则

具体要求是:(1)根据考试的性质、目的,结合考生的实际水平;确定试题的难度.目标参照性考试,试题难度可低一些;常模参照性考试,难度可高些.(2)试题应有适当的梯度和恰当的区分度,试题鉴别不同水平层次的考生要服从考试总体要求和目的.

3. 命题与答案同步进行原则

具体要求是:(1)命题者必须同步编拟试题和答案,以熟练掌握考试内容.(2)明确影响评分标准的因素.(3)编制好的试题答案应妥善保管.

4. 有利于客观评分标准制定原则

具体要求是:(1)努力提高答案的唯一性.客观性试题应该有不至于引起争论的答案;主观性试题对题解要有适合的范围限定和详细的评分细则.(2)问题的正确答案最好有定论,但最好不是教材上的原话.(3)试题要有事实和原理为依据,不能脱离实际随意编选.(4)注意各类型试题的配合使用,相互取长补短,以便能测出欲测量的知识和能力.

5. 有利于学生全面发展原则

具体的要求是：(1)树立考试既是测量工具,也是教育手段的观点.(2)选择有利于促进学生全面发展的试题,试题的内容要有一定的思想性、教育性.(3)命题要有利于考核和促进学生提高能力与素养.(4)命题要注重发挥考题对学生学习方法的引导作用.

6. 有利于命题科学化管理原则

具体的要求是：(1)建立健全专门的试卷命制档案,加强对命题工作的反思与指导.(2)提高命题人员的基本素质,帮助他们掌握数学考试科学命题理论.

第三节　数学命题设计的一般原则与发展趋势

一、数学命题的一般原则

数学命题原则在宏观上有三个要素:第一是公平、公正的原则.每一道题、每一张试卷在设计的时候首先要考虑公平、公正的原则.高考是常模参照考试,也就是选拔考试,考生特别是广大农村的考生要通过高考改变自己的社会地位和经济地位,这是无可指责的.中国的高等教育发展和国民对教育的需求还有很大的差距,在目前的情况下高考的公平、公正是十分重要的.第二是区分度问题.中、高考数学评价测量有许多量化指标:试题和试卷的难度值、标准差、信度、分半信度等等,相对重要的是难度和区分度,尤其是高考,说到底就是将不同水平的考生区分开,便于各类高等院校录取.第三是支持课程改革的原则.中、高考要支持目前正在实施的课程改革,确保课程改革的基本理念、价值取向和目标等在中、高考试题中得到充分的体现,无论是数学题目的设置,还是试题的指向,包括情境的设置都要体现课程改革的基本精神.

严格意义上讲对整卷的评价必须先从结构开始分析是否合理,再研究每一道题目的科学性、新颖性等.这种从宏观到微观的评价研究方式可以保证试题的大方向不偏离正确的方向,具体细节考虑周全.没有经过严格命题培训的教师很难把握.因此较为普遍的做法是由有经验的命题组长从结构上把握整体,直到每个细微处推敲均负担主要责任.新命题教师在具体题目命制中提出设想,编制试题协助跟进把握结构. 对新命题教师而言, 必须先理解结构, 从每一个单独试题入手, 对于一个具体的考试试题, 需要思考三个方面的问题: 首先, 这道试题将考查学生什么样的知识技能、思想方法、能力特征等, 也就是通常所说的这道试题考查什么? 其次, 这样的考查目标是否达成, 即试题是否能科学有效地完成命题者的考查意图? 最后, 作为考试的数学试题, 如何体现其对于学生学习的价值, 如何体现考试的公平性和对数学教育教学的导向性及社会效应等.

在命制试题时必须考虑以下几个主要方面.

(1) 考查目标的合理性

其表现在以下三个方面: 首先考查内容紧密依据课标, 关注学生在知识技能、数学思考、解决问题能力和数学活动过程等方面发展状况的考查. 应以"内容标准"为基本依据, 不要随意扩展范围与提高要求; 其次中考和高考作为学段的终结性考试, 它是课标对初、高中毕业生的终结性要求, 其要求比较严格, 而一般性联考只要达到上述目标过程中的阶段性要求即可; 最后考查目标应是核心的, 具有基础性和发展性. 试题应关注课标中最基础、最核心的内容, 即所有学生在学习数学和应用数学解决问题过程中最为重要的、必须掌握的核心观念、思想方法、基本知识和常用的技能. 这个具体内容, 毫无疑问是着眼学生今后发展过程中必须掌握的知识与方法, 关注学生对技能的掌握情况和利用该知识解决具体数学问题或实际问题的能力与水平.

一般而言考试的结果既是确定学生是否达到某一阶段数学学科标准的主要依据, 也是高一级学校招生的重要依据之一. 为此, 数学考试在着重考查学生是否达到课标所确立的数学学科标准的基础上, 还可以重视评价学生在课标所规定的课程目标方面的进一步发展情况, 如学生潜在学习能力等方面的考察, 具有适度的发展性.

(2) 试题的科学性、有效性

合理的考查目标, 需要通过具体的试题来实现, 因而, 试题的科学性及其设计的有效性自然成为试题评价的一个重要标准. 首先试题设计本身是正确的、可解的, 不具有科学性错误; 其次试题表述应简洁、明确、规范, 图形准确, 不存在歧义; 最后试题设计应能完成命题的考查目标, 因此, 我们应关注试题设计目标的一致性、可达成性, 试题设计应与其要达到的评价目标一致.

(3) 试题的教育性、实践性

一套试题的内容包含了对数学和数学教育的价值判断, 不同时期的试题对数学的教育性有不同要求,新数学课程下的数学试题应与时俱进地体现出时代特征,陈旧与僵化的技能技巧以及与实际相离的一些数学应用问题都不应当再纳入试题范围.在设置与实际相联系的数学问题时,一要注重真实性,使学生受到"处处有数学"的教育;二是试题的背景,应以正面的教育影响为主,特别是选取学生能感受到影响的题材,这样可以增强考试对学生进行思想教育的价值.

新数学课程标准在数学生活化方面给出了范例,使得教与学都对数学的认识更全面,体现了数学在现实世界中的应用价值,这也促使考试试题的特征应突出实践性.要注意避免涉及实际问题的试题都是难题的现象出现,适当出现一些简单的实践题,以激发学生兴趣.

(4)选材的生活化、现实性

义务教育阶段的数学课程标准强调让学生亲身经历将实际问题抽象成数学模型并进行解释与应用的全过程.使学生在生活中会应用数学是现代数学教育的发展趋向,从各种形式的情境中获取信息也是学生适应现代社会必须具备的能力.选拔性试题的选材要从突出数学化的目标出发,题目应来源于社会现实问题,数据要真实可信,而涉及的数学知识和方法在今后的实际生活和继续学习中也都能应用到.

二、数学命题的继承与创新

在体现课程改革新理念,遵循试题"相对稳定,重点突出,稳中有变,变中求新,适度创新"的基本思路的前提下,初、高中数学命题将会与时俱进,创造性地融课标倡导的新思想、新观点、新理念于命题之中,努力开发一些融知识、方法、思想、能力与素质于一体的,背景新颖、内涵深刻、富有新意的原创题型,使数学的文化性、应用性与理论性能有机结合,并相互渗透,真正考查出考生的学习潜能和个性品质状况.

近年在数学命题中继承传统并发展新理念的亮点较多,主要有:

(1)让学生体会蕴涵在数学知识中的数学思想方法,感悟数学本质,"能力立意"的试题越来越多;

(2)考查对"数学的理解"和思辨能力的试题逐渐增多;

(3)在知识网络交汇点上设计情境新颖、综合性强的能力型试题增多;

(4)考查对数学概念、数学规律、数学模型理解的正确性,对数学问题的推理

过程的合理性作出评价,以获得正确感知与理解的题目增多;

(5)考查体现新增数学知识的比重加大,如近年高考中出现的以向量、导数、算法等新增数学知识为载体的试题;

(6)考查数学文化、数学价值、研究性学习等方面灵活新颖、立意深刻又富有启迪性和探索性的原创试题逐渐增多.

从某种角度看,原创试题的新颖性对学生是一种难度提升,但同时也是数学思想方法的较好平台.数学思想方法是数学的精髓,它蕴涵在数学知识发生、发展和应用的全过程.对它的灵活运用,是数学能力的集中体现.这就要求平时学习时要注意改变学习方式,提高学生的数学素质,让学生体验学习过程,加深对知识的内涵和基本方法的理解,把握数学的本质,善于从数学角度发现问题,主动积极地分析、探究、交流、实践,以提高分析问题和解决问题的能力.

新教材中新增数学知识丰富和完善了中学数学思想方法,进一步拓宽了知识的应用空间,是原创试题的重要来源.比如:通过向量运算,定量研究空间(或平面)图形的位置或数量关系;通过求导数,可简捷地解决曲线的切线、瞬时速度、加速度等问题;通过算法科学有步骤地解决某一类问题.这些试题的出现可以更好地引导教学行为沿科学合理的方向发展.

三、创新精神和实践能力成为考查重心

2014年国务院发布的《国务院关于深化考试招生制度改革的实施意见》明确指出,高考"着重考查学生独立思考和运用所学知识分析问题、解决问题的能力",这成为当前高考命题的基本指导方针和高考评价体系的主要基准.2019年6月,中共中央、国务院发布《关于深化教育教学改革全面提高义务教育质量的意见》,明确要求提升智育水平,着力培养认知能力,促进思维发展,激发创新意识.突出学生主体地位,注重保护学生的好奇心、想象力、求知欲,激发学习兴趣,提高学习能力.

自2014年国务院发布《关于深化考试招生制度改革的实施意见》以来,一系列重磅教育改革文件出台,其中一个核心的指导思想就是要加快高考命题改革,创新命题形式,加强情境设计,考查学生的思维能力与思维水平.

2020年1月7日由教育部考试中心正式发布的《中国高考评价体系》是本轮高考综合改革核心文件之一,它规定了高考命题的基本方向和具体要求.《中国高

考评价体系》的"一核""四层""四翼"突出了"四层"中的"关键能力"和"学科素养"以及"四翼"中的"综合性""应用性"和"创新性",集中体现了批判性思维的核心价值和基本主张:"关键能力"强调的是独立思考、逻辑推理、信息加工、科学探究与语言表达;"科学素养"强调的是运用学科知识处理复杂任务的综合品质;"综合性"强调的是通过推理得出观点与结论;"应用性"强调的是学生分析问题、解决问题的能力;"创新性"强调的是通过增强情境的探究性和设问的开放性,允许学生从多个角度思考,对同一个问题或现象得出不同的结论,着重考查学生创新性思维.

上述各方面都集中体现了批判性思维的核心理念."科学思维"强调的是批判性思维中的逻辑推理与论证能力;"创新思维"强调的是批判性思维中的独立思考与怀疑精神;"信息加工"强调的是批判性思维中的研究与论证能力;"语言表达"强调的是批判性思维中的清晰性、一致性和充分性原则.很大程度上来讲,"一核""四层""四翼"的高考综合改革评级体系集中体现了批判性思维的核心价值.准确把握了批判性思维的核心主张,也就准确把握了新高考综合改革的基本方向.

2019 年 6 月 11 日,国务院办公厅印发《关于新时代推进普通高中育人方式改革的指导意见》指出,"实施普通高中新课程的省份不再制定考试大纲",这意味着考试大纲在全国范围内分步取消,教育部考试中心制定的"高考评价体系"将成为高考命题和学生应考的重要指南,这对引导教学和高考综合改革具有纲领性的意义.通过对上述高考评价体系特别是"核心能力"和"学科素养"的分析,我们不难发现,本轮高考命题改革的主要指导方针和内容规定充分体现了创新和批判性思维的要求,包括独立思考、敢于质疑、科学思维、实证精神、逻辑推理、信息识别与加工等核心要素.值得指出的是,高考评价体系突出了对学生"思维认知能力(思维品质)"的要求和考核."思维认知能力"是指学习者在面对生活实践和学习探索问题情境时进行学科认知加工的、稳定的个性心理特征,是学习者在秉持科学态度,运用严谨的理性思维和丰富的感性思维,发现新问题、运用新方法、解决新问题、获得新结论的过程中表现出来的思维能力,是激发个体好奇心、想象力,塑造创新人格所必须具备的能力基础.主要包括:形象思维能力、抽象思维能力、归纳概括能力、演绎推理能力、批判性思维能力等.

突出对学生创新与批判性思维等高阶思维能力的考查要求是此轮新高考综合改革的核心理念,它必将深刻影响中国的基础教育改革和高考命题与评价,学生的批判性思维能力成了重要的考试评价标准. 对于广大一线教师而言,培养学生批判性思维是高考综合改革背景下教学改革的首要任务,这就要求各高中加强师资培训,使一线教师确立批判性思维的教育理念和原则,掌握批判性思维教学的知识和方法,通过开发新的课程以及将批判性思维融入主干核心课程,提升教师批判性思维教学的能力. 对于广大考生来讲,传统的非黑即白、寻求唯一确定解、以获取知识为目标的学习方法将无法适应新的高考,有针对性地学习和训练自身的逻辑推理、证据收集、信息加工、分析论证等批判性思维能力,才能有效地应对新时期的高考综合改革.

以创新与批判性思维为核心的高阶思维能力考查成为本轮高考内容和命题改革的主旋律之一,应该引起教育工作者和学生以及社会的充分重视,这与培养具有创造性的高水平人才的国家人才战略紧密相关. 由此可以看出,对批判性思维的考查已经成为高考命题中最鲜明和突出的特点,这进一步表明高考评价体系下的高考命题改革迈向了一个更为科学、更加有效的命题实践,必将有力推动我国基础教育改革向纵深发展,积极引导创新型和创造性人才的培养.

第四节　基于数学题库的试卷设计

基于数学题库的试卷设计就是要明确试题考征,确定入库编码,随机从题库中选题进行组卷. 这就需要对试题命制特点、知识点、数学思想方法、被测对象、测试时间阈值等试题考征进行明确而又科学准确的界定.

一、基于数学题库的试卷设计的一般原则

1. 目的性原则

题库的用途不同决定了考试的功能和目的不同,入库试卷编制的结构和试题的难度就不同,目的各有侧重,命题就会不同.

2. 科学性原则

命制的试题不但要求其本身没有科学性和知识性错误,而且试题表述要规范,尽可能采用数学术语. 从新课程命题的发展趋势来看,应根据数学课程标准的

要求,按一定比例,设计一些能充分体现数学思想方法、动手操作实践等内容的试题.

3. 简洁性原则

试题的语言表达要简洁、精练,每道试题应该清楚地提出一个或几个独立而明确的问题,学生阅读题干后能够明确他们要解答的内容,不存在理解题意的障碍.

4. 层次性原则

层次性原则就是根据学生认知结构的差异性、教材内容的难易度、数学课程标准要求,编制的试卷必须具有一定的梯度. 一方面,试题本身要具有层次性,这主要体现在解答题中,即每一题中的各个小问题难度应有区别,要有一定的梯度,各小问中应设计难度较小的问题;另一方面,整卷试题难度的分布要有层次性,通常是由易到难,由浅入深排列.

5. 创新性原则

创新性主要体现在试题的新颖性上,而试题的新颖性则主要反映在取材的新颖性、创设情境的新颖性、设问的创新性以及考查角度的独到性等方面. 严格来讲,入库试题必须是新命题且具有很好的信度和效度.

二、题库试题的组卷

题库试题的组卷工作是一项周密而复杂的创造性劳动,组卷过程必须要全面地考虑各种因素,这就需要组卷工作按规范程序进行. 明确组卷的流程,掌握组卷程序的各项要求,才能编制出一份符合考试要求、高质量的试卷.

试卷的组卷程序主要分为:确定目标题库、制定试卷细目表、选择试题、组配成卷、试卷难度预测、校验试答全部试题、制定标准答案和评分细则七个步骤.

三、试卷质量评定

对于衡量题库试卷质量,可采用信度、效度、难度、区分度指标初步预估.

1. 试卷的信度(r)

信度就是试卷的可靠性,它是反映测量一致性程度的指标. 一般要求 0.90 以上. 信度系数(r_{xx})是一组测量分数的方差(S_t^2)与观测分数方差(S_x^2)的比率.

$$r_{xx} = \frac{S_t^2}{S_x^2}$$

在实际测量中,信度不能由公式求得,而只能根据一组实得分数作出估计.一般来说,测验题量越多(长度),信度值越高.

2. 试卷的效度(α)

效度是指测量的有效性,即一个测验对它所要测量的特质准确测量的程度.

$$\alpha = \frac{S_v^2}{S_x^2}$$

S_v^2——与测量目的有关的变异,S_x^2——实测值变异.

可信的测验未必有效,而有效测验必定可信.信度是效度的必要条件.

3. 试卷(题)的难度(P)

$P = \dfrac{\overline{X}}{a}$($\overline{X}$ 为全体考生实得的平均分,a 为满分值)

高考:0.50~0.65;选考:0.60~0.70;学考:0.80~0.85.

4. 试题的区分度(D)

$D = P_H - P_L$(P_H——高分组通过的人数比例,P_L——低分组通过的人数比例)

$D > 0.40$,非常优良;$D < 0.20$,必须淘汰或改进.

一般来说,较难、较易的试题区分度低,难度系数接近 0.50 时,区分度最大.

目前,从简单的题库选题组卷的效果并不理想,究其原因,一是题库的建设落后于评价的推进;二是对试题考征的编码科学性不强,有些题库的整体知识、能力、素养等方面的架构不合理,入库试题目标分类不合理.再加上题库容量不大,新命制试题不多,部分试题因保密需要没有进行较大范围的实测,存在科学性隐患,凡此种种情况都不利于题库的高效运作.

四、基于数学题库的试卷设计的创新思考

基于题库的试题命制可以分为八个阶段:准备阶段、组卷阶段、研磨阶段、校对阶段、审查阶段、最终校对阶段、验收阶段、交接阶段.基于题库的试题命制,要注重贯彻评价的理念,实现从考试测量到评价的转变.测试结果要能够明确显示被试各项能力及其层级表现,并能够区分被试之间的能力差别.试题的设计要在继承原有经验的基础上,摆脱传统命题方式方法的约束,在试题情境的设置、设问、评分等方面为实现测试目标而进行创新.新的命题设计应该使试题具有内涵清晰的思维能力元素、适度的答题空间、合理而使评价有依据的评分规则.

不断创新数学题库建设和数学试卷结构,研究试题的创新性设计,打破过去封闭的试题呈现方式,根据考试目标和考试内容的更新,创新命题方法,做到形式、内容的结合和统一,互为表里,相得益彰.在理论与问题之间介入一个更真实、开放的情境,模拟生活中可能会遇到的场景;拓展试题材料的领域和范围,在自然科学、社会科学、现实生活等多个领域中选取阅读材料内容,增加表格、图片、统计数据、文字表述等多种信息呈现形式,为能力考查和素质展现提供充分的情境和背景,为考生自由思考创造条件,让学生在解决问题过程中独立思考,充分运用所学知识去分析问题、解决问题.

五、试卷质量评价的模型构建

基于试题的质量要求,可对题库试卷和试题进行"朴素"的质量判断.然而,仅有此还不够,还需要基于现代测量与评价学理论,结合数学学科特点来构建试卷质量评价的模型.模型,原指对现实世界的事物、现象、过程或系统的简化描述,或其部分属性的模仿.此处,模型更倾向于一种结构或架构,是试卷质量评价的相关元素或指标的排列、重组与关联,它体现出哪些元素对于试卷质量评价是主要的、必要的,对试卷整体评价的贡献如何;各元素是如何归类的,它们之间是平行排列还是有所叠加;评价元素是否全面或者冗余,有没有被遗漏的评价侧面;所有的评价元素是以什么样的方式来析出试卷质量水平的;等等.

试卷质量评价模型的建立是一个复杂的、系统的工程,它需要同时具备科学性、完备性和可操作性,即通过此模型既能进行试卷质量的质性判断,又能进行相应的量化计算;既能进行宏观的评定,又能进行微观的分析,进而以近乎全面的形式来展现被评价试卷的质量水平.为此,首先要建立试卷质量评价的相关标准,并将试卷质量评价中可能涉及的指标进行阐述和论证,对试卷编制的相关规范和审核标准进行归纳,进而构建试卷质量评价指标体系.

试卷质量评价的指标涵盖较广,包括多个方面:①试卷从整体上所涵盖的指导思想、命题思路、测量性质、命题功能,它是试卷的总体特性和风格;②试卷在形式上的表征,如题型设计、题量安排、结构组织、版式版面,以及题设设问、参考答案与评分标准,它是试卷在形式外表方面的特性;③试卷所能测量的内容主题、认知与能力的范畴与层次,它是试卷的内涵特征;④试卷在技术层面所表现出的效度、信度、难度、区分度、分数分布等特性,它是试卷隐含的质量指标,也是最难以把握的指标,通常需要借助数据分析来达成;⑤试卷在不同题型上(主要是选择题型、填空题型和解答题型)的命制原则、方法、策略和技巧,它是试卷质量的重要保证.以上多个方面共同体现了试卷的质量水平,至于它们之间的关系如何,以及在多大程度上,以何种方式反映试卷的质量水平,还须进行进一步的模型建构分析.

试卷质量评价标准是衡量试卷达到评价指标要求的尺度,由强度和频率、标号、标度(达到标准的程度)三个要素构成.即实际评价过程中,指标是解决评价什么的问题,而评价标准则是解决怎样评价的问题,即判断评价指标的达成程度.评价标准是评价的必要条件,它的制定有利于评价的科学性、客观性和全面性.

试卷质量评价标准是高质量试卷命制与鉴定的保证,也是建立更高一级标准的基础.评价标准制定的好坏,将直接影响到评价指标实施的可行性和有效性.评价标准是依据评价指标的内容来确定的,常用"强度"或"频率"来表示指标的达成程度,并对不同的达成程度赋予不同层次的标识号,以及所对应的标度范围或量值区间.

第五章　大规模命题设计前的培训与准备

大规模考试的试卷编制需要经过结构设计、难度设计和题型设计几个关键步骤,试卷编制需要特别关注前期的宏观设计(主要包括结构设计、题型设计、难度设计、内容与要求设计),进而生成双向细目表,构建命题蓝图.

大规模教育测验试题开发是一个多步骤、多主体的过程,从试题的开发设计到命题者培训,再到试题的命制、审核与试测,每一个环节都在试图保障试题的科学性、公平性和有效性. 首先,命题者筛选和资格审查非常关键,要求命题者具备较高的教育与评价的理论水平和实践经验,命题者群体涵盖教育行政人员、教育研究人员、一线教师和其他社会工作者,在正式命题之前还需要对他们进行相关的命题技术培训. 其次,在试题的开发过程中,需要依据相应的教育测量标准和命题规范来进行命题设计,从题型、题量、结构、考查内容、认知层次、知识深度、刺激来源等方面进行试题的开发. 最后,在样题形成之后还需要从内容和公平性等方面进行审核,并进行小范围试测,以确保考查内容恰当且不会对于任何群体产生不必要的不公. 由此可见,大规模教育测试试题开发是一个复杂的、系统的工程,需要各环节通力协作、相互印证,只有当各个环节执行到位、相互协调、相互制约、信息共享的时候,才能命制出高质量的试题.

中、高考试卷的命题思路因其高利害考试属性而具有极强的导向作用. 中、高考命题要坚持立德树人,加强对学生德智体美劳全面发展的考查和引导. 要优化情境设计,增强试题开放性、灵活性,充分发挥中、高考命题的育人功能和积极导向作用,引导减少死记硬背和"机械刷题"现象. 各地要加强国家教育考试工作队伍建设,完善教师参与命题和考务工作的激励机制,提升国家教育考试队伍能力和水平.

第一节　数学命题前的培训

从本章开始讨论的数学命题均是以大规模数学考试(中考、高考、高中会考、高三模拟考)为背景的,特别是以中考为研究重点展开的.了解此类大规模命题的要求和具体做法,对提高广大教师的数学综合评价素质是大有裨益的.

大规模数学命题首先要成立以骨干教研员和一线优秀教师为主的命题、审题小组,审题人员和命题人员必须分开.在条件允许的情况下可以考虑抽调一些试做试题人员,以加强对自编创新型试题的审查纠错力度,保证原创题的科学合理性要求.

应确保抽调的命题人员具有普遍的代表性,不能全部抽调重点中学或薄弱学校的教师.抽调的各种层次命题人员应彼此配合相互协调,只有这样才能保证命制的试题尽可能地多照顾各层次的考生.

命题组织单位要创造良好的工作环境,确保命题教师全身心地投入命题工作中.命题组织单位的管理人员原则上不打听命题内容,不干预命题工作的具体细节,以保证命题的客观、公平和公正,特别要加强对学科组间的管理,落实复审和试评制度.

考试的命题与审题应通过制度创新来体现公平、公正,应实行严格的诚信制度、监督制度和监控评估制度等,杜绝命题工作的失误.同时各级教育行政部门应提供组织保障,进一步采取有效措施,保证优质命题素材资源,为高质量的命题创造条件.

考试命题前的培训十分必要,其主要目的在于统一命题思想,明确命题目标,达成共识.不论是命题经验丰富的教研员还是初次命题的一线教师都必须明确命题、审题的基本程序和要求,遵守科学命题、审题的制度.只有命题、审题的队伍培训与建设工作落到实处,才能保证命题工作有一个良好的开端.

大规模数学考试命题前的培训,应具体落实以下制度:

(1) 建立考试命题、审题人员的诚信机制.参与命题、审题的有关人员,要签订诚信协议和保密合同并建立诚信档案;同时要采取有效措施,督促有关人员严格履行诚信责任和义务.

（2）监督制度.纪检监察、教育行政等部门应对大规模考试命题的组织、印刷、运输等环节进行监督,实行领导责任制.同时应有相应措施,实行社会监督.

（3）监控评估制度.教育行政部门要全程监控工作的进程,充分了解有关情况,对出现的问题要及时予以处理.对不符合考试命题和考试管理要求的人员,应责令退出命题场所.

一、评价政策的学习

就高利害的中考而言,大规模命题设计必须坚持正确评价导向,具体来说应注意如下几点:

（1）落实立德树人根本任务.考试命题工作要坚持正确政治方向,牢固树立"四个意识",坚定"四个自信",坚决做到"两个维护".

（2）依据课程标准科学命题.考试具体方式由省级教育行政部门依据学科特点确定.取消初中学业水平考试大纲,严格依据义务教育课程标准命题,不得超标命题.

（3）发挥引导教育教学作用.考试命题要引导教师积极探索基于情境、问题导向、深度思维、高度参与的教育教学模式,引导学生自主、合作、探究学习,充分发挥考试对推动教育教学改革、提高学生综合素质、促进学生全面健康成长的重要导向作用.

（4）提升试题科学化水平.初中学业水平考试要兼顾学生毕业和升学需要.省级教育行政部门要结合实际,对各学科考试时长、容量、难度等提出规范要求.试题命制既要注重考查基础知识、基本技能,还要注重考查思维过程、创新意识和分析问题、解决问题的能力.结合不同学科特点,合理设置试题结构,减少机械记忆试题和客观性试题比例,提高探究性、开放性、综合性试题比例,积极探索跨学科命题.拓宽试题材料选择范围,丰富材料类型,确保材料的权威性,杜绝政治性和科学性错误.充分考虑城乡学生学习和生活实际,增强情境创设的真实性、典型性和适切性,提高试题情境设计水平.规范试题语言文字,防止出现表述错误和歧义.客观性试题要有确定的答案.

（5）严格规范命题程序.省级教育行政部门要对考试命题工作程序提出规范要求.命题前要加强命题人员培训,并严明工作纪律,签订保密责任书,明确各环节岗位责任及责任人.学科命题组要充分研讨、统一思想、明确命题基本目标,严格按照制作多维细目表、研制试卷清样(包括备用试卷、参考答案或答案示例、评分标准)、试卷校对、审核确定、签字付印等流程,认真开展命题工作.强化审题工作,严格执行试题命制人员和审核人员分离制度,认真开展试卷政治性、公平性、科学性、技术性、程序性审查和学科交叉审查,确保命题质量.实行地市命题的应于考试后将各学科试卷报省级教育行政部门备案.

高利害教育考试的培训中,必须熟悉以下政策文件的有关精神:

2014年3月颁布的《教育部关于全面深化课程改革落实立德树人根本任务的意见》(教基二〔2014〕4号)强调统筹课标、教材、教学、评价、考试等环节,全面发挥课程标准的统领作用,协同推进教材编写、教学实施、评价方式、考试命题等各环节的改革,使其有效配合,相互促进.修订课程方案和课程标准,要增强可操作性,进一步明确培养目标、教学内容,充实学业质量要求,对教学实施、考试评价提出具体建议.要增强整体性,强化各学段、相关学科纵向有效衔接和横向协调配合.

加强考试招生和评价的育人导向.加快推进考试招生制度改革,注重综合考查学生发展情况,引导学校实施素质教育,科学选拔人才.各级考试命题机构要严格以国家课程标准和国家人才选拔要求为依据组织中、高考命题,评估命题质量,保证考试的导向性、科学性和规范性.建立考试命题人员资格制度,命题人员应熟悉中小学课程标准、教材、教学实际以及学校招生要求,充分发挥课程标准研制人员在中、高考命题中的作用.加强发展性评价,发挥评价促进学生成长、教师发展和改进教学实践的功能.各地要组织实施中小学教育质量综合评价改革,鼓励学校积极探索,完善科学多元的评价指标体系,引导树立科学的教育质量观.

《国务院关于深化考试招生制度改革的实施意见》(国发〔2014〕35号)提出深化高考考试内容改革.依据高校人才选拔要求和国家课程标准,科学设计命题内容,增强基础性、综合性,着重考查学生独立思考和运用所学知识分析问题、解决问题的能力.改进评分方式,加强评卷管理,完善成绩报告.加强国家教育考试机构、国家题库和外语能力测评体系建设.

改革考试科目设置.增强高考与高中学习的关联度,考生总成绩由统一高考的语文、数学、外语3个科目成绩和高中学业水平考试3个科目成绩组成.保持统一高考的语文、数学、外语科目不变、分值不变,不分文理科.

2014 年 12 月颁布的《教育部关于普通高中学业水平考试的实施意见》(教基二〔2014〕10 号)提出确保命题质量.要由省级专业命题机构组织命题.建立命题人员资格标准和命题专家库,强化命题人员培训.加快题库建设.开展试卷评估和分析,切实提高命题的科学化和专业化水平.

2016 年 9 月颁布的《教育部关于进一步推进高中阶段学校考试招生制度改革的指导意见》(教基二〔2016〕4 号)提出推行初中学业水平考试.初中学业水平考试主要衡量学生达到国家规定的学习要求的程度,考试成绩是学生毕业和升学的基本依据.已经实行初中毕业、高中招生"两考合一"的地区要统一规范为初中学业水平考试,把《义务教育课程设置实验方案》所设定的全部科目纳入初中学业水平考试的范围,引导学生认真学习每门课程,确保初中教育的基本质量.依据义务教育课程标准确定初中学业水平考试内容,提高命题质量,减少单纯记忆、机械训练性质的内容,增强与学生生活、社会实际的联系,注重考查学生综合运用所学知识分析问题和解决问题的能力.

各地要加强考试机构、考务组织、招生录取等方面基本能力建设.加强初中学业水平考试题库建设,开展试卷评估和分析,提升考试命题质量和水平.严格对试卷命题、印制、运送等环节的保密要求,确保试题试卷安全.

2019 年 6 月颁布的《国务院办公厅关于新时代推进普通高中育人方式改革的指导意见》(国办发〔2019〕29 号)提出深化育人关键环节和重点领域改革,坚决扭转片面应试教育倾向,切实提高育人水平,为学生适应社会生活、接受高等教育和未来职业发展打好基础,努力培养德智体美劳全面发展的社会主义建设者和接班人.规范学业水平考试.普通高中学业水平考试主要检验学生达到国家规定的学习要求的程度,考试成绩是学生毕业和升学的重要依据.除综合实践活动课程纳入综合素质评价外,国家课程方案规定的其他科目均实行合格性考试,考试内容为必修内容.语、数、外、政、史、地、理、化、生等科目合格性考试由省级统一命题、统一组织实施,

深化考试命题改革.学业水平选择性考试与高等学校招生全国统一考试命题要以普通高中课程标准和高校人才选拔要求为依据,实施普通高中新课程的省份不再制定考试大纲.优化考试内容,突出立德树人导向,重点考查学生运用所学知识分析问题和解决问题的能力.创新试题形式,加强情境设计,注重联系社会生活实际,增加综合性、开放性、应用性、探究性试题.科学设置试题难度,命题要符合

相应学业质量标准,体现不同考试功能.加强命题能力建设,优化命题人员结构,加快题库建设,建立命题评估制度,提高命题质量.

2019年6月颁布的《中共中央国务院关于深化教育教学改革全面提高义务教育质量的意见》提出完善作业考试辅导.统筹调控不同年级、不同学科作业数量和作业时间,促进学生完成好基础性作业,强化实践性作业,探索弹性作业和跨学科作业,不断提高作业设计质量.杜绝将学生作业变成家长作业或要求家长检查批改作业,不得布置惩罚性作业.教师要认真批改作业,强化面批讲解,及时做好反馈.从严控制考试次数,考试内容要符合课程标准、联系学生生活实际,考试成绩实行等级评价,严禁以任何方式公布学生成绩和排名.

完善招生考试制度.高中阶段学校实行基于初中学业水平考试成绩、结合综合素质评价的招生录取模式,落实优质普通高中招生指标分配到初中政策,公办和民办普通高中按审批机关统一批准的招生计划、范围、标准和方式同步招生.稳步推进初中学业水平考试省级统一命题,坚持以课程标准为命题依据,不得制定考试大纲,不断提高命题水平.

2019年11月颁布的《教育部关于加强初中学业水平考试命题工作的意见》(教基〔2019〕15号)全文强调考试命题对学校教育教学具有重要引导作用,是健全立德树人落实机制、扭转不科学教育评价导向的关键环节,对于全面贯彻党的教育方针和发展素质教育具有重要意义.当前,初中学业水平考试命题工作还存在试题质量不够高、管理不完善、保障机制不健全等问题,亟待加以解决.

二、教育评价理论的学习

1. 项目反应理论

一组具有共同基本思想的试题应答模型或项目反应理论模型的统称.其基本思想是:考生对某道试题的应答可以看作是考生的特征和试题特征的函数.

优点:用试题和考试的信息函数来表示考生能力水平估计值的测量精度.

说明:应用项目反应理论需要专门计算机软件、测量专家与考试开发者共同完成.

2. SOLO分类理论—学习质量的评价

澳大利亚著名教育心理学教授约翰B.彼格斯和凯文F.科利斯(John B. Biggs, Kevin F. Collis, 1982)提出的一种可观察到的学习质量的结果,在教育测量学领域产生了广泛影响. SOLO 分类理论对个体的学习结果进行分类,将学生的认知发展分为五种类型,其基本含义可用图 5-1 表示.

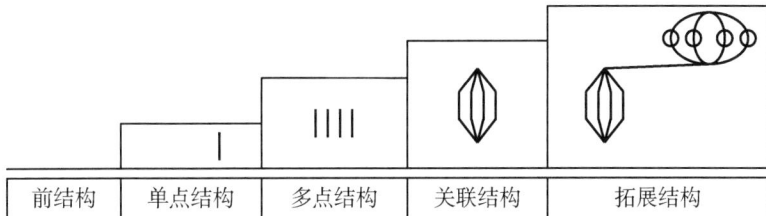

图 5-1　SOLO 学习结果分类

（1）**前结构水平**：学生对学习任务本身不能进行恰当的处理,只是重复问题,还不能解释问题.

（2）**单点结构水平**：能提出与学习任务有关的一个方面,但在诸要素之间或思维之间没有联系,只能理解问题的很少一部分.

（3）**多点结构水平**：能提出与学习有关的几个独立方面,或能理解任务的许多方面,但相互之间无法形成关联.

（4）**关联结构水平**：能把相关的方面整合成一个前后一致的整体结构.

（5）**拓展结构水平**：能把连贯的整体概括为或再概念化为一个抽象的更高水平.

3. SEC 一致性分析

国外对考试命题与课程标准的一致性分析的模式主要有三种：SEC、Webb、Achieve. 美国联邦政府和十几个地方州市都采用 SEC 模式进行考试命题与课程标准一致性的评价研究. SEC 模式以"内容要素和认知层次"的二维矩阵构建为基础,用 P 表示波特(Porter)一致性系数,其计算简单、应用广泛、适用性强.

$$P = 1 - \frac{\sum_{i=1}^{n} |X_i - Y_i|}{2}$$

其中：n—矩阵元总数目；X_i—X 矩阵第 i 个矩阵元；Y_i—Y 矩阵第 i 个矩阵元. P 的值在 0～1 范围区间,P 值为 0 时,两研究对象间的一致性程度最小；P 值为 1 时两研究对象间的一致性程度最大.

三、课程标准的学习

（一）《义务教育数学课程标准(2011 年版)》的学习

《义务教育数学课程标准(2011 年版)》指出："数学课程应致力于实现义务教育阶段的培养目标,要面向全体学生,适应学生个性发展的需要,使得人人都能获得良好的数学教育,不同的人在数学上得到不同的发展."中考命题应体现该课程理念.

首先,对"课程内容""教学活动""学习评价"等指导教学活动理念的全面理解,命题时通过选择试题背景、设置试题情境、变化设问方式等做法进行反映,重在引导教师和学生按照课程基本理念提倡的教与学的方式学习数学课程,落实课程目标,促进全面发展.

通过中考命题体现课程标准的基本理念,重点在于严格遵守课程的评价理念和评价建议,评价的最终目的是"全面了解学生数学学习的过程和结果,激励学生学习和改进教师教学".

其次,严格执行课程标准评价建议中针对书面测验的具体要求："书面测验是考查学生课程目标达成的重要方式,合理设计和实施书面测验有助于全面考查学生的数学学业成就,及时反馈教学成效,不断提高教学质量."

中考作为义务教育阶段的终结性考试,考查内容应当围绕课程标准中的课程目标,以"内容标准"为基本依据,试题难度和范围不得低于或超越课程标准的要求.

1. 深入理解义务教育阶段数学的课程目标

数学学科知识与方法的有效学习对学生的整体发展起着积极的促进作用,它既可以使学生掌握生存、发展所必需的数学知识和方法,拥有从事探索性活动、解决问题活动的机会,提高自身解决问题的能力,又可以帮助学生从数学的角度认识自然与社会,丰富学生的思维方式,提高学生的思维水平.按照课程标准的要求,义务教育阶段的数学学习应该达成的课程总目标如表5-1所示.

表5-1 课程总目标的具体表述及要点提炼

目标维度	具 体 表 述	要点提炼
知识技能	获得适应社会生活和进一步发展所必需的数学的基础知识、基本技能、基本思想、基本活动经验	获得"四基"

目标维度	具 体 表 述	要点提炼
过程方法	体会数学知识之间、数学与其他学科之间、数学与生活之间的联系,运用数学的思维方式进行思考,增强发现和提出问题的能力、分析和解决问题的能力	体会联系,形成数学思维,具备一定的抽象思维水平,增强"四能"
情感态度	了解数学的价值,提高学习数学的兴趣,增强学好数学的信心,养成良好的学习习惯,具有初步的创新意识和科学态度	了解学科价值,培养情感,养成习惯,形成观念

课程总目标分"知识技能、过程方法、情感态度"三个维度表述,目标中各维度之间的关系密切,深刻理解它们之间的关系,在命题中才能加以体现. 理解各维度之间的关系,关键要厘清"基本数学思想、数学活动经验与数学基本素养"之间的关系.

(1)基本数学思想:指数学抽象、数学推理和数学建模的思想,是数学学科发生、发展的根本,是过程、方法、目标的落脚点,是数学课程教学的精髓.

(2)数学活动经验:不仅仅是数学实践的经验,更重要的是思维与创新活动的经验. 获得数学经验,最重要的是积累发现问题、提出问题、分析问题、解决问题的经验.

"四基"与"四能"以"双基"为载体,与数学活动过程相联系. 在数学活动中,不仅要能获得数学结论,而且要学会运用数学的思维方式进行思考,积累运用数学方法解决问题的经验,逐步增强发现问题、提出问题、分析问题、解决问题的能力,从而进一步了解数学的价值,养成良好的学习习惯和科学的态度.

2. 依据数学课程目标的中考命题思考

课程总目标高度概括了通过义务教育阶段的数学学习,学生能够达到的学习水平. 总目标结合数学学科的特点,清晰地反映了数学课程目标与数学课程内容领域之间的关系. 中考命题要落实课程目标的要求,每一个试题要能兼顾课程目标的四个方面,以此来促进课程目标的落实. 表5-2和表5-3分别给出了对课程目标"数学思考""问题解决"维度的理解和命题思考.

表 5-2 课程目标"数学思考"维度的理解和命题思考

目标维度	具体要求	对应的内容领域
数学思考	建立数感、符号意识,初步形成运算能力;建立空间观念,初步形成几何直观;发展形象思维与抽象思维	对应"数与代数、图形与几何"领域,表达对数学抽象、运算能力、直观想象等数学素养的要求
	体会统计方法的意义,发展数据分析观念,感受随机现象	对应"统计与概率"领域,体会统计的意义,发展数据分析观念,感受随机现象,表达对数据分析的要求
	在参与观察、实验、猜想、证明、综合实践等数学活动中,发展合情推理和演绎推理的能力,清晰地表达自己的想法	针对"综合与实践"提出具体的要求,表达对逻辑推理的要求
	学会独立思考,体会数学的基本思想和思维方式	针对四个学习领域的共同要求,关注独立思考与合作交流的关系,强调独立思考.数学思考的落脚点是体会数学的基本思想,学会数学的思维方式
解读提炼	数学思考是指运用数学方式的理性思维进行的思考,它培养学生"以数学的眼光看世界,从数学的角度分析问题"的素养.目的是让学生独立思考,体会数学思想、数学思维方式;让学生学会思考,特别是学会独立思考,是数学创新思维的核心;学会思考的重要方面是学会数学抽象、数学推理、数学思维,这正是数学思想的精髓	
命题思考	对数学能力的考查,以考查思维为核心,包括对数学知识及其形成与发展过程、数学知识灵活应用的考查,注重全面,突出重点,适度综合,体现应用.将对抽象概括能力、运算能力、推理能力、分析和解决问题能力的考查贯穿于试题中	

表 5-3 课程目标"问题解决"维度的理解和命题思考

目标维度	具体要求	对应的内容领域
问题解决	初步学会从数学的角度发现问题和提出问题,综合运用数学知识解决简单的实际问题,增强应用意识,提高实践能力	①"问题"不是数学习题,不是靠程式化能解决的,而是数学课程的展开.运用数学去解决的问题,应该新颖、灵活,有较高思维含量,应该与生活实践相结合,解决问题能够增强学生的应用意识和实践能力.②"从数学角度"要求"课程要设计各种情境,让学生去观察、去思考,使他们面对各种现象时都能有机会从数学的角度发现和提出问题".③应用意识的三层含义:一是接受数学知识时探索其实用价值;二是遇到实际问题时有主动利用数学观点、数学理论揭示现实现象和解决问题的意识;三是认识生活实践中蕴含的许多数量和图形,这些事物都可以抽象成数学内容,用数学方法给出普遍的结论

目标维度	具体要求	对应的内容领域
	获得分析问题和解决问题的一些基本方法,体验解决问题方法的多样性,发展创新意识	①通过"分析问题和解决问题的一些基本方法"及发现问题的过程,获得数学的分析.建立数学模型解决问题的基本方法,既反映对"数学建模"的要求,也突出对"应用意识"的落实.②"多样性"是发展创新意识的一种具体途径."创新意识"是个综合的要求,发现和提出问题是创新的基础,独立思考、学会思考是创新的核心,归纳猜想得到结论,并加以验证是创新的重要方法,数学活动与数学学习过程是创新意识形成的载体.创新意识的培养要贯穿整个义务教育阶段
	学会与他人合作交流	具体标志为:会倾听、表达;会共同分析问题、解决问题;能听到他人思路,补充或修正他人思路,吸取他人建议,改进自己思路;能准确表达自己的思考,会与他人分享自己的想法.既是解决问题能力提升的标准,也是情感态度的一种反应
	初步形成评价与反思的意识	"评价与反思"是一种元认知能力,是对自我思维的一种监控与调节,对解决问题尤为重要;在解决问题中要认识"评价与反思"的重要作用
命题思考	① 通过设置真实的任务情境,运用真实数据,让学生面对真实的问题发现其中的数量关系和图形结构,建立数学模型,运用数学知识,求解模型,解决问题,体会数学与生活的联系,认识数学的价值.中考数学应用题应体现这种命题思路. ② 通过设置"综合与实践"试题,让学生面对一类思维含量大、能够拓展变化的数学问题情境,展开操作、猜想、验证、证明等数学活动,发现其中蕴含的问题,探究解决问题的途径,并综合运用数学知识解决问题,评价学生数学知识技能的掌握情况、数学素养的发展水平、问题解决能力的提升程度,从而引导教师在课堂教学中开展教学活动,重视问题解决,促进学生发展.中考试题还可融入"交流讨论"的因素,从形式到问题设计力求展现"真实的情境",展现"交流合作的平台". ③ 通过不断加大"应用性"试题和"开放与探究"试题的比例,进一步落实"数学思考"和"问题解决"的课程目标	

(二)《普通高中数学课程标准(2017 年版)》的学习

1. 高中课程标准的学业质量

(1) 学业质量内涵

学业质量是学生在完成本学科课程学习后的学业成就表现.学业质量标准是

以本学科核心素养及其表现水平为主要维度,结合课程内容,对学生学业成就表现的总体刻画.依据不同水平学业成就表现的关键特征,学业质量标准明确将学业质量划分为不同水平,并描述了不同水平学习结果的具体表现.数学学科学业质量是应该达成的数学学科核心素养的目标,是数学学科核心素养水平与课程内容的有机结合.学业质量是学生自主学习与评价、教师教学活动与评价、教材编写的指导性要求,也是相应考试命题的依据.

(2)学业质量水平

数学学业质量水平是六个数学学科核心素养水平的综合表现.每一个数学学科核心素养划分为三个水平,每一个水平是通过数学学科核心素养的具体表现和体现数学学科核心素养的四个方面进行表述的.数学学科核心素养的具体表现参见"学科核心素养与课程目标",体现数学学科核心素养的四个方面如下:

情境与问题 情境主要是指现实情境、数学情境、科学情境.问题是指在情境中提出的数学问题;

知识与技能 主要是指能够帮助学生形成相应数学学科核心素养的知识与技能;

思维与表达 主要是指数学活动过程中反映的思维品质、表述的严谨性和准确性;

交流与反思 主要是指能够用数学语言直观地解释和交流数学的概念、结论、应用和思想方法,并能进行评价、总结与拓展.

水平	质 量 描 述
水平一	能够在熟悉的情境中,直接抽象出数学概念和规则;能够用归纳或类比的方法,发现数量或图形的性质、数量关系或图形关系,形成简单的数学命题;能够抽象出实物的几何图形,建立简单图形与实物之间的联系,体会图形与图形、图形与数量的关系;了解随机现象及简单的概率或统计问题;了解熟悉的数学模型的实际背景及其数学描述,了解数学模型中的参数、结论的实际含义;能够在熟悉的数学情境中了解运算对象,提出运算问题. 　　能够在熟悉的数学情境中,解释数学概念和规则的含义,了解数学命题的条件与结论之间的逻辑关系,抽象出数学问题;能够通过熟悉的例子理解归纳推理、类比推理和演绎推理的基本形式,识别归纳推理、类比推理、演绎推理;掌握一些基本命题与定理的证明,并有条理地表述论证过程;能够借助图形的性质和变换(平移、对称、旋转)发现数学规律;能够描述简单图形的位置关系和度量关系及其特有性质;能够了解运算法则及其适用范围,正确进行运算;能够根据问题的特征形成合适的运算思路;能够对熟悉的概率问题,选择合适的概率模型;能够对熟悉的统计问题,选

水平	质　量　描　述
	择合适的抽样方法收集数据,掌握描述、刻画、分析数据的基本统计方法;能够解决简单的数学应用问题;知道数学建模的过程包括:提出问题、建立模型、求解模型、检验结果、完善模型;能够在熟悉的实际情境中,模仿学过的数学建模过程解决问题. 　　能够了解用数学语言表达的推理和论证;能够在解决相似的问题中感悟数学的通性通法;能够用图形描述和表达熟悉的数学问题,启迪解决这些问题的思路,体会数形结合;能够体会运算法则的意义和作用,运用运算验证简单的数学结论;能够用概率和统计的语言表达简单的随机现象;能够结合熟悉的实例,体会概率的意义,感悟统计方法的作用;对于学过的数学模型,能够举例说明数学建模的意义,体会其蕴含的数学思想. 　　能够在交流的过程中,结合实际情境解释相关的抽象概念;能够在日常生活中利用图形直观进行交流;能够用统计图表和简单概率模型解释熟悉的随机现象;能够用运算的结果、借助或引用已有数学建模的结果说明问题;能够明确所讨论问题的内涵,有条理地表达观点.
水平二	能够在关联的情境中,抽象出一般的数学概念和规则,确定运算对象和随机现象,发现问题并提出或转化为数学问题;能够想象并构建相应的几何图形,发现图形与图形、图形与数量的关系,探索图形的运动规律;能够理解归纳、类比是发现和提出数学命题的重要途径;能够将已知数学命题推广到更一般的情形;能够在新的情境中选择和运用数学方法解决问题. 　　能够用恰当的例子解释抽象的数学概念和规则;能够理解数学命题的条件与结论,通过分析相关数学命题的条件与结论,探索论证的思路,选择合适的论证方法予以证明;能够理解和构建相关数学知识之间的联系;能够通过举反例说明某些数学结论不成立;能够掌握研究图形与图形、图形与数量之间关系的基本方法,借助图形性质探索数学规律,解决实际问题或数学问题;能够针对运算问题,合理选择运算方法、设计运算程序,运算求解;能够选择合适的数学模型表达所要解决的数学问题,理解模型中参数的意义,知道如何确定参数,建立模型,求解模型;能够根据问题的实际意义检验结果,完善模型,解决问题;能够针对具体问题,选择离散型随机变量或连续型随机变量刻画随机现象,理解抽样方法的统计意义,运用适当的概率或统计模型解决问题. 　　能够理解用数学语言表达的概念、规则、推理和论证,理解相关概念、命题、定理之间的逻辑关系,提炼出解决一类问题的数学方法,理解其中的数学思想,初步建立网状的知识结构;能够用图形探索解决问题的思路,形成数形结合的思想;能够理解运算是一种演绎推理,在综合运用运算方法解决问题的过程中,形成规范化思考问题的品质;能够在关联的情境中,经历数学建模的过程,运用数学语言,表述数学建模过程中的问题以及解决问题的过程和结果,形成研究报告,展示研究成果;能够在运用统计方法解决问题的过程中,解释统计结果,感悟归纳推理的作用;能够用概率或统计模型表达随机现象的统计规律. 　　在交流的过程中,能够用一般的概念解释具体现象;能够利用直观想象、数学运算探讨数学问题;能够用数据呈现的规律解释随机现象;能够用模型的思想说明问题.能够在交流的过程中,围绕主题,观点明确,论述有理有据,并能用准确的数学语言表述论证过程.

水平	质 量 描 述
水平三	能够在综合的情境中,发现其中蕴含的数学关系,用数学的眼光找到合适的研究对象,用恰当的数学语言予以表达,并运用数学思维进行分析,提出数学问题;能够借助图形探索解决问题的思路;能够在得到的数学结论基础上形成新命题. 　　能够通过数学对象、运算或关系理解数学的抽象结构;能够掌握不同的逻辑推理方法;能够对较复杂的数学问题,通过构建过渡性命题,探索论证的途径,解决问题;能够对较复杂的运算问题,设计算法,构造运算程序,解决问题;能够综合利用图形与图形、图形与数量的关系,理解数学各分支之间的联系;能够借助直观想象建立数学与其他学科的联系,并形成理论体系的直观模型,感悟高度概括、有序多级的数学知识体系;能够在现实世界中发现问题,运用数学建模的一般方法和相关知识,创造性地建立数学模型,解决问题;能够针对不同的问题,综合或创造性地运用概率统计知识,构造相应的概率或统计模型,解决问题. 　　在实际情境中,能够把握研究对象的数学特征,感悟通性通法的数学原理和其中蕴含的数学思想;能够运用数学语言,清晰、准确地表达数学论证和数学建模的过程和结果;能够理解建构数学体系的公理化思想;能够用程序思想理解与表达问题,理解程序思想与计算机解决问题的联系;能够通过想象对复杂的数学问题进行直观表达,抓住数学问题的本质,形成解决问题的思路;能够理解数据蕴含着信息,可以通过对信息的加工,得到数据所提供的知识和规律,理解数据分析在大数据时代的重要性. 　　在交流的过程中,能够用数学原理解释自然现象和社会现象;能够利用直观想象探讨问题的本质及其与数学的联系;能够用程序思想理解和解释问题;能够辨明随机现象,并运用恰当的数学语言进行表述;能够通过数学建模的结论和思想阐释科学规律和社会现象;能够合理地运用数学语言和思维进行跨学科的表达与交流.

（3）学业质量水平与考试评价的关系

数学学业质量水平一是高中毕业应当达到的要求,也是高中毕业的数学学业水平考试的命题依据;

数学学业质量水平二是高考的要求,也是数学高考的命题依据;

数学学业质量水平三是基于必修、选择性必修和选修课程的某些内容对数学学科核心素养的达成提出的要求,可以作为大学自主招生的参考.

2. 学业水平考试与高考命题建议

对高中毕业的数学学业水平考试、数学高考的命题提出以下建议.

（1）命题原则

命题应依据学业质量标准和课程内容,注重对学生数学学科核心素养的考查,处理好数学学科核心素养与知识技能的关系,要充分考虑对教学的积极引导作用. 在传统评分的基础上,可以根据解题情况对学生的数学学科核心素养水平的达成进行评价.

考查内容应围绕数学内容主线,聚焦学生对重要数学概念、定理、方法、思想的理解和应用,强调基础性、综合性;注重数学本质、通性通法,淡化解题技巧;融入数学文化.

命题时,应有一定数量的应用问题,还应包括开放性问题和探究性问题,重点考查学生的思维过程、实践能力和创新意识,问题情境的设计应自然、合理. 开放性问题和探究性问题的评分应遵循满意原则和加分原则,达到测试的基本要求视为满意,有所拓展或创新可以根据实际情况加分. 在命制应用问题、开放性问题和探究性问题时,要注意公平性和阅卷的可操作性.

在高中毕业的数学学业水平考试与数学高考的考试命题中,要关注试卷的整体性. 处理好考试时间和题量的关系,合理设置题量,给学生充足的思考时间;逐步减少选择题、填空题的题量;适度增加试题的思维量;关注内容与难度的分布、数学学科核心素养的比重与水平的分布;努力提高试卷的信度、效度和公平性.

除了上述要求外,数学高考命题还应依据人才选拔要求,发挥数学高考的选拔功能.

（2）考试命题路径

基于数学学科核心素养的考试命题,应注意以下几个重要环节.

① 构建数学学科核心素养的评价框架. 依据数学学科核心素养的内涵、价值和行为表现的描述,参照学业质量的三个水平,构建基于数学学科核心素养测试的评价框架. 评价框架包括三个维度:

第一个维度是反映数学学科核心素养的四个方面,分别为情境与问题、知识与技能、思维与表达、交流与反思;

第二个维度是四条内容主线,分别为函数、几何与代数、概率与统计、数学建模活动与数学探究活动;

第三个维度是数学学科核心素养的三个水平.

② 依据评价框架,统筹考虑上述三个维度,编制基于数学学科核心素养的试题,每道试题都有针对性的考查重点.

③ 对于每道试题,除了给出传统评分标准外,还需要给出反映相关数学学科核心素养的水平划分依据.

（3）说明

在命题中,选择合适的问题情境是考查数学学科核心素养的重要载体. 情境包括:现实情境、数学情境、科学情境,每种情境可以分为熟悉的、关联的、综合的;数学问题是指在情境中提出的问题,从学生认识的角度分为:简单问题、较复杂问题、复杂问题. 这些层次是构成数学学科核心素养水平划分的基础,也是数学学科核心素养评价等级划分的基础.

对于知识与技能,要关注能够承载相应数学学科核心素养的知识、技能,层次可以分为了解、理解、掌握、运用以及经历、体验、探索. 在命题中,需要突出内容主线和反映数学本质的核心概念、主要结论、通性通法、数学应用和实际应用.

在命题中,应特别关注数学学习过程中思维品质的形成,关注学生会学数学的能力.

第二节　数学命题的初步开始

将大规模数学命题比喻为一场没有硝烟的战争是最合适不过了,以下将以战争作类比来描述命题工作. 命题人员已集中,相当于参战人员已集合,战争开始之前,战前动员与参谋长联席会是一定要开的. 同样开始命题了,必须做到纵览全局,提高命题人员具体数学学科的命题理念,并使他们了解数学学科考试性质和考生基本情况,也是必不可少的.

"磨刀不误砍柴工"形象而深刻地道明了做任何一件事件前应当做好相应的准备工作."知己知彼,百战不殆"指明打好数学命题这场战役,必须了解学情、考情. 当然,此处并没有将考生当作敌人的意思,而是将他们当作我们命题人员必须慎重对待的重要对手. 若忽视他们的具体情况,命题工作必然因麻痹大意而出错,近年来因命题出错导致的被动局面时有发生. 所以有一种观点认为,命题属高危职业,命题人员的命题经历与士兵在战场上的冲锋陷阵的经历类同.

加强组织领导,明确相关人员的命题和管理职责,形成领导有力、责任清晰、分工明确、规范有序的考试命题管理机制,并建立健全命题安全应急预案和处置机制. 要加大对考试命题闱点建设和信息技术支持等方面的投入,确保命题工作顺利开展.要切实加强闱点建设,应通过单独建设闱点或利用相对独立、符合安全保密条件的场所设置闱点等方式,确保命题有稳定闱点工作室.要加强闱点文化生活和医疗设施建设,保障入闱命题人员身心健康.

强化保密工作,明确相关命题人员保密职责,逐级签订安全保密责任书,确保到岗到人、落实到位,关键和重点岗位要一岗多控、人技联防.命题人员入闱期间实行封闭管理,严禁随意出入闱点,严禁违规使用通讯工具.严禁无关人员进入闱点;确因工作需要进入闱点的相关人员,一律不得接触试题,不得单独接触命题人员.对违反安全保密规定,造成试题泄密的,要依法依规追究责任,严肃处理.

命题组开始准备命题的第一阶段是数学命题的初步酝酿阶段,以下将介绍这一阶段的主要工作内容.

一、在学习、编写、思考中提升命题理念

每份数学试卷都反映了一定的命题理念,每道试题都包含着特定的命题意图.一份试题是否上水平,有质量,首先要看命题者持有什么样的命题理念,只有以新课程的命题理念作指导,才有可能编写出理想的数学试题.试题应摒弃"以知识立意为主"的思想,不要过于强调知识点的覆盖,要注意转变为"以能力立意为主".在新课程理念下,试题应注意体现以下的变化:

（1）在注意"四基"考查的同时,重视数学基本能力与思维品质的考查;

（2）在注意科学、规范、适切性的同时,重视形式的优美、内容的和谐与对学生的人文性关怀;

（3）在注意数学应用的同时,重视试题的开放、探索与创新;

（4）在注意测评功能的同时,重视试题的价值与发展功能.

这就要求命题组成员在新课程理念指导下,大胆探索、勇于实践、不断反思,逐步提高命题能力.

新课程理念在数学(中、高考)命题实践中的指导作用还体现在如下方面:

（1）中、高考数学教育评价的根本目的是进一步促进全体学生的发展,而不仅仅是为了甄别学生的发展水平,划分等次.

（2）中、高考数学教育评价的基本内容是数学课程标准中所规定的基本知识、基本技能与重要数学思想方法,数学思维活动过程、数学思维方法与数学思维能

力,以及数学态度与价值观,三者不可或缺.

中、高考数学评价应当着重考查学生已经知道了什么,达到了什么水平,而不是考查学生目前不知道什么,这就要求命题者必须从课程标准所规定的内容和学生实际出发来选取素材,设计问题,所选取的素材与设计的问题应当是学生能够理解的、求解的,重点放在重要而有价值的数学内容上.

如果按"考查学生目前不知道什么"来设计问题,则命题者可能会在怎样考倒学生、难倒学生上下功夫,这样既偏离了课程的基本考查目标,又脱离了学生实际,因而是不可取的.考查的重点不应是知识的简单再现与技能的重复操作,而是对知识与技能的理解与灵活运用,在题材上应适当选择学生所能理解的学习实际、生活实际与社会实际方面的内容.

(3)中、高考数学试题的题型应当多样化,应当有效发挥各种题型的功能,不仅需要证明题、计算(求解)题等传统题型,更需要探索题、信息分析题等新题型.

命题组成员对新课程理念的认识是有层次的,不同层次的认识将会编制不同风格、不同水平的试题.因此,作为命题的准备工作,命题组成员首先必须审视自己的命题理念,用心研读课标及其相关文章,与人交流,向专家请教,更要在实践中认真思索,反复思索,不断修正认识,提高认识.学是基础,思是关键.学为思提供了素材与借鉴,思则有利于提升水平和素养,形成自己的观点.学思结合,就能迅速地提升自己的命题理念.

如下所示,学科组为了按时、保质、保量地完成命题,命题组需要制定较为详实的命题工作计划.

《×××初中数学毕业升学考试试题》命制计划及工作说明

一、考试内容及宏观要求

1. 依据教育部颁布的《义务教育数学课程标准(2011年版)》设计试题.

2. 内容范围

初中七、八、九年级数学内容.

3. 试题内容比例建议

各册书设计内容比例:7上∶7下∶8上∶8下∶9上∶9下=1∶1.5∶1.5∶2∶4∶3;

各领域内容比例:代数∶几何∶概率统计=5∶4∶1.

4. 考试时间

120 分钟.

5. 试卷结构

	填空题	计算题	作图题	应用题	证明题	合计	考查目标	试题要求	内容范围
前结构水平	1					1	知识与技能	参照教材典型例题、习题改编	数学教材七上到九下所涉及的全部数学知识、技能、思想方法
单一结构水平	4					4			
多重结构水平	6	1	1			8			
关联结构水平	2	2	1			5	数学思考解决问题	原创	
拓展抽象结构水平				2	2	4			
合计(题数)	13	3	2	2	2	22			

说明:①多重结构水平的作图题指不需要进行作图构造即可直接正确解答的作图题;②关联结构水平的作图题指必须进行作图构造才能获得正确解答的作图题.

二、具体要求及建议

1. 对"知识技能"的考查视角建议

(1)关注核心知识的考查——该知识应该在不同年级的知识体系中,有重要的逻辑关联价值.

(2)该技能具有形成一般性解决问题策略的潜在价值.

(3)命题人应对每一道题目针对上述问题作出解释性说明.

2. 对"数学思考、解决问题"能力的考查视角建议

(1)指向数学学习的核心或聚集点,它直接反映科学有效的数学学习线索和层次,体现数学学习中的关键,关注核心内容,适当关注对数学学习策略的考查,突出体现学生的数学素养的发展,明确体现针对学生学习能力的有效形成水平的测量.

(2)初中数学学习关键的内涵是形成数学学科的核心素养,其外延表现是核心内容的掌握和学习策略的形成.要适当体现"四基""四能"课程目标的达成,从其达成过程中测量学生数学核心素养的形成水平.

(3)注重初中数学课标中提出的十个关键词所涵盖的内容及思想方法的考查:指向数感、符号意识、空间观念、几何直观、数据分析观念、运算能力、推理能

力、模型思想、应用意识、创新意识.

三、任务分配

此处的任务分配主要具体到什么人编拟什么试题.

(1)×××重点命制"数学思考、解决问题"要求的试题.

(2)×月×日前完成第一阶段任务.

(3)×月×日前完成第二阶段任务.

每道试题要有试题及考征的描述、评分标准、试题原始素材(如是题目改编,请提供原题)、命题意图分析(每题作100字左右的简短说明,重点说明试题价值和考查指向).

(4)做好×月×日左右的试题会议研讨准备.

二、在分析、反思往年试题的成功与不足中借鉴

要命好当年的数学中考试题,一定要对近年来,特别是近三年的数学中考试题的实际考试效果作深入细致的分析,一定要带着兼收并蓄的态度,而不是个人的主观臆断或小团体的一孔之见,必须将命题组各成员了解和听取到的对近年试题的各种不同的反馈意见集中讨论.只有这样才能较全面的了解情况,保证讨论问题的客观性、真实性.只有这样才能做到兼听则明,才能客观地评价近年的数学中考试卷,从而获得改进命题工作的重要参考信息.

命题组织单位应提供近年的各学科试卷评价统计数据,以保证命题组成员对近年学生学科考试情况有一个全面的了解,以此调整自己根据试卷评价效果的初步理解而作出的评分预测估计,在命题组情况分析会上命题组成员还应分析各自预估与实际差异产生的原因,命题组长应对此作特别记录,在日后的第二阶段命题的调整与修改时重点关注.

命题组成员必须统一思想,就试题如何有利于学生发挥水平,试题如何对初中数学教学发挥良好的导向作用,试题从总体上如何符合实际,试题的难度立意是否恰当,试题的目标达成度如何,试题的易、中、难题分值比例是否适当等达成共识.只有这样命题开始后才可以避免较多的观点争执和不必要的争吵.

1. 难度信息

难度信息的获得主要有两条途径:一是抽样分析(或总体分析);二是老师们的反映.在获得试题的难度信息后,就要认真分析造成过难或过易的原因,为今年

的命题提供重要参考.

难度(通常指得分率)是决定一份试卷是否被广大数学教师与学生所接受、社会所认同的主要因素,一般来说教育行政部门出于稳定的需要,也会提出较为统一的得分率或平均分指标. 这不是决定试卷水平的绝对因素,但由于照顾考生心理承受能力等方面的因素,通常也将其作为衡量一份试卷质量高低的重要指标,它反映了试卷接受实践检验的客观效果. 因此,试卷的难度应成为中考命题所要考虑的重要因素.

对来自薄弱学校的命题老师来说,由于他们了解学生的学习水平,也知道试题难度给学生带来各方面影响,特别是心灵上的较大而深刻影响,更知道试题难度给学校评价和社会评价带来的重大影响,因此他们会十分关注试题的难度. 另一方面,在命题过程中,重点学校的命题教师往往在创新观念的指导下,忽视难度而力求别出心裁,如果他煞费苦心地想出了一道有创意而偏难的题目,往往难以割舍或放弃. 有些试题,本来对学生来讲有一定难度,而命题者由于反复解答了多次,就觉得轻车熟路,解答起来更容易上手了,于是在对该题难度作预估时,重点学校的老师就难以作出客观公正的评价. 于是乎,命题成员间的矛盾或者命题与审题者就会产生激烈的思想和观念的碰撞,有人看重创新而忽视难度,而有人强调稳定,要降低难度,由此就形成了一个强烈的反差. 这时,命题组长应当更多地从服务于学生、有利于学生增强自信的角度出发,从尊重薄弱学校老师们的意见出发,更多地发挥评价的积极作用,适当修改甚至拿掉该题.

2. 阅卷反馈与评价信息

近年的阅卷反馈信息也是极宝贵的信息源. 一般而言,由于命题者通常要在短短的十多天中完成试题编制和参考答案、评分标准的制定工作,因而难免存在疏漏之处. 即使命题者的命题时间很充裕,由于思维的局限性,要做到毫无遗憾也是相当不容易的. 试题一旦展现在学生面前,就开始接受几万乃至几十万学生和成千上万的老师们的检验. 同时,学生与老师们的解答将会大大丰富我们对试题和答案的认识,就是来自学生的各种错误信息,也是我们了解教学现状、了解学生、研究学生和反思试题的极好材料. 这其中可能反映了教学中可能存在的普遍性的问题,亦或反映了学生普遍性的思维水平,亦或是试题脱离了学生的实际,等等. 这些都是需要认真加以分析与研究的.

值得一提的是,在制定评分标准时,一般限于版面,所给出的解答都是典型的、常见的. 对于需要从多个角度思考的情况,关键性的答案首先要考虑到,其余的可以根据版面情况及其重要程度考虑要不要放到参考答案中. 一般而言,提供参考答案和制定评分标准应同时进行,务必在参考答案后面注明解法不同但解答正确可参照评分的说明. 当然评分标准可能没有想到重要的参考解答,在将来制订阅卷使用的评分细则时通常通过试评来完善它. 命题老师一般也参与过阅卷,特别是当年命题并参与阅卷的老师都要有意识地了解最后的评分细则,以加深对本次命题的反思及更全面的认识. 这种不可多得的宝贵经验务必珍惜并加以利用.

数学中考试题出来后,从整份试题到其中的每一道题目都会受到老师们的极大关注与"评头论足",这就给新一年的命题工作提供了极为丰富的有价值的信息,这些都是命题者或命题组织单位所要重视与需要认真研究的地方. 通过收集来自一线老师们的真实意见并冷静思考,进而得出值得扬弃的地方,是命题者所应具备的基本素质.

3. 审题组审查意见

命题组织单位应提供近年命题过程中试题审查的意见. 由于试题审查通常是由独立专家组深思熟虑地提出来的,往往专业性特别强,科学性、合理性和适用性也较好. 审查意见是命制试题的初稿与定稿间的关键影响因素,命题组可以参考其中的改进建议,重新审视已编制的初稿. 改进建议往往有多个方面,如试题难度、科学性、开放性;试题设置方式与评分方法;题型设置的合理性;题量的多少;创新题的数量控制;等等. 在查看近年试题的审查意见时,要进行认真思考和分析,对其中中肯的建议都要借鉴. 由于审查组教师多是从自己的教学实际与学生实际这个特定角度来观察问题的,对试题的评价也可能会有偏颇之处,这时命题组长可将命题组成员的保留意见汇总梳理后,做好细致的分析与研究工作,注意存档以备在今后的命题工作中重点关注.

三、在交流调研中了解教学实际

中考命题组织单位通常需要提前安排可能入围命题的教研人员、评价研究工作者,参与每年中考命题前1～2个月深入到不同类型学校的调研. 调研的学校应具有代表性,既要有城市重点中学与普通中学,又要有乡镇中教学水平较高的中学和教学水平相对较低的中学;既要有教育发展水平较好的地区,又要有教育发展水平相对较弱的地区.调研任务主要有五个方面:一是听取对近年试题的评价意见,看与当时命题时的设想有多大差距,其中的原因是什么;二是征求今年的中考命题意见,看老师们有什么好的想法与建议;三是与老师们共同探讨中考命题改革、教学改革以及二者的关系问题,提升考试评价对教学指导的针对性;四是借助调研之机,宣传新课程理念与评价理念,探求新课程理念与评价理念的实践途径;五是亲身了解并感受学生的基础与愿望,听取学生的呼声与意见.

这种调研与刚考完试后与老师的随机交流有所不同:刚考完试后听到的更多的是教师对本地试题第一印象的评价;更多的是基于学生的解答所作出的带有一定情感性的评说;更多的是对"未来时"的描述.在听取老师们的意见时,教学经验丰富又有一定研究经验的老师们的意见更为可贵,要格外尊重.应当说这一前一后所收集到的意见有一种互补或印证的作用,这两个环节都是需要的.命题组成员可以将各自了解到的考生情况充分进行交流,以使命题组每个成员对参与考试的学生的基本状况有一个清晰的认识,这也是提高命题的针对性和质量的非常重要的环节.

四、在比较研究中借鉴他人经验

近年各地都在探索课程改革和评价改革,新编试题如雨后春笋一样崭露头角,让命题者备受启发.如果一个人因循守旧或故步自封,久而久之,将落后于世并妨碍事业的发展.作为一名优秀的有责任感的命题工作者,自当学习、借鉴他人的成功经验,不断改进自己的命题工作,提升自己的命题水平.当然,这种学习不是一种简单的模仿与移植,而是揣摩、推敲、领会他人选取素材的途径、设计问题的思路、调整观察问题的角度、创新立意的策略与方法等.

一些公开发表的结合作者的教学经验分析整份试卷或某道试题得失原因的高水平论文,无疑是一种非常有价值的信息源.其中,对试题的不足之处的责难或与命题者的商榷以及一题引出的思考等等,更应引起足够地重视.这些都是命题者值得关注的重要信息,也是命题时要注意的事项.特别是错题的成因及其背景均是命题者首要关注的宝贵信息,以此为鉴方能减少失败的几率.应以一种审慎的态度对待他人的命题成果和工作,合理地吸收,不盲目地照搬照抄,仔细对近几年数学中考试题进行纵向和横向比较研究,提升自己的命题水平,进而形成自己的特色.

五、在纷繁的资料中提取素材

通常在命题之前,命题组的老师也经常学习他人的命题经验,总结反思本地的命题得失.作为命题者或命题研究工作者更重要的是要经常留意与命题有关的信息,养成一种随时随地思索的习惯,从报纸中、从网上、从与别人的谈话中、从听课中、从专著的阅读中、从实际生活中、从游戏中、从旅途中……发现有价值的命题素材,集之存之,选而思之.

当然,搜集命题素材的另一种途径是:你可以到书店或图书馆,按照自己寻找素材的目标,寻找发现对于命题有价值的、市面较少见的不同版本的教材及参考书,作为命题时的参考材料,但切忌照搬照抄.

这里提醒经常从事命题工作的老师,出于命题安全保密的需要,在正式进入命题组工作前,对有些素材不可又不必想得过细,同时不必过早固定思路,过早成形,也不必过早地确定试题的材料.否则,既可能会限制你进一步发现新材料,更可能使你在一个不经意的场合、自己未意识到的情况下泄漏某些重要信息——这是断然要避免的事情.否则,这将导致不得不放弃难得的命题素材,或可能造成后悔不及、无法弥补的遗憾乃至错误.

第三节 了解试题评价分析指标

每位命题教师在命题前必须对试题的分析指标有所了解,就刻画与描述命题事件的途径来说,与定性途径相比,定量途径总能提供更多的信息.数学中考试题通常有哪些定量指标来反映试题的质量呢?一般来说,主要有试题的难度、区分度、信度、效度、合格率、优秀率、低分率等定量指标.

实践表明,一份中考试题的整体难度应定在 $0.60 \sim 0.70$ 之间.难度值过低,如低于 0.55,试题偏难,会造成大量学生考试成绩不理想,如果这些学生以一种失败与自卑的心态进入高中或走上社会,这是数学教育工作者所不愿看到的.如果难度值过高,如高于 0.75,那么试题过于简单,使学生感到几乎不要做什么努力,就能取得好成绩,这样优秀学生的能力得不到充分地展示,对优秀学生不公平,虽然多数学生高兴了,但不利于有效地促进全体学生的发展.整卷的难度分布是一个值得认真加以研究的问题.一般而言,按照题号顺序,难度值从总体上应遵循由大到小的规律排布;试卷的入手题,难度值可在 0.90 以上,使几乎所有的学生都有一个好的开始,有利于学生更好地发挥水平;对于最难的 1～2 题,其难度值可在 0.25～0.35 之间,一般不能低于 0.15,这是因为难度值过低的试题,可能就是一道废题,达不到考查的目的,同时也往往导致试题的难度分布不合理,或总体难度值偏低,给学生与教学带来消极的影响.

就区分度而言,一般认为常模考试的每道试题的区分度大于 0.4 才是好的合格的试题.这是从选拔与区分的角度来说的.但从发展性评价来看,这一认识应当有所修正.对于试卷的开始几题,因为本来就打算作为送分题而不是把它作为区分之用的,因此从目标上来说就不应当要求它有较高的区分度.更进一步说,为了使更多学生的书面考试成绩都在合格水平之上,就必须保证有相当数量的基本题、简单题,因而就有相当一部分题目不要求有大的区分度.当然,任何考试,特别是带有一定选拔功能的考试,都应当有一定量的题目具有一定的区分度,从而也就有必要保证整卷的区分度在 0.40 以上.

任何测量都存在一定误差,物理测量如此,考试测量亦然.如果命题、阅卷等各项工作做得较好,那么误差就可能较小;反之,误差就可能较大.我们必须特别防止由于不了解考生现状而导致命制试题脱离实际的系统性误差的出现,因为这将极大影响教育考试的权威性和形象.考试的信度与效度就是从不同角度描述考试成绩与真实水平的误差情况的两个指标.信度反映了多次考试结果的一致性程度,或者一次考试所得的实际分数反映真实水平的可靠性程度.效度是指考试能否考查到了所要考查的东西,是考试结果实现考查目标程度的指标.对于中考,信度与效度都应在 0.80 以上.这两个指标对中考命题来讲是至关重要的.虽然在命题时,无法计算信度和信度,但我们可以从定性的角度进行分析.

一份试题的信度与下列因素有关:①试题表达是否清晰易懂;②试题的内容结构是否合理,题目设置是否合理;③答题时间是否过紧,是否存在由于题目设计的原因造成在非重要内容上耽误时间而影响了题目的解答;④试题是否整体过易或过难;⑤非开放性试题的评分标准是否合理,评分标准预见性是否良好;⑥对考生容易疏忽的地方是否有些适当的提示或提醒;⑦试题是否存在由于不必要的更多文字而影响整道试题的解答;等等.如果试题表述清晰,内容结构合理,题目设置恰当,解答时间比较充裕,不存在由于题目设计的原因造成在非重要内容上耽误时间而影响了其他题目的解答的现象,难易适当,参考答案制定合理,对一些重要之处给学生以提醒,文字量不多,这样就可以提高试题的信度;反之,就会降低试题的信度.

一份试题的效度与下列因素有关:①试题内容是否超标(知识点可源于课程标准,而不拘泥于教材);②试题是否存在科学性错误;③试题在理解上是否存在歧义;④题型结构、分数结构是否合理(包括主客观题分数的比重是否合适);⑤题型的选择是否恰当;⑥是否存在学生的解答方法与试题的考查目标偏离太远的现象;⑦是否存在偏题、怪题、陈题;⑧是否存在某个无价值的障碍而影响了对许多有价值内容的考查;⑨每道试题的考查目标是否是清晰的;⑩开放性试题的评分标准是否合理,是否体现了开放性试题的本意;等等.如果试题不超标,表达无科学性错误,没有歧义,题型结构、分数结构合理,题型的选择适当,不存在偏题、怪题与陈题现象,不存在由于某个无价值的障碍而影响了对许多有价值内容的考查,每道试题的考查目标都是清晰的,开放性试题评分标准合理,且体现了开放性试题本意,这样,试题的效度就高;反之,试题的效度就比较低.

对于义务教育性质的区域性中考来说,数学总体的及格率(如果总分为 150 分,那么 90 分以上的为及格)通常应不低于 60%,优秀率(如果总分 150 分,那么 135 分以上的为优秀)应不低于 15%,低分率(如果总分 150 分,那么 60 分以下的为低分)应不高于 15%.

第四节　数学命题的蓝图设计

一、设计双向细目表

命题组成员通过培训统一了思想,了解了考试性质,学习了相关文件,明确了各项指标,从宏观上把握了此次考试的目的和要求后,接下来进入具体实施阶段.实施的第一阶段是命题蓝图设计阶段,包括题量和分数设计、题型分布设计、难度分布设计、知识与技能的分布设计、方法与过程的分布设计、情感与态度考查的分布设计等.其中非常关键的一项就是制定双向细目表.双向细目表是一种反映试题内容和考查要求的横竖两向的表格.其中的一向是试题的考查内容,考查内容的分项可粗可细,应该结合学科特点和考试的目的,作出科学和合理的划分.项目之间不宜交叉重复,而且各项内容的总和应该恰好是全部的考试内容,不多也不少.另一向是考查要求的层次,层次的划分往往从学科特点出发,一般是根据认知心理学的理论,把考查要求分成三至六个层次,而且后一个层次的要求包含了前一个层次的要求.对于数学科的考试,其要求层次一般可分为了解、理解、掌握和应用四个层次(有时,也把理解与掌握合为一个层次,而分成三个层次).

根据中学数学学科的特点,为了加强对过程与能力的考查,同时不给考生带来很重的心理负担,试题题量一般不宜过大,以 22~26 道题为宜.客观题(这里指选择题)的分值比例一般不宜超过总分的 28%.总分因各地因历史情况不同而有差别,有的是 120 分,但现在多数是 150 分.如果以等级形式来呈现考试结果,那么总分多少的设置是重要的.如果客观题分值偏高,则对过程与方法的考查似有不足.一般而言,最后两道题分值可适当提高一点,这将有利于引导教学在打好基础的同时注意知识的灵活应用,在培养综合能力上下功夫.另一方面,一般来说,一份良好的试卷,其题型应当是丰富多彩的,除了常规的选择题、填空题、计算题、作图题、证明题、综合题外,还应有开放性试题、探索题、阅读理解题、图表信息题、数学建模题等.这些题目在考查功能上各有自己的优缺点,应当相互配合使用,并合理地予以分值.题型与分数分布也往往因各地习惯不同而有差别,但要说明的是分数分布与题型分布应相对均衡,不宜在某一题型上或在某一题上赋予过高的分数.在难度值分布上应遵循先高后低、平缓过渡的方式,不能一开始就难倒考生或破坏考生的心理,以确保试卷在考查考生能力和素养等方面发挥更好更大的作用.

对知识与技能考查的分布设计、方法与过程考查的分布设计、情感与态度考查的分布设计等,往往在试题双项细目表(知识点为一维,目标要求如了解、理解、掌握、灵活运用为另一维)中得到反映.命题双项细目表是用来具体指导每个试题命制的蓝图文件,这种表对于以知识立意为目标的命题来说是非常有效的.但当以知识立意为主的命题让位于以能力立意或发展性立意为主的命题时,就显得力不从心了.这样可以设计多维细目表,并关注对能力的考查.以新课程理念立意为主的命题蓝图应当是一个开放的、动态的、多维的基本构想,这个构想至少包含了知识与技能、目标与要求、数学思考与问题解决、情感与态度等几个维度.细目表中的内容通常不是一开始就能全部确定的,往往是在命题过程中逐步调整,随着命题过程的推进而逐步覆盖.

在进行命题蓝图设计时应遵循四条原则：①整体性；②层次性；③创新性；④可操作性. 整体性是指要从考查内容的知识领域到考查目标的各个方面，从试卷的质量控制指标到细目表的制定，从核心知识点的分布到难度分布等方面都统筹兼顾，保持平衡. 发挥整体性作用的一个重要侧面，是指在知识与技能的考查、过程与方法的考查上由简单到繁杂，既有单一知识点与技能点的考查，也有多个知识技能点的综合考查；既有单项数学能力的考查，也有综合能力的考查. 试题难度应表现出明显的层次，以利于学生发挥好的水平，为学生营造一个好的考试心理. 创新性是要求整份试卷中，至少有一至两道题目在各题型上，或设问方式上，或情境上有一定新意，有一定的挑战性，使不同学生有不同的发展性表现，实现发展性评价功能. 再好的设计，不便于操作也是枉然的，可操作性是试题蓝图设计的实践检验性原则，也是命题者必须要考虑的.

双向（多维）细目表作为命题的整体性构思给出整卷的蓝图，必须明确一套好试题决不是各个小题的堆砌，它应当整体性地反映出当次考试的目的和理念，这一点在构思中就应当注意把握. 特别是当考试的数学期望值发生改变时，命题构思中对各题的难度值应有所调整. 同样随着考试区分与选拔性要求的变化，各题的区分度也要相应提升或降低.

命题的双向（多维）细目表一目了然地显示试卷的整体构想，同时，各道试题的考查内容、考查要求以及在试卷中的位置（题号）也都记录在案，这个表的主要作用是：

（1）方便命题人员的编题操作，保证命题质量. 命题人员根据命题双向（多维）细目表的指示，在进行具体试题的取材、立意以及考查方法的设计，乃至难度调控时，都能心中有数，目标明确，操作起来可大大减少盲目性和个人的随意性，既能保证全卷考查的知识覆盖面，又能充分发挥每道试题的考查功能，同时还能突出考查重点，保证考试目标的实现.

（2）方便审题人员审核试卷. 有了命题的双向（多维）细目表，审题人员可利用它审核试卷的结构，并在逐题审核之后，对照双向（多维）细目表发现存在的问题，有的放矢地提出修改意见，促使试卷达到较高的质量.

（3）方便考后对试卷使用效果的评价. 如果没有命题双向（多维）细目表，对试卷使用效果的评价往往只能停留在定性评价和比较粗糙的定量评价的水平上，难以对各题和整卷作出比较深入细致的定量分析. 有了双向（多维）细目表，情况便不同,我们可以对考试成绩进行较为深刻的统计分析,对命题技术和试题质量作出进一步的定量评价.

(4) 对教育教学效果的评估,双向(多维)细目表也发挥了一定的作用.根据考试的结果可以评估教学效果,这是众所周知的.然而,如果脱离命题双向细目表,这种评估往往较为笼统,很难一针见血指出薄弱环节.要是结合双向细目表进行数据分析,则能够比较深入地分析教学目标的达标情况和存在的问题.

总之,双向(多维)细目表的制定可以减少考试命题的盲目性,增强考试的测验效果和对教学的反馈作用.

命题双向细目表是一种统称,没有标准的固定模式,往往随着学科的不同和制表人的不同而有差别.这里,重要的是掌握好基本原则和基本技术,而不是固守一成不变的模式.实际运用时,模式可以灵活一些,往往可以根据需要改变栏目的设置.目前中、高考及会考考试,命题时已不满足于双向细目表技术的使用,实践中已使用三向或更高维的多向细目表.实际上,就数学科而言,由于考试既有知识方面的内容,又有数学思想方法和能力方面的内容,加之一题多解现象的存在,如果只按一种原则对考试内容进行分项、对考试要求进行分层,往往还是不足的,有时还得辅以其他类型的双向细目表帮助约束命题工作.

表5-4至表5-8给出了几种常见的数学试题双向细目表的设计,供参考.

表5-4 _____ 市初中学业考试数学试题双向细目表

考点内容＼项目	选择题数	能力层次			填空题数	能力层次			解答题数	能力层次			总计
		A	B	C		A	B	C		A	B	C	
数与式													
方程与不等式													
函数													
图形的认识													
图形与变换													
图形与坐标													
图形与证明													
概率													
统计													
合计													

表 5-5 _____市初中毕业学业水平考试试卷双向细目表

试卷名称:数学试卷 命题时间: 年 月

整卷难度分布(%):a(容易)_____; b(中等难度)_____; c(较难)_____.

单元	难度	考试水平				难度分布（%）	合计
		A	B	C	D		
数与代数	a						
	b						
	c						
空间与几何	a						
	b						
	c						
概率与统计	a						
	b						
	c						
实践与综合应用	a						
	b						
	c						
考试水平合计							

表 5-6 高中毕业会考数学试卷命题双向细目表

学科分支	考查内容		了解	理解	掌握	应用	小计	比例
代数	幂函数、指数函数、对数函数	分值 题号						
	三角函数	分值 题号						
	两角和与差的三角函数	分值 题号						
	不等式	分值 题号						
	数列、极限、数学归纳法	分值 题号						
	复数	分值 题号						

学科分支	考查内容		了解	理解	掌握	应用	小计	比例
	排列、组合、二项式定理	分值 题号						
立体几何	直线和平面	分值 题号						
	多面体和旋转体	分值 题号						
解析几何	直线	分值 题号						
	圆锥曲线	分值 题号						
合计								

说明：表中列出了每一项考试内容在试卷中的比重以及在各个层次要求上试题的分配，有些综合性试题可能跨越 2 项或 2 项以上的内容，在表中也得到反映.

表 5-7 ××年高考数学试卷双向细目表

分科	内容		理科				文科			
			了解	理解、 掌握	应用	比例	了解	理解、 掌握	应用	比例
代数	幂函数、指数函数、对数函数	分值 题号					分值 题号			
	三角函数	分值 题号					分值 题号			
	两角和与差的三角函数	分值 题号					分值 题号			
	反三角函数与简单三角方程	分值 题号					分值 题号			
	不等式	分值 题号					分值 题号			
	数列、极限、数学归纳法	分值 题号					分值 题号			
	复数	分值 题号					分值 题号			
	排列、组合、二项式定理	分值 题号					分值 题号			

分科	内容	理科					文科			
			了解	理解、掌握	应用	比例		了解	理解、掌握	应用	比例
立体几何	直线和平面	分值 题号					分值 题号				
	多面体和旋转体	分值 题号					分值 题号				
解析几何	直线	分值 题号					分值 题号				
	圆锥曲线	分值 题号					分值 题号				
	参数方程和极坐标	分值 题号					分值 题号				
合计										

表 5-8 ××年高考数学试卷考查目标情况表

科目 题号		理 科				文 科			
		基本知识和基本技能	逻辑思维能力	运算能力	空间想象能力	基本知识和基本技能	逻辑思维能力	运算能力	空间想象能力
一	1								
	2								
	3								
	4								
	5								
	6								
	7								
	8								
	9								
	10								
	11								
	12								
	13								
	14								

科目		理　　　科				文　　　科			
题号		基本知识和 基本技能	逻辑思 维能力	运算 能力	空间想 象能力	基本知识和 基本技能	逻辑思 维能力	运算 能力	空间想 象能力
二	15								
	16								
	17								
	18								
三	19								
	20								
	21								
	22								
	23								
	24								

制定命题双向细目表主要应当注意如下几点：

（1）先粗后细. 构思各领域的考查总体框架,再落实到各知识点和能力要求上.

（2）顾及题分. 确定试题比重之前,一般先要确定题型和题量,如果暂时确定不了,也得有个初步的大体安排,同一题型试题的得分尽量均衡.

（3）调整复核. 制定出命题双向细目表的初稿之后,进行具体编题时,往往会遇到各种预先未曾顾及的情况,诸如难度调节,乃至内容的取舍和考查方法的更换等问题,都可能使命题的初衷发生改变. 此外,当搭配试题成卷时,也可能出现意想不到的情况,需要部分改变试卷的结构. 所有这些,都将引起对双向细目表的修订,因此,必须及时调整双向细目表,调整一点,势必引起多处的变化,这就需要认真复核,使其横竖两向的各个数据配比无误. 在整个命题过程中,这样的修订工作往往需要进行多次,每一次都得及时,都得认真仔细,不厌其烦. 这样才能有效发挥双向细目表的作用,促进命题质量的提高.

（4）适当说明. 制定双向细目表时,有些事项,如果难以在表中显示,则可以在表后附上适当的说明,作为备忘. 必要时,还可制定其他附表作为补充. 有些命题的双向细目表还把时间分配列于表中,总之,只要对命题有利的措施,都可尽量采用.

二、确定命题具体内容和考查知识点

命题组确定好命题蓝图初稿后,全体成员将进入第二个阶段,即具体题目的命制阶段.这时必须将各小题的题型、所考查知识点、所分布的教材章节、考试水平和难度估计等粗线条地明确下来,这样整卷的轮廓将较清晰地展示在每个命题组成员的面前.

表5-9初步展现了试卷的一般轮廓.

表5-9 试题情况分析

试卷名称:数学试卷 命题时间:

	题号	题型	知识点	章节	考试水平	难度估计	分值	预估分值
1	1	选择题	相反数	§1.1	a	0.92	4	3.68
2	2	选择题	轴对称	§14.1	a	0.81	4	3.24
3	3	选择题	科学计数法	§15.2	a	0.85	4	3.40
4	4	选择题	圆心角与圆周角的关系	§24.1	a	0.78	4	3.12
5	5	选择题	整式的运算	§15.1~3	a	0.72	4	2.88
6	6	选择题	二次根式运算和估算	§21.2~3	a	0.70	4	2.80
7	7	选择题	绝对值和代数式的求值	§1.2	a	0.75	4	3.00
8	8	选择题	勾股定理	§18.1	b	0.40	4	1.60
9	9	选择题	一次函数与二次函数的图象性质	§11.2,§26.1	b	0.50	4	2.00
10	10	选择题	立体图形的平面展开图	§3.1	c	0.30	4	1.20
11	11	填空题	函数自变量的取值范围	§11.1	a	0.75	5	3.75
12	12	填空题	三角形全等的判定与性质	§13.2	a	0.81	5	4.05
13	13	填空题	一次函数的平移与反比例函数性质	§11.2,§17.1	a	0.71	5	3.55
14	14	填空题	圆锥的侧面积计算	§24.4	a	0.70	5	3.50
15	15	填空题	分式的运算与代数式化简	§16.2	b	0.52	5	2.60
16	16	填空题	平面镶嵌与数学推理	§7.4	c	0.30	5	1.50
17	17(1)	解答题	三角函数值与实数的运算	§28.2	a	0.78	6	4.68

续表

	题号	题型	知识点	章节	考试水平	难度估计	分值	预估分值
18	17(2)	解答题	解一元一次不等式组	§9.3	a	0.78	6	4.68
19	18	解答题	解直角三角形	§28.2	a	0.70	8	5.60
20	19	解答题	数据特征值与统计图表	§12.2	a	0.71	8	5.68
21	20	解答题	分式方程的应用	§16.3	b	0.58	8	4.64
22	21	解答题	平行四边形判定和函数的表示	§19.3,§26.1	b	0.46	8	3.68
23	22	解答题	可能性的表示与概率的计算	§25.2	a	0.70	9	6.30
24	23	解答题	切线的判定和相似形的判定及性质	§24.2,§27.2	b	0.32	12	3.84
25	24	解答题	位似、二次函数性质	§27.3,§26.1	c	0.21	15	3.15

接下来,命题教师必须根据具体命题的一般流程进行具体试题的命制,具体试题的命制程序简单地说分三步:立意、情境、设问.立意就是考什么,也就是考试内容、能力要求,立意相对稳定,每年增加一点新意,但变化不能太大,以免考生适应不了.情境就是选用的材料与背景.通常创新型试题对此要求较高,必须要用贴近学生生活实际的新材料、新背景将考查内容进行包装.设问要求灵活、多样,角度要不断变换更新.

三、具体命题的基本原则

命题时要对中、高考命题的能力框架、学科内容、试卷、试题创新性、评分方案等多方面进行研究.在具体命题的过程中,除了查询教材、课标外,特别要提醒命题老师在具体试题的命制过程中应坚持以下原则.

原则一:入口宽,方法多,有梯度.

这一原则是从区分度的角度考虑的.中、高考试题为了保证有一定的区分度,除了试题的易、中、难比例符合相关要求外,重点试题难度和坡度设计也有要求,每道试题难度的起点一般要求不能太高,"入口宽和方法多"就是这个意思.应让考生看到试题后感到第一问的解题方法简单、路子比较多,但第二问或第三问难度逐步提升,这就是所谓"有梯度"的意思.也就是每一题的第一问以后的每一问都要上一个台阶,确保只有优秀考生才能走到底,取得高分.

原则二:源于教材,紧贴生活,符合课标.

这一原则是从试题情境的角度考虑的.试题所考查的知识点都必须源于教科书,但不能简单照搬教科书的题目.同时试题命制所用的材料、情境都应与学生学习生活实际联系密切,而不应脱离学生生活,尽可能不要采用学生难以理解的素材.而且解决这个问题的答案都应在考生所学的知识范围内,都应在课标的要求中,对课标摒弃或回避的知识应不予考查.

原则三:背景公平,突出特色,照顾全体.

这一原则是从考试命题要公平、公正的角度考虑的.命题者在编制每一道试题时都要考虑考生所处的地域、文化、民族情感等因素,努力做到每一道题的背景对每一地域、每一位考生而言都是公平的.所谓"特色"就是试题设问与结构设计独特,整题新颖有特色.应该命制一些"让任教教师眼前一亮的试题".照顾全体是说有些问题针对性较强,比如网络、都市热点素材,城市的考生可能比较熟悉,而农村考生可能不了解,这样的问题最好不要出,以免造成考试结果的不公平.

原则四:继承传统,勇于创新.

这一原则是从试题的设问角度考虑的.应该说每年的试题在考查内容和形式上,尽量保持基本一致,对以往试题的优良传统和风格予以保留和继承.但也不能一成不变,在知识与能力的考查上总会有微调,但起伏、变更不能太大,传统知识依然是主体,每年试题所变化的是情境、设问的角度、各知识点整合的力度.这些变动随课程改革的推进和教学实际状况而灵活应变,也许今年从这个角度考查,明年还是这些内容,只不过视角变了,从另外一个角度去考查,去安排设问,这就要求学生对于所学的知识要活学活用.

原则五:由易到难,图文并茂,重点突出.

这一原则是从试卷布局安排方面考虑的.首先考虑重点内容排位.中考的试题首先要考查学科的主干知识,也就是重点知识,"重点知识重点考,重点知识年年考",只有考查重点知识考试才能公平公正,才能保证学校的教学秩序稳定健康发展.中考应重视基础知识的考查,但不要刻意追求知识点的覆盖面.命题首先应考虑重点内容,设定考查重点和层次要求,以此为基调,展开考查网络,拓宽考查的空间.

原则六:重视思维,体现价值,注重本质.

这一原则是从课改理念角度考虑的.课程改革的目标有三个维度:知识与技能、过程与方法、情感态度与价值观.命制试题应既重视"知识与技能",更重视"过程与方法",不能丢掉"情感态度与价值观".数学学科的每一张试卷都要努力体现课程改革的理念与目标,从关注学生思维的角度去编制试题,同时也引导教学关注过程、方法;引导考生具有积极、健康向上的正确价值取向.

原则七:适度开放,鼓励创意.

这一原则体现了课改精神.对学生个性品质考查通常有很大难度,可以通过适度的开放性试题,鼓励有创意答案的出现.虽然答案的不确定性给阅卷带来了很大困难,但保护创新精神和鼓励个性发展是推进实施素质教育的核心.因此命题中应尽量考虑对个性品质的考查,鼓励有独特见解的、有思想的、有创造性的答案.

原则八:体现数学价值和数学美.

这一原则主要体现在数学有用这一目标上.学以致用,只有有用,学才能有价值.让学生知晓数学的价值主要体现在生活中的运用上.因此试题要注意尽量理论联系实际,让学生可以运用已有知识,紧密联系生活实际和科技发展,解决新问题,只有这样试题才能体现数学自身价值.命题中应适当选取和谐、对称等美丽的图形作背景,突出数学美.

原则九:表述清晰,时间适度.

这一原则充分体现了数学考试以考查学生的思维能力为主的理念.在考查数学知识的基础上,侧重考查考生的各种能力,这就要求应采取措施避免较多的干扰因素,如试题语言要简洁、明晰等.考查思维能力要保证学生有足够的思考时间,时间过紧会使考生无法展开思维,难以考查学生的思维品质、思维程序、思维方法.

第六章　数学基础试题的命制

第一节　命题中的统筹安排

命题组通过培训学习统一思想、钻研课程标准和命题人员手册、制定命题蓝图之后,将全身心地投入到具体命题工作之中,此时应由命题组长统筹安排好时间和任务,命题组成员必须不折不扣地按时完成. 一个良好的命题程序安排,将有利于提高工作效率,减少反复调整的时间,提高命题质量. 下面以中考命题为例来说明命题中如何统筹安排.

中考命题组长应制定怎样的计划? 数学中考命题应遵行什么样的程序安排?

通常来说,一份试卷的命制计划应包含以下程序安排:

(1) 学习文件,领会精神,制定命题蓝图;(1 天)

(2) 先易后难,先分后和,确定主观大题和各小题试题基本形态;(4 天)

(3) 从整卷中,局部上,对试题进行调整与优化;(1 天)

(4) 设身处地,多向审问,使参考答案与评分标准趋于规范与合理;(2 天)

(5) 结合审查意见对试卷进行调整,对具体试题进行修改或更换;(1~2 天)

(6) 变换角度、慎之又慎,反复推敲,确保校对效果.(1 天)

一般中考命题有效时间在 8~10 天左右,最多一般不超过 12~15 天,在这个时间段出现问题可以方便进行调整,一旦进入印刷厂排版阶段,试题一般没有时间进行较大变动了,所以必须抓紧时间,高效率地完成任务.

大规模数学考试命题通常由难到易进行编制,一般来说应从最难编制的压轴题开始命起. 由于命制压轴题需要耗费相当的时间和精力去研究,不首先攻克这个堡垒,这个命题工作将面临失败的危险. 在着手编制大题的同时,统筹规划编制小题,这样思维不至于局限在某一点上,能在较大的范围内交替,这样命题效果会较好.

应当明确最后一至二道题以成品出现时应具有如下特征：设计的若干个小问要有一定梯度；体现两种以上重要的数学思想方法；难度值在 $0.25 \sim 0.35$ 左右；有较强的综合性，体现了不同领域之间的联系；能有效地考查学生的学习潜能；具有一定的创新；等等. 通常把中学数学代数与几何中重要的知识点作为首选目标. 在明确命题内容和知识点后，命题组成员先各自独立进行构思，$3 \sim 4$ 个小时后，大家分别把自己初步设想的试题立意、所用材料的来源、打算考查的方法技能等方面记录在试题编制卡片上，汇总时进行交流，可以重点说明自己所编试题的与众不同之处. 命题组成员各自讲述完自己的思考后，可展开讨论，客观地进行各观点的比较与评价，选出"综合性、能力性、新颖性、适切性"等几个方面较为优秀的作为大家的主攻方向. 也就是说，把基本构思较好的作为这道题的雏形，而把次好的试题先存放一边作为备用.

经过大家的几次独立编写，分思合虑，看能否确定好具体试题的雏形. 如果大家感到思路虽好而下手困难的话，则可换用备用题材料，在备用材料基础上确定雏形，再经过若干次讨论后，必须初步确定它的基本形态. 否则时间耽误了，成效没有，命题的氛围就会相当紧张了.

同样的策略可类推到解答题的各大题，每道题的命制均要求每一命题者，先独立思考，制作试题卡片，再集中交流讨论，初步确定试题的基本形态，然后进一步改变与改进试题面貌，直至基本确定. 通常在压轴题命制完成后，接着可以按"应用题——新题型题——大题中的常规题"的顺序进行. 应用题，由于它常常需要从现实生活中，或一大堆素材中发现或选取命题材料、确定试题立意角度、表述问题、精确化问题、简明化问题等步骤才能完成，要花费比一般试题更多的时间，会遇到更多的困难，因此要格外留足命题时间.

解答题的各大题命完后，可将各大题所有未考查到的重要知识点和思想方法通过试题情况分析表一一罗列出来，以便在填空题和选择题的命制过程中将这些内容考虑进去. 整个过程中，各类试题的完成时间应由命题组长事先具体规划好，通常是：最后 3 道题必须在 3 天（每天工作 3 段，每段约 4 小时）内完成雏形，其他解答题（含应用、探索、操作等大题型）应在 2 天内完成，填空题、选择题同时与解答题交叉各安排 2 天，这样考虑到有交叉的时间，最多 8 天必须完成整份试卷的雏形，所以整个命题时间是比较紧的. 如果组织得好，6 天之内基本上可以拿出一份像样的试题；如果组织得不够好，那么 8 天要拿出合意的试题都非常困难了.

整份试卷出来后,命题组成员必须站在全卷的角度重新审视每道试题,这是一件非常重要的工作,由此常常可以发现某些漏洞、某些不和谐的地方、某些表述不严密的地方、某些稍作改进就会更好的地方,从而使试题更加完善.这就是说,这时候,自我审题仍是一项重要而艰巨的任务.为什么在当时没有发现而现在可以发现一些问题呢?一是由于过了几天之后,可以跳出原有思维,重新思考有关问题;二是当时命题时,由于赶进度没有充分的时间思考;三是当时可能感觉题目不太完美,但只是有那么一点点自己也说不清道不明的模模糊糊的一种感觉,没有说出来,随着时间的推移,这一点点模糊的感觉渐渐被放大,渐渐清晰起来,从而发现了问题所在——这也可能是潜意识"一直在不停地思考"的结果.可见,重新审视试题、调整试题、改进试题、优化试题是十分必要也是可能的.

第二节 确定具体题目情境材料和呈现方式

命题时挑选的情境材料应该有教育意义,尽管试卷和试题不是教材,但它们仍然承载着教育功能,我们不能漠视试题和试卷的这种教育功能.考生的世界观、价值观、人生观尚未定型,还处在人生的发展、变化的阶段.像中考、高考这样高利害考试,考生对考试中阅读的每一道试题材料的印象可能远比其他材料深刻,这种材料可能会对考生产生更大的影响.

挑选的材料应该与学生学习经历过的材料有点类似或是相对较新的材料,如果使用的材料考生很熟悉,或者在平时的复习训练中经常用到过,测量的行为目标就可能转化为测量记忆内容,这样测量运用知识解决问题的效度就会降低.虽然命题首先要确保材料在形式上或在内容主题上与考生复习训练中见过的材料不相同,但涉及的概念、原理、获取信息的方法、解决问题的方法等应该是相同的或相似的.特别是在简单的选择题和填空题的命题过程中可从课本中挑选一部分进行修改而获得满足要求的材料.

命题教师根据所了解学校的教学和学生的学习生活,从被选的素材中选择可以改造的材料,作有针对性地改造.选择的情境材料必须符合命题测量的认知目标和所涉及的知识内容领域的相关要求.如果这两个要素不明确,就不能开始编撰试题.如果试题的情境材料以及相关的问题不能诱导考生表现出相应的认知特征,不能为评价考生的能力提供较为准确的数据,就不能成为试题或不能成为好试题.

在实际命题过程中,相当多的命题教师在选择材料时,并未考虑要测量的行为目标,一般考虑较多的是要考什么数学学科内容和知识点.这样选择出来的材料往往不能测量设计的行为目标,达不到命题要求,工作效率也很低.

选择材料可以参考课程标准规定的学习的主题材料,对科学、社会、生活等方面问题的讨论只能在考生数学学科知识的范畴内进行.如果理解情境材料中的这些概念、原理、方法不是试题考查的认知目标的话,则应该用清晰、明了的语言或图表表述情境材料.如果情境材料表述不明确,考生就难以从中获得非常清晰的解决问题所需要的信息,难以表现出高水平的认知特征,甚至表现不出期望的认知特征.

因此,清晰、明确的背景材料对于数学命题尤为重要.

试题的背景材料有很多种类,如文字材料、各种数据示意图、原理图、结构图、数据表格等.试题的背景材料应该多样化,不同形式的材料都要很好地服务于试题测量的行为目标,最好选择对加工要求最低的考生较为熟悉的材料,不要都是文字材料,可选择一些图示材料或图表材料.这样可以使试卷卷面更加活泼、美观,增加试卷的亲和性,提高考生解题的兴趣,使考生不至于因阅读大量文字材料感到疲劳、乏味,而影响水平的发挥.

测量目标是试题的核心,内容领域是由考试的性质决定的.试题的测量目标和内容领域应该与考试的内容规范保持一致,即试题的"所测"明确.在试题的测量目标和内容领域与考试的内容规范无法完全保持一致的情况下,可以考虑对考试的内容规范作适当调整或修改.

试题的语言要简洁、适当.应该用清晰、明确的语言表述设问,一般不要产生歧义.这样有助于考生正确地理解题意,不至产生误解.有助于减少考生的阅读时间,提高答题的效率.如果问题表述模棱两可,某些已经达到了期望的教育目标的学生可能会产生误解,作出不同的反应,表现不出试题要诱导的认知行为,不能作出正确的回答.如果试题设问设计得好,便可在确定的行为特征和内容领域内,很好地测量考生的能力,试题的测量结果就会有比较好的效度,即试题的"能测"较适当.

问答题和简答题的设问应该有一定的综合性,而且涉及的内容范围不易太窄.综合性低、内容范围太窄可以用客观题来考查,用主观题效率太低,测量误差增大,结果效度降低.

在数学教育评价和心理特质测试中,测试试题的基本定义是一个测量单元,它有刺激情境和对应回答形式的规定,它的目的是要获得被试的应答,并根据应答对考生的某些心理特质方面的表现(如知识、能力等)进行推测.

如果一个试题的刺激情境不能提供推测某一心理特质的数据,它就不能成为试题.试题具有测量功能,测量就是要定量化,能够以某种方式生产出定量的数据.试题测量目标应该独立、完整,并要突出重点,有层次性.

具体的题目呈现方式包括情境和题型,情境要服从测量目标和涉及的知识内容.要根据考生的生活经验和理解程度设计情境.情境要科学、可信.情境要有相当的信息量和一定的深度.引导考生作出什么样的应答就是设问,通过适当的设问才能引导考生作出与测量目标或行为目标一致的应答.

一般情况下建议命题教师多采用直接提问式的题干,这样问题呈现得比较清楚、明确,不容易产生歧义.间接提问式题干可能会加大考生对题目的理解困难,使考生错误判断问题的指向,从而会产生答非所问的情况.

试题测量的关键是看考生是否对情境材料刺激作出了正确的反应,即考生的应答应该与试题情境相一致.

整卷中的每道试题内容最好要互相独立,尽量减少知识点的重复出现,以扩大整卷的知识覆盖面.这样也可以避免试题之间互相提示,以防止试卷本身出现的疏漏.试题之间如果互相不独立,存在互相提示关系,则对那些应试能力比较强,能够注意到试题间的这种提示关系的考生就比较有利.这实质上也是降低了试题的测量效果.

第三节　各类典型试题命题要求和举例

编制试题一般要求注意遵守以下要求:第一,试题取材的代表性;第二,试题难度分布的阶梯性;第三,试题叙述的简明性;第四,试题导语的无提示性;第五,试题间的独立性;第六,解题答案的科学性.以下从选择题、填空题、一般解答题三个方面入手加以阐述.

一、选择题命题要求

选择题由题干和多个选择项(支)组成.中考数学的选择题一般备有 4 个选项,这些信息或多或少具有"提示"与"迷惑"双重作用.题干往往包含两部分:题设与提问指导语句.提问可以是定性提问、定量提问或者定性、定量兼具的提问.而选择项,通常是所提问题的结论或答案.选择题型较为适合考查概念的理解、性质的运用、数据的特征、公式的变形、数值的计算、思维的切换等方面的情况.

运用选择题型编制试题时应该注意下列事项:

(1)在题干中,要用精炼、明确的语言把题设(已知条件)和问题陈述清楚.

(2)每一个选择项的表述必须明确清楚,它与题干连接在一起,读起来应当顺畅,并且应当成为一个完整的语句,或者是一个完整的命题.

(3)题干与选项应有逻辑上、语法上的联系,要避免提供正确选择的任何非关联的线索.

(4)选项中正确答案要有严格的科学性,各项要有一定的合理性,干扰的错误不能太明显,要有似真性与诱答性.但不能用有争议的问题列入选项.

(5)各题正确选项的排列应是随机的,不应具有规律性.

(6)一题的题干与选择项及配图要安排在同一页上,以减少考生答题的麻烦.

下面结合中考、高考已公开的命题案例谈一些选择题的命题感悟,希望能给读者一点启示.

1. 题目设计重数学思维

重视思维不能是一句空话,要有具体体现.重视数学思维主要体现在合情推理、发挥知识整体效应和灵活解决问题等方面.

例 6-1　如图 6-1,某同学把一块三角形的玻璃打碎成三片,现在他要到玻璃店去配一块完全一样形状的玻璃,那么最省事的办法是带(　　　)去配.

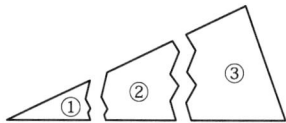
图 6-1

　A. ①　　　　　　　　　　B. ②

　C. ③　　　　　　　　　　D. ①和②

【命题感悟】 本题以生活中三角形的玻璃被打碎后,去配一块完全一样形状玻璃的事实为背景,主要考查学生对几何图形的认识以及简单问题的解决.题目较精炼,选择项科学且有迷惑性.

2. 题目设计巧用图形

选择题中可以给出图形的尽量给出,以增强试卷的直观效果,主要体现在图形直观、"示意图"示意、数形结合、三视图与投影等方面.

(1)图形直观

例6-2 在如图6-2所示的几何图形中,一定是轴对称图形的有( ).

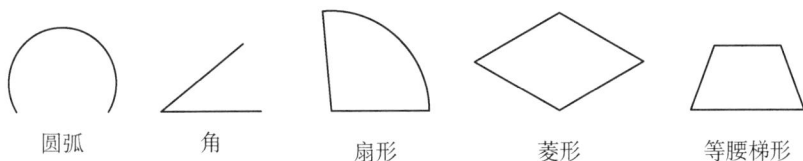

图6-2

A. 2个   B. 3个   C. 4个   D. 5个

【命题感悟】 本题命题思路简单,考虑到此类试题较多讨论特殊四边形的对称性,对于其他图形如圆弧、角、扇形并不多见,故将考查范围贯串整个几何部分.其中,角尽管作成对称性状,但由于水平放置,视觉会产生错觉,认为不对称,此图有一定的迷惑性.

例6-3 如图6-3所示,某几何体的三视图是三个半径相等的圆及每个圆中两条互相垂直的半径.若该几何体的体积是$\frac{28\pi}{3}$,则它的表面积是( ).

A. 17π B. 18π

C. 20π D. 28π

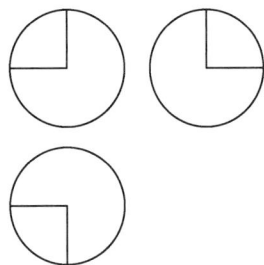

图6-3

【命题感悟】 如图6-4,试题命制背景是以一个球切掉$\frac{1}{8}$为背景设计三视图,同时设置了几何体的体积与表面积之间的换算问题.由给出的三视图可知原几何体是"球"的一部分,但若想象不出截去部分的几何体是球的几分之一,就不可

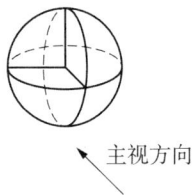

主视方向

图6-4

能进行深入的分析和计算.因此,试题的设计对考生的空间想象能力要求较高,一方面是对整体图形的分析;另一方面是对局部图形的想象.

试题的设计由三视图构造出截去 $\dfrac{1}{8}$ 后留下的几何体的图形,将空间想象能力和分析判断能力有机结合在试题中.还要求考生能根据条件进行正确的推理和运算,将球的体积问题转化为球的表面积问题.总之,试题命制既注重了对基础知识的考查,也关注对数学能力的考查,对中学数学教学有积极的引导作用和很好的指导意义.

（2）示意图

例 6 - 4 如图 6 - 5,已知一坡面的坡度 $i = 1 : \sqrt{3}$,则坡角 α 为(　　).

A．15°　　　　　　　　　B．20°

C．30°　　　　　　　　　D．45°

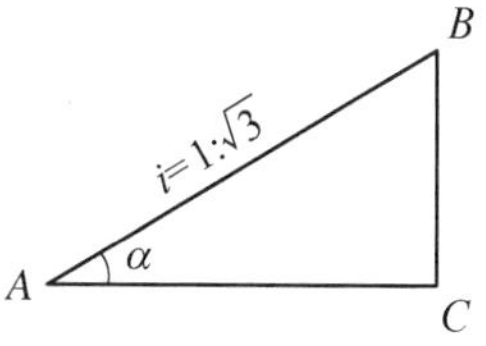

图 6 - 5

【命题感悟】 数形结合问题通常要给出示意图,以增强学生对试题的理解.此类试题难度不宜过大,只要考查学生具有数形结合思想解决问题的意识,有一定的读图能力和计算能力即可.这就要求在平时教学中要经常向学生举实际生活中的案例,力求在培养学生的动手意识和创新能力上下功夫.

（3）函数图象

例 6 - 5 函数 $y = ax + b$ 和 $y = ax^2 + bx + c$ 在同一直角坐标系内的图象大致是(　　).

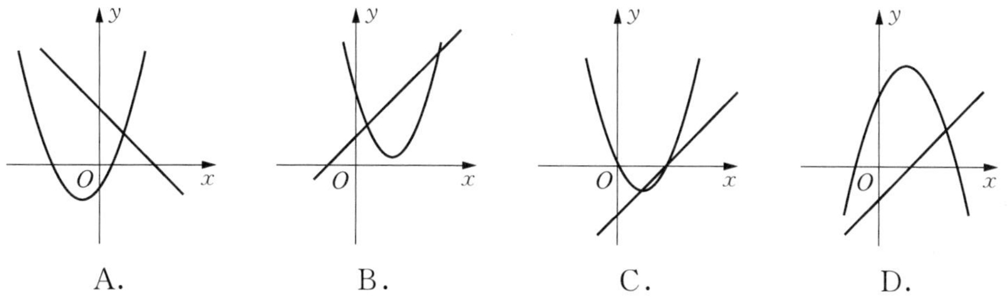

A．　　　　　　B．　　　　　　C．　　　　　　D．

【命题感悟】 一次函数和二次函数结合在一起综合考查的情况比较普遍,此处命题一般需注意作相同系数的不同函数图象不能产生矛盾,特别是正确选项的图象一定要准确,不能有一次函数的 a 值很小、二次函数的 a 值很大的自相矛盾情况出现.

（4）视图与投影

例6-6 如图6-6,在平面直角坐标系中有两点 $A(6,2)$、$B(6,0)$,以原点为位似中心,相似比为 $1:3$,把线段 AB 缩小,则过 A 点对应点的反比例函数的解析式为（　　）.

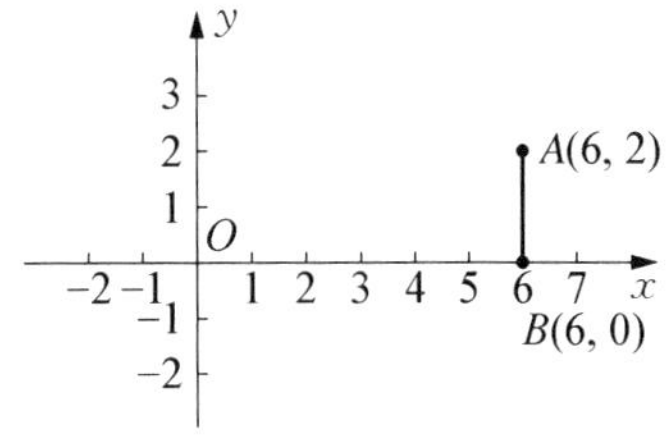

A. $y=\dfrac{4}{x}$ 　　　　　　　 B. $y=\dfrac{4}{3x}$

C. $y=-\dfrac{4}{3x}$ 　　　　　 D. $y=\dfrac{18}{3x}$

图 6-6

【命题感悟】 由于位似变换是新增内容,此前几乎很少将位似变换、相似放在平面直角坐标系综合进行考查,此题命制着眼点较新颖,题目最初并不以原点为位似中心,难度较大,且有两种情况.在审题组专家提出以原点为位似中心,降低难度的要求后,命题组为了保护学生对数学的学习兴趣,特将其调整为现在的形式.

3. 题目设计巧用变换

例6-7 如图6-7,Rt△ABC 绕 O 点旋转 $90°$ 得 Rt△BDE,其中 $\angle ACB=\angle E=90°$,$AC=3$,$DE=5$,则 OC 的长为（　　）.

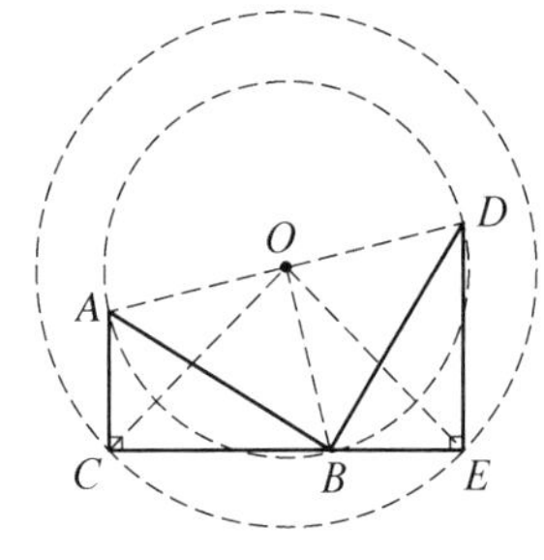

A. $5+\dfrac{\sqrt{2}}{2}$ 　　　　　　 B. $4\sqrt{2}$

C. $3+2\sqrt{2}$ 　　　　　　 D. $4+\sqrt{3}$

图 6-7

【命题感悟】 本题目出得比较灵活,也很有新意.初稿在处理直角三角形和旋转变换时没有给出图中的虚线,考虑到新课程不仅考查知识、技能,同样非常重视过程与方法,故在复审时将旋转作图过程用虚线给出,这样学生可以通过虚线的提示作用较方便地得出旋转中对应线段长度的不变性.考后反馈信息也表明此题立意新颖,考查的出发点和思想性较好.

4. 突出本地特色

例6-8 芜湖地处长江中下游,水资源丰富,素有"江南水乡"之美称.据测量,仅浅层地下水蕴藏量就达 $56\,000$ 万 m^3,用科学计数法记作（　　）.

A. $5.6\times10^9\ m^3$ 　　　　　　 B. $56\times10^8\ m^3$

C. 5.6×10^8 m³ D. $56\,000 \times 10^4$ m³

【命题感悟】 此题的命制目的主要是体现本地特色,这是大规模考试通常需要考虑的.一般体现地方特色的题不必是难题,主要是一种教育导向的需要.此类题一般放在试卷首页,属于送分题,要让学生轻松上手,获得高分.

5. 基础知识点交汇

例6-9 设集合 $A = \{x \mid x^2 - 4x + 3 < 0\}$, $B = \{x \mid 2x - 3 > 0\}$,则 $A \bigcap B = ($ 　 $)$.

A. $\left(-3, -\dfrac{3}{2}\right)$ B. $\left(-3, \dfrac{3}{2}\right)$ C. $\left(1, \dfrac{3}{2}\right)$ D. $\left(\dfrac{3}{2}, 3\right)$

【命题感悟】 试题以考生最熟悉的一元一次不等式和一元二次不等式的解集为背景,考查考生对集合的有关概念、集合的表示及集合题运算的理解.体现面向全体考生、注重考查基础知识的交汇点.试卷以简单题目开始,稳定了考生的情绪,有利于考生在考试中正常发挥水平.

6. 重视生活情境

例6-10 某公司的班车在 $7:30$, $8:00$, $8:30$ 发车,小明在 $7:50$ 到 $8:30$ 之间到达发车站乘坐班车,且到达发车站的时刻是随机的,则他等车时间不超过 10 分钟的概率是(　).

A. $\dfrac{1}{3}$ B. $\dfrac{1}{2}$

C. $\dfrac{2}{3}$ D. $\dfrac{3}{4}$

【命题感悟】 试题以乘车、等车这类大家在生活和工作中经常遇到的事情为情境,设计几何概型以及针对几何概率的计算问题,贴近考生生活.通过本题的求解,可以使考生体会概率在生活中的实际应用,体会到数学的应用价值.

二、填空题命题要求

填空题的一般形式是给出若干个条件,要求推断出一个结论,或者计算出一个结果.也有的是给一个命题要求补充条件或结论,使之成为正确的、完整的命题.填空题的特点是只考查结果而不考查获得结果的过程.

适合编为填空题的内容有:较简单的推理运算问题;容易由概念、性质或图形作出判断而通过严格的演绎得出结果却是很难或冗繁的问题;貌似计算,实则运用概念或性质容易揭示出其中某些数量关系的问题.

随着填空题的进一步发展,出现了填写答案不唯一的开放性填空题和多解型填空题,这类问题具有较好的辨析性、探索性、发散性.

填空题命题的关键是材料的取舍和空位的设置,以及陈述方式的处理.编制填空题应该力求做到:

(1) 所空缺的应该是关键性词语,不应该是无关紧要、可有可无的内容.

(2) 不应该从教材或教学参考书中照抄原句,以免助长学生死记硬背教材的不良风气.

(3) 空格不宜太多,以免影响题目的完整性与科学性.

(4) 各个空格的长度应基本相等,以免产生某种(多解)暗示作用.

(5) 如要考生填数量中的数值,一般应注明答案所用单位.

(6) 空白一般不放在题首,尽可能放在题目中间或题目后部.

下面结合中考命题案例谈一些填空题的命题感悟,供读者参考.

1. 题目设计重背景

合理的题目背景不仅有利于提高试题的效度,也可以扩大学生的视野.一般背景可以从教材、媒体、网络、生活中提取素材.

例 6‑11 在珠穆朗玛峰周围 2 千米的范围内,还有较著名的洛子峰(海拔 8 516 米)、卓穷峰(海拔 7 589 米)、马卡鲁峰(海拔 8 463 米)、章子峰(海拔 7 543 米)、努子峰(海拔 7 855 米)和普莫里峰(海拔 7 145 米)六座山峰,则这六座山峰海拔高度的极差为_____米.

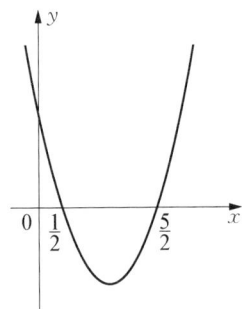

图 6‑8

【命题感悟】 本题目选材于当年一则关于珠穆朗玛峰测量高度的地理背景报道,具有一定的时代性.题目设计简单,考查目标明确,使多数学生感受到珠穆朗玛峰的雄伟,周围山峰的壮观.本题灵活,也很有新意,其中包含有对情感、态度、价值观的考查意图.

2. 题目设计重本质

例 6‑12 二次函数 $y = ax^2 + bx + c$ 的图象如图 6‑8 所示,则 $a + b + c$ _____ 0.(填">"、"<"或"=")

【命题感悟】 二次函数图象的性质是初中阶段考查的重点,也是课程标准中强调的重点内容.本题通过对已知的二次函数图象的分析,考查系数和的正负性,题目设计参考了类似的图形特征探索题直接考查学生是否掌握特殊值法求函数值的技巧,在一定程度上间接考查学生对数形结合、转化等数学思想和方法的掌握情况.填空项内容规定为填">""<"或"=",否则还会出现"≥"或"≤",这样会给阅卷带来麻烦.

3. 题目设计重理解

例 6‑13　如图 6‑9,在四边形 $ABCD$ 中, $\angle B = \angle C = 120°$, $AB = 3$, $BC = 4$,并且 $CD = 5$,则 $S_{四边形ABCD} = $ _____.

【命题感悟】　填空题的"空"应该为使学生展示思维结果而设计的"空",重理解就是这一体现的一个侧面.本填空题主要考虑运用割补的思想,还原本来的三角形图形,在三角形中进行推理和计算.

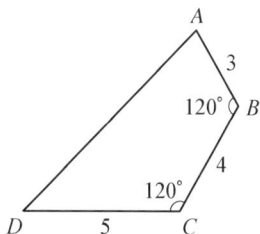

图 6‑9

4. 题目设计重开放

开放性的填空题在中考中出现得越来越多.

例 6‑14　如图 6‑10,请你仔细观察图中等边三角形图形的变换规律,写出你所发现的关于等边三角形内一点到三边距离的数学事实:_____
_____.

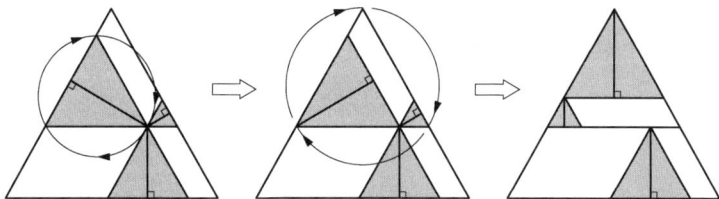

图 6‑10

【命题感悟】　这道开放性的试题形式新颖,让学生通过对几何图形的观察与认识,寻找其中的共同点,其实质是考查学生对图形的轴对称与中心对称及旋转变换等性质的理解和掌握情况.图形设计也给学生带来了创造的空间.本题有效地考查了学生观察、分析、概括的能力和创新意识.

例 6‑15　如图 6‑11,将矩形纸片 $ABCD$ 沿 EF 折叠,使点 B 与 CD 的中点 B' 重合,若 $AB = 2$, $BC = 3$,则 $\triangle FCB'$ 与 $\triangle B'DG$ 的面积之比为(　　).

A. 9∶4   B. 3∶2

C. 4∶3   D. 16∶9

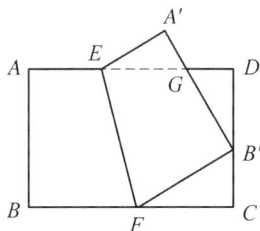

图 6-11

【命题策略】 原题是具有典型特征的折叠型问题，考查了折叠变化过程中"动中不变"的思想，通过数形结合以及方程思想可以方便地求出面积比．其核心构题的方法是：通过对折将边 BC 变为折线 CF 和 FB'，利用方程思想来求线段长．而 $\triangle FCB'$ 与 $\triangle B'DG$ 是典型的相似三角形，其典型性体现在有余角关系，而这又是通过折叠得到的，同时还用到了"动中不变"的思想，结合勾股定理，可以较简捷求出结果．

通过分析并结合图 6-11 可看到，与 $\triangle FCB'$ 相似的还有 $\triangle EGA'$，这样还可设计为通过 $\triangle B'DG$ 过渡到 $\triangle EGA'$ 的题目．除此之外，还可以利用相似图形的性质，进一步推出图形中的其他线段的长等数量关系．以下给出改编为填空题的实例．

【改编1】 如图 6-11，将矩形纸片 $ABCD$ 沿 EF 折叠，使点 B 与 CD 的中点 B' 重合，若 $AB=2$，$BC=3$，则 $\triangle FCB'$ 与 $\triangle B'DG$ 的面积之比为 _____．

【改编2】 如图 6-11，将矩形纸片 $ABCD$ 沿 EF 折叠，使点 B 与 CD 的中点 B' 重合，若 $AB=2$，$BC=3$，则 EF 的长为 _____．

【改编3】 如图 6-11，将矩形纸片 $ABCD$ 沿 EF 折叠，使点 B 与 CD 的中点 B' 重合，若 $AB=2$，$BC=3$，则 DG 的长为 _____．

【改编4】 如图 6-11，将矩形纸片 $ABCD$ 沿 EF 折叠，使点 B 与 CD 的中点 B' 重合，若 $AB=2$，$BC=3$，则 GA' 的长为 _____．

【命题感悟】 例 6-15 是折叠类型题的代表，在改编过程中可以把它看作"母题"．从它出发，以矩形为背景，以相似变换为舞台，利用勾股定理和方程思想可以变化出一系列"子题"．从改变试题的方法角度来分析，这类"子题"的命题思想和方法以及技巧皆与"母题"血脉相连，可谓万变不离其宗，只要深入分析，抓住本质是不难的，改编起来也很容易．

5．题目设计重思维

（1）全等变换

例 6-16 如图 6-12，在 $\triangle ABC$ 中，$\angle C=90°$，AD 平分 $\angle CAB$，$BC=8$ cm，$BD=5$ cm，那么 D 点到直线 AB 的距离是 _____ cm．

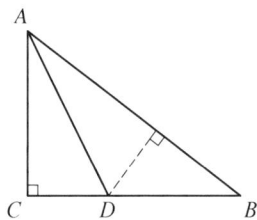

图 6-12

【命题感悟】　此题命制思路简单,考虑到尽量送分给考生,所以在图中将 D 点到直线 AB 的垂线段用虚线画出,由此较直观地可以看出对称变换的想法蕴涵其中,利用三角形全等可以非常方便地求解.

（2）数形结合

例 6-17　如图 6-13,在平面直角坐标系中,二次函数 $y=ax^2+c(a\neq 0)$ 的图象过正方形 $ABOC$ 的三个顶点 A、B、C,则 ac 的值是 _____.

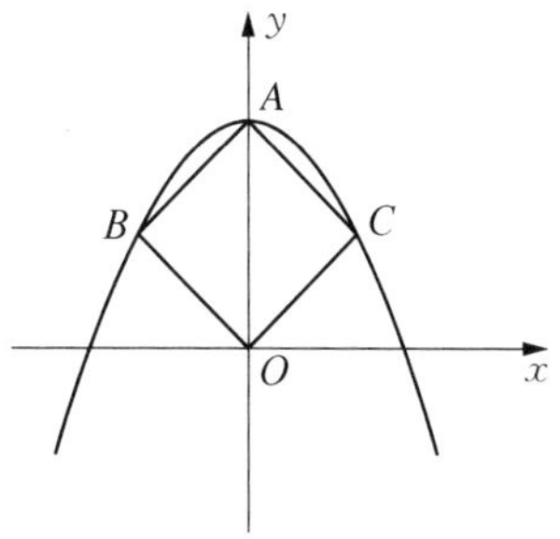

【命题感悟】　在平面直角坐标系中结合简单三角形或四边形讨论二次函数图象及性质是近年较关注的热点,也是考查数形结合思想的良好平台,此填空题就较好地体现了数形结合的特点.

图 6-13

三、解答题的命题要求

解答题是要求完整地写出解题过程的题目.它的特点是容量较大,能直接考查多个知识点,以及综合考查多种数学思想、方法和数学能力.由于这类题目要求考生完整地写出解题过程,因此较之选择题和填空题更能考查考生的解题思路和解题过程,也能更好地对不同水平的考生进行多层次的区分.

在一个大前提(已知条件)下,提出若干问题,要求学生解答,这是数学解答题的常见呈现方式.从一个基本数学事实出发,研究其变形、扩张、发展,形成一系列的问题组,再从中选取合适的要素构造出题目,是编制解答题的主要方法.对于作为中考题的解答题,一般应该具有较大的可塑性和伸缩性.

从表现形式来看,解答题大体可分成两大类.第一类:所提的若干问是并列的,彼此独立,互不关联;第二类:所提的若干问是递进的,彼此间存在层次上的联系,后一问的解答依赖于前一问的结果.

影响解答题难度的基本因素有以下几个:

（1）提问方式.例如,把证明题改为探索题一般能提高难度;增加题目中间设问,把单问变成分步设问一般能降低难度.

（2）题设条件.例如,适当增减条件,变"隐"条件为"显"条件,改间接条件为直接条件,等等,均可以使题目的难度发生变化.

（3）综合程度.题目涉及的具体知识点、数学思想、数学方法的多少也影响题

157

目的难度.

下面结合中考命题案例谈一些常规解答题的命题感悟,供读者釜正.对于创新型解答题的命制过程将在后面专门详细阐述.

1. 题目设计重基础

重视基础主要表现在:重视基本运算、解方程及方程组的应用、解直角三角形、函数基础知识.

(1)计算

一些较为传统的相对单一的考查题目,如计算题、化简题、解方程、解不等式等,目标指向明确,不易受到是否熟悉背景材料或文字阅读能力的干扰,因而不少地市的试卷将这类题作为解答题的前两个题目,以保证学生情绪稳定、正常发挥,考出真实水平,提高试卷的信度.

例 6-18 计算:$(-1)^{2021} \times \left(-\dfrac{1}{2}\right)^{-2} + (\sqrt{3}-\pi)^0 + |1-2\sin 60°|$.

例 6-19 解不等式组 $\begin{cases} \dfrac{x-4}{2}+3 \geqslant x; & ① \\ 1-3(x-1) < 6-x. & ② \end{cases}$

【命题感悟】 以上两题主要是考查基本运算和解不等式组的知识,命题简单,注意不要将数字设计得偏大或偏小,以给运算带来麻烦,此类题原则上考查考生的计算能力,而不是重点考查解决难繁计算的能力.

(2)方程应用

例 6-20 某县政府打算用 25 000 元用于为乡福利院购买每台价格为 2 000元的彩电和每台价格为 1 800 元的冰箱,并计划恰好全部用完此款.

(1)问原计划所购买的彩电和冰箱各多少台?

(2)由于国家出台"家电下乡"惠农政策,该县购买的彩电和冰箱可获得 13% 的财政补贴,若在不增加县政府实际负担的情况下,能否多购买两台冰箱?谈谈你的想法.

解:(1)设原计划购买彩电 x 台,冰箱 y 台,根据题意得:

$2000x + 1800y = 25000$,化简得:$10x + 9y = 125$.

由于 x、y 均为正整数,解得 $x=8$,$y=5$.

(2)该批家电可获财政补贴为 $25\,000 \times 13\% = 3\,250$(元).

由于多买的冰箱也可获得 13% 的财政补贴,实际负担为价格的 87%.

∵ $3\,250 \div (1-13\%) \approx 3\,735.6 \geqslant 2 \times 1800$, ∴ 可多买两台冰箱.

答:(1) 原计划所购买的彩电 8 台和冰箱 5 台.

(2) 能多购买两台冰箱. 我的想法:可以拿财政补贴款 3 250 元,再借 350 元,先购买两台冰箱回来,再从价值 3 600 元冰箱的财政补贴 $3\,600 \times 13\% = 468$ 元中拿出 350 元用于归还借款,这样才不会增加实际负担.

【命题感悟】　方程与方案应用题近年来在中考中有所削弱,但是随着人们对方程教育价值的认识,中考也愈来愈重视这方面的考查. 本题背景来源于国家出台"家电下乡"惠农政策,具有一定的时代性,同时在考查考生应用数学解决实际问题时设置了台阶,第一问考查二元一次方程的整数根问题,此切入点简单但较独特.

(3) 解直角三角形

例 6-21　如图 6-14,在迎接奥运圣火的活动中,某校教学楼上悬挂着宣传条幅 DC,小丽同学在点 A 处,测得条幅顶端 D 的仰角为 $30°$,再向条幅方向前进 10 米后,又在点 B 处测得条幅顶端 D 的仰角为 $45°$,已知测点 A、B 和 C 离地面高度都为 1.44 米,求条幅顶端 D 点距离地面的高度.(计算结果精确到 0.1 米,参考数据:$\sqrt{2} \approx 1.414$,$\sqrt{3} \approx 1.732$)

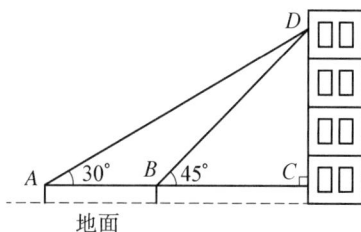

图 6-14

解:在 Rt$\triangle BCD$ 中,$\tan 45° = \dfrac{CD}{BC} = 1$,∴ $CD = BC$.

在 Rt$\triangle ACD$ 中,$\tan 30° = \dfrac{CD}{AC} = \dfrac{\sqrt{3}}{3}$,∴ $\dfrac{CD}{AB+BC} = \dfrac{\sqrt{3}}{3}$.

∴ $\dfrac{CD}{10+CD} = \dfrac{\sqrt{3}}{3}$. ∴ $3CD = \sqrt{3}CD + 10\sqrt{3}$.

∴ $CD = \dfrac{10\sqrt{3}}{3-\sqrt{3}} = \dfrac{10\sqrt{3}(3+\sqrt{3})}{6} = 5\sqrt{3} + 5 \approx 13.66$(米).

∴ 条幅顶端 D 点距离地面的高度为 $13.66 + 1.44 = 15.1$(米).

【命题感悟】　解直角三角形历来是中学教学阶段的重要内容,这一内容命题时大多特别强调考查解直角三角形的通法. 此题背景选自奥运火炬传递,题材与内容虽有点牵强附会,但此类问题也是中考不容回避的事实. 如果试卷全部都是纯粹数学,学生也很容易对数学产生疲劳和厌烦的感觉.

例 6-22 如图 6-15(1),一艘核潜艇在海面下 500 米 A 点处测得俯角为 $30°$ 的正前方的海底有黑匣子信号发出,继续在同一深度直线航行 4 000 米后再次在 B 点处测得俯角为 $60°$ 的正前方的海底有黑匣子信号发出,求海底黑匣子 C 点处距离海面的深度. (精确到米,参考数据:$\sqrt{2} \approx 1.414$,$\sqrt{3} \approx 1.732$,$\sqrt{5} \approx 2.236$)

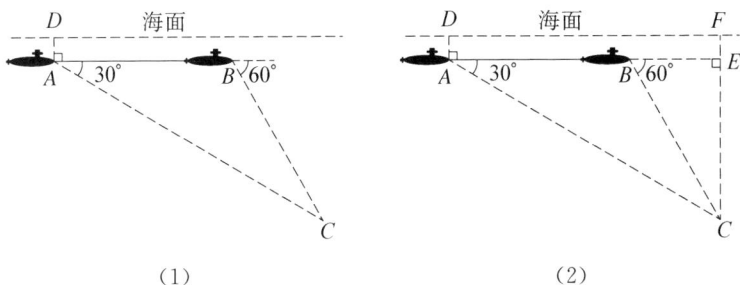

（1）　　　　　　　　　　（2）

图 6-15

解:如图 6-15(2),由 C 点向 AB 作垂线,交 AB 的延长线于 E 点,并交海面于 F 点.

已知 $AB = 4\,000$（米）,$\angle BAC = 30°$,$\angle EBC = 60°$.

$\because \angle BCA = \angle EBC - \angle BAC = 30°$,

$\therefore \angle BAC = \angle BCA$,$\therefore BC = BA = 4\,000$（米）.

在 Rt$\triangle BEC$ 中,

$$EC = BC \cdot \sin 60° = 4\,000 \times \frac{\sqrt{3}}{2} = 2\,000\sqrt{3} \text{（米）.}$$

$\therefore CF = CE + EF = 2\,000\sqrt{3} + 500 \approx 3\,964$（米）.

答:海底黑匣子 C 点处距离海面的深度约为 3 964 米.

【命题感悟】 此题选用了飞机失事海上找寻黑匣子这一背景,这一内容有一定现实意义,体现数学有用的价值观. 命题时需特别注意将背景中的影响因素清除,留下能够抽象出建立简单解直角三角形的数学模型的相关要素,再运用通法去解直角三角形的. 此类题重在考查学生运用数学的意识,不必在解题上为难考生.

2. 题目设计重统计概率与实际的结合

将统计概率活化,即联系实际,不仅有利于考查学生对统计概率知识的认识程度,而且还有利于考查学生的统计概率能力.

例 6-23　六一儿童节,爸爸带着儿子小宝去方特欢乐世界游玩,进入方特大门,看见游客特别多,小宝想要全部玩完所有的主题项目是不可能的.

(1) 爸爸咨询导游后,让小宝上午先从 A. 太空世界、B. 神秘河谷、C. 失落帝国中随机选择两个项目,下午再从 D. 恐龙半岛、E. 西部传奇、F. 儿童王国、G. 海螺湾中随机选择三个项目游玩,请用列举法或树形图说明当天小宝符合上述条件的所有可能的选择方式.(用字母表示)

(2) 在(1)问的选择方式中,求小宝恰好上午选中 A. 太空世界,同时下午选中 G. 海螺湾这两个项目的概率.

解:(1) 用列举法:(AB,DEF)、(AB,DEG)、(AB,DFG)、(AB,EFG)、(AC,DEF)、(AC,DEG)、(AC,DFG)、(AC,EFG)、(BC,DEF)、(BC,DEG)、(BC,DFG)、(BC,EFG) 共 12 种可能的选择方式.

用树形图法(如图 6-16):

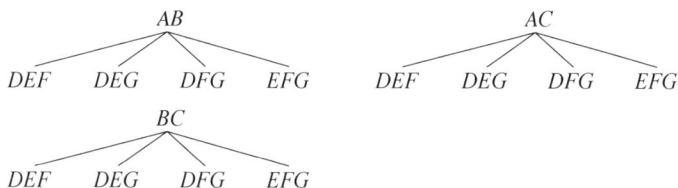

图 6-16

(2) 小宝恰好上午选中 A. 太空世界,同时下午选中 G. 海螺湾这两个项目的概率为 $P = \dfrac{6}{12} = \dfrac{1}{2}$.

【命题感悟】　编制本类问题的基本思路为统计问题情境化.该类题可以用树形图给出相关情况,也可以用列举法给出相关可能情况.既可以直接考查学生对概念的理解能力,也可以考查学生利用树形图表提供的信息解决新问题的能力.此类概率试题的命制难度一般不大,关键是考查学生完备的思维.由于命题教师对概率的理解往往带有排列组合的数学背景,很容易出现超标试题或科学性有待商榷的试题,因此命题时需要特别小心.

第四节　试题改编的一般方法与常见模式

不论是怎样的考试命题,限于时间和精力,不可能创新编写所有的试题,其中的大部分试题来源于对已有试题的改编,命题者必须首先具备较强的改编试题的能力,只有这样才能谈得上编制创新题,否则也只能空谈.改编试题首先得从选取好的素材入手,其素材应能体现考生初中数学学习应掌握的核心知识和常见的重要技能.试题的编制通常以改编教材中的例习题、近年的考试题、各种参考资料中的习题等为主要途径,正所谓"年年题不同,岁岁题相似",目的是体现"以学定考"的新课程理念.

改编试题是对原有试题进行改造,使之从形式上、考查功能上发生改变而成为新题,具体做法有:设置新的问题情境、不同题型之间的转换、重组整合、转变考查目标等.下面将分别举例加以分析,由于原型题在课本和各类参考资料中容易找到,此处不再一一列举.

一、设置新的问题情境

一道常规的纯粹数学问题,当它放置在一个新的问题情境中时,由于知识载体发生改变,所编制的试题也成为一道新题,而且反映出数学知识应用的灵活性.

【改编模式】　保持基本题型的结构不变,将数据或概念添加一个适当的问题情境,可以构造出一系列的问题.

例6-24　按照神舟号飞船环境控制与生命保障分系统的设计指标,"神舟"五号飞船返回舱的温度为 $21℃±4℃$.该返回舱的最高温度为 _____ ℃.

【改编感悟】　将简单的有理数加减运算与神舟号飞船环境控制与生命保障分系统的设计指标数据相联系,编制试题简单而有意义,既保持了一般的试题内核,又与实际生活中的各种情境加以组合,使得试题承载的信息具有较好的人文意义.一套试卷中,总需要为少数的试题添加一些人文背景,使得卷面形式活泼一些.

二、不同题型之间的转换

在中考数学试卷中,出现了较多的通过改造题型来获取新试题的命制形式.例如:许多压轴解答题的命题材料很好,从考查内容和考查功能上来看往往是很经典的题型,但由于第二、三问难度过大,考生往往感到害怕而放弃.仔细分析其第一问可能就是非常简单的容易上手题.如果将第一问压缩、升华或从其他角度设问,辅以选择项的巧妙设计,就可以成为一道新颖的选择题或填空题.其难度大幅度降低,效果明显.当然,也可以深入挖掘经典选择题、填空题的内涵或扩充其运用范围,使其改造成解答题的形式.近年来,中考数学试卷中经常出现许多由改造传统的题型得出的新题型,如开放题、探索题、图表分析题、阅读理解题、操作试验题等,这些都使得命题的技巧更加丰富.

1. 解答题改编为选择题或填空题

【改编模式】 保持原型的考查内容不变,将问题的设问形式加以改造,同时添加一个适当的问题情境,省去对具体解题过程的考查,而构造出的新问题.

例 6-25 估算 $\dfrac{\sqrt{50}+2\sqrt{3}}{\sqrt{2}}$ 的值为( ).

A. 在 4 和 5 之间   B. 在 5 和 6 之间

C. 在 6 和 7 之间   D. 在 7 和 8 之间

【改编感悟】 原型题为化简求值题,在不能使用计算器的前提下,本题将实数的运算设计成选择题的形式.因课程标准对估算有明确要求,根据此要求将其改为估算题,省去对中间化简过程的考查,题目没有要求让学生展示运算过程,这样学生可以运用多种方式来寻求答案(如先化简,再求近似值;或直接估算分子无理数的大小,再估算商式的大小等等).这类题目对发展学生对数的认识和培养学生的数感有着重要意义.题面呈现形式的变化,体现了考查目标的改变.该题编制具有新颖的学科特色.

例 6-26 已知三个边长分别为 2、3、5 的正方形如图 6-17 排列,则图中阴影部分面积为_____.

【改编感悟】 本题在相似求解问题的基础上适当改编而成,其中平行条件隐含于如图排列的正方形之中,利用图

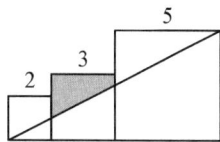

图 6-17

中所给边长求出中间梯形的面积后,再用中间正方形面积减去它即可.本题设计改动不大,没有过多增加难度,计算也较方便.

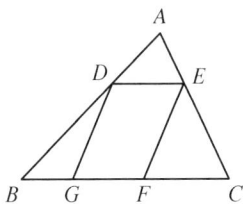

图 6 - 18

例 6 - 27 如图 6 - 18 所示,□DEFG 内接于△ABC,已知△ADE、△EFC、△DBG 的面积分别为 1、2.8 和 1.2,那么□DEFG 的面积为_____.

【改编感悟】 此题图与原题型图相同,只不过将条件中的面积值进行调整,原型题是计算题,后来由于发现解答过程较长,学生说理可能不太容易说清楚,故将其改编为填空题.

2. 解答题各种呈现方式的转变

【改编模式】 保持原型的考查内容不变,将问题的结构、设问形式、表述方式等加以改造,可以构造出一系列的问题,如将具体条件用图表表述信息,可将其改造成探求规律、性质的应用题.

例 6 - 28 某种内燃动力机车在青藏铁路试验运行前,测得该种机车机械效率 η 和海拔高度 $h(0 \leqslant h \leqslant 6.5$,单位 km) 的函数关系式如图 6 - 19 所示.

(1) 请你根据图象写出机车的机械效率 η 和海拔高度 $h(km)$ 的函数关系.

(2) 在海拔 3 km 的高度运行时,该机车的机械效率为多少?

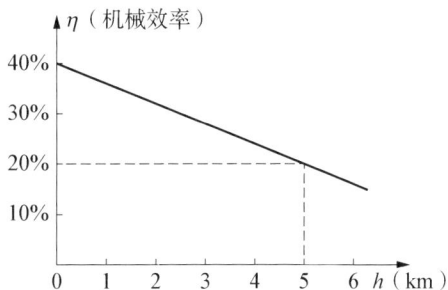

图 6 - 19

解: (1) 由图象可知,η 与 h 的函数关系为一次函数关系.

设 $\eta = kh + b(k \neq 0)$.

∵ 一次函数图象过 $(0, 40\%)$、$(5, 20\%)$ 两点,

∴ $\begin{cases} 40\% = b, \\ 20\% = 5k + b. \end{cases}$

解得 $k = -0.04$,$b = 0.4$.

∴ $\eta = -0.04h + 0.4. (0 \leqslant h \leqslant 6.5)$.

(2) 当 $h = 3$ km 时,代入 $\eta = -0.04h + 1$,解得 $\eta = 0.28$.

∴ 当机车运行在海拔高度为 3 km 的时候,其机车的运行效率为 28%.

【改编感悟】 本题在常规封闭题的基础上进行了改编,其特点是:在构造阶梯小问题的基础上,对情境进行创新,同时对学生建模、推理、计算能力进行考查.题

中图形线条美观、思维线索简洁清晰、计算难度控制适当,是一道能恰到好处地考查学生初步运用图形信息和演绎推理能力解答的试题.学生解答这样的题目不仅需要传统意义上的推理论证能力,而且更要有分析问题、解决问题层面的核心素养.

三、不同内容、不同素材之间的重组整合

单纯考查代数内容(或者几何内容,或者概率统计)单一知识点的数学问题,往往只占中考试卷的较小一部分的分值,如何在同一学习领域(如代数、几何或概率统计)知识点的交汇处命制试题,或者在不同学习领域之间知识的融合处设计问题,或者将各种题型组合命制试题,就显得格外重要.重组整合的常见方法是根据考查目标、考查内容确定命题材料的重组方式,然后设问.

1. 考查内容形式的整合

【改编模式】　在保留原题的内核不变的前提下,考虑添加一定的特殊符号或文字信息、图表信息或图形信息,或者新的定义,然后以新的表达方式呈现出来.其改编的一般模式如下:一般的问题载体;增加新的定义或采用新的表述方式.

例 6-29　定义运算“@”的运算法则为 $x@y=\sqrt{xy+4}$,则 $(2@6)@8=$ _____.

【改编感悟】　这是一道新定义的常规题.本题通过定义运算“@”的运算法则为 $x@y=\sqrt{xy+4}$,融入代数运算,充分体现代数的特点,体现了探索和发现数学的意义.

2. 考查方法和技能的重组

例 6-30　在抗震救灾活动中,某厂接到一份订单,要求生产 7 200 顶帐篷支援四川灾区,后来由于情况紧急,接收到上级指示,要求生产总量比原计划增加 20%,且必须提前 4 天完成生产任务,该厂迅速加派人员组织生产,实际每天比原计划每天多生产 720 顶,请问该厂实际每天生产多少顶帐篷?

解:设实际需要 x 天完成生产任务,根据题意得:

$$\frac{7\,200\times(1+20\%)}{x}-\frac{7\,200}{x+4}=720.$$

化简得:$\dfrac{12}{x}-\dfrac{10}{x+4}=1.$

$12(x+4)-10x=x(x+4)$,整理得 $x^2+2x-48=0$.

解得：$x_1=6$，$x_2=-8$(不合题意，舍去).

$7\,200\times(1+20\%)\div6=1\,440$(顶).

答：该厂实际每天生产帐篷 1 440 顶.

【改编感悟】 这是一道分式方程求解的应用题.本题以抗震救灾活动中的生活现象为问题载体，提出如何提高生产效率的问题，问题简洁，贴近学生生活，同时题目的设问也很新颖.本题如直接设每天生产多少顶帐篷，方程容易列出，而解较困难；如采用间接设 x 天完成生产任务，则设解都非常方便.编后最大的感受是此部分教学应具有一定的灵活性.本题有效地考查了学生认识问题和灵活解决问题的能力，符合新课程理念.

3. 不同知识点的重新组合

【改编模式】 将彼此联系紧密的一些知识点，借助一定的素材，将之串联或并联起来，可以构造出一系列的问题.

例6-31 抛掷红、蓝两枚六面编号分别为 1~6(整数)的质地均匀的正方体骰子，将红色和蓝色骰子正面朝上的编号分别作为二次函数 $y=x^2+mx+n$ 的一次项系数 m 和常数项 n 的值.

(1) 这样可以得到多少个不同形式的二次函数？（只需要写出结果）

(2) 请求出抛掷红、蓝骰子各一次，得到的二次函数图象顶点恰好在 x 轴上的概率是多少？并说明理由.

解：(1) 可以得到 36 个不同形式的二次函数.

(2) 解法一：$y=x^2+mx+n=\left(x+\dfrac{m}{2}\right)^2+n-\dfrac{m^2}{4}$.

∵ 二次函数图象顶点在 x 轴上，∴ $n-\dfrac{m^2}{4}=0$.

∴ $m=\sqrt{4n}=2\sqrt{n}$(其中 n、m 为 1~6 的整数).

根据上式可知，只有当 n 取 1~6 中的完全平方数时才有可能成立，

∴ n 的值只能取完全平方数 1 和 4.

通过计算可知，当 $n=1$，$m=2$ 和 $n=4$，$m=4$ 满足 $n-\dfrac{m^2}{4}=0$.

由此抛掷红、蓝骰子各一次，得到的二次函数图象顶点在 x 轴上的概率是 $\dfrac{2}{36}$

$$=\frac{1}{18}.$$

解法二：∵ 二次函数图象的顶点落在 x 轴上，即抛物线与 x 轴只有一个交点，

∴ $\Delta=m^2-4n=0$，

∴ $m=\sqrt{4n}=2\sqrt{n}$（其中 n、m 为 $1\sim6$ 的整数）．

根据上式可知，只有当 n 取 $1\sim6$ 中的完全平方数时才有可能成立，

∴ n 的只能取完全平方数 1 和 4．

通过计算可知，当 $n=1$，$m=2$ 和 $n=4$，$m=4$ 满足 $\Delta=m^2-4n=0$．

由此抛掷红、蓝骰子各一次，得到的二次函数图象顶点在 x 轴上的概率是 $\dfrac{2}{36}$ $=\dfrac{1}{18}.$

【改编感悟】　这是一道将代数与概率综合在一起的考题，试题比较新颖且有一定难度的．题目较好地将二次函数的一次项系数 m、常数项 n 的值与图象特征结合在一起讨论．对于图象顶点恰好在 x 轴上的概率的考查由结合了平方根与整数性质，切入点非常独特．此类试题综合考查代数与概率的核心知识和核心技能，给考生解决问题带来较新的挑战．

4. 各种题型的自然融合

【改编模式】　原型中本来也包含了多种题型（如作图题、计算题等），改编时，可以将原来的题面以不同的形式呈现或将原来的条件重新组合，就可以构造出一系列的问题．

例 6-32　如图 6-20，$PQ=3$，以 PQ 为直径的圆与一个以 5 为半径的圆相切于点 P，正方形 $ABCD$ 的顶点 A、B 在大圆上，小圆在正方形的外部且与 CD 切于点 Q，则 $AB=$ _____．

【改编感悟】　本题原型为两圆相切，比较常见，组合了与小圆外切同时与大圆内接的正方形后，题目的呈现形式就焕然一新了．通过作图运用勾股定理、一元二

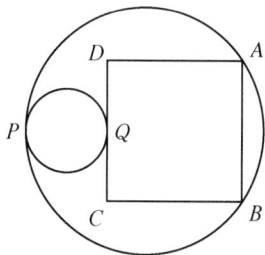

图 6-20

次方程等知识可以引导学生从中获取解决问题的方法，对探索、发现等能力进行

了有效考查.

例6-33 一段路基的横断面是直角梯形,如图6-21(1)所示,已知原来坡面的坡角 α 的正弦值为 0.6,现不改变土石方量,全部利用原有土石方进行坡面改造,使坡度变小,达到如图 6-21(2)所示的技术要求.试求出改造后坡面的坡度.

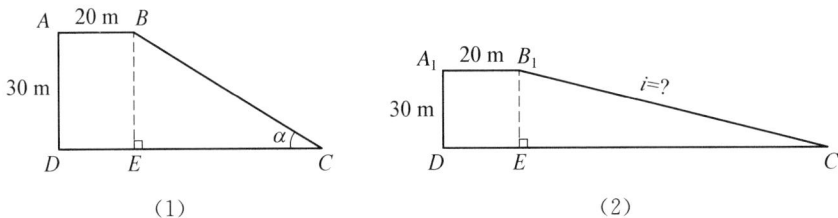

（1）　　　　　　　　　　　（2）

图 6-21

解：由图(1)可知：$BE \perp DC$，$BE = 30\,\mathrm{m}$，$\sin\alpha = 0.6$.

在 Rt$\triangle BEC$ 中，$\because \sin\alpha = \dfrac{BE}{BC}$，$\therefore BC = \dfrac{BE}{\sin\alpha} = \dfrac{BE}{0.6} = 50(\mathrm{cm})$.

由勾股定理,得 $EC = 40\,\mathrm{m}$.

在不改变土石方量,全部充分利用原有土石方的前提下进行坡面改造,使坡度变小,则梯形 $ABCD$ 面积 $=$ 梯形 $A_1B_1C_1D_1$ 面积.

解得，$EC_1 = 80\,\mathrm{m}$.

$\therefore$ 改建后的坡度 $i = B_1E : EC_1 = 20 : 80 = 1 : 4$.

【改编感悟】 本题的原型题在课本上较为常见,通过适当改编,将问题背景和考查重心转移到等积变换上,利用解三角形和面积公式,求出改造后的坡度.设问角度新颖,有利于考查考生利用数学知识解决实际生活问题的能力.

四、转变考查目标

一道常规的数学问题,当把它的条件或结论的一部分转换一种表述方式时,考查的侧重点就可能发生较大的改变,如把对某一概念的考查从侧重于文字表达能力的考查改为图形转换能力的考查或计算能力的考查、实验能力的考查等.转变考查目标的命题方法常见的有如下几种形式:单纯的运算技能考查转化为应用能力的考查;单纯的推理问题转化为实验操作与归纳探求能力的考查;单纯的数或形的知识内容的考查转化为数形结合的能力的考查等.

1. 单纯的运算技能考查转化为应用能力的考查

【改编模式】 保持原型的考查内容,在设计新的设问形式的同时,将希望考查的新的目标融入其中,可以构造出一系列的问题.

例6-34 芜湖供电公司分时电价执行时段分为平、谷两个时段:平段为8:00~22:00,14 小时;谷段为 22:00~次日 8:00,10 小时. 平段用电价格在原销售电价基础上每千瓦时上浮 0.03 元,谷段电价在原销售电价基础上每千瓦时下浮 0.25 元,小明家 5 月份实际使用平段电量 40 千瓦、谷段电量 60 千瓦时,按分时电价付费 42.73 元.

(1) 小明该月支付的平段、谷段电价每千瓦时各为多少元?

(2) 如不使用分时电价结算,5 月份小明家将多支付电费多少元?

解:(1) 设原销售电价为每千瓦时 x 元,根据题意得:

$$40 \times (x + 0.03) + 60 \times (x - 0.25) = 42.73,$$
$$40x + 1.2 + 60x - 15 = 42.73,$$
$$100x = 42.73 + 13.8,$$
$$x = 0.565\,3.$$

∴ 当 $x = 0.565\,3$ 时,$x + 0.03 = 0.595\,3$;$x - 0.25 = 0.315\,3$.

答:小明家该月支付平段电价为每千瓦时 0.595 3 元、谷段电价为每千瓦时 0.315 3 元.

(2) $100 \times 0.565\,3 - 42.73 = 13.8$(元).

答:如不使用分时电价结算,小明家 5 月份将多支付 13.8 元.

【改编感悟】 应用数学解决生活中的一些诸如环保、经济等问题在中学数学学习中具有十分重要的地位,对经济相关的考查多见于代数的方程问题、简单的比较与推理等过程中. 本题源于当年生活实际的分时电费支付问题,题目构思新颖,将常规的用电与节省的环保意识联系起来,把单纯的技能考查转换为技能运用的考查,题目背景生动有趣,让学生深刻地感受到数学在生活中作用.

例6-35 某市世界环境日发布了一份空气质量抽样调查报告,其中该市 1~5 月随机调查的 30 天各空气质量级别的天数如下表.

空气污染指数	0～50	51～100	101～150	151～200	201～250
空气质量级别	优	良	轻微污染	轻度污染	中度污染
天数	7	13	4	4	2

（1）请你估计该市全年的空气质量主要是什么级别？

（2）请你根据抽样数据,预测该市全年空气质量级别为优和良级别的天数共约有多少天？（结果保留整数）

（3）请你根据调查报告,对有关部门提几条关于建设"绿色城市"的建议.

解：（1）该市的空气质量级别主要是良.

（2）∵ $365 \times \dfrac{7+13}{30} = \dfrac{730}{3} \approx 243$（天），

∴ 该市全年空气质量级别为优和良级别的天数共约为 243 天.

（3）只要提出改善该市空气质量状况的合理建议即可.

【改编感悟】 中考对统计图表的考查着重在读图、识图和从图形中获取有效信息等方面.此题主要编制目的就是培养学生应用数学解决生活中的一些诸如环保、经济等问题的意识.只要求学生能够读懂统计图表即可,这部分要求并不太高,强调学生具有一定的数据转换能力和图形表述能力就可以了.

2. 单纯的数或形的知识内容的考查转化为数形结合的能力的考查

【改编模式】 将原有的代数知识赋予几何意义,或者将几何图形用代数形式加以表示,然后将代数知识与几何知识有机地整合,就可以构造出一系列的问题.

例 6-36 如图 6-22,两正方形彼此相邻且内接于半圆,若小正方形的面积为 16 cm²,则该半圆的半径为（ ）.

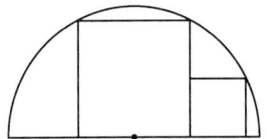

图 6-22

A. $(4+\sqrt{5})$ cm

B. 9 cm

C. $4\sqrt{5}$ cm

D. $6\sqrt{2}$ cm

【改编感悟】 本题以半圆内接正方形为原型,进一步拓展让其再内接一小正方形,结合半圆与正方形和相似知识进行计算,体现了代数与几何的有机联系和数形结合的重要思想.

例 6-37 如图 6-23,在直角坐标系中,△ABC 的三个顶点 A、B、C 的坐标分别为 $A(7,1)$、$B(8,2)$、$C(9,0)$.

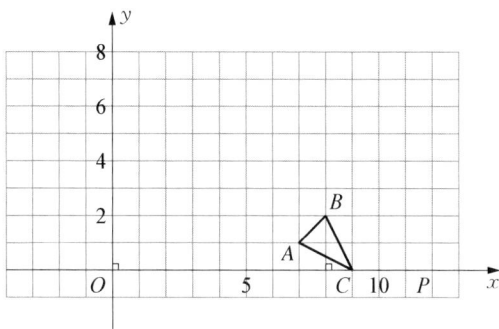

图 6-23

(1) 请在图中画出△ABC 的一个以点 $P(12,0)$ 为位似中心,相似比为 3 的位似图形(要求与△ABC 同在 P 点一侧);

(2) 求线段 BC 的对应线段 $B'C'$ 所在直线的解析式.

解:(1) 画出△$A'B'C'$,如图 6-24 所示.

(2) 如图 6-24,作 $BD \perp x$ 轴,$B'E \perp x$ 轴,垂足分别为点 D、E,∴ $B'E \parallel BD$,

∴ $\dfrac{B'E}{BD} = \dfrac{PE}{PD} = \dfrac{PB'}{PB}$.

∵ $B(8,2)$,∴ $OD = 8$,$BD = 2$,

∴ $PD = 12 - 8 = 4$.

∵ △$A'B'C'$ 与△ABC 的相似比为 3,

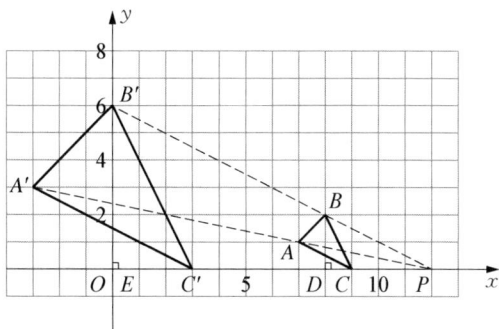

图 6-24

$$\therefore \frac{PB'}{PB} = 3.$$

$$\therefore \frac{B'E}{2} = \frac{PE}{4} = 3.$$

$$\therefore B'E = 6,\ PE = 12.$$

$\because PO = 12$，$\therefore E$ 与 O 重合，线段 $B'E$ 在 y 轴上，$\therefore$ 点 B' 的坐标为 $(0, 6)$.

同理 $PC' : PC = 3 : 1$.

又 $\because PC = OP - OC = 12 - 9 = 3$，$\therefore PC' = 9$，$\therefore OC' = 12 - 9 = 3$，$\therefore$ 点 C' 的坐标为 $(3, 0)$.

设线段 $B'C'$ 所在直线的解析式为 $y = kx + b$.

则
$$\begin{cases} 6 = 0 \cdot k + b, \\ 0 = 3 \cdot k + b. \end{cases}$$

$$\therefore k = -2,\ b = 6.$$

$\therefore$ 线段 $B'C'$ 所在直线解析式为 $y = -2x + 6$.

【改编感悟】 本题编制的出发点是考查学生的绘图能力，再根据位似变换后得到的图象求出函数的解析表达式．新课程强调从数的角度去思考形的问题，从形的角度去研究数的规律．本题的设计推陈出新，既考虑到考查一次函数图象的画法，又兼顾到对交点的坐标与方程组解的关系的认识的考查，体现了数形结合的重要思想．总体而言，本题的立意相对较独特，在综合考查知识与能力方面运用较好．原题位似有两种情况需考虑，后来还是考虑降低难度，就增加了一个条件"要求与 $\triangle ABC$ 同在 P 点一侧"，把两种情况变为了一种情况．

3．单纯的推理问题转化为实验操作能力与归纳探求能力的考查

【改编模式】 将原题加以分解，从问题的应用范围或起源、问题在新情境中的陈述、解决问题的操作方式的探求等角度，将问题进行多层次的解剖，然后选择合适的组合方式，可以构造出一系列的问题．

例 6 - 38　在图 6 - 25 中选择四个拼图板，可拼成一个矩形，正确的选择方案为＿＿＿＿．（只填写拼图板的代码）

图 6 - 25

【改编感悟】 在研究几何时,新课程倡导用"直观感知、操作确认、思辩论证、度量计算"的方式展开学习.本题的设计较好地体现了新课程的精神,其中蕴含了镶嵌的知识和逻辑推理的要求,以及特殊平行四边形判定方法的选取.题目设计反映了考查镶嵌知识的着眼点在其中的变换,这样的考查,融研究性学习于动手实践中,既有直观感知和动手操作,也有思辩的推理保证前进的方向,不仅展示了新课程学业考试题目的新面貌,也对初中数学的教学有着良好的导向.

第五节 新编试题的一般方法与常见模式

新编试题是相对于常规试题和改编试题而言的,其突出特征是"打破常规,出人意外但又合情合理".简单地说,新编试题就是根据所选取的考查内容,按照考查的要求,选取合适的素材,打破常规,形成的原创试题.中考数学试卷中的创新试题主要体现出背景新、素材新、组合新、设问新和立意新五大特点,其常见的命制方法有如下几种.

1. 从生活中提炼新颖的素材,形成原创

生活中的很多问题都可以从数学的角度加以认识,当你用数学的眼光来观察周围的世界时,往往可以发现许多有趣的素材都可以编制成适当的数学问题.从生活中提炼新的素材,新编出背景为学生所熟悉的好试题,也反映出命题者独到的眼光和丰厚的数学功底.

例6-39 请阅读如图6-26所示的一小段约翰·斯特劳斯作品,根据乐谱中的信息,确定最后一个音符的时值长应为( ).

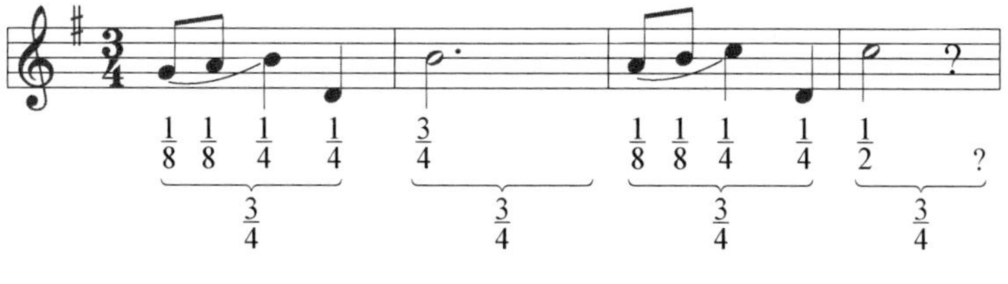

图 6-26

A. $\dfrac{1}{8}$ B. $\dfrac{1}{2}$ C. $\dfrac{1}{4}$ D. $\dfrac{3}{4}$

【改编感悟】 初中数学应该是学生生活世界的数学,它的应用处处可见. 本题选择了乐谱作为试题载体,新颖别致. 将简单的乐谱通过适当地标注与音符的时值长相联系,编制试题新颖,具有学科整合特色. 在现实生活中有许多新奇的事物和美丽图案,当我们用生活中各种美好的东西作背景时,构造出的数学试题往往可以成为试卷的亮点.

例 6-40 万众瞩目的世界杯足球赛在德国举行,足球场平面示意图如图 6-27 所示,它是轴对称图形,其对称轴条数为( ).

A. 1   B. 2

C. 3   D. 4

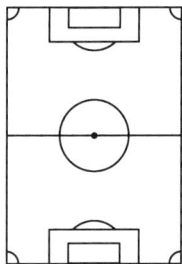

图 6-27

【命题感悟】 在现实生活中有许多图案具有轴对称、中心对称的性质. 此题将考生对世界杯足球赛的关注转移到数学无处不在的球场上,考生通过仔细分析足球场平面示意图,寻找几何图形的对称性,从中感受数学美和数学无处不在. 编制该试题的主要难度在于精确作出足球场平面示意图,命题教师应具备较熟练的精确作图能力. 如果命题人员作图能力很强,大量新颖图形会丰富数学试卷的呈现形式,增强试卷的人文性和亲和力.

2. 从知识图形的叠加与组合中,推陈出新

例 6-41 如图 6-28,已知多边形 ABDEC 是由边长为 2 的等边三角形 ABC 和正方形 BDEC 组成,一圆过 A、D、E 三点,求该圆半径的长.

解:方法一:如图 6-29,将正方形 BDEC 上的等边 △ABC 向下平移得等边△ODE,其底边与 DE 重合.

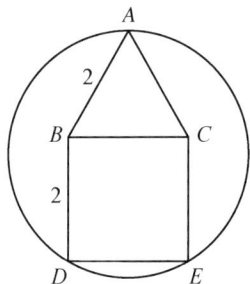

图 6-28

∵ A、B、C 的对应点是 O、D、E,

∴ OD = AB, OE = AC, AO = BD.

∵ 等边△ABC 和正方形 BDEC 的边长都是 2,

∴ AB = BD = AC = 2.

∴ OD = OA = OE = 2.

∵ A、D、E 三点不在同一直线上,

∴ A、D、E 三点确定一圆.

∵ O 到 A、D、E 三点的距离相等,∴ O 点为圆心,
OA 为半径.

∴ 该圆的半径长为 2.

方法二:如图 6-30,作 $AF \perp BC$,垂足为 F,并延长
交 DE 于 H 点.

∵ △ABC 为等边三角形,

∴ AF 垂直平分 BC.

∵ 四边形 $BDEC$ 为正方形,

∴ AH 垂直平分正方形的边 DE.

又 DE 是圆的弦,∴ AH 必过圆心.

记圆心为 O 点,并设⊙O 的半径为 r.

在 Rt△ABF 中,∵ $\angle BAF = 30°$,

∴ $AF = AB \cdot \cos 30° = 2 \times \dfrac{\sqrt{3}}{2} = \sqrt{3}$.

∴ $OH = AF + FH - OA = \sqrt{3} + 2 - r$.

在 Rt△ODH 中,$OH^2 + DH^2 = OD^2$,

∴ $(2 + \sqrt{3} - r)^2 + 1^2 = r^2$.

解得 $r = 2$.

∴ 该圆的半径长为 2.

【命题感悟】　本题将正方形、圆、正三角形的性质较好地结合起来,解答此
题着眼点不同则可能得到不同的解法.该题巧妙利用了对称和平移变换的思想,
既考查了从图形背景中抽象出简单数学模型的能力,又考查了基本图形的简单计
算,结构简洁,构思巧妙.题目的设计体现了数学知识的灵活应用及由此而带来的
数学思维的变化.

3. 从实验操作、探索发现中,找寻灵感

近年中考数学试卷中,有一个共同的优点:将一些操作性的实践活动引进中
考试卷,从而构造出一个个鲜活的、深受学生喜爱的好题,这些操作性活动可以是
折、剪、拼、摆、叠、画等多种形式.

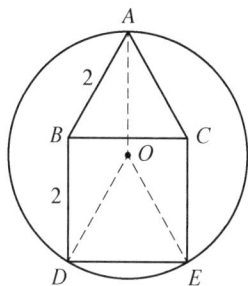

图 6-29

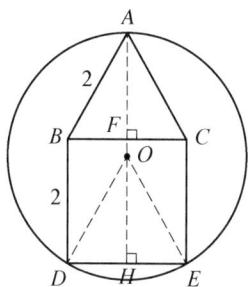

图 6-30

例6-42 将一正方体纸盒沿如图6-31所示的线剪开,展开成平面图,其展开图的形状为( ).

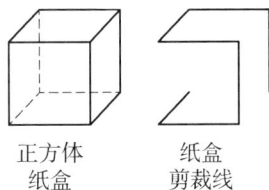

正方体　　　纸盒
纸盒　　　剪裁线

图6-31

A.　　　　B.　　　　C.　　　　D.

【命题感悟】 本题设计思路源于立体图形展开图,此处并没有像教材中那样进行讨论,问正方体立体图形展开有多少种情况,而是从另一角度给出正方体表面的剪裁线后,问其平面展开图形状,此种设计较好地寻找到考查此知识点的入口.新课标中强调数学学习活动的情境设置和学生的主动参与,本题让学生实际动手,在操作过程中呈现"图形与变换"的内容,体现了课改所倡导的学习方式.

4. 从中华文化传统中体验数学

中华文化传统中有许多素材可以挖掘,它们都是可以编制试题的好材料,可以将其引进中考试卷,命制出一个个生动的、具有广泛影响的试题,其关键是材料的挑选是否恰当,能否激发学生的爱国情操.

例6-43 《九章算术》中有一道阐述"盈不足术"的问题,原文如下:

今有人共买物,人出八,盈三;人出七,不足四.问人数、物价各几何?

译文为:现有一些人共同买一个物品,每人出8元,还盈余3元;每人出7元,则还差4元.问共有多少人?这个物品的价格是多少?

请解答上述问题.

【命题感悟】 从中华文化传统中提取素材,可以编制引导学生爱国情操的好试题.一般而言,其命题的关注点为宏扬中华传统文化,对数学思想方法及解题技能方面的要求并不高.

5. 从考查思维过程的角度,挖掘本质

如何通过试题的命制来考查考生的解题思维过程,近年各地的中考数学试卷中涌现出了不少的有新意的题目,如:从改造试题设计来了解考生解决问题过程中的思考方式,要求考生阐述自己的思维过程、写出多种的解题策略、自主选择解题、通过阅读来获取解题的信息等.

例 6 - 44　一园林设计师要使用长度为 $4L$ 的材料建造如图 6 - 32(1)所示的花圃,该花圃由四个形状、大小完全一样的扇环面组成.每个扇环面如图 6 - 32(2)所示,它由以点 O 为圆心的两个同心圆弧和延长后通过 O 点的两条直线段围成.为使得绿化效果最佳,还须使得扇环面积最大.

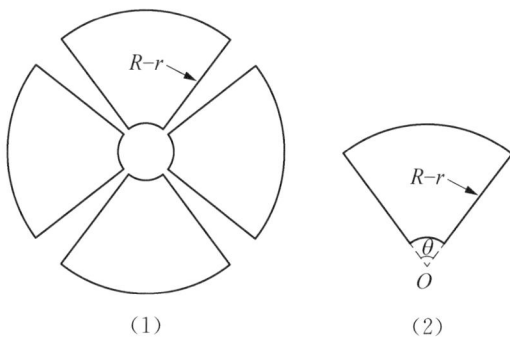

(1)　　　　　　　(2)

图 6 - 32

（1）求使图 6 - 32(1)所示的花圃面积为最大时 $R-r$ 的值及此时花圃面积,其中 R、r 分别为大圆和小圆的半径;

（2）若 $L=160\,\mathrm{m}$,$r=10\,\mathrm{m}$,求使图 6 - 32(2)面积为最大时的 θ 值.

解：（1）若要使如图 6 - 32(1)所示的花圃面积为最大,则必定要求图(2)所示的扇环面积最大.

设图 6 - 32(2)所示的扇环的圆心角为 θ,面积为 S,根据题意得：

$$L=\frac{\theta\pi R}{180}+\frac{\theta\pi r}{180}+2(R-r),$$

$$=\theta\cdot\frac{\pi(R+r)}{180}+2(R-r).$$

$$\therefore\ \theta=\frac{180\big[L-2(R-r)\big]}{\pi(R+r)}.$$

$$\therefore\ S=\frac{\theta\pi R^2}{360}-\frac{\theta\pi r^2}{360}=\frac{\pi}{360}\cdot\theta\cdot(R^2-r^2)$$

$$=\frac{\pi}{360}\cdot\frac{180\big[L-2(R-r)\big]}{\pi(R+r)}\cdot(R^2-r^2)$$

$$=\frac{1}{2}\left[L-2(R-r)\right]\cdot(R-r)=-(R-r)^{2}+\frac{1}{2}L(R-r)$$

$$=-\left[(R-r)-\frac{L}{4}\right]^{2}+\frac{L^{2}}{16}=-\left[(R-r)-\frac{L}{4}\right]^{2}+\frac{L^{2}}{16}.$$

$\because$ 式中 $0<R-r<\dfrac{L}{2}$,

$\therefore S$ 在 $R-r=\dfrac{L}{4}$ 时为最大,最大值为 $\dfrac{L^{2}}{16}$.

$\therefore$ 花圃面积最大时 $R-r$ 的值为 $\dfrac{L}{4}$,最大面积为 $\dfrac{L^{2}}{16}\times4=\dfrac{L^{2}}{4}$.

(2) $\because$ 当 $R-r=\dfrac{L}{4}$ 时,S 取值最大,

$\therefore R-r=\dfrac{L}{4}=\dfrac{160}{4}=40(\mathrm{m})$,$R=40+r=40+10=50(\mathrm{m})$.

$\therefore \theta=\dfrac{180\left[L-2(R-r)\right]}{\pi(R+r)}=\dfrac{180\times(160-2\times40)}{\pi\times60}=\dfrac{240}{\pi}(\text{度})$.

【命题感悟】 本题命制是以生活中的花圃设计为背景,考查的是扇形与扇环的关系,要求学生利用扇形周长公式推导出扇环周长的一般公式. 在灵活运用公式方面,命题者较深入地挖掘其中蕴涵的变量与函数的思想. 此题设计对基本知识与基本方法有一定的超越,设计过程重在理解和灵活运用层次. 本题的背景自然,考查的力度深刻.

第七章　数学创新题的命题设计个案分析

第一节　探索性试题的命题个案分析

数学试题命制的途径主要有两大类：第一类是依据已有的数学题目（如教材中的例习题、往年的考试题、各种参考资料中的习题等），按照一定的技术进行改编，形成各类考试中的数学试题；第二类是根据所选取的考查内容，按照考查的要求，选取合适的素材，打破常规，形成原创性试题. 原创性试题的编制一般都要经历比较复杂的过程，其中的酸甜苦辣只有命题者才能体会到.

一、几何概型的新探究

【考试原题】

有一个边长为 4 的正方形，现将一枚直径为 2 的硬币投向其中（硬币完全落在正方形外不计），则硬币完全落入正方形内的概率为＿＿＿＿.

【编制过程】

1. 编制动机

此题是由改编而来，原题是：有一个半径为 4 的圆，现将一枚直径为 2 的硬币投向其中（硬币完全落在圆外不计），则硬币完全落入圆内的概率为（　　　）.

A. $\dfrac{4}{9}$ 　　　　 B. $\dfrac{9}{16}$ 　　　　 C. $\dfrac{4}{25}$ 　　　　 D. $\dfrac{9}{25}$

原题检验了学生对几何概型是否熟练掌握，还包括对圆在运动时圆心情况的考察，多数学生经过思考能得到结论，但对另一部分学生来说是有难度的，由此发现当平面图形或者几何体在运动时，学生对移动的几何图形间的位置关系不明确，导致无法拟合几何模型.

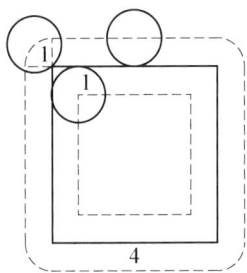

图 7-1

2. 编制策略

本题在原题的基础上作了一点改动,将大圆改成了正方形,考查几何概型的主题没变,加大了对几何图形间位置关系的考察难度.

如图 7-1 所示,构成事件"硬币完全落在正方形内"的结果是硬币圆心落于正方形内部一个边长为 2 的正方形内,试验的全部结果则构成最外围的虚线内部.

因此,P(硬币完全落在正方形内) $= \dfrac{\text{最里正方形面积}}{\text{最外围圆角矩形面积}}$

$$= \frac{2 \times 2}{4 \times 4 + 4 \times 1 \times 4 + \pi \times 1^2} = \frac{4}{32 + \pi}.$$

【得与失】

此题着重考查学生的知识运用、运算求解、问题解决的能力,是几何与代数相结合的一道考题,难度主要在搞清楚几何图形之间的位置关系上,必须详细作出圆心所在位置. 此题还可拓展,如考查小球落于大球内或者立方体内等几何体之间的位置关系.

二、打开纸盒发现数学

【考试原题】

如图 7-2(1)所示为一上面无盖的正方体纸盒,现将其剪开展成如图 7-2(2)所示的平面图.已知展开图中每个正方形的边长为 1.

(1)求在该展开图中可画出的最长线段的长度.这样的线段可画几条?

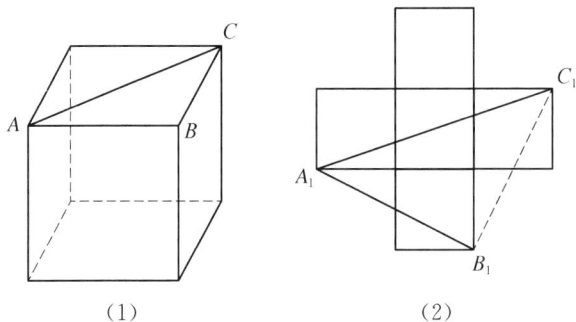

(1)　　　　　(2)

图 7-2

（2）试比较立体图中$\angle BAC$与平面展开图中$\angle B_1A_1C_1$的大小关系.

【编制过程】

1. 编制题目的最初动机

本题编制的最初动机是希望通过一道学生熟悉背景的试题较好地体现课改的新理念，并努力贯彻义务教育阶段数学课程标准中的直观感知、操作确认的数学教学思想方法，适当增加合情推理和逻辑推理的成份，在培养学生熟练地掌握数学思想方法和综合运用数学的能力方面作了大胆而有益的尝试.

2. 编制题目的起点

编制这道题最初思路的原型来源于两道题：

原题1：如图7-3，正方形网格上有两个三角形$A_1B_1C_1$和$A_2B_2C_2$，求证$\triangle A_1B_1C_1 \backsim \triangle A_2B_2C_2$.

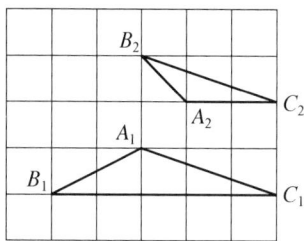
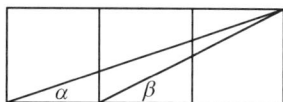

图7-3　　　　　　　　　　　图7-4

原题2：如图7-4，三个相同的正方形相接，求证：$\alpha + \beta = 45°$.

原题2中求$\alpha + \beta$的度数与本考试原题第二小题考查的知识点完全等价.

通过仔细斟酌，我们先将原题2改编为：如图7-5(1)为三个完全相同的正方形，求$\angle BAD + \angle CAD$的度数.

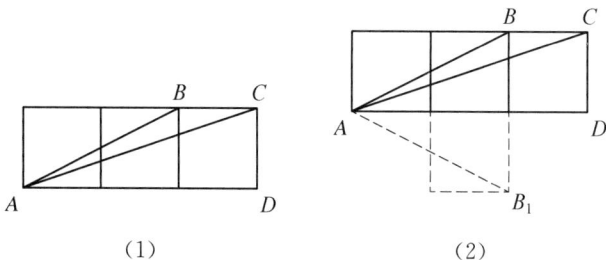

（1）　　　　　　　　　　　（2）

图7-5

再接着对这道题运用变换思想进行"改造",把中间的正方形沿 AD 所在直线向下翻折或作对称(方法不唯一),得到图 7-5(2),基本可得到本考试原题的第二小题. 其改编思路是:求 $\angle BAD + \angle CAD$ 的度数,也即转化为求 $\angle B_1AC$ 的度数. 这样初中学生完全可以用简单方法解决,而在高中教材中,对这道题的处理,教师和学生一般是通过两角和的三角函数来解的.

3. 编制的策略与方法

(1) 策略:选材生活化

选题贴近生活. 对正方体纸盒的平面展开图,学生都操作实践过,较熟悉而不陌生,就考试而言具有较好的公平性. 作为考试试题,对熟悉的素材进行了提炼与加工,很好地体现了数学的应用价值,让学生在有体验的情境中解题,使学生感受到数学就在身边,感受到数学试题不是束之高阁的抽象命题,也不是全由晦涩难以理解的符号与逻辑推理构成的,并且试题文字描述生活化,能很好地激发学生的解题兴趣.

(2) 方法:解法多样化

这道题的解法多样,学生解法的多样性出乎我们预期,现将部分解法收集如下:

第(1)问易得,方法大多相似;第(2)问中 $\angle BAC = 45°$ 显然,以下就解法多样的 $\angle B_1A_1C_1$ 的求法汇总如下:

解法 1:(利用勾股定理逆定理)

如图 7-6,连结 B_1C_1.

由勾股定理得:$A_1B_1 = \sqrt{5}$, $B_1C_1 = \sqrt{5}$, $A_1C_1 = \sqrt{10}$.

$\because (\sqrt{5})^2 + (\sqrt{5})^2 = (\sqrt{10})^2$,

$\therefore A_1B_1^2 + B_1C_1^2 = A_1C_1^2$,

$\therefore$ 由勾股定理的逆定理得 $\angle A_1B_1C_1 = 90°$.

又 $A_1B_1 = B_1C_1$,

$\therefore \triangle A_1B_1C_1$ 为等腰直角三角形,

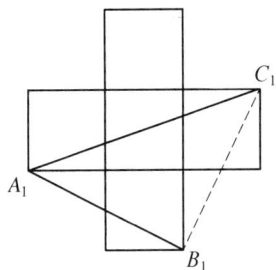

图 7-6

$\therefore \angle CAB = \angle C_1A_1B_1$.

解法 2:(利用三角形全等知识)

如图 7 - 7，连结 B_1C_1.

在 $\triangle A_1EB_1$ 和 $\triangle B_1FC_1$ 中，

$$\begin{cases} A_1E = B_1F = 2, \\ B_1E = C_1F = 1, \\ \angle A_1EB_1 = \angle B_1FC_1 = 90°, \end{cases}$$

$\therefore \triangle A_1EB_1 \cong \triangle B_1FC_1$（SAS）.

$\therefore A_1B_1 = B_1C_1$，$\angle B_1A_1E = \angle C_1B_1F$.

$\because \angle B_1A_1E + \angle A_1B_1E = 90°$，

$\therefore \angle A_1B_1C_1 = 90°$.

$\therefore \angle C_1A_1B_1 = \dfrac{180° - 90°}{2} = 45°$.

$\therefore \angle C_1A_1B_1 = \angle CAB$.

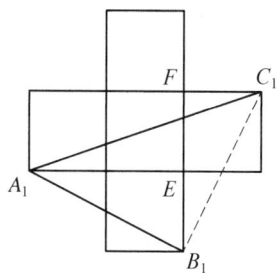

图 7 - 7

解法 3：（利用三角形相似知识）

① 展开图中相似

如图 7 - 8，连结 EC_1、GB_1.

在 $\triangle A_1EC_1$ 与 $\triangle B_1GA_1$ 中，

$\because \dfrac{A_1E}{B_1G} = \dfrac{2}{\sqrt{2}}$，即 $\dfrac{A_1E}{B_1G} = \dfrac{\sqrt{2}}{1}$，

而 $\dfrac{EC_1}{GA_1} = \dfrac{\sqrt{2}}{1}$，

$\therefore \dfrac{A_1E}{B_1G} = \dfrac{EC_1}{GA_1}$.

又 $\because \angle A_1EC_1 = \angle B_1GA_1 = 135°$，

$\therefore \triangle A_1EC_1 \backsim \triangle B_1GA_1$，

$\therefore \angle GA_1B_1 = \angle EC_1A_1$.

$\because \angle C_1A_1E + \angle EC_1A_1 = 45°$，

$\therefore \angle C_1A_1B_1 = \angle C_1A_1E + \angle GA_1B_1 = 45° = \angle CAB$.

② 展开图与原立体图形中的平面图形相似

如图 7 - 9，连结 B_1C_1.

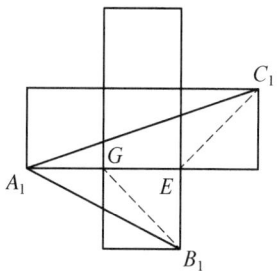

图 7 - 8

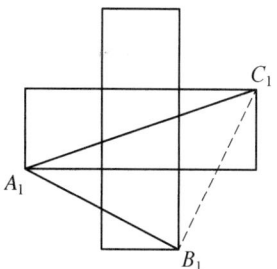

图 7 - 9

在△ABC 与△$A_1B_1C_1$ 中,

∵ $\dfrac{AB}{A_1B_1}=\dfrac{1}{\sqrt{5}}$, $\dfrac{BC}{B_1C_1}=\dfrac{1}{\sqrt{5}}$, $\dfrac{AC}{A_1C_1}=\dfrac{\sqrt{2}}{\sqrt{10}}=\dfrac{1}{\sqrt{5}}$,

∴ $\dfrac{AB}{A_1B_1}=\dfrac{BC}{B_1C_1}=\dfrac{AC}{A_1C_1}$,

∴ △$ABC \backsim$ △$A_1B_1C_1$,

∴ $\angle B_1A_1C=\angle BAC=45°$.

解法 4:(整体把握构造图形)

如图 7 - 10,连结 IC_1、C_1B_1、B_1A_1、A_1I,易得四边形 $IA_1B_1C_1$ 为正方形.

∵ A_1C_1 为正方形对角线,

∴ $\angle C_1A_1B_1=45°$.

解法 5:(借助三角函数)

① 如图 7 - 11,用勾股定理逆定理易证△A_1JC_1 为 Rt△.

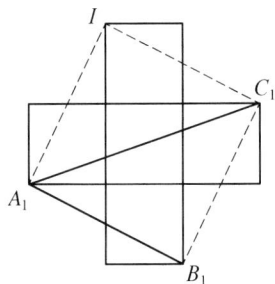

图 7 - 10

在 Rt△A_1JC_1 中,$\tan\angle JA_1C_1=\dfrac{\sqrt{2}}{2\sqrt{2}}=\dfrac{1}{2}$,

在 Rt△A_1EB_1 中,$\tan\angle EA_1B_1=\dfrac{1}{2}$,

∴ $\tan\angle JA_1C_1=\tan\angle EA_1B_1$.

∵ $\angle JA_1C_1$、$\angle EA_1B_1$ 均为锐角,

∴ $\angle JA_1C_1=\angle EA_1B_1$,

∴ $\angle C_1A_1B_1=\angle EA_1B_1+\angle EA_1C_1$

$=\angle EA_1C_1+\angle JA_1C_1$

$=45°=\angle CAB$.

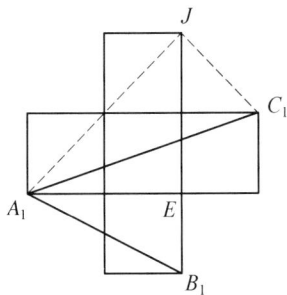

图 7 - 11

② 如图 7 - 12,连结 B_1C_1.

∵ $A_1B_1=B_1C_1=\sqrt{5}$(勾股定理)(理由同上,略),

$\tan\angle A_1B_1E=2$,$\tan\angle C_1B_1F=\dfrac{1}{2}$,

∴ $\tan\angle A_1B_1E \cdot \tan\angle C_1B_1F=1$,

$\therefore \angle A_1B_1E + \angle C_1B_1F = 90°$,

$\therefore \triangle A_1B_1C_1$ 为等腰 Rt$\triangle$,

$\therefore \angle C_1A_1B_1 = 45° = \angle CAB$.

③ 如图 7 - 12,连结 B_1C_1.

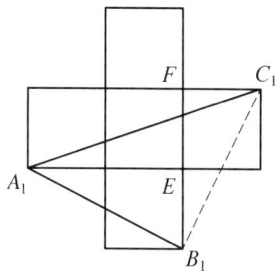

图 7 - 12

$\because \tan\angle C_1A_1E = \dfrac{1}{3}, \tan\angle EA_1B_1 = \dfrac{1}{2}$,

$\therefore \tan(\angle C_1A_1E + \angle EA_1B_1)$

$= \dfrac{\tan(\angle C_1A_1E + \angle EA_1B_1)}{1 - \tan\angle C_1A_1E \cdot \tan\angle EA_1B_1} = \dfrac{\dfrac{1}{3} + \dfrac{1}{2}}{1 - \dfrac{1}{3} \times \dfrac{1}{2}} = 1.$

$\because \angle C_1A_1E + \angle EA_1B_1$ 为锐角,

$\therefore \angle C_1A_1E + \angle EA_1B_1 = 45°$.

4. 问题与克服

在上述收集到的部分解题方法中,可以看到其中解法 1 和解法 4 是比较有新意的.这道题的解题思路入口较宽,方法可以多样,不拘一格.既可以用实验操作方法,直接感知确认结果,又可通过数学建模去解决.从用纯数学知识的角度来看,既用到解直角三角形知识(其中包括用勾股定理或用三角函数知识等),又用到相似三角形的知识.以上各种解题方法充分体现了不同的学生在数学上可以得到不同的发展.

问题 1:如何解决方格图与立体图的关系?

题目最初原型是在方格图中的图形,通过去掉不需要的方格发现,剩余的方格图与正方体的平面展开图相似,于是对题目图形进行改造,引入打开正方体纸盒将其展开为平面图的操作探索过程,立意较为新颖.

问题 2:如何体现变换的思想和三角形相似及三角函数的关系?

利用正方体展开图解决了立体图形与方格图之间的联系问题,在立方体的一面中简单讨论平面角,在平面展开图中再次讨论新的平面角,建立起学生空间与平面的联系,题目引入自然.

问题 3:如何把握试题难度?

这道题没有人为地设置情境与障碍,它让每一位同学都能根据自己已有的经验以及对数学的感悟与理解,凭借自身已获得的数学知识去解决问题.学生思维

"跳一跳",就可以摘到"桃子".题目中第一问答案简单、明了,很少有人不会解答,它是第二问的基础,为第二问的解决作了铺垫,提供了思路引导.第二问是在第一问基础上的顺应与拔高,难度适中,两个问题之间过渡、衔接自然.

【得与失】

通过对上述题目的简单剖析,我们认为这道题具有很好的理论支撑,突出了两个功能,主要表现在:

1. 把学习过程间接纳入了评价范畴

数学学习的内容不仅包括已有的数学知识,而且包括知识的形成过程.在一定程度上讲,考试的作用不是"万能"的,它原本只是以题目为载体,静态地考查学生对知识掌握的程度,以分数去"刻画"学生的"价值".这样做,有很大的不全面性.从考试角度来看,还需要动态地考查学生用获得的知识去解决问题的能力.这道题对此进行了尝试,并做到了这一点.学生能在探究中解决问题,它促使学生回溯知识的发生发展过程,再形成思维链接.学生通过这道题,还可联想到正方体的各种展开图,从而产生迁移,并根据自己的经验,产生许多"新"问题,进而探究"问题"的解决途径和方法.通过对学生解题多样化的收集,明显地感受到学生在对数学知识掌握的灵活程度以及学习能力高低上存在较大差异,客观上体现了不同的学生学习不同的数学的理念.解题方法的多样化又能间接地折射出数学教学氛围中学生思维活跃、生动活泼,能积极参与教学进程且富有创造性的场景,说明人人都能获得必需的数学.

这道题目充分揭示了评价的内涵,使评价更科学、更充分、更全面.

2. 促进教师改进教学

从试卷的抽样中不难看到,该题的解法呈现多样性,可以说明学生是有潜能的,教师应该努力发掘它.同时,我们也应该清楚地认识到,本题的实际通过率并不是十分高,学生答题中存在这样或那样的不足.在传统教学中,受中考指挥棒的影响,为了获得"高分",教师习惯于把握教材的"重点"章节,再进行有指向性的强化训练,往往只重视结果,忽视或淡化过程以及能力的培养,其结果常常是高分低能,学生后续学习能力不强.就这道题及其所涉及的知识点而言,教师不会看得"很重",更谈不上让学生"重点"把握.通过这道题,教师应反思自己的教学实践:教学不是仅为了考试,取得高分,也不是静态地要求学生掌握一个个知识点,去猜题、押题,而应该着眼于学生的全面发展和能力提高,真正把学生放在教学的主体地位,让学生主动参与教学进程.应让学生通过实验、操作、调查、探究,在活动中培养学习数学的兴趣,尝试成功的喜悦.教师应甘当"配角",充当教学活动的参与者、引导者、合作者,做教学中平等对话的"首席",使师生互动,生生互动,让学生由被动学习真正走向主动学习,也即走向自主学习、合作学习、探究学习,真正实现学习方式的转变,使学生获得解决问题的能力,让教学实践能真正体现课改的理念.

第二节　应用性试题的命题个案分析

一、复杂零件的表面积

【考试原题】

如图 7-13,一个棱长为 4 分米的正方体零件,它的上、下、左、右面上各有一个半径为 2 厘米的圆孔,孔深为 1 分米,这个零件的表面积是多少?

【编制过程】

1. 编制题目的最初动机

本题的最初原型来自儿童乐园钻山洞的体验.行车过山体隧道、生活中安装空调打孔,这其中无不涵盖着圆柱的相关知识.数学来源于生活又运用于生活,应让学生感受到数学无处不在.

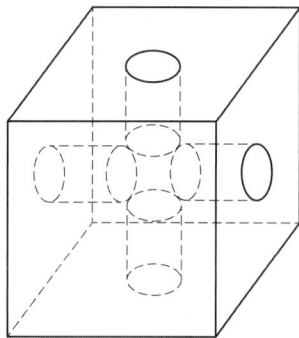

图 7-13

2. 编制题目的起点

从钻山洞的经历出发,以课本中的正方体和圆柱的表面积知识入手,借助信息技术真实再现模型,让学生观察模型中各个面及其关系,考查学生运用立体图形知识分析生活中的数学现象.

3. 编制的策略和方法

(1)策略

大多数人都有过钻圆木桶、山洞的经历,乐在其中.现实生活中也有包含数学模型的事实围绕在我们身边,将其与数学知识紧密结合,会创造出许多出彩的试题.

（2）方法

将正方体和圆柱结合,图形的构造简洁明了.零件的表面积可以用平移法得出为原正方体表面积加四个圆柱侧面积的和.

此题参考解答如下:

2 厘米＝0.2 分米.

表面积：$4 \times 4 \times 6 + 3.14 \times 0.2 \times 2 \times 1 \times 4$

$= 96 + 3.14 \times 1.6$

$= 96 + 5.024 = 101.024$（平方分米）.

答:这个零件的表面积是 101.024 平方分米.

4. 问题与克服

在编制过程中有教师提出了如下问题.

问题 1:命题在形式上是需要有来源于生活的背景,还是直接呈现模型图更恰当?

本题来源于生活中钻山洞这一背景,但对学生而言有一定的抽象性,适当地融入这一背景,不仅让学生感受到数学的魅力,也有利于学生建构抽象图形与现实之间的对应联系.

问题 2:学生感知到的图形和命题想要呈现出的图形之间是否统一?

学生正处在抽象思维能力发展的初始阶段,感受、感知到的图形不一定那么完备,且学生的思维能力发展层次不同,所感受到的图形也不尽都相同.此题在命题上还应再简化些.

【得与失】

中小学阶段,操作活动是数学活动的重要组成部分,也是学生学习活动的重要方式.学生通过实践、探索、发现,得到的知识是"活"的,这样的知识对学生自身智力和创造力发展会起到积极的推动作用.所有的答案也不是老师告诉的,而是学生在自己刻苦的学习中发现并从自己的口里说出来的,这样的知识具有实际意义,理解更深刻.新课程改革明确提出要"强调让学生通过实践增强探究和创新意识,学习科学研究的方法,培养科学态度和科学精神".学生动手实践、观察得出结论的过程,就是科学研究的过程.

二、楼梯坡面会加长多少

【考试原题】

如图 7-14,某中心学校在建造教学楼之初,为提高学生爬楼梯的安全性,决定将到达转台处的步行台阶设计进行改善,把倾斜角由 60°减至 45°,已知原楼梯坡面 AB 的长为 10 m(BC 所在地面为水平面).(结果精确到 0.1 m,参考数据:$\sqrt{2}\approx1.41,\sqrt{3}\approx1.73,\sqrt{6}\approx2.45$)

图 7-14

(1) 改善后的楼梯坡面会加长多少?

(2) 改善后的楼梯多占多长一段水平地面?

【编制过程】

1. 编制题目的最初动机

本题的命题意图是启发学生对日常生活中的建筑所包含的数学思想作一再认识,真正体现在生活实际中体验数学,在联想中抽象地运用数学.本题取材于学生熟悉的现实生活——爬楼梯,着重考查学生根据生活实际问题,建立对应数学模型的能力.充分体现了"数学好用"的意境,并以这种方式告诉学生很多建筑中,数学都是幕后的设计师,数学无处不在.

2. 编制题目的起点

从爬楼梯的实际背景出发,以锐角三角函数入手,通过让学生从实际生活中抽象出数学模型,考查学生运用基本几何知识分析生活中包含的数学现象.

3. 编制的策略与方法

(1)策略

生活中的很多现象都蕴含着数学知识,如果能把这些生活现象与基本几何知识结合起来,就可以命出精彩的试题.

(2)方法

把台阶问题抽象成为解直角三角形,根据学生爬楼梯的实际情境设计试题,注意到楼梯坡度的变化,通过直角三角形的相关知识,创设易于解决实际问题的数学模型.

解决方法请见如下参考解答:

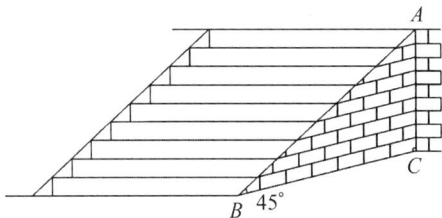

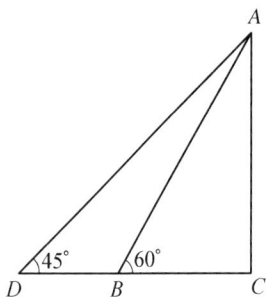

图 7 - 15

解:

(1) 如图 7 - 15,在 Rt△ABC 中,

$$AC = AB \cdot \sin 60° = 5\sqrt{3}\,(m).$$

在 Rt△ACD 中,

$$AD = \frac{AC}{\sin 45°} = 5\sqrt{3} \div \frac{\sqrt{2}}{2} = 5\sqrt{6} \approx 5 \times 2.45$$

$$= 12.25\,(m).$$

$$\therefore AD - AB = 12.25 - 10 \approx 2.3\,(m).$$

即改善后的楼梯坡面会加长 2.3 m.

(2) 如图 7 - 15,在 Rt△ABC 中,

$$BC = AB \cdot \cos 60° = 5\,(m).$$

在 Rt△ACD 中,

$$CD = \frac{AC}{\tan 45°} = 5\sqrt{3} \approx 5 \times 1.73 = 8.65\,(m).$$

$$\therefore BD = CD - BC = 8.65 - 5 \approx 3.7\,(m).$$

即改善后的楼梯多占 3.7 m 长的一段水平地面.

4. 问题与克服

问题 1:如何把握实际与数学抽象的关系?

题目最初原型是楼梯,通过去掉不重要的因素,抽象建立数学几何模型,于是实际问题被改造成了纯粹的几何问题,图中直角三角形比较明确,关键点也很醒目,对此考生易于发现.

问题 2:如何把握试题难度?

绝大多数考生能利用锐角三角函数求出结果,而且从编制效果上看,试题形式简洁,难度适中,学生容易入手,得分不难,关键是抽象出几何图形.

问题 3:如何把握数学的严谨性和生活实际的关系?

利用本题的图示考生一般都能进行计算,这样可使学生体验到在生活实际过程中应注意数学的严谨性,建立起缜密的思维构架.

【得与失】

本题较好地体现了数学知识与生活实际的紧密联系,这正是此题的考查目标.适当选取生活中的素材,让学生通过抽象概括建立数学模型,对于考查学生的数学建模、合情推理方面的能力能起到重要作用. 此题不脱离学生的生活实际,明确提出用数学知识解释实际现象,有较高的实用价值.

三、三角板的旋转

【考试原题】

在平面直角坐标系中放置一直角三角板,其顶点为 $A(-1,0)$、$B(0,\sqrt{3})$、$O(0,0)$,将此三角板绕原点 O 顺时针旋转 $90°$,得到 $\triangle A'B'O$.

(1) 如图 7 - 16,一抛物线经过 A、B、B',求该抛物线解析式;

(2) 设点 P 是在第一象限内抛物线上的一动点,求使四边形 $PBAB'$ 的面积达到最大值时的点 P 的坐标,并求出面积的最大值.

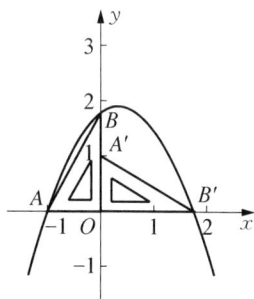

图 7 - 16

【编制过程】

1. 编制题目的最初动机

本题编制的最初动机是希望命制一道结合二次函数性质探索的具有操作性的试题,在考查学生综合能力方面作点努力. 这样确保试题既能较好地体现课改的动手操作、努力探索的新理念,又能较灵活地考查学生分析问题、推理并解决问题的能力,其目的就是要在考查学生熟练的分析问题、综合运用数学的能力方面进行探索.

2. 编制题目的起点

试题的编制主要受如下一道中考试题的启发:

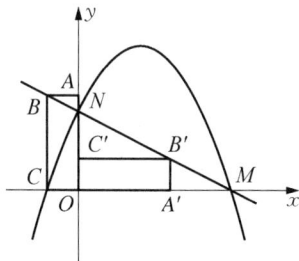

如图 7 - 17,在平面直角坐标系中,矩形 $OABC$ 的顶点 A、C 的坐标为 $A(0,3)$、$C(-1,0)$. 将矩形 $OABC$ 绕原点 O 顺时针方向旋转 $90°$,得到矩形 $OA'B'C'$. 设直线 BB' 与 x 轴交于点 M,与 y 轴交于点 N,抛物线经过点 C、M、N,解答下列问题:

(1) 设直线 BB' 表示的函数解析式为 $y = mx + n$,求 m、n;

图 7 - 17

（2）求抛物线表示的二次函数的解析式；

（3）在抛物线上求出使 $S_{\triangle PB'C'} = S_{矩形OABC}$ 的所有点 P 的坐标.

此题借助直角坐标系设置相关几何背景，求出直线和抛物线对应的函数解析式，并在抛物线上求出满足特定条件的点 P 的坐标.

3. 编制的策略与方法

（1）改变命题条件，将原题中矩形绕原点顺时针方向旋转 $90°$，改为直角三角形绕原点顺时针方向旋转 $90°$.

（2）改变设问内容，将原题中设问（1）：求直线 BB' 表示的函数解析式和设问（2）：求过 C、M、N 的抛物线表示的二次函数的解析式，改为设问（1）：求过 A、B、B' 的抛物线解析式；将原题中的设问（3）：求抛物线上满足 $S_{\triangle PB'C'} = S_{矩形OABC}$ 的所有点 P 的坐标，改为设问（2）：P 是在第一象限内抛物线上的一动点，求使动四边形面积最大时的点 P 的坐标并求出面积的最大值.

（3）设计意图：设问（1）在直角坐标系中，利用旋转变换构造图形，确定过三定点的抛物线的解析式，旨在考查学生利用待定系数法求二次函数的解析式；设问（2）引入动点（增加题目的探究性），确定使动四边形面积达到最大值时动点 P 的坐标和四边形面积的值，旨在突出考查学生的运算能力、推理能力的同时，又考查了学生综合运用函数与方程、化归与转化、数形结合等数学思想解决实际问题的能力. 设问（2）的求解需要考生细心地研究图形，恰当地分解图形，巧妙地表示出图形面积，准确算出图形面积的最大值. 设问（2）的求解有多种方法，这也为试题在考查学生思维的灵活性、广阔性方面提供了有效的途径.

4. 问题与克服

问题 1：如何把握压轴题难度？

从编制效果上看，试题形式简洁，难度适中，试题设置的第一问是简单运用知识层次的问题，学生容易入手，得分不难. 设置的第二问可以从代数和图形特征两个角度思考，属于灵活运用知识层次的问题，学生切入容易，深入有难度，计算量稍大，具有一定的区分度，以体现综合题的选拔功能.

问题 2：如何有效地甄别学生对知识与技能、过程与方法的掌握？

从实际考查效果来看（阅卷教师反馈的信息），问题（1）达到了预期目标，绝大部分考生能利用二次函数的一般式或交点式求出二次函数的解析式，得分较高. 问题（2）的解答分化现象较为突出，部分考生无从下手，部分考生设出动点 P

的坐标后,能顺利求出动四边形的面积表达式(甚至能利用公式 $x=-\dfrac{b}{2a}$ 求出 P 点的坐标),但在运用配方法求动四边形的面积的最大值时出现配方失误,这与编制的初衷"让不同层次的学生根据自己的实力得到相应的分数"相吻合,学生的运算和推理能力在此得到了有效的甄别.

问题 3:此试题的延伸状况如何?

对此题进一步研究之后,命题者感到意犹未尽,又思考得到两种变式,以供研究.

变式 1:试题的条件不变,将问题(2)改为:在抛物线上求一点 P,使四边形 $PBAB'$ 为等腰梯形.

简析:由抛物线和等腰梯形的对称性可知,B 点关于抛物线的对称轴 $x=\dfrac{\sqrt{3}+1}{2}$ 的对称点即为所求 P 点.把 $y=\sqrt{3}$ 代入抛物线的解析式:$y=-x^2+(\sqrt{3}-1)x+\sqrt{3}$,解得 $x_1=0$(舍),$x_2=\sqrt{3}-1$,所以 P 点坐标为$(\sqrt{3}-1,\sqrt{3})$.

说明:此变式在条件不变的基础上,增添了对等腰梯形及抛物线对称性的考查.

变式 2:试题的条件不变,将问题(2)改为:在抛物线的对称轴上是否存在 P 点,使△PAB 的周长最短? 若存在,求出点 P 的坐标;若不存在,请说明理由.

简析:抛物线的对称轴为 $x=\dfrac{\sqrt{3}-1}{2}$,由抛物线的对称性知 A 点关于抛物线的对称轴的对称点为 B'.连结 BB' 交对称轴于 P,此时 △PAB 的周长最短.直线 BB' 的解析式为 $y=-x+\sqrt{3}$,把 $x=\dfrac{\sqrt{3}-1}{2}$ 代入解析式得 P 点的坐标为$\left(\dfrac{\sqrt{3}-1}{2},\dfrac{\sqrt{3}+1}{2}\right)$.

说明:此变式在条件不变的情况下,将问题改为开放性试题,增添了对直线方程、抛物线的对称轴、轴对称等内容的考查.

【得与失】

本题是一道代数与几何综合的题目,围绕函数解析式、函数图象,综合运用三角形、四边形、一次函数、二次函数等知识来解决问题,具有一定的综合性、灵活性,对考生的运算、推理能力提出了较高的要求.

从对今后的教学导向看,试题在突出考查"四基"的基础上,又着重考查了学生的知识应用、运算求解、问题解决等能力.这就要求教师在平时的教学中既要注重基础知识、基本方法的传授,又要充分展示数学知识的发生发展过程;既要注重学生的运算、推理能力的培养,又要让学生掌握正确的思维方法.要给足学生自由支配的思维空间,让他们敢想、愿想、会想,让他们有足够的时间去充分体验奥妙无穷的数学思维.教师不仅要引导学生学会解题,更要让他们学会思考和质疑.

总而言之,此题在构思上,推陈出新,巧设妙问;在难度设置上,由易到难,层层递进,能较好地体现综合题的选拔功能.

第三节　阅读理解题的命题个案分析

一、涂色部分的面积

【考试原题】

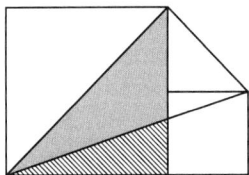

图 7 - 18

如图 7 - 18 所示,两正方形相邻,大正方形的边长为 6 分米,涂色部分的面积是斜线部分面积的 2 倍.

(1) 涂色部分、斜线部分的面积各是多少?

(2) 小正方形的边长是多少?

【编制过程】

1. 编制题目的最初动机

本题的命题意图是希望通过一道学生操作性的试题,结合同底等高的三角形面积相等的性质进行探索,考查学生分析问题、推理并解决问题的能力.

2. 编制题目的起点

试题的编制来源于一道五年级应用题:

如图 7 - 19,大正方形的边长是 6 分米,求阴影部分的面积.

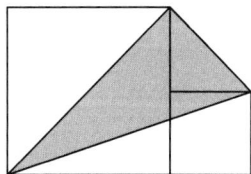

图 7 - 19

3. 编制的策略与方法

(1) 策略

① 增加命题条件:涂色部分的面积是斜线部分的面积的 2 倍.

② 改变求解内容,将原题中的问题"求阴影部分的面积"改为"(1)求涂色部分、斜线部分的面积各是多少;(2)求小正方形的边长."

③ 设计意图:设问(1)旨在考查学生对在三角形外作高的了解;设问(2)增加题目的探究性,旨在考查学生解题的综合能力,设问(2)的求解需学生仔细研究图形,有多种解法,这也为试题在考查学生思维的灵活性、广阔性方面提供了有效的途径.

(2) 方法

解:(1) 设斜线部分面积为 $x\,\mathrm{dm}^2$,则涂色部分面积为 $2x\,\mathrm{dm}^2$.

$$x + 2x = \frac{1}{2} \times 6 \times 6,$$

$$x = 6.$$

所以斜线部分的面积是 $6\,\mathrm{dm}^2$,涂色部分的面积是 $12\,\mathrm{dm}^2$.

(2) 因为涂色部分的面积是斜线部分的面积的 2 倍,所以大正方形的右边可分为 $4\,\mathrm{dm}$、$2\,\mathrm{dm}$ 两段.

如图 7-20 所示,作小正方形的一条对角线,可知它与大正方形的一条对角线平行,故 ① 的面积 = ② 的面积. 设小正方形的边长为 $a\,\mathrm{dm}$,则

$$12 + \frac{1}{2} \times 4 \times a = 18,$$

$$a = 3.$$

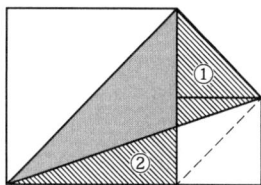

图 7-20

所以小正方形的边长是 $3\,\mathrm{dm}$.

4. 问题与克服

命题如何体现层次性?

设问(1)难易适中,设问(2)具有一定的难度,如果能运用三角形面积公式和等底等高的三角形面积相等,即可进行图形的等积变形,再仔细观图,小正方形的边长可以作为其中一个三角形的高求出.

二、滚圆盘的乐趣与数学思考

【考试原题】

一位小朋友在粗糙不打滑的"Z"字形平面轨道上滚动一个半径为 10 cm 的圆盘,如图 7 - 21 所示,AB 与 CD 是水平的,BC 与水平面的夹角为 60°,其中 $AB =$ 60 cm,$CD = 40$ cm,$BC = 40$ cm,请你作出该小朋友将圆盘从 A 点滚动到 D 点其圆心所经过的路线的示意图,并求出此路线的长度.

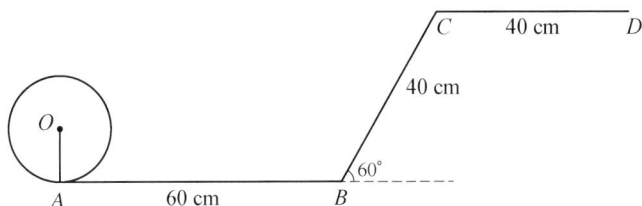

图 7 - 21

【编制过程】

1. 编制题目的最初动机

本题的最初原型来自孩提时代滚圆环的体验,同学们都有滚动皮球的经验,生活中无处不在的车轮滚动,无不包含朴素的数学知识,圆与直线的位置关系内涵深刻,应该深入理解,并熟练运用.

2. 编制题目的起点

从圆盘在轨道滚动的背景出发,以课本中的直线和圆的位置关系入手,仔细观察圆盘在滚动过程中与水平斜坡的位置关系,动态地考查学生运用基本几何知识分析生活中的包含朴素数学知识的现象,引入生动活泼.

3. 编制的策略与方法

（1）策略

许多人在孩提时代都滚过圆环或球之类的截面为圆的物体,其中自然有许多乐趣,现实生活中也有许多包含数学模型的事实,车轮可以说是无处不在的,如能结合数学基础知识,一定可以命出精彩的试题.

（2）方法

将圆环和坡路结合,抽象成为圆和折线,根据圆环在坡路上滚动的实际情境设计试题,考虑到打滑等可能导致问题复杂化的细节,通过设置情境回避细节的冲突,创设易于明确建模的数学环境,从而轻松命制试题.

　　此题的参考答案也是命题的重点,经过命题组反复推敲,精心设计给出如下的参考答案.

　　解: 如图 7-22,画出圆盘滚动过程中圆心移动路线的分解图象,可以得出圆盘滚动过程中圆心走过的路线由直线 OO_1、直线 O_1O_2、圆弧 $\overset{\frown}{O_2O_3}$、直线 O_3O_4 四部分构成.其中 $O_1E \perp AB$,$O_1F \perp BC$,$O_2C \perp BC$,$O_3C \perp CD$,$O_4D \perp CD$.

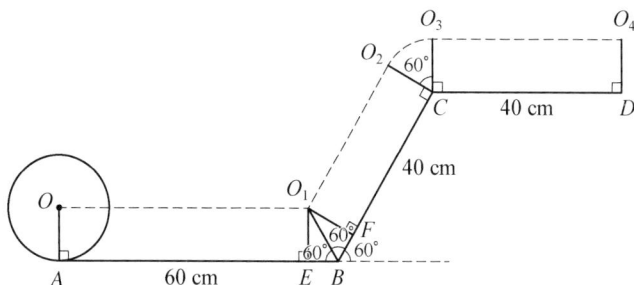

图 7-22

　　∵ BC 与 AB 延长线的夹角为 $60°$,O_1 是圆盘在 AB 上滚动到与 BC 相切时的圆心位置,此时 $\odot O_1$ 与 AB 和 BC 都相切.

　　则 $\angle O_1BE = \angle O_1BF = 60°$,此时 $\text{Rt}\triangle O_1EB$ 和 $\text{Rt}\triangle O_1BF$ 全等.

　　∵ $BE = O_1E \cdot \tan 30° = \dfrac{10\sqrt{3}}{3}$(cm),∴ $OO_1 = AB - BE = 60 - \dfrac{10\sqrt{3}}{3}$(cm).

　　同理可求 $BF = O_1F \cdot \tan 30° = \dfrac{10\sqrt{3}}{3}$(cm),$O_1O_2 = BC - BF = 40 - \dfrac{10\sqrt{3}}{3}$(cm).

　　∵ $AB \parallel CD$,BC 与水平夹角为 $60°$,∴ $\angle BCD = 120°$.

　　又 ∵ $\angle O_2CB = \angle O_3CD = 90°$,∴ $\angle O_2CO_3 = 60°$.

　　则圆盘在 C 点处滚动,其圆心所经过的路线为圆心角为 $60°$ 且半径为 10 cm 的圆弧 $\overset{\frown}{O_2O_3}$.

　　∴ $\overset{\frown}{O_2O_3}$ 的长 $= \dfrac{60}{360} \times 2\pi \times 10 = \dfrac{10}{3}\pi$(cm).

$\because O_3O_4DC$ 是矩形, $\therefore O_3O_4 = CD = 40(\text{cm})$.

综上所述,圆心经过的路线长度是

$$\left(60 - \frac{10\sqrt{3}}{3}\right) + \left(40 - \frac{10\sqrt{3}}{3}\right) + \frac{10}{3}\pi + 40 = 140 - \frac{20\sqrt{3}}{3} + \frac{10}{3}\pi(\text{cm}).$$

4. 问题与克服

问题 1:如何把握实际与数学抽象的关系?

题目最初原型是滚动圆环,通过去掉不需要的因素,抽象建立几何模型,于是将实际问题改造成纯粹的几何问题,立意较为新颖. 对圆与直线的关系图中体现非常明确,关键点也很醒目,考生对此易于发现.

问题 2:如何把握数学的严谨性与学习乐趣的关系?

利用本题的图示考生一般都能进行分段讨论和计算,在解决了分段讨论之后,将解决问题的关键放在转折点处的圆滚动过程中的相切问题,在体验乐趣的过程中注意数学的严谨性,建立起学生严密思考的思维构架.

问题 3:如何分层评价?

这道题没有人为地设置第一、第二问,它让每一位学生都能根据自己已有的经验以及对数学模型的感悟与理解,利用已学习的数学知识去解决问题. 上面提供的参考答案对题目不同分段给出了标准,有利于提供分层次评价. 转折处的讨论是在基础上的顺应与拔高,难度适中,有利于评价的区分.

【得与失】

总体而言,此题的编制过程较为缜密,特别在参考答案与评分标准的制定过程中,分类讨论一环套一环,来不得半点马虎,答案中的作图要求非常高,必须详细给出切点和转动特征点的轨迹,以便计算. 语言与文字在定稿前也是反复推敲,尽量做到精炼准确.

三、旋转的数字三角形阵

【阅读理解】

我们知道,$1 + 2 + 3 + \cdots + n = \frac{n(n+1)}{2}$,那么 $1^2 + 2^2 + 3^2 + \cdots + n^2$ 的结果等于多少呢?

在如图 7‑23 所示的三角形数阵中，第 1 行圆圈中的数为 1，即 1^2；第 2 行两个圆圈中数的和为 $2+2$，即 2^2；……；第 n 行 n 个圆圈中数的和为 $n \cdot n$，即 n^2. 这样，该三角形数阵中共有 $\dfrac{n(n+1)}{2}$ 个圆圈，所有圆圈中的数的和为 $1^2+2^2+3^2+\cdots+n^2$.

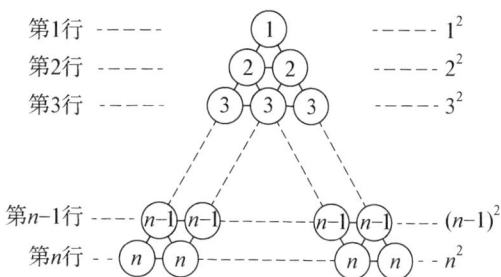

图 7‑23

【规律探究】

如图 7‑24，将三角形数阵型经过两次旋转可得右下图所示的三角形数阵型，观察这三个三角形数阵各行同一位置圆圈中的数（如第 $n-1$ 行的第 1 个圆圈中的数分别为 $n-1$、2、n），发现每个位置上三个圆圈中数的和均为 _____. 由此可得，这三个三角形数阵所有圆圈中数的总和为：$3(1^2+2^2+3^2+\cdots+n^2)=$ _____. 因此 $1^2+2^2+3^2+\cdots+n^2=$ _____.

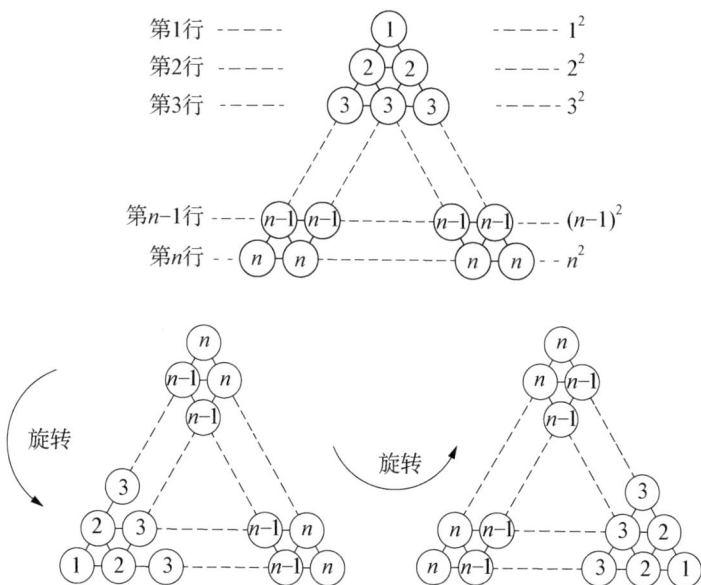

图 7‑24

【命题策略】

以动图展示求 $1^2+2^2+3^2+\cdots+n^2$ 的巧妙构思,意在引导学生体验数学公式的发现之奥妙.将此三个三角形数阵旋转、叠加、求平均的逐步操作过程以优美图形呈现给考生,立意新颖,在问题的设置上设置"铺垫",让考生理解题意并逐步上台阶,以良好的心态来解决问题.命题设计巧妙.情境生动,检测目标易达成.

【解决问题】

根据以上发现,计算 $\dfrac{1^2+2^2+3^2+\cdots+n^2}{1+2+3+\cdots+n}$ 的结果为 _____.

第四节 操作思考题的命题个案分析

一、棱锥的体积的最值

【考试原题】

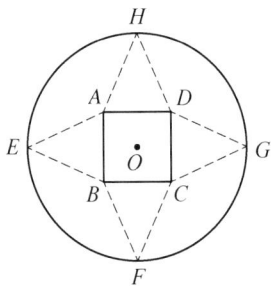

图 7-25

如图 7-25,圆形纸片的圆心为 O,半径为 $5\,\mathrm{cm}$,该纸片上的正方形 $ABCD$ 的中心为 O,E、F、G、H 为圆 O 上的点,$\triangle ABE$、$\triangle BCF$、$\triangle CDG$、$\triangle DAH$ 分别是以 AB、BC、CD、DA 为底边的等腰三角形.沿虚线剪开后,分别以 AB、BC、CD、DA 为折痕折起 $\triangle ABE$、$\triangle BCF$、$\triangle CDG$、$\triangle DAH$,使 E、F、G、H 重合,得到四棱锥.当正方形 $ABCD$ 的边长变化时,所得到的四棱锥体积(单位:cm^3)的最大值为 _____.

【编制过程】

1. 编制题目的最初动机

本题编制的最初动机源于 2017 年高考数学全国 1 卷理科第 16 题后的思考.本题主要通过棱锥的平面展开图与立体图形之间的关系考查学生的空间想象能力、把实际问题转化为数学模型的建模能力,以及利用导数求解函数的最值的能力.

2. 编制题目的起点

本题改编于 2017 年高考数学全国 1 卷理科第 16 题,原题如下:

如图 7－26,圆形纸片的圆心为 O,半径为 5 cm,该纸片上的等边三角形 ABC 的中心为 O,D、E、F 为圆 O 上的点,$\triangle DBC$、$\triangle ECA$、$\triangle FAB$ 分别是以 BC、CA、AB 为底边的等腰三角形. 沿虚线剪开后,分别以 BC、CA、AB 为折痕折起 $\triangle DBC$、$\triangle ECA$、$\triangle FAB$,使 D、E、F 重合,得到三棱锥. 当 $\triangle ABC$ 的边长变化时,所得到的三棱锥体积(单位:cm³)的最大值为 _____ .

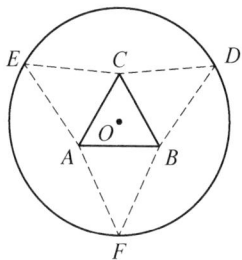

图 7－26

3. 编制的策略与方法

(1) 策略

这类问题,对学生来说,情境比较熟悉,经常在日常生活的手工制作中遇到,体现了数学的应用性,能让学生感受到数学是有用的,就在我们身边.

(2) 方法

连结 OH 交 AD 与 M 点,沿折痕折起后如图 7－27 所示.

设正方形的边长为 $2a$,则 $OM = a$,$MH = 5 - a$,所以四棱锥的高 $OH = \sqrt{(5-a)^2 - a^2}$.

故四棱锥的体积

图 7－27

$$V = \frac{1}{3} Sh = \frac{1}{3}(2a)^2 \sqrt{(5-a)^2 - a^2} = \frac{4}{3} a^2 \sqrt{(5-a)^2 - a^2}$$

$$= \frac{4}{3} a^2 \sqrt{25 - 10a} = \frac{4}{3} \sqrt{25a^4 - 10a^5}$$

记 $y = 25a^4 - 10a^5$,

$y' = 100a^3 - 50a^4 = 50a^3(2-a)$.

令 $y' = 0$,得 $a = 2$.

当 $a \in (0, 2)$ 时,$y' > 0$,y 是递增的;当 $a \in (2, 5)$ 时,$y' < 0$,y 是递减的.

故当 $a = 2$ 时,$y_{max} = 25 \times 2^4 - 10 \times 2^5 = 80$,此时 $V_{max} = \frac{4}{3}\sqrt{80} = \frac{16}{3}\sqrt{5}$.

【得与失】

该题能很好地考查学生的空间想象能力、平面图形与立体图形的转化能力、设参建模的能力、利用导数研究函数性质的能力. 但该题与原题相似度较高,还有待改进.

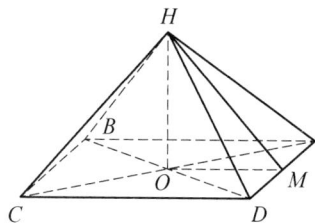

二、跷跷板翘起来的数学思考

【考试原题】

小胖和小瘦去公园玩标准的跷跷板游戏,两同学越玩越开心,小胖对小瘦说:"真可惜! 我现在只能将你最高翘到 1 米高,如果我俩各边的跷跷板都再伸长相同的一段长度,那么我就能将你翘到 1 米 25,甚至更高!"

（1）你认为小胖的话对吗？ 请你作图分析说明.

（2）你能否找出将小瘦翘到 1 米 25 高的方法？ 试说明.

1. 编制题目的最初动机

本题的命题意图是启发学生对日常生活中的游戏里包含的朴素的数学思想作一再认识,真正体现在玩游戏中体验数学,在遐想中抽象地运用数学. 本题取材于学生熟悉的现实生活——玩跷跷板游戏,着重考查学生根据实际问题,建立对应数学模型的能力. 通过改变数学问题的呈现方式,充分体现了"数学好玩"的意境,让学生感受到在很多有趣的活动中,数学是幕后的策划者,是游戏规则的制订者,数学无所不在!

2. 编制题目的起点

该题目的素材来源于某地学生的一篇数学实践与创新论文,原题目为《能否翘得更高?》. 文章谈到两个小朋友去玩跷跷板游戏,一个小朋友对另一个小朋友说:"我使劲翘,一定就能把你翘得更高了!"而另一个小朋友则不同意此说法,文章对此进行分析,建立了学生活动的数学模型,用三角形中位线定理证明了第一个小朋友的说法不对,该小朋友能翘的最高高度只可能是支架高度的两倍,不可能再高了. 通过对该论文素材的仔细分析,尽管生活中的情况不一定如此,但作为设想,完全可以放开思维的翅膀,让学生在数学的理想王国里自由翱翔. 改编题目的起点拓展为相似形、平行线等分线段、比例、中位线等数学知识,没有繁杂的运算,只要学生根据实际问题中的朴素的几何图形,建立对应数学模型,就可以发挥自己的联想,在愉悦的心态中自由发挥. 该题入手简单,思路开放,其理念正是新课程中大力倡导并推广的精神.

3. 编制的策略与方法

（1）策略

本题首先问"将各边的跷跷板都再伸长相同的一段长度,小胖能否将小瘦翘到 1 米 25",入口低,符合"好问题"的标准,轻松自然地引导学生进一步思考. 接下来第二个小问题以开放的姿态,考查学生自主探索的能力,小胖如何将小瘦翘到 1 米 25 的方法有很多,放开了对学生思想的束缚,学生的数学能力得以充分的体现.

（2）方法

将问题情境由生活化、口语化向数学模型转化,命题主要是对语言文字的组织、各种情境的设想及模型的建立,以及运用数学知识解释各种说法的对与错.

解:（1）小胖的话不对!

小胖说"真可惜! 我现在只能将你最高翘到 1 米高",情形如图 7‑28 所示,OP 是标准跷跷板支架的高度,AB 是跷跷板一端能翘到的最高高度 1 米,BC 是地面.

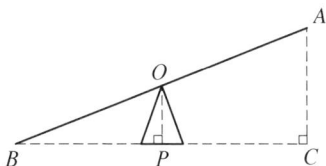

图 7‑28

∵ $OP \perp BC$, $AC \perp BC$, $\angle OBP = \angle ABC$,

∴ $\triangle OBP \backsim \triangle ABC$,

∴ $\dfrac{BO}{BA} = \dfrac{OP}{AC}$.

又∵ 此跷跷板是标准跷跷板,$BO = OA$,

∴ $\dfrac{BO}{BA} = \dfrac{1}{2}$,而 $AC = 1$ 米,得 $OP = 0.5$ 米.

若将两端同时向后伸长相同的长度,假设为 a 米 $(a > 0)$.

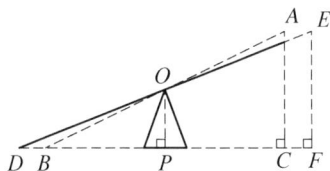

图 7‑29

如图 7‑29 所示,$BD = a$ 米,$AE = a$ 米.

∵ $BO = OA$,∴ $BO + a = OA + a$,即 $DO = OE$,

∴ $\dfrac{DO}{DE} = \dfrac{1}{2}$.

同理可得 $\triangle DOP \backsim \triangle DEF$,

∴ $\dfrac{DO}{DE} = \dfrac{OP}{EF}$,由 $OP = 0.5$ 米,得 $EF = 1$ 米.

综上所述,跷跷板同时向后伸长相同的一段长度,跷跷板能翘到的最高高度始终为支架 OP 的两倍,所以不可能翘得更高.

（2）方法一:如图 7‑30,保持 BO 长度不变,将 OA 延长一半至 E,

使 $AE = \dfrac{1}{2}OA$,则 $\dfrac{BO}{BE} = \dfrac{2}{5}$.

由 $\triangle BOP \backsim \triangle BEF$，得 $\dfrac{BO}{BE} = \dfrac{OP}{EF}$，

$\therefore EF = 1.25$ 米.

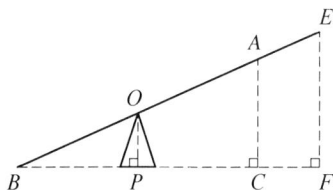

图 7-30

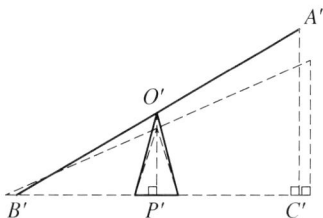

图 7-31

方法二:如图 7-31,只将支架升高 0.125 米.

$\because \dfrac{B'O'}{B'A'} = \dfrac{1}{2}$, $\triangle B'O'P' \backsim \triangle B'A'C'$,

而 $O'P' = 0.5 + 0.125 = 0.625$ 米,

$\therefore \dfrac{B'O'}{B'A'} = \dfrac{O'P'}{A'C'}$,

$\therefore A'C' = 1.25$ 米.

4. 问题与克服

问题 1:生活实际中的跷跷板能允许伸长和缩短吗? 跷跷板能允许支架升高吗?

本题虽源于生活,但不拘泥于生活,利用数学建模,在此大胆地让学生去遐想,用数学知识去联想,以此获得成功的体验.

问题 2:主人公原来是小明和小亮,感到落俗,如何增加趣味性?

由于每个人都有玩跷跷板的亲身体验,谁体重大,谁就翘起来容易点,换句话说,谁胖谁的优势大,谁瘦谁处于劣势. 主人公原来是小明和小亮,后改为小胖和小瘦,使题目的趣味性更强.

问题 3:如果小胖很重的话,小瘦能将小胖翘起来吗?

为了避免出现科学性漏洞,如小瘦去翘小胖,尽管板长可伸长一定的长度,如小胖过重,也可能出现仍翘不起来小胖的情况. 由此我们又将题目改编为小胖翘小瘦,这样能确保小瘦能被完全翘起,就不会引发争议.

问题 4:本题开放度过大,难以制订一个面面俱到的评分标准,评分标准如何制订?

本题的第二问没有明确给出条条框框来约束学生的思维,为此评分标准中选择了几种典型解决,并标注"其他方案正确,可参照上述方案评分!"的评分提示.

【得与失】

本题命题的指导思想较好地体现了课改的新理念,并努力贯彻义务教育阶段数学课程标准的直观感知、操作确认的数学教学思想方法,适当增加合情推理和逻辑推理的成分,在培养学生数学学习的能力方面作了有益的尝试.

在本题的阅卷过程中发现学生此题的解法非常多,学生的思维被题目的情境调动,奇思妙想非常之多.这是远远超出我们设想的.

有几个学生在试卷中是这样解答的:只要将小胖的地面向下挖一个深度超过 0.25 米的坑即可.这一解法只需通过全等三角形即可简洁证明,非常方便,根本不用改变跷跷板的任何部件,这是我们思考各种解法中唯一没有考虑到的方法,确实精彩极了.

三、会爬坡的三角板

【考试原题】

如图 7 - 32,在地面上水平放置一个上底为 $20\ \mathrm{cm}$,下底为 $(20+30\sqrt{2})\mathrm{cm}$,底角为 $45°$ 的等腰梯形状的木板,将一个 $30°$ 角的直角三角尺沿与梯形底面所在的水平方向放置,并使得三角尺 $30°$ 角的顶点与梯形下底的顶点 A 重合.现将三角尺绕顶点 A 顺时针旋转,直至三

图 7 - 32

角尺斜边与木板斜边重合,并不断以三角尺与梯形新的重合点为旋转中心,沿着梯形木板的边缘 $A \rightarrow B \rightarrow C \rightarrow D$ 翻折,直至三角尺再次接触地面,且在整个旋转过程中,第二次旋转结束后,三角尺的直角顶点 O 恰好与 B 重合.

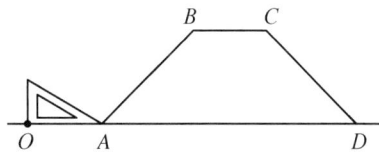

(1) 运用尺规作图,作出三角尺的直角顶点 O 运动的完整轨迹.

(2) 整个运动过程中,点 O 与旋转中心形成的连线所扫过的区域面积是多少?

(3) 已知在整个过程中三角尺的旋转速度保持一致,若三角尺旋转一周需要 10 秒,则整个过程共需多少秒?

【编制过程】

1. 编制题目的最初动机

编制本题的最初动机是选择学生身边常用的学习工具——三角尺创设实际情境,让学生利用已经掌握的有关梯形、旋转的相关知识,已经具备的数学运算、作图和推理的技能,以及初步的数学空间想象和运算等能力,提出相关的数学问题,建立相应的数学模型,最终解决问题. 就本题而言,学生要想正确完整地解决问题的话,数学地表达实际情境需要一定的建模能力;探究点的运动轨迹需要一定的尺规作图动手操作能力;确定图形旋转后的准确位置需要一定的空间想象能力;问题结果的正确呈现需要一定的运算能力;对过程的验证需要一定的逻辑推理能力.

2. 编制题目的起点

本题的编制灵感来源于如下的一道初中数学题目:

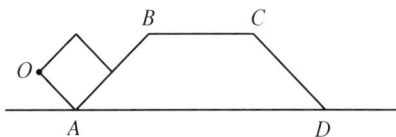

图 7 - 33

如图 7 - 33,在地面上水平放置一个上底与腰长均为 4 cm 的梯形状的木板,将一个边长为 2 cm 的正方形纸片沿与梯形腰长所在的方向水平放置,正方形的顶点与梯形下底的一个顶点 A 重合. 现将纸片绕顶点 A 顺时针旋转,直至正方形纸片边长与梯形木板斜边重合,并不断以正方形纸片与梯形的新的重合点为旋转中心,沿着梯形木板的边缘 $A \rightarrow B \rightarrow C \rightarrow D$ 翻折,直至正方形纸片的一个顶点与梯形木板的底角顶点 D 重合.

(1) 利用尺规作图,作出三角板的直角顶点 O 运动的完整轨迹.

(2) 整个运动过程中,点 O 与旋转中心的连线所扫过的区域面积为多少?

3. 编制题目的策略与方法

(1) 策略

编制题目的策略体现在以下几方面:

① 如何创设新的问题情境,即改变命题的产生背景.

本题是在原题的基础上,创设了新的问题情境,改变了梯形的形状,同时把题目中的正方形纸片改为了学生常用的直角三角尺,这样就加大了题目的难度,要考虑角度、长度、位置关系等,要重新转变思路,用适当方式确定物体的位置(特殊顶点),不能再仅仅依靠正方形的特殊性和梯形的对称性来解决题目.

② 如何建立新的数学模型,即数学化地呈现问题.

想要解决这样一道情境题,首要任务就是去情境化,就是要根据题目中所给的数据、条件等,结合 30°角的直角三角形的特征和梯形的特征来综合考虑问题,建立相应且正确的数学模型,数学化地表达问题,从而能更好地解决实际问题和抽象的数学关系.

③ 如何改变设问方式,即更加综合化地考查学生的数学能力.

本题在原题的基础上,保留了尺规作图和求点 O 与旋转中心的连线所扫过的区域面积的考查方式,但也作出了一定的改变. 一是,本题并没有直接给出三角尺的具体长度,而是需要学生结合题目中“第二次旋转结束后,三角尺的直角顶点 O 恰好与 B 重合”这一条件,探索等腰梯形腰长与三角形边长的等量关系,从而求出三角形的边长再进行作图;二是,由正方形换成含 30°角的直角三角形,旋转中心的改变导致旋转半径改变,那么不同的圆的半径会不同,需要学生对整个模型作出位置和长度上的准确判断,不能依靠对称性解决问题了;三是,添加了“求整个过程共需多少秒”这一问题,原因在于,运动过程中,会出现点 O 为旋转中心这一特殊情况,此时虽 O 点与旋转中心的连线所扫过的区域面积无变化,但时长是一直变化的,这很可能成为学生的思考漏洞,这一提问更能考查学生是否对该模型作出准确无误的判断;四是,运动模型的起始摆放位置以及运动终点到达的位置均不一样,那么在运动的过程中位置和时间都会有所不同,在解决具体的问题时,就需要结合题目作出正确的判断.

(2) 方法

解:(1) 如图 7 - 34 所示.

(2) 如图 7 - 34,三角尺共进行六次旋转,具体运动数据如下:

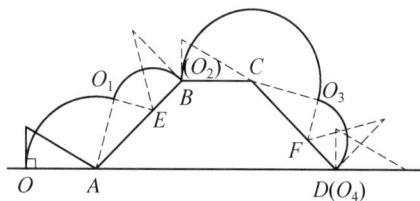

图 7 - 34

运动	第一次	第二次	第三次	第四次	第五次	第六次
O 点位置	O—O_1	O_1—O_2	O_2—O_2	O_2—O_3	O_3—O_4	O_4—O_4
旋转中心	A	E	B	C	F	D
旋转半径	$|AO|$	$|EO_1|$	0	$|CB|$	$|FO_3|$	0
旋转角度	$105°$	$120°$	$135°$	$195°$	$120°$	$45°$

设三角形中 $30°$ 角对应的边长为 x cm,则斜边长为 $2x$ cm.

由题意知,梯形腰长为 30 cm.

$x+2x=30$,

解得 $x=10$.

∴ 六次旋转对应的旋转面积分别为:

$S_1=\dfrac{105°}{360°}\pi\mid AO\mid^2=\dfrac{7}{24}\pi(10\sqrt{3})^2=\dfrac{175}{2}\pi(\text{cm}^2)$;

$S_2=\dfrac{120°}{360°}\pi\mid EO_1\mid^2=\dfrac{1}{3}\pi(10)^2=\dfrac{100}{3}\pi(\text{cm}^2)$;

$S_3=0$;

$S_4=\dfrac{195°}{360°}\pi\mid CB\mid^2=\dfrac{13}{24}\pi(10\sqrt{3})^2=\dfrac{325}{2}\pi(\text{cm}^2)$;

$S_5=\dfrac{120°}{360°}\pi\mid FO_3\mid^2=\dfrac{1}{3}\pi(10)^2=\dfrac{100}{3}\pi(\text{cm}^2)$;

$S_6=0$.

∴ 总面积 $S=S_1+S_2+S_3+S_4+S_5+S_6$

$$=\dfrac{175}{2}\pi+\dfrac{100}{3}\pi+\dfrac{325}{2}\pi+\dfrac{100}{3}\pi$$

$$=\dfrac{950}{3}\pi(\text{cm}^2).$$

(3)总时间 $T=t_1+t_2+t_3+t_4+t_5+t_6$

$$=\dfrac{105°+120°+135°+195°+120°+45°}{360°}\times 10=20(\text{s}).$$

4. 问题与克服

问题 1:这一情境下,学生是否能准确判断出旋转图形的不同位置?

本题虽然源于生活情境,但有一定的抽象性,学生虽然学习过旋转和三角形的相关知识点,但是对于具体的题目而言,会不断变化旋转中心和旋转轴,这一动态的变化过程极具迷惑性,不易判断出新的旋转位置,所以要结合几何画板等教学软件进行动态展示和验证.

问题 2:如何引导学生建立相应的数学模型?

本题的数学建模难度不大,但是需要学生仔细理解题目,防止出现过程性遗漏,因此要给出明确的提示和引导,比如第三问中,就要明确指出:是三角尺再次接触地面时,而不仅是三角尺的一个顶点恰好与梯形的另一底角顶点重合时.

第五节　实验探究题的命题个案分析

一、滤纸与漏斗的亲密接触

【考试原题】

在一次科学探究实验中,小明将半径为 5 cm 的圆形滤纸片按图 7 - 35(1)所示的步骤进行折叠,并围成圆锥形.

(1) 取一漏斗,上部的圆锥形内壁(忽略漏斗管口处)的母线 OB 长为 6 cm,开口圆的直径为 6 cm. 当滤纸片重叠部分三层,且每层为圆时,滤纸围成的圆锥形放入该漏斗中,能否紧贴此漏斗的内壁(忽略漏管口处),请你用所学的数学知识说明.

(2) 假设有一特殊规格的漏斗,其母线长为 6 cm,开口圆直径为 7.2 cm,现将同样大小的滤纸围成重叠部分为三层的圆锥形,放入此漏斗中,且能紧贴漏斗内壁. 问重叠部分每层的面积为多少?

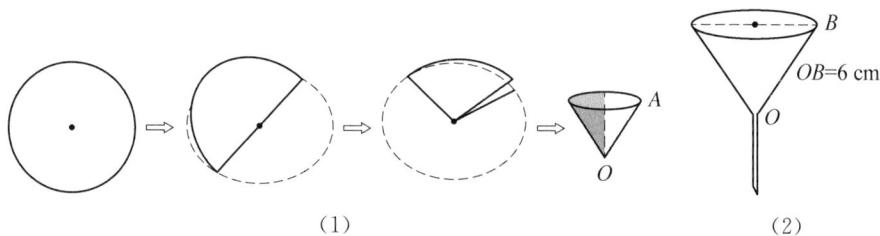

图 7 - 35

【编制过程】

1. 编制题目的最初动机

本题是想通过对科学(如物理、化学、生物)学科等的基础操作实验当中包含朴素的数学知识进行考查,进一步强调数学的基础性和工具性.

2. 编制题目的起点

题目的着眼点在于如何将数学中的简单操作题与其他学科(如物理、化学、生物)中的实验操作题很好地融合,数学中的对称变换的教学常常遇到折叠,只不过用的大都是平面图形.在学生学习完平面展开图、三视图和圆锥及侧面展开图以后,学生的空间观念已经形成,可以想象图形在空间的呈现方式及变化.化学是一门实验性极强的学科,许多实验操作中包含了朴素的科学道理,数学也大量渗透其中,过滤这一基本实验操作中滤纸的折叠包含了围成圆锥且有扇形重叠部分.因此可以将数学和化学有机地结合在一起,设计出较精彩的试题.

3. 编制的策略与方法

(1)策略

本题的编制策略是想通过化学中过滤实验考查其中滤纸和漏斗的圆锥形的壁即侧面之间如何才能紧贴这一既熟悉又陌生的生活现象,如何用数学知识展现它,这是本题的关键所在.这要求学生在头脑里形成空间圆锥的接触情境和展开状态,或者在考场实际操作两圆锥围成与展开状态,从而得到其数学模型及数学解释为:①表面紧贴的两圆锥形的侧面展开图为圆心角相同的两扇形,表面是否紧贴只需考虑展开图的圆心角是否相等;②圆锥也可以看作是等腰三角形围绕其对称轴旋转而成的几何图形,其正视图和侧视图皆为全等的等腰三角形.如滤纸片能紧贴漏斗内壁,其两母线和开口圆的直径构成的等腰三角形必与漏斗两母线和开口圆的直径构成的等腰三角形相似或顶角相等.

(2)方法

将问题情境由化学实验向数学模型转化,命题主要是对圆形纸片折叠成圆锥的实际操作过程加以形象化说明,想通过过滤前操作的各种情境的设想及模型建立,运用数学知识解释两圆锥紧贴的数学模型.

解:(1)因为表面紧贴的两圆锥形的侧面展开图为圆心角相同的两扇形,所以表面是否紧贴只需考虑展开图的圆心角是否相等.

由于滤纸围成的圆锥形只有最外层侧面紧贴漏斗内壁,故只考虑该滤纸圆锥最外层的侧面和漏斗内壁圆锥侧面的关系.

将圆形滤纸片按图示的步骤折成四层且每层为 $\frac{1}{4}$ 圆,则围成的圆锥形的侧面

$$积=\left(1-2\times\frac{1}{4}\right)\times S_圆=\frac{1}{2}S_圆.$$

所以该展开图是半圆,其圆心角为 $180°$.

如将漏斗内壁构成的圆锥侧面也抽象地展开,展开的扇形弧长为 $\pi\times6=6\pi(\mathrm{cm})$,该侧面展开图的圆心角为 $6\pi\div6\times\frac{180°}{\pi}=180°$.

由此可以看出两圆锥的侧面展开得到的扇形,它们对应的圆心角相等,所以该滤纸围成的圆锥形必能紧贴漏斗壁.

(2) 因为圆锥也可以看作是等腰三角形围绕其对称轴旋转而成的几何图形,其正视图和侧视图皆为全等的等腰三角形,所以如滤纸片能紧贴漏斗内壁,其两母线和开口圆的直径构成的等腰三角形必与漏斗两母线和开口圆的直径构成的等腰三角形相似或顶角相等.

据题意可得,滤纸围成的圆锥形开口圆的圆周长应为 $\left(1-2\times\frac{1}{4}\right)\times2\pi\times5=5\pi(\mathrm{cm})$,由此可得其开口圆的直径为 $5\,\mathrm{cm}$.

因为滤纸圆锥的两母线长和开口圆的直径都是 $5\,\mathrm{cm}$,漏斗两母线长和开口圆的直径都是 $6\,\mathrm{cm}$,所以两三角形皆为等边三角形,因此两等边三角形相似且角相等,故滤纸片能紧贴漏斗内壁.如果抽象地将母线长为 $6\,\mathrm{cm}$、开口圆直径为 $7.2\,\mathrm{cm}$ 的特殊规格的漏斗内壁圆锥侧面展开,则得到的扇形的弧长为 $7.2\pi\,\mathrm{cm}$,圆心角为 $7.2\pi\div6\times\frac{180°}{\pi}=216°.$

因为滤纸片如紧贴漏斗壁,其围成圆锥的最外层侧面展开图的圆心角也应为 $216°$,所以重叠部分每层面积为圆形滤纸片的面积减去围成圆锥的最外层侧面展开图的面积的差一半,所以重叠部分每层面积 $=\left(25\pi-\frac{216}{360}\times25\pi\right)\div2=5\pi(\mathrm{cm}^2).$

4. 问题与克服

问题 1:化学实验中的滤纸是如何折叠成圆锥的? 学生能回忆起来折叠过程吗?

本题虽源于化学实验,但具有一定的抽象性.虽然学生在实验中折叠过,但往往记忆不清,在此用图示的方式逐步描绘出折叠过程,形象而生动,学生一看便可以回忆具体细节.其中图示是参考化学实验规范操作来作图的,细致入微,生动活泼,让学生一见图形仿佛置身实验现场,用数学知识建模,体验数学.

问题2:题目中非常重要的是折叠重合处为三层,是否要考查此点?

折叠圆形纸片,其中非常重要的是折叠重合处为三层,换句话说,不管谁折叠,只要按此规范操作,最后得到重合处一定为奇数层.这是一个朴素的哲学原理,无法用其他原理解释清楚,所以若对此处进行考查,考生会语焉不详,无法说清.因此不如直接告诉考生,降低难度,提高得分率.

问题3:本题建模难度较大,如何引导学生尽快建立数学模型?

本题的数学建模难度较大,为防止学生思路过偏,在第一问和第二问中给出具体暗示:"滤纸围成的圆锥形放入该漏斗中,能否紧贴此漏斗的内壁"实际上是指外形应全等或相似才可以.

【得与失】

本题的命题指导思想较好地体现了课改的新理念,通过实验操作可以直观感知并抽象建立数学模型.此题的用意在于向学生阐明一个重要理念,即除数学以外的许多学科中都包含着朴素的数学思想和模型.由于此实验简单,城乡学生都做过,体现了公平性原则,此题明确提出用数学知识解释紧贴现象,肯定了数学建模的重要性.

二、套管中抽出来的数学思考

【考试原题】

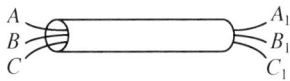

图 7 - 36

如图 7 - 36,管中放置着三根同样的绳子 AA_1、BB_1、CC_1.

(1)小明从这三根绳子中随机选一根,恰好选中绳子 AA_1 的概率是多少?

(2)小明先从左端 A、B、C 三个绳头中随机选两个打一个结,再从右端 A_1、B_1、C_1 三个绳头中随机选两个打一个结,求这三根绳子能连结成一根长绳的概率.

【编制过程】

1. 编制题目的最初动机

本题是想通过对数学活动的基础操作中包含的简单数学知识进行考查,进一步强调数学就在我们身边,让学生从中感受数学的应用价值.

2. 编制题目的起点

题目的着眼点在于如何将数学中的简单操作题与学生生活中的游戏很好地整合,图中的套管只不过是障眼法的工具.希望在学生学习概率知识以后,学生的数学建模和数据分析观念已经形成,可以将活动或游戏中的数学抽象在脑海中呈现出来.许多游戏或实验操作中包含了大量的概率知识,数学建模也大量渗透其中,从这一基本游戏和实验操作引导学生探究数学,能较好地发挥试题的导向作用,有效地引导教学.

3. 编制的策略与方法

(1)策略

将学生从概率的一般模型中解放出来,使其回到概率的本质理解上,让学生在操作中体验数学,在游戏中体会可能性的大小,这对于学生感悟数学有相当大的益处.

(2)方法

采用变式拓展呈现问题的方式,分步引导学生感悟数学.

第一问设问简单,管中有 3 根绳子,所以小明从中任取 1 根,则有 3 种情况,且 3 根绳子被抽中的机会均等,根据概率公式即可求解.

解:小明可选择的情况有 3 种,每种发生的可能性相等,恰好选中绳子 AA_1 的情况为其中一种,所以小明恰好选中绳子 AA_1 的概率 $P = \dfrac{1}{3}$.

第二问需要学生建立适当的数学模型,特别是如何直观联系已有的概率问题模型,较好地进行解题模式的识别,从而迅速求解.

思路分析:由题意知,从左边 A、B、C 三个绳头中随机选 2 个打一个结,共有 3 种情况,同理右边也有 3 种情况,通过列表或画树状图法即可表示出所有可能结果及连成一条线的可能性,再利用概率公式即可求解.

解:依题意,分别在两端随机任选两个绳头打结,总共有 9 种情况,列表或画树状图表示如下,每种情况发生的可能性相等.

列表如下:

左端＼右端	A_1B_1	B_1C_1	A_1C_1
AB	ABA_1B_1	ABB_1C_1	ABA_1C_1
BC	BCA_1B_1	BCB_1C_1	BCA_1C_1
AC	ACA_1B_1	ACB_1C_1	ACA_1C_1

画树状图如下：

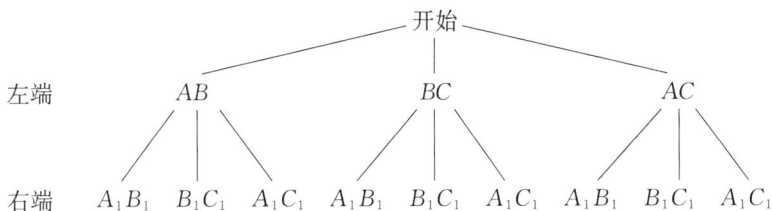

其中左、右打结是相同字母（不考虑下标）的情况，不可能连结成为一根长绳，所以能连接成为一根长绳的情况有 6 种：①左端连 AB，右端连 A_1C_1 或 B_1C_1；②左端连 BC，右端连 A_1B_1 或 A_1C_1；③左端连 AC，右端连 A_1B_1 或 B_1C_1.

故这三根蝇子连结成为一根长绳的概率 $P = \dfrac{6}{9} = \dfrac{2}{3}$.

【得与失】

此题源于生活，背景简单有趣，题目呈现图文并茂，但在实际考后阅卷中发现，有相当一批学生受套管影响，建模不畅，导致在新情境下，不能有效地应用列举法、列表法或树状图法来求概率. 将阅卷中的这些问题反馈给一线教师后，有些教师在九年级复习教学中通过剥离套管，简化明晰模型，学生的解答正确性大大提高. 这也反映出，好的命题，对中学教学有良好导向作用.

三、漂亮雨伞的涂色问题

【考试原题】

雨天我们在路上可以看到许多漂亮的、运动着的雨伞，有一种雨伞是由各种颜色的染布组成的. 现有一把手柄方向固定的无色的伞，俯视图如图 7 - 37(2)所示,如果让你自己动手填涂,有红、黄、绿、蓝四色可以选择,在图 7-37(3)中,每一个区域涂一种颜色,有公共边的区域不同色,那么共有多少种涂法?

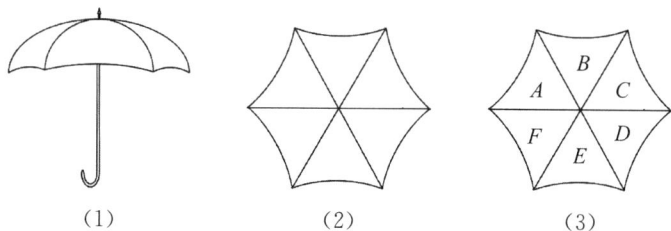

（1）　　　　　　（2）　　　　　　（3）

图 7-37

【编制过程】

1. 编制题目的最初动机

本题的最初原型来自我们生活中常用的雨伞,雨伞的多色给了我们美的体验,也带给我们一些思考,我们其实可以将它抽象成涂色问题.

2. 编制题目的起点

从生活中的多色雨伞出发,让学生转换成数学中的排列组合问题,考查学生运用数学知识解释生活问题的能力.

3. 编制的策略与方法

（1）策略

生活中有许多包含数学模型的现象,我们要善于观察与发现,思考如何将现实问题抽象成数学模型.通过设置情境回避细节冲突,创设容易建模的数学环境,从而命制出问题.

（2）方法

此题的参考答案也是命题的重点,经过反复推敲、精心设计,给出如下答案.

解:因为 A、C、E 相间,可以同色也可不同色,以 A、C、E 涂色分类较好处理.

（1）当相间区域 A、C、E 涂同一种颜色时,有 $C_4^1 = 4$ 种涂色方法,此时 B、D、F 均各有 3 种涂色方法,故有 $C_4^1 \times 3^3 = 4 \times 3 \times 3 \times 3 = 108$ 种方法;

（2）当相间区域 A、C、E 涂 2 种颜色时,有 $C_4^2 \times C_3^1 \times A_2^2 = 36$ 种涂色方法,此时夹在 B、D、F 中同色块的有 3 种,其余的各有 2 种,共有 $3 \times 2 \times 2 = 12$ 种涂色方法,故该分类共有 $36 \times 12 = 432$ 种涂色方法;

（3）当相间区域 A、C、E 涂 3 种不同颜色时，有 $C_4^3 \cdot A_3^3 = 24$ 种涂色方法，此时 B、D、F 各有 2 种涂色方法，故该类方法共有 $24 \times 2^3 = 24 \times 2 \times 2 \times 2 = 192$ 种涂色方法.

综上，总计有 $108 + 432 + 192 = 732$ 种方法.

4. 问题与克服

问题 1：如何把握数学的严谨性与现实之间的关系？

这道题看似简单，就是从现实当中常见的雨伞而来，但是很多人都没想到这样的问题，我们将它抽象成涂色问题，必须设置一定的前提，让学生解题时不至于产生困惑.

问题 2：如何分层评价？

学生遇到这样的问题，肯定会积极地思考，在不断的思考当中得出分类的情况，利用已经学过的排列组合知识去分析问题、解决问题. 上面提供的参考答案对解题的分类给出了标准，有利于进行分层评价.

【得与失】

总体而言，感觉此题的编制较为简单，但是如何切入这个点，确是不易想到的. 还有作图需要花一些时间，答案的编制也要一定的思考. 命题者在语言和文字方面也进行了反复推敲，尽量做到精炼准确.

第六节　无字证明题的命题设计个案分析

无字证明（proof without word）型试题命制需要命题者有较强的作图能力、较高的审美鉴赏能力以及良好的数学素养，能通过图形语言的使用，凸显隐藏在数学图形后的数学思想、方法和本质特征，多命制此类试题，对于提升教师的命题设计艺术有较明显的作用.

在实际命制过程中往往将无字证明的试题背景适当用点拨性的文字加以提示，引导参加考试的考生尽可能地关注其数学本质.

【试题呈现】

（1）观察下列图形与等式的关系，并填空：

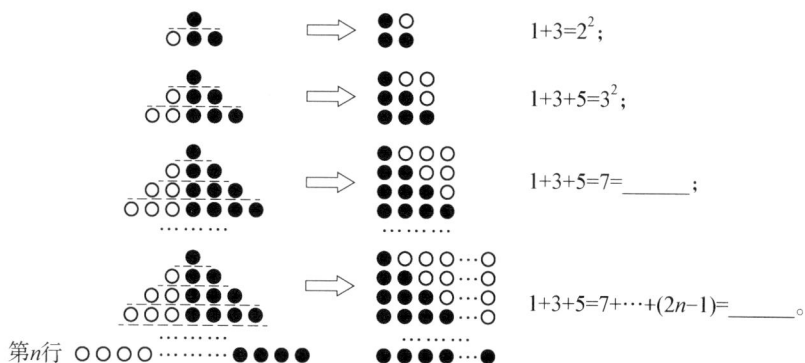

$1+3=2^2$;

$1+3+5=3^2$;

$1+3+5=7=$_____;

$1+3+5=7=\cdots+(2n-1)=$_____。

第n行

（2）观察下图，根据（1）中结论，计算图中黑球的个数，用含有 n 的代数式填空：

$$1+3+5+\cdots+(2n-1)+(\underline{\qquad})+(2n-1)+\cdots+5+3+1=$$

_____.

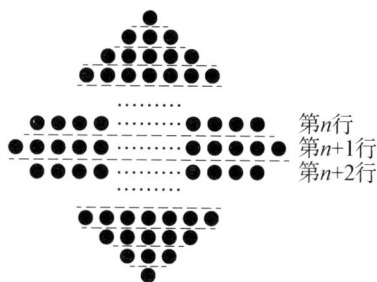

第n行
第$n+1$行
第$n+2$行

【命题策略】

　　试题第一小问是将"从 1 开始连续奇数的和为个数的平方"这一数学结论进行类似"无字证明"的可视化处理，右侧采用填空形式，学生理解容易，解答较顺利，难度不大；试题的第二问是将第一问的图作了对称变换，体现图形的对称美，也突出了数学变换的应用，图形中蕴含了字母 n 的表征形式，左右对称比较美观，考生通过这些观察，即可将图形背后隐藏的数学抽象出来，进行模型化处理，问题求解简单，但运用的思想方法仍非常有价值，命题设计构思较有特色.

第七节　动态几何题的命题设计个案分析

　　动态几何题的命题过程往往以常规试题为研究背景，在选择运动变化的方案时,可以从"点动型—线动型—点线双动型"来分别思考,再借以几何画板和 Geogebra 软件推演,防止出现疏漏.

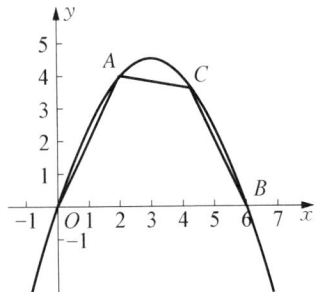

图 7-38

【试题呈现】

如图 7-38,二次函数 $y=ax^2+bx$ 的图象经过点 $A(2,4)$ 与 $B(6,0)$.

(1) 求 a、b 的值;

(2) 点 C 是该二次函数图象上 A、B 两点之间的一动点,横坐标为 $x(2<x<6)$. 写出四边形 $OACB$ 的面积 S 关于点 C 的横坐标 x 的函数表达式,并求 S 的最大值.

【命题策略】

试题小题(1)是根据题目已知条件,列出方程组来求解系数(字母)的值;小题(2)以简单的"动点型"动态几何的命题思路,将一道经典的试题呈现出来.利用数形结合的可视化处理,学生解答应较顺利,难度不大.

动态几何试题的命制突出了数学变化的应用,所作图形应比较美观,通过这些蕴含运动的图形,将图形背后隐藏的数学抽象出来,进行函数化处理.问题不宜文字繁杂,应求解简单,突出运用数学思想方法,强调非常有价值的函数与方程的思想.

【思路分析】

解:(1) ∵ 二次函数 $y=ax^2+bx$ 的图象经过点 $A(2,4)$ 与 $B(6,0)$,

∴ $\begin{cases}4=4a+2b,\\0=36a+6b,\end{cases}$ 解得 $\begin{cases}a=-\dfrac{1}{2},\\b=3.\end{cases}$

(2) 如图 7-39,过点 A 作 x 轴的垂线,垂足为点 $D(2,0)$,连结 CD,过点 C 作 $CE\perp AD$,$CF\perp x$ 轴,垂足分别为点 E、F,则

$S_{\triangle OAD}=\dfrac{1}{2}OD\cdot AD=\dfrac{1}{2}\times 2\times 4=4$,

$S_{\triangle ACD}=\dfrac{1}{2}AD\cdot CE=\dfrac{1}{2}\times 4\times(x-2)=2x-4$,

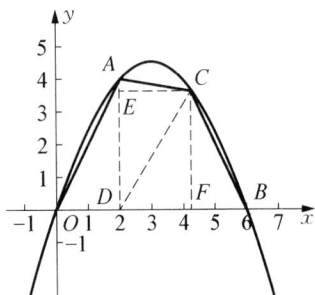

图 7-39

$$S_{\triangle BCD}=\frac{1}{2}BD\cdot CF=\frac{1}{2}\times4\times\left(-\frac{1}{2}x^2+3x\right)=-x^2+6x,$$

∴ $S=S_{\triangle OAD}+S_{\triangle ACD}+S_{\triangle BCD}=4+(2x-4)+(-x^2+6x)=$
$-x^2+8x$.

∴ S 关于 x 的函数表达式为 $S=-x^2+8x\,(2<x<6)$.

∵ $S=-(x-4)^2+16$,

∴ 当 $x=4$ 时,四边形 $OACB$ 的面积 S 取最大值,最大值为 16.

【解法拓展】

解法 1：由(1)知 $y=-\frac{1}{2}x^2+3x$,如图 7-40,

连结 AB,则

$S=S_{\triangle AOB}+S_{\triangle ABC}$,其中 $S_{\triangle AOB}=\frac{1}{2}\times6\times4=$
12.

设直线 AB 的解析式为 $y_1=k_1x+b_1$,将点
$A(2,4)$、$B(6,0)$ 代入,易得 $y_1=-x+6$,

过 C 作直线 $l\perp x$ 轴交 AB 于点 D,

∴ $C\left(x,-\frac{1}{2}x^2+3x\right)$, $D(x,-x+6)$.

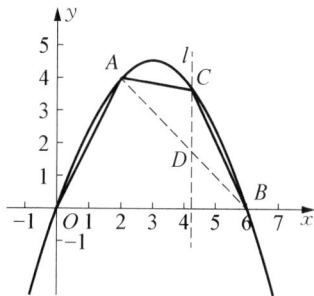

图 7-40

∴ $S_{\triangle ABC}=S_{\triangle ADC}+S_{\triangle BDC}=\frac{1}{2}\cdot CD\cdot(x-2)+\frac{1}{2}\cdot CD\cdot(6-x)=\frac{1}{2}\cdot CD\cdot4=2CD.$

其中 $CD=-\frac{1}{2}x^2+3x-(-x+6)=-\frac{1}{2}x^2+4x-6$,

∴ $S_{\triangle ABC}=2CD=-x^2+8x-12.$

∴ $S=S_{\triangle ABC}+S_{\triangle AOB}=-x^2+8x-12+12=-x^2+8x=-(x-4)^2+16$
$(2<x<6)$.

即 S 关于 x 的函数表达式为 $S=-x^2+8x\,(2<x<6)$,

∴ 当 $x=4$ 时,四边形 $OACB$ 的面积 S 取最大值,最大值为 16.

解法 2：∵ 点 C 在抛物线 $y=-\frac{1}{2}x^2+3x$ 上,

$$\therefore 点\ C\left(x,\ -\frac{1}{2}x^2+3x\right).$$

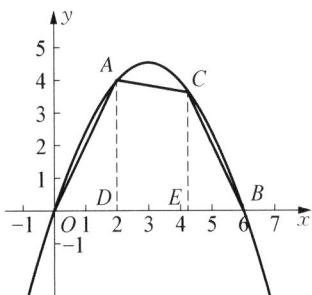

图 7 - 41

如图 7 - 41,过点 A 作 $AD\perp x$ 轴,垂足为点 D,过点 C 作 $CE\perp x$ 轴,垂足为点 E,则点 D 的坐标为 $(2,0)$,点 E 的坐标为 $(x,0)$,

$$\therefore S=S_{\triangle OAD}+S_{梯形ADEC}+S_{\triangle CEB}=\frac{1}{2}\times2\times4+$$

$$\frac{1}{2}\left(4-\frac{1}{2}x^2+3x\right)(x-2)+\frac{1}{2}(6-x)\left(-\frac{1}{2}x^2+3x\right)=-x^2+8x.$$

$\because S=-x^2+8x=-(x-4)^2+16(2<x<6),$

$\therefore$ 当 $x=4$ 时,四边形 $OACB$ 的面积 S 取最大值,最大值为 16.

【命题感悟】

常规典型题的命制虽较简单,但不能掉以轻心,要进行一题多解的分析,既要从优秀学生的角度出发,找出良好的简便的解法,也要放低眼光,考虑到学习一般考生的"笨方法",尽可能在数字的设计上便于运算,减少繁难的程度.

第八节 旋转相似题的命题设计个案分析

一、买一送一的旋转相似图形

【试题呈现】

如图 7 - 42(1),A、B 分别在射线 OM、ON 上,且 $\angle MON$ 为钝角. 现以线段 OA、OB 为斜边向 $\angle MON$ 的外侧作等腰直角三角形,分别是 $\triangle OAP$、$\triangle OBQ$,点 C、D、E 分别是 OA、OB、AB 的中点.

(1) 求证:$\triangle PCE\cong\triangle EDQ$.

(2) 延长 PC、QD 交于点 R.

① 如图 7 - 42(2),若 $\angle MON=150°$,求证:$\triangle ABR$ 为等边三角形;

② 如图 7 - 42(3),若 $\triangle ARB\backsim\triangle PEQ$,求 $\angle MON$ 大小和 $\dfrac{AB}{PQ}$ 的值.

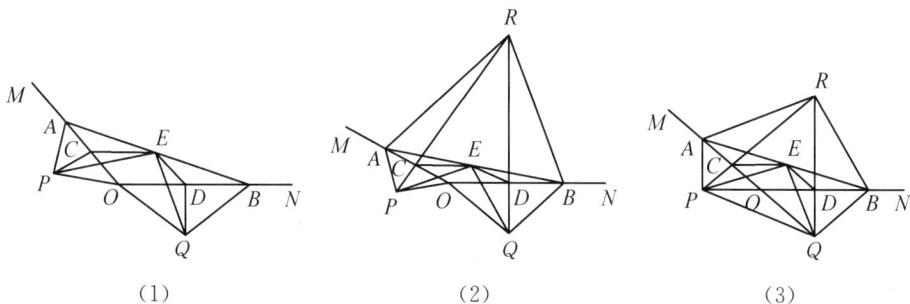

（1）　　　　　（2）　　　　　（3）

图 7 - 42

【命题策略】

本题立足于旋转相似变换这一较复杂的数学背景,通过确定的图形旋转相似性质的研究,考查学生数学抽象、几何直观、逻辑推理的核心素养水平和相关能力,设置小题之间的梯度明显,设问方式各不相同,问题难度层层递进,很好地落实课标精神,体现了学业水平考试以及兼顾高中选拔的定位和需求,是一道值得回味经典的平面几何题.

【证明思路】

（1）证明：∵ 点 C、D、E 分别是 OA、OB、AB 的中点,

∴ $DE = OC$, $DE \parallel OC$ 且 $CE = OD$, $CE \parallel OD$,

∴ 四边形 $CEDO$ 是平行四边形,

∴ $\angle ECO = \angle EDO$.

又∵ $\triangle OAP$、$\triangle OBQ$ 都是等腰直角三角形,

∴ $\angle PCO = \angle QDO = 90°$,

∴ $\angle PCE = \angle PCO + \angle ECO = \angle QDO + \angle EDO = \angle EDQ$.

又∵ $PC = \dfrac{1}{2}AO = OC = DE$, $CE = \dfrac{1}{2}BO = OD = DQ$,

∴ $\triangle PCE \cong \triangle EDQ$.

（2）① 证明：如图 7 - 43,连结 OR.

∵ PR 与 QR 分别为线段 OA 与 OB 的中垂线,

∴ $AR = OR = BR$, $\angle ARC = \angle ORC$, $\angle ORD = \angle BRD$.

在四边形 $OCRD$ 中,$\angle OCR = \angle ODR = 90°$,

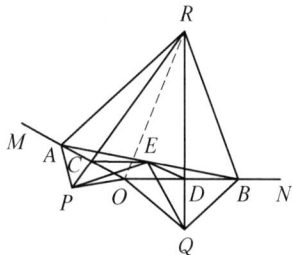

图 7 - 43

221

$\angle MON = 150°$,

$\therefore \angle CRD = 30°$,

$\therefore \angle ARB = \angle ARO + \angle BRO = 2\angle CRO + 2\angle ORD = 2\angle CRD = 60°$,

$\therefore \triangle ABR$ 为等边三角形.

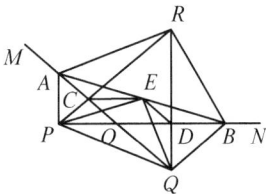

图 7 - 44

② 如图 7 - 44,由(1)知 $EQ = PE$,$\angle DEQ = \angle CPE$,

$$\begin{aligned}\therefore \angle PEQ &= \angle CED - \angle CEP - \angle DEQ \\ &= \angle ACE - \angle CEP - \angle CPE \\ &= \angle ACE - \angle RCE = \angle ACR = 90°,\end{aligned}$$

即 $\triangle PEQ$ 为等腰直角三角形.

$\because \triangle ARB \backsim \triangle PEQ$,

$\therefore \angle ARB = 90°$,

$\therefore$ 在四边形 $OCRD$ 中,$\angle OCR = \angle ODR = 90°$,$\angle CRD = \dfrac{1}{2}\angle ARB = 45°$,

$\therefore \angle MON = 360° - 90° - 90° - 45° = 135°$.

又 $\because \angle AOP = 45°$,

$\therefore \angle POD = 180°$,

即 P、O、B 三点共线.

在 $\triangle APB$ 中,$\angle APB = 90°$,E 为 AB 中点,

$\therefore AB = 2PE$.

又 $\because$ 在等腰直角三角形 PEQ 中,$PQ = \sqrt{2}\,PE$,

$\therefore \dfrac{AB}{PQ} = \dfrac{2PE}{\sqrt{2}\,PE} = \sqrt{2}$.

二、隐藏的黄金分割比

【试题呈现】

已知正方形 $ABCD$,点 M 为边 AB 的中点.

(1) 如图 7 - 45(1),点 G 为线段 CM 上的一点,且 $\angle AGB = 90°$,延长 AG、BG 分别与边 BC、CD 交于点 E、F,求证:

① $BE = CF$;

② $BE^2 = BC \cdot CE$.

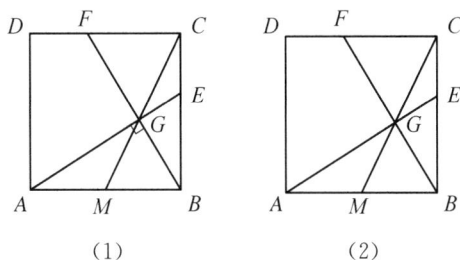

（1）　　　　　　　　（2）

图 7 - 45

（2）如图 7 - 45(2)，在边 BC 上取一点 E，满足 $BE^2 = BC \cdot CE$，连结 AE 交 CM 于点 G，连结 BG 并延长交 CD 于点 F，求 $\tan\angle CBF$ 的值.

【命题策略】

本题以正方形为背景，从源于教材的一个基本图出发，探究图形内的旋转问题，并巧妙地结合关于黄金分割点作图及图形性质研究命制而成.

目前各版本的数学教材中可供命题的素材丰富多样，有些数学探究过程情境提供比较恰当，命题教师可以将教材中的例题、习题，以及公式、定理探究发现过程适度"改造"，进一步探究蕴含其中深刻而丰富的内容.

【解答思路】

（1）① 由条件知 $\text{Rt}\triangle ABE \cong \text{Rt}\triangle BCF$，

$\therefore BE = CF$.

② $\because AM = BM = GM \Rightarrow \angle GAM = \angle AGM$，

$\angle EAB = \angle FBC = \angle AGM = \angle CGE$，

$\therefore \triangle CGE \backsim \triangle CBG$，

$\therefore \dfrac{CG}{BC} = \dfrac{EC}{CG} \Rightarrow CG^2 = BC \cdot CE$.

又 $\triangle MBG$ 为等腰三角形，

$\therefore \angle MBG = \angle MGB = \angle CGF = \angle CFG$，

$\therefore \triangle CGF$ 为等腰三角形，从而 $CG = CF = BE$.

$\therefore BE^2 = CG^2 = BC \cdot CE$.

（2）如图 7 - 46，延长 FC、AE 交于点 H，则有

$\triangle ABE \backsim \triangle HCE$，$\triangle AMG \backsim \triangle HCG$，$\triangle CGF$

$\backsim \triangle MGB$.

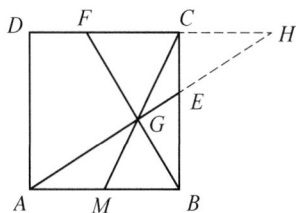

图 7 - 46

由 $BE^2 = BC \cdot CE \Rightarrow \dfrac{BE}{BC} = \dfrac{CE}{BE} = \dfrac{BE}{AB}$,

由 $\triangle ABE \backsim \triangle HCE \Rightarrow \dfrac{BE}{AB} = \dfrac{CE}{HC}$, 又 $AB = BC$,

$\therefore BE = CH.$ ···（*）

由 $\triangle AMG \backsim \triangle HCG \Rightarrow \dfrac{CH}{MA} = \dfrac{CG}{MG}$, 由 $\triangle CGF \backsim \triangle MGB \Rightarrow \dfrac{CG}{MG} = \dfrac{CF}{MB}$,

$\therefore \dfrac{CH}{MA} = \dfrac{CF}{MB} \Rightarrow CH = CF.$ ································（**）

由（*）（**）得 $BE = CF$,

从而 $\triangle ABE \cong \triangle BCF$.

设 $BC = 1$, $BE = x$, 则 $CE = 1 - x$,

由 $BE^2 = BC \cdot CE \Rightarrow x^2 = 1 - x \Rightarrow x = \dfrac{\sqrt{5}-1}{2} = BE = CF$,

$\therefore \tan\angle CBF = \dfrac{CF}{BC} = x = \dfrac{\sqrt{5}-1}{2}$.

三、六边形的数学宫殿

【试题呈现】

如图 7-47(1)，正六边形 $ABCDEF$ 的边长为 a，P 是 BC 边上一动点，过 P 分别作 $PM \parallel AB$ 交 AF 于 M，$PN \parallel CD$ 交 DE 于 N.

(1) ①$\angle MPN$ 的度数 = _____；②求证：$PM + PN = 3a$.

(2) 如图 7-47(2)，点 O 是 AD 的中点，求证：$\angle MON = 120°$.

(3) 如图 7-47(3)，作 $\angle MON$ 的平分线交 EF 于点 G，问四边形 $OMGN$ 是否为特殊图形？请说明理由.

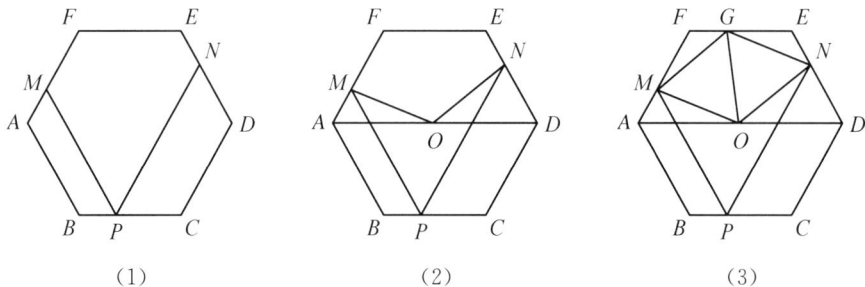

| (1) | (2) | (3) |

图 7-47

【编制过程】

本题平台为正六边形,涉及正六边形、等边三角形、平行四边形的性质,所考查重点为图形的旋转、三角形全等、菱形的判断等相关知识.因为 2011 年版课标中对等腰梯形的性质不作要求,所以图形中对有关等腰梯形的考查均不需直接利用等腰梯形的性质求解,可转化为平行四边形和等边三角形的拼接图形,通过平行四边形和等边三角形的性质过渡求解,尽管综合性较强,但作为压轴题从某种角度来说也需要适当提高对学生数学思维的综合性与灵活性的考查.

【原型试题】

如图 7 - 48,正三角形 ABC 的边长为 $3a$, P 是 BC 边上一动点,过 P 分别作 $PN \parallel AB$ 交 AC 于 N , $PM \parallel AC$ 交 AB 于 M .

(1) 求 $\angle MPN$ 的度数;

(2) 求证: $PM + PN$ 为定值,并求出该定值.

解:(1) 在正三角形 ABC 中,$\because PN \parallel AB$, $PM \parallel AC$,

$\therefore \angle MPB = 60°$, $\angle NPC = 60°$, $\therefore \angle MPN = 60°$.

(2) $\because \triangle MPB$ 和 $\triangle NPC$ 是正三角形,$\therefore PM + PN = BP + CP = 3a$.

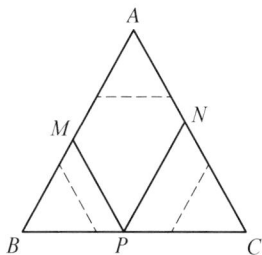

图 7 - 48

【改编思路】

原型试题是一个常规性试题,可以简捷求解.在对其深入探究后,考虑将正三角形截去三个全等的小等边三角形,构造一个正六边形,在正六边形平台中探究几何中的数量与位置关系.

如图 7 - 49,显然在这个正六边形平台中,当 P 在边上运动时,上述结论 $\angle MPN = 60°$ 和 $PM + PN = 3a$ 依然成立.

由于正六边形是一个非常美丽的图形,具有很多特殊的性质,直观的性质有:六边相等,中心对称,六角相等.再深入可以发现其中隐含六个等边三角形,其性质亦可运用.

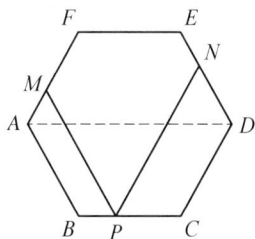

图 7 - 49

如图 7 - 50,连结 AD ,取 AD 的中点 O ,则 O 是正六边形 $ABCDEF$ 的中心.这时候 OB 、OC 、OD 、OE 、OF 均可以看成是由 OA 旋转得到的.将着眼点放在与 M 和 N 上,这时候发现点 M 靠近 A ,点 N 靠近点 E ,OA 顺时针旋转 $120°$

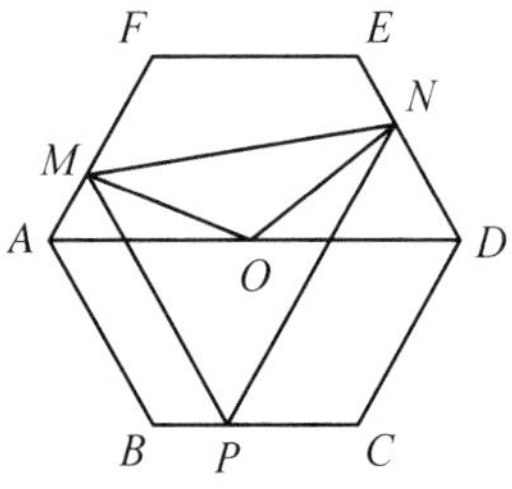

图 7 - 50

与 OE 重合,这时候会思考 OM 顺时针旋转 $120°$ 与 ON 重合吗?进而产生证明 $\triangle AMO$ 旋转 $120°$ 与 $\triangle ENO$ 重合的想法.

在探究的过程中,可以发现线段 AB、MP 的中垂线重合,线段 CD、PN 的中垂线重合,这样就得到点 O 既是正六边形的中心,又是 $\triangle PMN$ 的外心,所以 $OM = ON$.

有了上述"图形旋转"的思路,很快得到 $\angle MON = 120°$. 将 $\triangle OAM$ 绕点 O 顺时针旋转 $60°$,点 M 旋转到点 G,其中 OG 是 $\angle MON$ 的平分线,四边形 $OMGN$ 也就是菱形.

由点 O 是 $\triangle PMN$ 的外心,利用"同弧所对的圆心角是它所对的圆周角的两倍"就能直接得到 $\angle MON = 2\angle MPN = 2 \times 60° = 120°$.

【确定试题】

如图 7 - 51(1),正六边形 $ABCDEF$ 的边长为 a,P 是 BC 边上一动点,过 P 分别作 $PM \parallel AB$ 交 AF 于 M,$PN \parallel CD$ 交 DE 于 N.

(1)① $\angle MPN = $ _____ $°$;② 求证:$PM + PN = 3a$.

(2)如图 7 - 51(2),点 O 是 AD 的中点,连结 OM、ON,求证:$OM = ON$.

(3)如图 7 - 51(3),点 O 是 AD 的中点,OG 平分 $\angle MON$,判断四边形 $OMGN$ 是否为特殊图形,并说明理由.

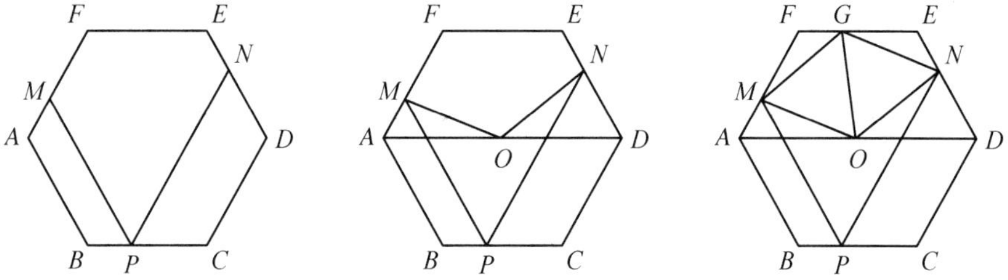

(1)　　　　　(2)　　　　　(3)

图 7 - 51

【明确答案】

解:(1)① 60.

② 证明:如图 7 - 52(1),连结 BE 交 MP 于 H 点,在正六边形 $ABCDEF$ 中,

$PN \parallel CD$,又 $BE \parallel CD \parallel EF$,所以 $BE \parallel PN \parallel AF$.

又 $PM \parallel AB$,所以四边形 $AMHB$、四边形 $HENP$ 为平行四边形,$\triangle BPH$ 为等边三角形,

所以 $PM + PN = MH + HP + PN = AB + BH + HE = AB + BE = 3a$.

(2) 如图 $7 - 52(2)$,由(1)知 $AM = EN$. 又 $AO = EO$,$\angle MAO = \angle NEO = 60°$,

所以 $\triangle MAO \cong \triangle NEO$,所以 $OM = ON$.

(3) 可判断四边形 $OMGN$ 为菱形. 理由如下:

如图 $7 - 52(3)$,连结 OE、OF,由(2)知 $\angle MOA = \angle NOE$. 又因为 $\angle AOE = 120°$,

所以 $\angle MON = \angle AOE - \angle MOA + \angle NOE = 120°$.

由已知 OG 平分 $\angle MON$,所以 $\angle MOG = 60°$,又 $\angle FOA = 60°$,

所以 $\angle MOA = \angle GOF$. 又 $AO = FO$,$\angle MAO = \angle GFO = 60°$,

所以 $\triangle MAO \cong \triangle GFO$,所以 $MO = GO$.

又 $\angle MOG = 60°$,所以 $\triangle MGO$ 为等边三角形.

同理可证 $\triangle NGO$ 为等边三角形,所以四边形 $OMGN$ 为菱形.

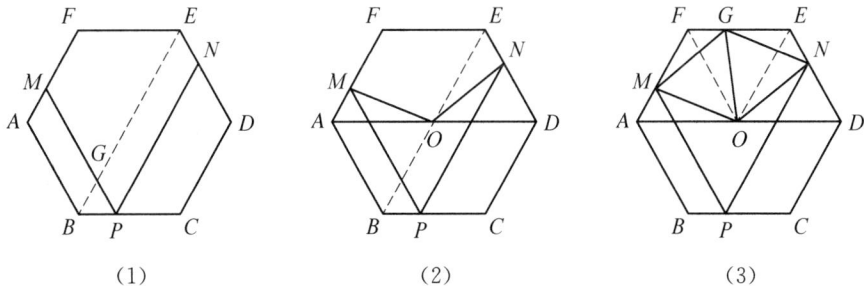

图 $7 - 52$

【深入思考】

本题突出变换思想,尽管考查的知识点简单,但运用旋转相似知识点后,综合性大大加强,图形中的线段较多,对学生分析、思考、解决问题带来一定的困难. 在阅卷过程中发现小题(2)和小题(3)的正确性比较低,区分度明显.

第九节　参数转换题的命题设计个案分析

【考试原题】

在平面直角坐标系 xOy 中,曲线 C_1 的参数方程为 $\begin{cases} x = 2 + t\cos\theta, \\ y = t\sin\theta, \end{cases}$ 以坐标原点为极点,x 轴正半轴为极轴建立极坐标系,曲线 C_2 的极坐标方程为 $\rho = 4\sin\theta$.

(1) 当 t 为参数,$\theta \in [0, \pi)$ 时,曲线 C_1 与 C_2 相交于 A、B,且 $|AB| = 4$,求 θ;

(2) 当 θ 为参数,$t > 0$ 时,曲线 C_1 与 C_2 只有一个公共点,求 t.

【参考答案】

解:(1) 当 t 为参数时,曲线 C_1 为过点 $(2, 0)$ 的直线,又曲线 C_2 是半径为 2 的圆,且 $|AB| = 4$,则直线 C_1 过曲线 C_2 的圆心 $(0, 2)$,则直线 C_1 的斜率 $k = \dfrac{2 - 0}{0 - 2} = -1$,$\therefore \theta = \dfrac{3}{4}\pi$.

(2) 曲线 C_2 的直角方程为 $x^2 + (y - 2)^2 = 4$,当 θ 为参数时,曲线 C_1 的直角方程为 $(x - 2)^2 + y^2 = t^2$,又曲线 C_1 与 C_2 只有一个公共点,两圆外切或内切,则 $\sqrt{(2 - 0)^2 + (0 - 2)^2} = 2 + t$ 或 $\sqrt{(2 - 0)^2 + (0 - 2)^2} = |t - 2|$,所以 $t = 2\sqrt{2} - 2$ 或 $2\sqrt{2} + 2$.

【编制过程】

1. 编制题目的最初动机

本次模拟题命题时,命题组成员在考试前已经通过调研预测到学生可能存在的知识盲点,希望通过本次考试引导考生进一步辨别不同参数对消参后曲线的影响,提醒师生们在二轮复习中对参数方程查缺补漏.

2. 编制题目的起点

本次命题重点是对参数方程 $\begin{cases} x = 2 + t\cos\theta, \\ y = t\sin\theta \end{cases}$ 中不同参数的理解,素材来源于课本例题.直线和圆的参数方程在形式上是完全一致的,仅参数不同.以该形式的参数方程为素材,便于问题设置,可考查涉及直线与圆的一系列问题.

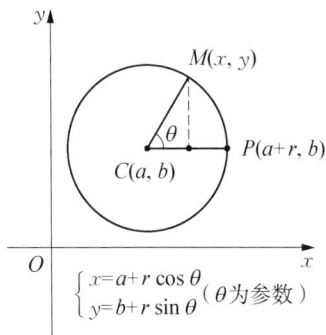

圆的参数方程

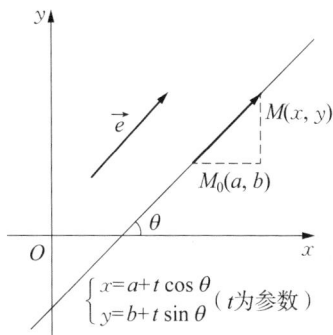

直线的参数方程

3. 编制的策略与方法

（1）策略

按照命题的途径,大致可以将数学题的命制历程分为两类:一是参考已有的数学题,譬如课本例题和练习、中高考真题或各种模拟考试卷中的试题,采用一定的命题技术进行改编;二是自选适合的素材,综合运用数学思想方法,嫁接知识框架,对接知识点,打破常规,形成原创性试题.

（2）方法

① 素材表述严谨化

初稿中的题干为"曲线 C_1 的参数方程为 $\begin{cases} x = 2 + t\cos\theta, \\ y = t\sin\theta, \end{cases}$ $t \in \mathbf{R}$",小题（1）中没有给出 θ 的取值范围,小题（2）设问为"求 $|t|$".命题教师反复推敲,为避免因"$|t|$"符号给考生带来视觉和心理上的冲击,删除了题干中的"$t \in \mathbf{R}$",在两个小题中分别给出"$\theta \in [0, \pi)$"和"$t > 0$",这样不仅使试题更加严谨,也有利于学生发挥.

② 几何位置特殊化

为了避免繁琐的计算,立足对学科核心素养的考查,突出考查重点,做到"多考一点思想,少考一点计算",命题组成员几经讨论后将第一小问设置为直线过圆心,第二小问设置为两圆只有一个公共点的特殊位置,希望在考查基础知识和基本能力的同时,突出考查直观想象和数形结合等数学核心素养,如此设置后试题的解法比较灵活,有利于不同学习程度的考生作答.

③ 试题解法多样化

因为问题设置时的有意为之,所以即使考生没有发现直线 C_1 过圆 C_2 的圆心,直接求解也可.将参数方程 $C_1:\begin{cases} x=2+t\cos\theta \\ y=t\sin\theta \end{cases}$ 代入 C_2 的普通方程,得到 $t^2+4(\cos\theta-\sin\theta)t+4=0$,则有 $|AB|=|t_1-t_2|=\sqrt{16(\cos\theta-\sin\theta)^2-16}=4$,得 $-2\sin 2\theta=1$,所以 $\theta=\dfrac{3}{4}\pi$.

④ 设问顺序合理化

命题时,命题教师就两个小问设置的先后顺序进行了热烈讨论,在没有试做前,大家根据经验认为学生对题干中的参数方程化为圆的普通方程更加熟练,建议将第二小问调到第一问.实测中发现"参数"对应试者注意力的干扰较大,故不应该将第二小问调到第一小问.

第十节　方案选择试题命题设计个案分析

【试题呈现】

为了安全与方便,某自助加油站只提供两种自助加油方式:"每次定额只加200 元"与"每次定量只加 40 升".自助加油站规定每辆车只能选择其中一种自助加油方式,那么哪种加油方式更合算呢? 请以两种加油方式各加油两次予以说明.

【分析问题】　"更合算"指的是两次加油后平均油价更低,由于汽油单价会变,不妨设第一次加油时油价为 x 元/升,第二次加油时油价为 y 元/升.

① 两次加油,每次只加 200 元的平均油价为:_____元/升.

② 两次加油,每次只加 40 升的平均油价为:_____元/升.

【解决问题】　请比较两种平均油价,并用数学语言说明哪种加油方式更合算.

【命制意图】

本题借助生活中常见的汽车加油为背景,把分式运算巧妙融入其中,既有对初中核心知识点的考查,又能全面检验学生的基本活动经验(对加油问题的分析).

【命制过程】

1. 双向细目表

题号	23	
分值	14	
课程领域	数与代数;综合与实践	
目标指向	基础知识	分式的概念,分式的运算法则
	基本技能	分式的运算,作差法(作商法)比较大小
	基本思想	数学建模思想
	基本活动经验	学生运用已有知识解答相应问题所积累的经验
素养指向	数学核心素养	

2. 素材挑选

(1) 素材呈现

本题来源于人教版《义务教育教科书·数学》八年级上册一道例题:

"丰收1号"小麦的试验田是边长为 $a(a>1)$ m 的正方形去掉一个边长为 1 m 的正方形蓄水池后余下的部分,"丰收2号"小麦的试验田是边长为 $(a-1)$ m 的正方形,两块试验田的小麦都收获了 500 kg.

① 哪种小麦的单位面积产量高?

② 高的单位面积产量是低的单位面积产量的多少倍?

(2) 素养诊断与思考

在进行调研后发现,市区学生缺乏农村生活体验,且多数南方学生对水稻和小麦辨识不清,缺少基本活动经验,故保留课本例题考查的基本知识和方法,尝试更换实际问题原型.

(3) 素材对比分析

浙教版《义务教育教科书·数学》七年级下册有这样一个探究活动:

商店通常用以下方法来确定两种糖果混合而成的什锦糖的价格:设 A 种糖的单价为 a 元/千克,B 种糖的单价为 b 元/千克,则 m 千克 A 种糖和 n 千克 B 种糖混合而成的什锦糖的单价为 $\frac{ma+nb}{m+n}$（平均价）. 现有甲、乙两种什锦糖,均由 A、B 两种糖果混合而成. 其中甲什锦糖由 10 千克 A 种糖和 10 千克 B 种糖混合而成,乙什锦糖由价值 100 元的 A 种糖和价值 100 元的 B 种糖混合而成. 你认为哪一种什锦糖的单价较高? 为什么?

这道探究活动题与人教版课本例题异曲同工,都结合了实际问题对分式的运算进行考查. 然而教师在调研中发现,学生在超市购买的糖果都是包装精美的套装,通过实地调查了几家大型超市,均未发现有混合多种糖果进行散称的"什锦糖"出售. 当"实际问题"与实际脱节,与学生学情不符时,则要求命题教师进行修正,使之具有"烟火气",成为生活中的数学.

3. 试题打磨

基于上述两个教材版本的比较和学生认知情况的诊断,决定试题情境改为加油问题.

第一稿:

父亲带二年级的女儿开车去加油.

工作人员:"加满吗?"

"不,加 200 元."父亲果断地回答.

女儿不解地问:"爸爸,反正要用,为什么不加满呢?"

爸爸告诉她:汽油的单价会变,加 200 元合算. 女儿不解.

请你从数学角度列式计算,你认为每次加 200 元和每次加满,哪一种加油方式较合算?

诊断:对话形式的题干新颖活泼,但作为试卷考题略显冗长. 对话中,油价、油箱容量等信息均未给出,需要学生自己设未知数进行求解,作为八年级期末学业水平检测题,难度较大. 基于上述思考,进行了修改,得出第二稿.

第二稿:

【发现问题】 人们去加油站加油,有"每次只加 200 元(或其他固定金额)"和"直接加满"两种常见方式,哪种加油方式更合算呢? 请以两种加油方式各加两次油予以说明.

【分析问题】 "更合算"指的是两次加油后平均油价更低. 由于汽油单价会变,不妨设第一次加油时油价为 x 元/升,第二次加油时油价为 y 元/升,每次加满

油箱为 m 升.

【解决问题】 请比较两种平均油价,并把你的结论写下来.

诊断:第二稿精简了题干,设置了分析问题环节,为学生后续处理铺平了道路,但题中的多参数分析与运算对八年级学生而言,仍是一个较大的挑战,对学生数学抽象、逻辑推理、数学建模、数学运算、数据分析等核心素养要求较高,据此可以认为这种抽象的数据分析完全可以放在试卷讲解的时候进行拓展,让学有余力的学生继续深度学习,让课堂继续延伸.

本题的呈现,旨在对全市八年级学生的学业水平进行检查,权衡具体学情和评价导向后,得到了最终稿,即本节最初呈现的试题.

【命题感悟】

数学试题命制的途径主要有两大类:第一类是依据已有的数学题目(如教材中的例习题、往年的考试题、各种参考资料中的习题等),按照一定的技术进行改编,形成数学试题;第二类是根据所选取的考查内容,按照考查的要求,选取合适的素材,打破常规,形成原创性试题.

本道压轴题始于教材,源于生活,忠于素养,分层设置问题,以考导教,帮助学生提高分析问题、解决问题的能力,学生通过探索和计算得到的结果又能回过头来指导实践,充分体现了数学学科的实用效应.

第十一节 概念新定义的命题设计个案分析

【原题呈现】

若两个二次函数对应的抛物线的顶点、开口方向都相同,则称这两个二次函数为"同簇二次函数".

(1) 请写出两个为"同簇二次函数"的函数;

(2) 已知关于 x 的二次函数 $y_1=2x^2-4mx+2m^2+1$ 和 $y_2=ax^2+bx+5$,其中 y_1 的图象经过点 $A(1,1)$,若 y_1+y_2 与 y_1 为"同簇二次函数",求函数 y_2 的表达式,并求出当 $0 \leqslant x \leqslant 3$ 时,y_2 的最大值.

【命题意图】

这是 2014 年安徽省中考数学试卷的倒数第二题,是典型的"新定义"题,题中所给的"同簇二次函数"的定义简洁明了.仔细分析定义的关键要素:顶点相同、开口方向相同,还可以拓展思维理解为:对称轴相同、最大或最小值相同.准确理解定义可以轻松回答第一问,两个为"同簇二次函数"的函数有许多,本小题是开放题,答案不唯一.第二问是针对"新定义"的深入研究,其目的是探究"新定义"的性质特征,也就是初步探究两个为"同簇二次函数"的函数,若其和函数还与它们为"同簇二次函数",则这两个为"同簇二次函数"的函数有什么特征?

【思路解析】

解:(1) 列举两个为"同簇二次函数"的函数如:$y_1 = 2x^2$,$y_2 = x^2$.

(2) ∵ 函数 y_1 的图象经过点 $A(1,1)$,则 $2(1-m)^2 + 1 = 1$,解得 $m = 1$,

∴ $y_1 = 2(x-1)^2 + 1$.

解法 1:∵ $y_1 + y_2$ 与 y_1 为"同簇二次函数",∴ 可设 $y_1 + y_2 = k(x-1)^2 + 1(k > 0)$,

则 $y_2 = k(x-1)^2 + 1 - y_1 = (k-2)(x-1)^2$.

由题意可知函数 y_2 的图象经过点 $(0,5)$,则 $(k-2) \times 1^2 = 5$,∴ $k-2 = 5$,

∴ $y_2 = 5(x-1)^2 = 5x^2 - 10x + 5$.

当 $0 \leqslant x \leqslant 3$ 时,y_2 的最大值 $= 5 \times (3-1)^2 = 20$.

解法 2:∵ $y_1 + y_2$ 与 y_1 为"同簇二次函数",

则 $y_1 + y_2 = (a+2)x^2 + (b-4)x + 8(a+2 > 0)$,

∴ $-\dfrac{b-4}{2(a+2)} = 1$,化简得 $b = -2a$.

又 $\dfrac{32(a+2) - (b-4)^2}{4(a+2)} = 1$,将 $b = -2a$ 代入,解得 $a = 5$,$b = -10$,

∴ $y_2 = 5x^2 - 10x + 5$.

当 $0 \leqslant x \leqslant 3$ 时,y_2 的最大值 $= 5 \times 3^2 - 10 \times 3 + 5 = 20$.

【命题反思】

纵观第二问的解答,所给第一种解法用顶点式形式设和函数,再作差求解;第二种解法根据和函数一般式,求出顶点坐标再进行比较求解.两种解法各有千秋,都针对定义进行了探究,这也引发了对和函数与原来的两个二次函数为"同簇二次函数"，则原来的两个"同簇二次函数"有哪些特征的思考.

为探究方便，现重新用二次函数的顶点式给出如下定义：

已知 $y_1 = a_1(x-h_1)^2 + k_1$ 和 $y_2 = a_2(x-h_2)^2 + k_2$（其中 a_1、a_2 均不为零），若 a_1、a_2 同号，$h_1 = h_2$，$k_1 = k_2$，则称 y_1、y_2 为"同簇二次函数".

由上可知 $y_1 + y_2 = (a_1 + a_2)(x-h_1)^2 + (k_1 + k_2)$，根据定义可以得出 $a_1 + a_2$ 与 a_1 和 a_2 同号，即开口方向相同. 和函数的顶点为 $(h_1, k_1 + k_2)$，若要与 (h_1, k_1) 相同，则 $k_2 = 0$. 也就是说，要求 $y_1 + y_2$ 与 y_1 为"同簇二次函数"，必须满足 $k_2 = 0$.

结论 1：若 $y_1 + y_2$ 与 y_1 为"同簇二次函数"，必须满足 $h_1 = h_2$，$k_2 = 0$.

结论 2：若 $y_1 + y_2$ 与 y_2 为"同簇二次函数"，必须满足 $h_1 = h_2$，$k_1 = 0$.

解法 3：$\because y_1 + y_2$ 与 y_1 为"同簇二次函数"，$y_1 = 2(x-1)^2 + 1$，$y_2 = ax^2 + bx + 5$.

由结论 1 和"同簇二次函数"定义可设 $y_2 = a(x-1)^2$，展开得 $y_2 = ax^2 - 2ax + a$，

$\therefore a = 5$，$b = -10$，$\therefore y_2 = 5(x-1)^2 = 5x^2 - 10x + 5$.

进一步研究可以得出：

结论 3：若 $y_1 + y_2$ 与 y_1 和 y_2 为"同簇二次函数"，必须满足 $h_1 = h_2$，$k_1 = k_2 = 0$.

$\because y_1 + y_2 = (a_1 + a_2)(x-h_1)^2 + (k_1 + k_2)$，根据定义可以得出 $a_1 + a_2$ 与 a_1 和 a_2 同号，即开口方向相同. 和函数的顶点为 $(h_1, k_1 + k_2)$，若要与 (h_1, k_1) 和 (h_2, k_2) 相同，则 $k_1 = k_2 = 0$. 也就是说，要求 $y_1 + y_2$ 与 y_1 和 y_2 为"同簇二次函数"，必须满足 $k_1 = k_2 = 0$，即最大或最小值为零，除顶点、开口方向都相同的条件外，还要求其函数图象的顶点落在 x 轴上.

【变式拓展】

当然，本题目也可以进一步给出变式研究，可以提出下列问题：

变式：若函数 $y_1 = 2x^2 - 4mx + 2m^2 + 1$ 的图象经过点 $A(1, 9)$，确定函数 $y_2 = ax^2 + bx + 5$，使得 $y_1 + y_2$ 与 y_1 为"同簇二次函数".

解：由于 $y_1 = 2x^2 - 4mx + 2m^2 + 1 = 2(x-m)^2 + 1$，其图象过点 $A(1, 9)$，则 $2(1-m)^2 + 1 = 9$，解得 $m = 3$ 或 $m = -1$，所以 $y_1 = 2(x-3)^2 + 1$ 或 $y_1 = 2(x+1)^2 + 1$.

解法 1: (i) 当 $y_1 = 2(x-3)^2 + 1$ 时,由题可设 $y_1 + y_2 = k(x-3)^2 + 1$,

则 $y_2 = k(x-3)^2 + 1 - y_1 = (k-2)(x-3)^2$,由题可知 $9(k-2) = 5$,解得

$k - 2 = \dfrac{5}{9}$.

故 $y_2 = \dfrac{5}{9}(x-3)^2$.

(ii) 当 $y_1 = 2(x+1)^2 + 1$ 时,由题可设 $y_1 + y_2 = k(x+1)^2 + 1$,

则 $y_2 = k(x+1)^2 + 1 - y_1 = (k-2)(x+1)^2$,由题可知 $1 \times (k-2) = 5$,解

得 $k - 2 = 5$,故 $y_2 = 5(x+1)^2$.

综上所述,所求的函数为 $y_2 = \dfrac{5}{9}(x-3)^2$ 或 $y_2 = 5(x+1)^2$.

解法 2:

(i) 当 $y_1 = 2(x-3)^2 + 1 = 2x^2 - 12x + 19$ 时,由于 $y_2 = ax^2 + bx + 5$,则

$y_1 + y_2 = (a+2)x^2 + (b-12)x + 24$. 因为 $y_1 + y_2$ 与 y_1 是"同簇二次函数",则

$-\dfrac{b-12}{2(a+2)} = 3$,解得 $b = -6a$.

又因为 $\dfrac{96(a+2) - (b-12)^2}{4(a+2)} = 1$,代入 $b = -6a$ 得 $\dfrac{96(a+2) - 36(a+2)^2}{4(a+2)}$

$= 1$.

化简得 $24(a+2) - 9(a+2)^2 = a + 2$,解得 $a = \dfrac{5}{9}$.

于是 $b = -\dfrac{10}{3}$,所以 $y_2 = \dfrac{5}{9}x^2 - \dfrac{10}{3}x + 5 = \dfrac{5}{9}(x-3)^2$.

(ii) 当 $y_1 = 2(x+1)^2 + 1 = 2x^2 + 4x + 3$ 时,由于 $y_2 = ax^2 + bx + 5$,

则 $y_1 + y_2 = (a+2)x^2 + (b+4)x + 8$.

因为 $y_1 + y_2$ 与 y_1 是"同簇二次函数",则 $-\dfrac{b+4}{2(a+2)} = -1$,解得 $b = 2a$.

代入 $\dfrac{32(a+2) - (b+4)^2}{4(a+2)} = 1$ 得 $\dfrac{32(a+2) - 4(a+2)^2}{4(a+2)} = 1$.

化简得 $8(a+2) - (a+2)^2 = a + 2$,解得 $a = 5$. 所以 $b = 10$,所以 $y_2 = 5x^2 + 10x + 5 = 5(x+1)^2$.

综上所述,所求的函数为 $y_2 = \dfrac{5}{9}(x-3)^2$ 或 $y_2 = 5(x+1)^2$.

第八章 数学命题设计的再加工

数学命题设计的再加工,首先是对试题呈现形式的修饰以及试题抽象性、科学性的把握;接着是对试题和整卷的难度进行预测、控制,难度控制在命题中操作起来有时候是比较困难的,需要有丰富的经验积累.

第一节 命题设计过程中的集思广益

在命题过程中要十分重视培养新手,他们将来可能会成为命题的骨干,在命题过程中一定要集思广益,鼓励命题组成员展开对题不对人的大讨论,特别要重视新命题教师的意见和建议,往往他们提出的意见可供参考的价值会更大. 在命题过程中集思广益,有以下几个原则:

(1)畅所欲言原则. 如果你有一点想法,哪怕是一点点模糊不清的想法,就请说出来——这对于命题是十分重要的;同时,对于一个问题的讨论,每个人的发言都要充分,不充分就可能会出问题. 讨论时,既要有观点,更要讲明理由.

(2)不追究错误原则. 在命题和审题过程中,每个人都需要从正面和反面提出各种可能的假设,供大家去思考与批评,这时关键的是要有不同思路、不同想法,而不是简单地评判是与非.

(3)推迟判断原则. 当某人提出一种想法后,不能简单地根据自己的经验和直觉就轻率地作出否定或肯定的判断;当别人与自己的观点不一致时,更不要轻易否定他人的意见,如果你作了仔细思考,之后可以商量的口吻提出自己的看法.

(4)少数服从多数原则. 当觉得自己的想法有很大的合理性时,可多次向大家陈述自己的观点,但不必过于固执地坚持自己的观点. 一般情况下,对于一个思路的取舍不能简单地采用"一票否决制",当全体达成共识后,才能决定下一步的行动. ——实践表明,尚未达成共识的决定,在命题时常会出现失误.

（5）效率优先原则. 当命题组各成员意见相左一时无法定夺,相互间的分歧难以消除时,这时命题组长需发挥决策定夺的魄力,从纷乱的思路中选择最有效率的方案.

命题过程中的集思广益是至关重要的. 作为命题组长以及每一个参与命题的老师,一定要有宽大的胸怀,以对工作高度负责任的态度,勇于讲出自己的想法,积极倾听他人的发言,把坚持真理与尊重他人结合起来,这是和谐合作的需要与前提.

第二节　控制试题难度的一般方法

在整个命题过程中,从思路设计到编拟试题再到审题,有一个始终都需要考虑与解决的问题,就是把握好试题的难度.

主观预估确定试题难度的方法,包括求预估难度与实测难度的相关系数,计算每人预估的平均差异,计算预估值的标准差等. 根据数据处理的结果,确定对预估值与实测值的拟合程度和预估精度等. 在中、高考不能进行考前试测的前提下,可以利用预估数据预测中、高考试题的实测难度,从而对试题难度进行科学的调控.

一、考试难度设计与控制

考试难度设计与控制的主要任务是:设定整个试卷难度指标的取值范围;设计试卷的难度结构分布方案;调控各道试题的难度;对成型准备使用的试题进行难度预测.

1. 试卷难度设计技术

设计一份试卷的难度指标的取值范围,要实行难度的适中性原则. 确定指标值之后,具体的主要技术问题是:如何根据考试的目标、性质和考试范围及其要求确定命题时的考查重点和难点? 如何估计考生的整体水平? 如何实现预期的难度指标?

解决这些问题的基本方法,通常是利用过往的同类考试(或者是性质、规模相近的考试)所积累下来的实践经验和理论研究的成果,有针对性地逐一解决. 比

如,当设计某一年度的中、高考试卷难度时,一般的做法是:

首先,可调查研究前几年的试卷难度的波动情况,以及试卷使用效果与社会反应,以其为参照,来定夺当年度的试卷难度.其次,至于考查的重点与难点的设定,往往必须根据当年的考生状况和高校招生要求,结合学科特点加以确定.比如,随着中学素质教育的推进、高校招生多元化的发展、高考改革的深化,宜把考查的重点与难点移向应用型与能力型的试题上,适当控制考查的知识点数,减轻计算量,增大思考量和思维深度,降低对解题速度的过高要求,适当减少题量.所有这些技术性措施,都可产生难度调控作用,属于难度设计技术的范畴.最后,可采用由总体到局部,再到个体的设计试卷难度分布的技术.比如,中、高考数学试卷是由选择题、填空题和解答题三种题型的试题组成的,根据加权平均的原理,这时可设定选择题、填空题和解答题的题组难度中值再加权求平均值,作为预期的试卷难度中值.

通过将各种题型的试题组再分成若干组,并设定其难度调控范围,直至落实到各题的难度要求为止.这样在题型设计与试题难度设计的基础上拼题组卷时,可较好地进行试卷难度的调控.

2. 降低难度的技巧

(1) 改填空题、问答题为选择题.

一元二次方程的解法是初中数学应掌握的核心技能,也是学业考试必考的内容.在方程求解过程中易犯的错误是:两边直接约分,从而丢掉一个解.如果以简答或填空题的形式出现,一部分学困生在该题上获得满分的可能性会降低.如以选择题的形式呈现,由于有选择支的提示作用,考生获取信息多,能够有效地避免常见约分错误的发生,因此,难度有所下降.

利用函数图象求解不等式,是初中数学学习中常见的一种解题技巧,也是学业考试考查的重点内容之一.若以选择题的形式出现,由于有选择支的提示作用,考生会对四个选择支都加以分析,这样有利于考生的全面思考.如果想进一步降低难度,还可以直接给出反比例函数的图象,这样更能体现所要考查的数形结合知识,以避免考生因为作图错误导致解答错误.

等腰三角形是初中几何学习最重要的基础图形之一,所涉及的知识和技能都是初中数学的核心内容,体现了学业考试的要求.由于涉及两类图形的计算(高在三角形内部或高在三角形外部),如果以解答题或填空题的形式出现,考生容易忽略高在三角形外部这种情况,而以选择题的形式出现,由于有选择支的提示作用,考生自然联想到分类研究,因此难度有所降低.

分类思想是初中数学的重要知识,也是学业考试中应考查的核心内容之一. 在以直角坐标系为素材,设计了利用坐标轴上的点来构造直角三角形,通过讨论得出答案的情况下,如果以填空题的形式考查,不同层次的考生可能由于分类讨论不完整,难以得出正确答案;如果以选择题的形式出现,既有文字符号的表述,又配有图象,再加上选择支的信息,考生可利用的资源较多,较好地降低了该题的难度,也反映出命题者娴熟的命题技巧.

(2) 将条件中的字母表述改为数字表述,通过降低抽象化、形式化的要求,来降低试题的难度.

新课程倡导用"直观感知、操作确认、思辩论证、度量计算"的方式学习初中几何知识. 如从考生非常熟悉的折纸操作入手,要求考生在操作的同时探究出折叠前后纸片的各边长度的变化规律. 这样的考查,融研究性学习于动手实践中,既有直感的感知和动手操作,也有思辨的推理来寻求规律,同时,具体的数字条件有利于学困生通过动手操作来寻找答案,使得不同层次的考生都能有所收获. 这样的命题对初中数学的教学有着良好的导向作用.

(3) 在问答题中增加铺垫性的设问,即多设问,赋分值降低.

利用函数知识来认识生活中的各种现象,并理解其中的道理,是新课程所倡导的学习目标. 选用生活化的素材编制应用题,具有良好的教育意义. 在设计题目时,既有文字的说明,又有函数图象的信息,同时前一问的正确解答,为后一问的求解做好铺垫,可有效地降低难度.

从数学命题的哲学思考中可以认为降低难度中的上述操作是将考试中考生的知识能力"缺席"状况转变为"在场",其中选择支的提示作用就是将考生已掌握的知识与能力从临场中的"缺席"状态转变为"在场"而获得分数.

3. 增加难度的技巧

(1) 改填空题、选择题为解答题.

勾股定理是几何中的核心知识,对于勾股定理的考查应体现创新和考查能力,若以填空题或选择题的形式出现,考生可以用特殊值法(如将 a、b、c 赋予具体数值,通过计算猜出答案)得到答案,难度会大大降低,同时思维的考查力度也大为降低,此时改为解答题可详细考查出学生的问题解决能力和素养.

新课程要求学生学会用统计的眼光去获取信息,发现规律,并解释现象.对统计的考查,与常见的选择题、填空题的考查形式相比,以解(问)答题的形式出现,具有一定的开放性,能够更好地考查学生对所学统计知识的理解.

(2) 将条件中的数字表述改为字母表述,通过提高抽象化、形式化的要求,来增加试题的难度.

一般地,若给出二次函数的数字系数的形式,求二次函数的图象与坐标轴的交点坐标,则既常规又简单.将常见的数字系数改为字母系数,同时给出图象的大致位置,要求考生写出与这种大致位置相关的一种特殊的二次函数,答案变成了开放的形式,显然,这样就加大了难度.

(3) 减少设问,增加赋分值.

可在考查基本知识和能力的同时,综合考查分类讨论的数学思想,如分类较复杂,而此前没有做一些铺垫,这样,可适当将题目的难度增大,一般用在压轴题的大题上.

(4) 增加条件,使得题目复杂度提高,从而提高试题的难度.

将较常见且容易的知识,变换新角度设问,使考生需要有一种转换的思想,将问题转化为所学的熟悉问题,让题目很好地体现各知识点之间的内在联系,这样就使得题目的难度有所增加.

(5) 创新试题的情境或背景,从而提高试题的难度.

创新试题的情境或背景,使数学文化融入评价之中,这就要求考生从实际情境或背景中提取有效的信息,很好地理解题意和建模,这样对考生而言是很大的挑战,可增加试题难度.

(6) 多种知识点融合,加大试题的综合程度,从而提高试题的难度.

题目如融合了代数、几何多个知识点,而且涉及了动手操作的动态规律的探索,这样的代几综合题或动态几何题由于综合性很强,试题的难度也会增大.

二、绝对难度和相对难度

将考试难度区分为试题难度和试卷难度这样两个层面进行讨论,可以明确与被测联系紧密的绝对难度(或品质难度)与相对难度(或统计难度)的概念.

1. 绝对难度

试题(或试卷)的绝对难度是指:从解答要求的角度,试题(或试卷)测试考生

（即应试者、被测试者）的知识、技能和能力等心理特性的深浅程度或高低程度.

（1）绝对难度的基本特点

① 试题（或试卷）的绝对难度是试题（或试卷）自身固有的一种属性，与考生的程度、状态无关，也与测试环境等外界因素无关；

② 决定试题（或试卷）绝对难度大小的诸因素，都存在于试题（或试卷）的内部，都是内在因素；

③ 绝对难度的量化几乎是不可能的事，至少，目前尚无合适的数学模型与数学方法可供利用. 对单独一个题目，说其绝对难度大，或者说其绝对难度小，并无明确的意义，谈论难度大小时，只有在对比两道题（或两份试卷）时，才有意义.

④ 对试题（或试卷）绝对难度大小的判断，一般还是离不开人（判断者）. 这时，绝对难度的客观性受到挑战. 是否存在真正客观的判断标准？ 至今仍悬而未决. 从数学试题（或试卷）的"能测"和"所测"角度来思考，施测的试卷呈现的是相对难度，而绝对难度是纯粹考量试卷中的抽象概念和工具.

（2）影响试题绝对难度的主要因素

影响试题绝对难度的主要因素有：①知识量；②运算量；③推理量；④思考量. 因此，试题综合性程度的强弱对难度的影响可以通过上述四个量加以反映.

（3）影响试卷绝对难度的主要因素

试卷由试题按一定的结构组合而成. 因此，决定试卷绝对难度的主要因素是组成试卷的试题的绝对难度以及试卷的结构性方面的因素.

影响试卷难度的结构性因素主要有：试题的排序；试卷的长度；试卷使用要求；等等.

假设两份试卷由相同的题目组成，只是排序不同：一份由易到难，由浅入深，有着平顺的梯度，对考生的心理承受力要求比较低；而另一份，难易的次序时有倒插现象，对考生抗挫折的心理承受力有较高的要求. 同时，后一份试卷又将同一领域的考查内容的不同试题分散于不同角落，会引发考生在解题过程中，不断改换思考领域：一会儿考虑代数方面的问题，一会儿又考虑几何方面的问题，思维上频繁切换，使试卷的绝对难度提高. 可见试题在试卷中的不同排序会产生不同绝对难度的试卷. 近几年，分省高考命题中因解答题第一题的考点变化而导致大面积考生不适应的情况时有发生.

考试通常都有时间限制，当试卷的印刷字符数多、阅读量大时，试卷就显得长一些,一般对解答能力和速度的要求自然高一些,试卷难度增大;相反,被测试卷短,难度要求一般会小一些.故试卷长度是影响试卷绝对难度的一个主要因素.

2. 相对难度

试题(或试卷)的相对难度是指从考生(被测试者)的角度,评价试题(或试卷)的要求相对于考生整体水平的适应程度.相适应的程度高,相对难度小;反之,相适应的程度低,相对难度大.根据这一界定,相对难度的定量化指标即通常所说的难度(系数),可用考生的考试成绩(即所得考试分数)经过一定的数学处理来表示.

影响相对难度的主要因素有:①绝对难度;②考生状况;③考试环境.

以上这些环境因素,对考生的成绩都有很大的影响.环境良好,考生应考的紧张心理会减弱,促进心境的松弛,能较好地发挥出应有的水平,提高考试成绩,因而试题、试卷的相对难度变小.相反,被测环境恶劣,使本来已经绷紧的应考心理更加受到压迫,心态变差,精神不易集中,心境易生烦躁,甚至导致顾此失彼,记忆忘却,思维阻滞,考生临场知识能力方面"在场"减少,"缺席"增加,其成绩自然下降,因而试题、试卷的相对难度增大.

在进行难度设计时,一般是根据考试的目标和性质,从试卷的相对难度的设定入手.设计中,应充分考虑和利用上述的诸因素对难度的影响作用,研究开发有效的设计技术,从"能测"和"所测"的角度并结合实践的检验,不断加以改进,提高设计水平与设计质量.

三、试题难度设计与控制技术

试题难度设计与控制不仅是科学性问题,也是社会性问题,它将决定评价的质量效益以及对学生的减负增效.试题难度设计是指在题型设计时,编制出满足难度分布要求的试题.试题难度控制是指按照一定方法对试题的难易程度进行适当调适的过程.试题绝对难度的影响因素及量化标准见表8-1.

表8-1　试题绝对难度的影响因素及量化标准

难度因素	量化标准的说明
1. 试题长度	阅读文本(含文字、符号、图表等)信息量的多少(单位:字符数)
2. 情境素材	试题所创设问题情境的新鲜度、繁简度、提示度、位置度等
3. 问题类型	题型对答案潜在的猜答难度(封闭、半封闭、开放).选择、填空、开放题

难度因素	量化标准的说明
4. 知识点数	试题中所考查的知识点(含技能、方法)数目的多少(广度要求)
5. 能力层级	解题所涉及的能力层级水平(识记、理解、应用、评价)高低
6. 推理步骤	解题思维所涉及的推理步骤数(推理量)的多少
7. 运算步骤	计算题对数学技能的要求及运算的复杂程度(运算量)
8. 障碍点数	试题潜在的解题障碍点数(陷阱数、关卡数)及隐蔽条件的多少
9. 关联指数	以分步设问的各小题间是否循序渐进的、阶梯式的排列

通过对中考数学试卷的大量研究分析,其中试卷正卷文字字符数控制在2000以内,对学生考试心理影响积极,每页应有1~2个图为宜. 这就要求命题教师对本区域考试中影响难度因素的控制与难度实测数据进行比对分析,发掘试题结构与试题难度间的关联,对后续命题难度的调控提供一定的实践意义的指导.

第三节　预估试题难度的方法

一、因素分析法

要对试题难度有个较好的预估,首先必须要对影响试题难度的因素有个较清醒的认识. 从命题实践的反思到审题建议的产生过程中,通过深入分析发现影响试题难度的因素有如下几个方面:

(1) 试题的新颖程度

一般来说,如果试题的背景、设问方式、解题模式等对学生来说都很新颖,那么试题就容易偏难;反之,如果试题背景、问题结构等都是学生所熟悉的,解决问题的方法也是学生所熟悉的,那么试题通常就不会太难.

(2) 试题的文字长度与可理解程度

如果试题文字阅读量过大,许多学生还未读完题,就打算放弃了,从而客观上导致了难度的增大. 如果试题的表述是学生容易理解的,没有过多的干扰性的生僻词语,语句之间的逻辑关系易于把握,那么试题的难度就会降低;反之,如果试题的表述难于理解,非本质的无关词语过多,就会增加试题的难度.

（3）试题的综合程度与解答时间长度

如果试题中涉及的知识点过多,所要用到的技能技巧过多,所要灵活运用的数学思想方法有几种,那么试题的难度势必增大. 如果试题的解答长度——计算与推理的过程——过长,解答过程繁琐不顺畅,也会使不少学生在解答过程中会出现这样或那样的错误,而不能顺利解答出正确结果,就会出现难度偏大的现象;反之,如果解答不多,解答思路又比较常规,那么试题就显得比较容易. 如果解答该题的时间过少,通常难度就会增大;如果解答该题的时间较充裕,那么试题的难度就会有所降低.

（4）学生对于解决该问题方法的掌握程度

如果学生对于解决该问题的方法已熟练掌握,那么试题难度不大;反之,如果学生对于解决该问题所需方法不熟悉,或掌握得不够好,那么试题的难度就大. 如果学生对于解决该问题所需能力已经具备,那么解答难度自然就小. 此外,如果解决该问题方法的多寡程度、解答的繁琐程度、学生对于试题背景的熟悉程度、与已知问题的相似程度等等因素,都对试题的难度有所影响,那么在考虑试题的难度时都要有所考虑. 在对这些因素进行分析后,试题的难度就大致可以预估出来了.

在已有的一些难度预测的数学模型中,常用的难度因素还有:知识点数;运算量;推理量;陷阱数;繁简度;提示度;猜答度;等等.

二、对比法

这是一种常用、快捷、有效的评估难度的方法,只要将今年命制的试题与去年或前年的试题加以比较,由去年或前年相同位置、相同类型的试题难度系数就可以马上预估出今年试题的难度了. 在命题和审题过程中,这一方法是必须要用的. 对于同一区域性考试而言,教育水平年度间波动较小,加上命题风格传承等影响,基于环比对照的这一方法也是比较可靠和科学的.

直至目前为止,在没有条件使用试测方法预测试题难度时,试题难度预测还是以专家们的经验为基础来进行,这种预测方法是把试题预测看作诊断识别问题加以对比分析来处理.

首先,确定影响试题难度的各种因素的内容及其量化描述法,建立因素空间（或称难度结构因素）;其次,确定试题难度描述模式,建立模式集,进而确定诊断识别的经验关系,建立起模式与因素间的关系;再次,确定诊断识别的权重分配,赋予参加识别诊断的每一个因素以一定的权重,用以表明各因素在识别诊断中的地位和作用;最后,建立起难度对比模式的加权综合法则和综合决策模型进行试题难度预测.

三、平均值法

在命题过程中,或者在试题命制成型后,要对每道试题的难度和整份试卷的难度作出估计. 一个较简单的方法就是,参与命题的每位老师都独立地对每道试题的难度值作出估计,然后每道题取一个平均值作为该题的预估难度,当每道试题的难度预估完了,整卷的难度也就出来了. 在每位老师独立地对每道试题的难度值作出预估时,因素分析法常起到重要作用.

每位专家对考试内容、考试要求和考试对象都十分熟悉,具有丰富的考试命题工作的经验,让他们每个人各自凭借自己的经验,对试题难度及考情进行综合预测,将个人的预测值加以平均,得出的平均预测值为所求的预测值.

这种方法易于操作,预测的误差与专家们的经验密切相关,专家的主观因素起着举足轻重的作用,误差界限较难确定,完全属于经验性的主观预测方法. 当考试对象总体水平和状况比较稳定,专家的经验也十分丰富时,预测效果一般说来还是可靠的.

四、分步计算与分类计算法

如果一道题分成了几个小题,或者一个问题的解答分成若干步骤,那么可以通过预估完成每个小问题或完成每个步骤的人数比例来预估该题的难度值. 这种方法比完全靠直观与经验得出的判断要科学、准确. 试题难度的预估,也可以采用分类计算法进行,这时,我们可以简单地把考生分成 A(前 30% 左右的考生)、B(中间 40% 左右的考生)、C(后 30% 左右的考生)三类(也可以是更多的类型),如果 A、B、C 三类考生解答的预估难度为 a、b、c,那么该题的难度就可以近似地由公式 $P = 0.30 \times a + 0.40 \times b + 0.30 \times c$ 算出. 当然也可以采用其他的分类,把类似的分步计算法与分类计算法结合起来. 在使用这两种方法对试题难度进行估计时,应设身处地从考生的角度进行分析,而不是从命题老师的角度进行分析,这样一来,对试题难度的预估就比较准确. 由于在实际操作中,可以借助电子表格计算比较,所以可以非常方便快捷地作出预估.

五、回归方程法

试题难度与诸多因素有关,对特定的考试,首先,应弄清影响试题难度的主要因素是什么.其次,应研究这些因素如何量化以及试题难度值与各因素的量化值关系如何,建立起反映这种关系的数学模型之后,就可以用它来预测试题的难度.

所谓回归方程法,就是用统计方法,由学生的实际得分率(即试题难度)和影响试题难度的诸多因素的赋值建立起回归方程,作为预测的数学模型.

如果把影响试题难度的主要因素称为难度结构因素,一共有 n 个,那么,对应于每一道试题,就有 n 个难度结构因素的值 a_1, a_2, a_3, $\cdots$, a_n. 记试题的难度值(得分率)为 p,利用 Logistic 回归模型

$$z = \ln \frac{p}{1-p} = c_0 + \sum_{i=1}^{n} c_i a_i$$

可按试题类型,对以往同种考试所得的数据,用最小二乘法确定上述模型中的常数 c_1, c_2, c_3, $\cdots$, c_n,便可得到用于同一类型的难度预测的回归方程.

对被预测的试题,先由专家赋予其难度结构因素的值 a_1, a_2, a_3, $\cdots$, a_n,代入回归方程,求得 z 值,再利用换算公式 $p = \dfrac{e^x}{1 + e^x}$,便可得到该题的预测难度.

这种预测方法同样离不开专家经验.首先,难度结构因素的选定是由专家经验来实现的.其次,这些因素的赋值,虽然有些因素可由试题客观给定,但不少因素的赋值仍得由专家凭经验评判给定.此外,在回归模型的采用上,Logistic 回归模型也不是唯一的,还可以根据专家的经验选择建立其他的模型.而且,不管采用哪种模型,目前都难以给出预测偏差的定量估计.

造成实测难度与预估难度产生差异的因素主要有以下几点:一是命题者在命题中对难度的预估与设计难度存在偏差.这种偏差来自三方面:第一,命题者对试题的学科能力要求定位不准确;第二,命题者对受试者的实际水平把握不准确;第三,命题者在预估难度时带有个人主观性.二是应试技巧对试题预估难度造成冲抵效应.三是施测环节和阅卷环节造成实测难度与预估难度产生偏差.此外,在主观性试题的评分环节,由于存在三个"不一致"——阅卷者自身的不一致、阅卷者之间的不一致(一评、二评)、不同考次/考场间的阅卷不一致,实际得到的难度值

也会与命题时的预估难度发生偏差.

第四节　确定参考答案和评分标准

对试题的赋分应该合理,对每种题型中试题的赋分应该有统筹考虑,以试题测量的行为目标或行为特征的重要性,考生应答中的思维量、时间和运算量为参考标准,对试题进行赋分. 一般以数学试卷中只有一个正确或最好选项的单项选择题为最低赋分参考,简单填空题赋分相应提高一定比例,其他试题,尤其是主观题的赋分,一般不应低于两倍最低赋分单位.

在确定参考答案和评分标准时,应选择最适合于试题和评价目的的评分方法,对测量目标较单一的试题采用总体评分法,给予稍低的分值;对测量目标非单一的试题采用分析评分法,给予较高分值. 在分析评分法中,每个评分项目一般应只包含一个独立的行为特征,要明确评价的行为特征等级数,对评价的行为特征和标准中的每个等级应该进行清楚的定义. 应保证评价的行为特征与测量的行为目标相一致或评分标准应该与设问相一致.

高利害考试的试卷参考答案和评分标准的制定将对阅卷和评分产生决定性影响,尤其要慎重. 一般而言,评分标准是为了方便阅卷教师评定分数而制定的相对客观的准则,是控制阅卷教师评分误差的评判细则.评分标准制定得越全面、越细致,评分误差就会越少.确定参考答案和评分标准应注意以下几点:(1)认真编写每道试题的答案及详实的评分标注;(2)合理确定得分点,逐段赋分,给出评分标准;(3)尽量平衡不同解法的评分标准,严控评分误差.

下面给出确定参考答案和评分标准的两个例子.

例 8-1 观察下列等式:

第 1 个等式: $\frac{1}{3} \times \left(1 + \frac{2}{1}\right) = 2 - \frac{1}{1}$;

第 2 个等式: $\frac{3}{4} \times \left(1 + \frac{2}{2}\right) = 2 - \frac{1}{2}$;

第 3 个等式: $\frac{5}{5} \times \left(1 + \frac{2}{3}\right) = 2 - \frac{1}{3}$;

第 4 个等式：$\dfrac{7}{6} \times \left(1 + \dfrac{2}{4}\right) = 2 - \dfrac{1}{4}$；

第 5 个等式：$\dfrac{9}{7} \times \left(1 + \dfrac{2}{5}\right) = 2 - \dfrac{1}{5}$；

……

按照以上规律，解决下列问题：

(1) 写出第 6 个等式：_____；

(2) 写出你猜想的第 n 个等式（用含 n 的等式表示），并证明.

【评分建议】　解：(1) $\dfrac{11}{8} \times \left(1 + \dfrac{2}{6}\right) = 2 - \dfrac{1}{6}$.　　　……(3 分)

(2) $\dfrac{2n-1}{n+2} \times \left(1 + \dfrac{2}{n}\right) = 2 - \dfrac{1}{n}$.　　　……(6 分)

注：等式不成立或者有书写错误，得 0 分，其余情况得满分.

证明：因为左边 $= \dfrac{2n-1}{n+2} \times \left(1 + \dfrac{2}{n}\right) = \dfrac{2n-1}{n+2} \times \dfrac{n+2}{n} = \dfrac{2n-1}{n} = 2 - \dfrac{1}{n} =$ 右边，所以等式成立.　　　……(8 分)

注：证明过程理由不成立得 0 分，证明过程化简不完整得 1 分，其余情况得 2 分.

例 8 - 2　如图 8 - 1，山顶上有一个信号塔 AC，已知信号塔 $AC = 15$ 米，在山脚下点 B 处测得塔底 C 的仰角 $\angle CBD = 36.9°$，塔顶 A 的仰角 $\angle ABD = 42.0°$，求山高 CD（点 A、C、D 在同一条竖直线上）.

（参考数据：$\tan 36.9° \approx 0.75$，$\sin 36.9° \approx 0.60$，$\tan 42.0° \approx 0.90$）

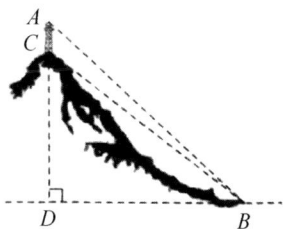

图 8 - 1

【评分建议】　解：由题意，在 $\text{Rt} \triangle ABD$ 与 $\text{Rt} \triangle CBD$ 中，$AD = BD \tan \angle ABD \approx 0.9BD$，$CD = BD \tan \angle CBD \approx 0.75BD$.……(2 分) 于是 $AC = AD - CD = 0.15BD$.

因为 $AC = 15$（米），所以 $BD = 100$（米）.　　　……(6 分)

所以山高 $CD = 0.75BD = 75$ 米.　　　……(8 分)

注：正确使用正切值定义表示出线段之间的数量关系，每个等量关系得 1 分；

　　　……(2 分)

正确列出整式或分式方程； ……(6分)
准确计算得出结果. ……(8分)

第五节　命题组的初审与复审

　　试题的编制主要表现在三个层面：技术层面、内容层面、观念层面．整卷命制完成后的复审试题与编制命题时的初审试题，其重点是不同的．初审试题主要集中在观念层面与内容层面上，主要包括：①难度立意是否集中在有重要价值的内容上．如果在细枝末节上关注，就要修改与调整；如果在非本质问题上纠缠，就必须改变．②试题设置是否能考查到所要考查的知识和能力．③试题是否存在科学性错误．④能力要求是否超标，如果超标则一定要调整．⑤试题内容是否为人为堆砌，如果是就要调整．复审试题主要集中在部分的内容层面与技术层面上，主要包括：①试题是否存在科学性错误；②整卷试题是否和谐；③机械记忆与机械操作题是否过多，如果是就要调整；④格式、体例等是否规范；⑤试题是否过难，难易、题型分值比例是否适当；⑥作答空间、时间是否充裕；⑦语言表达是否简明易懂、无歧义、合乎逻辑，标点是否正确；等等．在复审过程中，一定要换角度，要细致，该动手做的就要亲自动手做，不能停留在一般性想象之上．当某些部分需要调整时，一定要对其相关部分（如前后相应的表述方式、答案等）作相应调整！

　　在完成对试题的复审之后，就要进一步规范参考答案和评分标准的写法．其实，做答案不是从这时候才开始的，而是在编题、议题、改进题、重审题的每一环节过程中都需要做题并独立做答．不过，那时的做题主要是为了深入地了解、分析这道题目而进行的．这时的对解答过程的再审视，是在试卷即将定稿时为了阅卷的需要所做的进一步的审查工作．此前的解答和此时的再审，对于制定出相对合理的评价标准，发挥试卷的效度和信度都是重要的．

　　这里，在命题和写规范的解答过程中，设身处地地站在考生的角度思考问题，从农村和城市的学生差异，优秀学生、中等学生、后进学生的差异，男生和女生的差异，思维方式不同的学生的思维差异等角度进行思考，有利于评分标准更为合理．充分考虑到学生在考试中的常见错误：①看错字；②抄错数；③算错值；④写错点;⑤想错法;⑥跳步骤;⑦概念不清;⑧题型不适;⑨审题错误;⑩考场焦虑;⑪时间分配不合理.针对学生容易失误的原因,改进答题卷的呈现方式.特别地,对于开放性试题的解答及其评分标准的制定更要多加注意,先发散思维,尽量罗列出学生有可能产生的种种想法,再进行归类分层,可以按照"鼓励创新,承认差别"的思路,实行合理给分甚至加分的方式来设置分数或等级.

以上措施可以减少学生出错的可能性,也能有效地提高成绩,更重要的是,还可以有效地提升命题教师的评价境界,培养自己的命题综合素质及能力.针对命题和考试中存在的问题,命题教师不仅要善于分析,还要制定出实用有效的解决方案,更要有效地加以执行,两者缺一不可.

例 8-3　在 $\triangle ABC$ 中,若角 A、B、C 所对的三边 a、b、c 成等差数列,则下列结论中正确的是_____.

$$①b^2 \geqslant ac;②\frac{1}{a}+\frac{1}{c} \leqslant \frac{2}{b};③b^2 \leqslant \frac{a^2+c^2}{2};④\tan^2\frac{B}{2} \leqslant \tan\frac{A}{2}\tan\frac{C}{2}.$$

【内审分析】　解析:由 a、b、c 成等差数列,则 $2b=a+c \Rightarrow 2b \geqslant 2\sqrt{ac} \Rightarrow b^2 \geqslant ac$,故 ① 正确.

由 $\frac{1}{a}+\frac{1}{c}=\frac{a+c}{ac}=\frac{2b}{ac} \geqslant \frac{2b}{b^2}=\frac{2}{b}$,故 ② 不正确.

由 $b^2-\frac{a^2+c^2}{2}=\frac{(a+c)^2}{4}-\frac{a^2+c^2}{2}=-\frac{(a-c)^2}{4} \leqslant 0$,故 ③ 正确.

由正弦定理得:

$$2b=a+c \Rightarrow 2\sin B = \sin A + \sin C$$

$$\Rightarrow 2\sin\frac{B}{2}\cos\frac{B}{2}=\sin\frac{A+C}{2}\cos\frac{A-C}{2}$$

$$\Rightarrow 2\cos\frac{A+C}{2}\cos\frac{B}{2}=\cos\frac{B}{2}\cos\frac{A-C}{2} \Rightarrow 2\cos\frac{A+C}{2}=\cos\frac{A-C}{2}$$

$$\Rightarrow 2\cos\frac{A}{2}\cos\frac{C}{2}-2\sin\frac{A}{2}\sin\frac{C}{2}=\cos\frac{A}{2}\cos\frac{C}{2}+\sin\frac{A}{2}\sin\frac{C}{2}$$

$$\Rightarrow \cos\frac{A}{2}\cos\frac{C}{2}=3\sin\frac{A}{2}\sin\frac{C}{2} \Rightarrow \tan\frac{A}{2}\tan\frac{C}{2}=\frac{1}{3}.$$

又由余弦定理得:

$$\cos B = \frac{a^2+c^2-b^2}{2ac} = \frac{4a^2+4c^2-(a+c)^2}{8ac}$$

$$= \frac{3(a^2+c^2)-2ac}{8ac} \geqslant \frac{4ac}{8ac} = \frac{1}{2},$$

$$\therefore 0 < B \leqslant \frac{\pi}{3}, \therefore \tan^2\frac{B}{2} \leqslant \frac{1}{3},$$

$$\therefore \tan^2\frac{B}{2} \leqslant \tan\frac{A}{2}\tan\frac{C}{2} \text{ 成立,故 ④ 正确.}$$

注：对于命题设计中的创新,要寻找多种解法从不同的视角去审视,以防止"殊途不同归"的隐性错误深藏在创新设计之中.

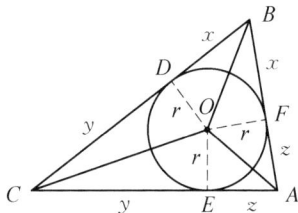

图 8-2

还可以给出④的另解：作△ABC 的内切圆,如图 8-2 所示,$a=x+y$,$b=y+z$,$c=z+x$,由 $2b=a+c$ 得 $2x=y+z$. 此时 $\tan\frac{A}{2}\tan\frac{C}{2} = \frac{r}{z} \cdot \frac{r}{y}$,$\tan^2\frac{B}{2} = \left(\frac{r}{x}\right)^2$.

则要证明 $\tan^2\frac{B}{2} \leqslant \tan\frac{A}{2}\tan\frac{C}{2}$,即证明 $\frac{r}{z} \cdot \frac{r}{y} \leqslant \left(\frac{r}{x}\right)^2$.

由 $2x=y+z$ 得 $x^2 = \frac{(y+z)^2}{4} \geqslant \frac{(2\sqrt{yz})^2}{4} = yz$,所以 $\frac{r}{z} \cdot \frac{r}{y} \leqslant \left(\frac{r}{x}\right)^2$.

【内审感悟】 以上的严格分析,有助于审题和纠错. 虽然选择题和填空题不需要解析,但在严格意义的内审中,与解答题一样解析不可少,只是不要评分细则而已.

第九章 数学审题组的审核

第一节 数学试题的审题原则

在中学数学命题实践中,与命制试题发挥着同等特殊重要作用的是审题,为了使中、高考及学业考等试题符合课程标准、素质教育和考试目标的要求,探讨审题原则同样是非常必要的.

审题人员原则上必须与命题人员互不联系,他们是彼此分开的两组不同的专业教师,这样才能保证他们客观上不受任何干扰,独立高效地执行审题任务,才有可能发现命题教师难以发现的错误和问题.

审题也同样要从评价理念的体现入手,将经验升华,在理论与实践之间寻找平衡点,它对命题有着直接而又具体的指导意义.因此,要审好数学试题,一定要站得更高,看得更全面,分析更透彻,点评更到位才行.这样的能力不是一般教师通过短期培训就能达到的,一定要具有相当丰富的命题经验,打好审题基本功,才能提出有针对性的建议,较好地完成审题任务.

一般而言,审题原则应指向三个方面:理念是否先进,方向是否正确;逻辑是否合理,推演是否科学;文字是否简明,图象是否准确.

在新的教育理念下,我们所持有的审题理念也要切实体现素质教育的精神,充分重视对学生的创新精神和实践能力的考查,努力促进学生的全面发展.既要有利于减轻学生过重的负担,又要促进学生生动、活泼、主动地学习.这是中、高考审题的出发点和归宿地.

在这一理念下,根据数学中、高考试题内容的相对性、相近性等特征,可以将数学中、高考试题的审题原则概括如下.

一、科学性、人文性原则

科学性原则是指确保试题在科学性上准确无误,在语言叙述上简明易懂无歧义,在图文上匹配无错漏. 这是中、高考审题最基本的原则,离开了它,中、高考试题的价值与功能无从谈起.

人文性原则是指审题时应树立以人为本的思想. 一方面,应具有善心和爱心,在整体构思(包括难度分布、题型设置等方面)与具体题目的审查上考虑全体学生的实际水平与思维方式,确保他们有足够的思考时间,有利于发挥正常水平,让他们获得良好的情感体验,体会到思考的快乐. 另一方面,应适当结合现实中的人文性题材,编拟合适的数学试题,引导数学关注人类社会,重视数学联系实际,发挥试题的育人价值.

由于数学也是一种文化,文化最为强调的是对人的关注与尊重,从文化角度讲,其人文性理应受到特别的重视;同样考试是为学生服务的,命题者理应加强数学应用;从中、高考的学习发展性功能来讲,编拟适当的人文内容,有利于人文精神的培养. 因此,人文性应作为中、高考命题的一大原则. 科学性与人文性在中、高考命题中起着基础的作用,只有实现这两者的有机结合,才能相辅相成,相得益彰.

二、基础性、现实性原则

基础性原则是指中、高考试题首先应关注课程标准中最基础和最核心的内容,突出对基本数学素养的评价,即所有学生在学习数学和应用数学解决问题过程中最为重要的、必须掌握的核心观念、思想方法以及基本的概念和常用的技能.

现实性原则是指试题背景应该来自于学生所能理解的生活现实和社会现实,符合学生所具有的数学和其他学科的知识水平和思维发展水平. 例如,应用题的题材应当具有鲜明的时代特征,能够在学生的生活中找到原型等.

审题时必须重视试题的基础性和现实性,它对于确定考查的重点与题材的选用有重要的指导作用,非基础的偏题、怪题应给予更换建议.

三、一致性、有效性原则

一致性原则是指中、高考试题应当在理念上、内容上、考查目标要求上与课程标准保持一致,所有试题求解过程中所涉及的知识、技能以及能力的水平要求应以课程标准为依据,不能随意扩展范围与提高要求. 题目的立意、教育价值与教育目标应保持一致,设想与表达、题型与考查目的等应保持一致. 对于超过课程标准的试题也应给予更换建议.

有效性原则是指数学学业考试试卷应当有效地反映学生的数学学习状况,关注对学生数学学习各个方面(过程与结果、知识与能力、思维水平与思维品质等)的考查,发挥各种题型的功能,使得试题设计与其要达到的评价目标相一致,使得试题的求解过程反映新课程理念所倡导的数学活动方式,如观察、实验、猜测、验证、推理等等,而不能仅仅是记忆与模仿.

四、稳定性、创新性原则

稳定性原则是指命题应从数学教育的实际出发,在难度、方向、结构等方面应与往年保持相对的稳定,不宜一年一个花样,作过大的变化,命题改革应渐变而不宜突变. 这有利于继承多年以来所积累的长处与形成的特色,有利于教学秩序的相对稳定,有利于试题改革的稳定进行,有利于逐步推进素质教育.

但稳定是相对的、暂时的,创新才是不断的、永恒的,不能因为稳定而妨碍创新,创新才是中、高考命题的主旋律. 创新性原则是指命题应做到稳中求变,变中求新,新中求好,给学生提供创新、展示才华的机会. 创新意味着内容、形式、结构、情境、设计方式等方面与以往的不同,它可以是新瓶装新酒的形式,也可以新瓶装老酒的形式或老瓶装新酒的形式. 它给试卷带来活力,给教师带来喜悦、启发、冲击——看到新颖的试题有一种精神上的愉悦感,感受到数学教学应重视创新意识的培养,产生必须改革因循守旧的思想观念与教学模式的想法,给学生带来新鲜与挑战,为课程改革提供动力. 怎样才能做到创新而不东施效颦呢? 对于设计良好的新情境题、开放性试题、探索题、综合题与小巧别致的填空题、选择题等等创新型试题必须加大审查力度,因为它们可能因创新而蕴涵较大的风险,必须特别注意.

五、思考性、发展性原则

思考性原则是指数学中、高考试卷中,应有相当数量的题目具有思考性. 虽然其他学科也重视这一点,但远不如数学在这方面强调得充分、全面、深刻,这是数学学科本身的特点——高度的抽象性、严密的逻辑性与广泛的应用性所决定的,这也正是"数学是思维的体操"在中、高考试卷上的体现. 所谓思考性,就是要求题目应有一定的灵活性和广阔的思考空间，既有思维的广度，又有思维的深度，还有选择解题路径的自由度，它完全不同于那种死记硬背式的、机械操作式的题目，它要求的是能力，而不仅仅是知识与技能.

发展性原则是指命题时应以促进学生的发展为本，变以知识立意为主为以能力立意为主，充分体现数学试题的思考性. 在内容与形式上注意数学学科自身的特点，抓住数学的主干与本质，突出数学的思想方法，加强试题的开放与探索，注意数学内部的联系与综合和外部的应用，体现内容的时代性，渗透试题的教育性. 在难度立意上体现数学教育价值. 具体操作时，要在学生最近发展区上设计题目，题目要有适度的挑战性，以让学生通过思考而不主要是靠记忆来取得成功，发展自信. 这里的发展性，不仅是一般性的指导思想，也包含了具体的、对操作有直接指导性的内容. 思考性对审题提出了明确的指导，包括试卷总体上是否把握学生今后数学学习发展的核心、思考的深度与广度是否合适等.

六、规范性、适切性原则

规范性原则是指成品试卷应符合试卷的规范要求，题头、登分表、说明、页尾标注等应正确无误，在题目的表述上应符合数学的规范与语言文字的规范，做到叙述简洁、流畅、易懂，标点正确，字母的斜体、正体使用得当，图文匹配，题目不跨页等. 审题过程必须严格要求，作为审题专家，在此方面必须不折不扣地认真落实各项要求.

适切性原则有两层意思：一是就整体而言，试卷整卷难度、难度分布及难中易的比例，题目的数量与知识点的覆盖率（虽然不强调过高的覆盖率，但也要有一定的覆盖率），试题的内容结构与能力结构等等应尽可能做到合理. 一般提交审题试卷的同时还必须提交双向细目表和试卷情况分析，审题者可以根据试卷和双向细目表以及试卷情况分析来分析题目覆盖知识点与内容结构等方面的情况. 一般不同地区的数学中、高考试题有不同的数量控制指标. 一般而言，全卷的难度值可定在 0.65 左右，难、中、易的比例大致为 0.15：0.30：0.55，知识点的覆盖率不低于 50%. 二是就具体题目而言，某题放在某一位置时，在难度、题型、设问方式等方面应做到适宜和贴切.

显然，这一原则在中、高考审题时应予以特别重视，前者对学生的正确解题起到保障作用，而后者则对整卷能否发挥良好的考查功能起到重要作用.

七、和谐性、优美性原则

和谐性原则是指作为成品试卷从整卷的知识结构与能力结构上看是和谐的,具有经脉相通的生态美.从每道题的条件、结论及内部的关系上看也是和谐的,对知识与能力的考查是全面的和合理的,表述是简明的,问题的设计是自然的而不是牵强附会的.优美性原则是指,试卷在整体感觉上充满了简洁与和谐,显露出质量上的优与数学上、排版上的美,它既表现为形式上的美观和图形上的对称,也表现为结构上的合理和表达上的简明,还表现为设问上的精巧和逻辑关系的自然融洽.和谐与优美既是一种整体上的要求,又是一种风格上的追求.为什么还要提倡风格上的追求呢? 因为风格是一种创造,提倡风格,就是提倡创造.只有是风格上的简洁、和谐、新颖、优美,而不是模式上的呆板的追求,才有可能创造出新而不怪、有品位高质量的数学试卷.如果少了对和谐性的追求,试卷的优美与质量则无以保证.

数学中、高考及学业考审题的这些原则既是相互独立又是相互联系的,它们的有机结合就构成了一个完整的体系,给命题提供了有益的指导.有了对审题原则较为完整而清晰的理解,加上平常的思索和寻觅,审题时的谨慎思考,就有望提出令命题者信服的建议,从而帮助命题者修改原稿使之成为富有新意和鲜明特色的试题.

第二节　审题策略与问题发现

一、数学审题的策略

试题命制完成以后需要进入严格的审题和试做环节.试题的表现形式是语言文字、公式符号、图形图象以及它们之间的趋向稳定状态的求解关系,所以,审题者一定要逐字逐句审核,真正看懂题意,才能真正获得解题思路的相关信息,发现命题中的疏漏.

审题者审题的关键是抓住"审题审什么"的三个要点和把握"审题怎么审"的三个步骤.

1. 审题审什么

首先要从被试的视角弄清题目已经告诉了什么,又需要去做什么.其次要从题目的逻辑起点、推理目标以及沟通起点与目标之间联系的诸多信息入手,深入推敲题目的条件和结论.审题者要逐字逐句地分析条件、结论,以及条件与结论之间的关系,必要时辅以图形或记号并细致推理和演算,以求得审查目标的具体落实.具体说来,要抓住审题的"三个要点":

(1)弄清题目的条件是什么,一共有几个,其数学含义如何.

首先,条件包括明显写出和隐蔽地给予的,弄清条件就是要尽量把它们全都找出来;其次,要弄清条件的数学含义,即看清楚条件所表达的到底是哪些数学概念、哪些数学关系,是否超出课程标准?题目的条件是否多余?是否相互矛盾?

(2)弄清题目的结论是什么,一共有几个,其数学含义如何.

题目的结论有的是显而易见的,切不可掉以轻心.往往审题出现疏漏的地方就是显而易见、不值得动笔演算的地方.审题的关键是要弄清每一步结论到底与哪些数学关系、数学概念有关,哪些是要我们去寻找的.对于题目的结论审题者要抱着怀疑一切的态度,深入细致地求解和演算,抛弃思维定势,独立寻找,明确解题方向,随时准备纠正偏差.

(3)弄清题目的条件和结论是一种什么样的结构.

有没有与此问题相关的深层结构,深层结构会不会引起更多的方法和结果?审题不仅开始于解题工作的第一步,而且贯穿于思路的探求与结果的反思中,应该是反复思考、不断深化的过程.

2. 审题怎么审

审题的程序可以细致地分为"三个步骤":

(1)认真仔细读题——弄清命题意图.

审题首先要逐字逐句读懂题目说了什么,还应该从语法结构、逻辑关系、图形图示上作出分析,真正弄清哪些是条件,哪些是结论,各有几个,这是读题最实质性的工作.其次要从答题形式、数据要求上明确题目的合理性,做好细节表述.

(2)防止出现误区——理解数学本质.

看懂题目的字面含义还不能算真正审清题意,它只是为实质性的数学理解扫清了语言障碍,关键还要能进行文字语言、符号语言、图形语言之间的转化,从题目的叙述中获取数学"符号信息",从题目的图形中获取数学"形象信息",弄清题目的数学含义.这当中,我们往往要"回到定义",激活相关的数学知识,还常常要辅以图形或记号,使条件和结论都数学化,还要关注语言中的"逻辑推理"性词语的表述,防止出现理解误区.

(3) 明确知识表征——识别求解陷阱.

弄清条件和结论的同时,条件与结论之间的关系会在头脑呈现,这种呈现不仅会激活相关的数学知识,而且也会调动相关的解题经验.新试题往往难以被大脑模式识别,容易陷入新的"陌生情境",审题一定要深度理解,接近深层结构,弄清题意,对于变通过的"形似而质异"的或综合性较强的题目,则还要不停顿地"弄清问题"及问题组间的变式"铺垫"状态,回顾反思,努力接近问题的数学本质.

二、数学试题的问题发现

常用的审题问题发现策略有:

1. 特殊值检验

【原题呈现】　设 a、b、$c > 0$,求证:

$$\frac{a^3}{\sqrt{b^2+2c^2}}+\frac{b^3}{\sqrt{c^2+2a^2}}+\frac{c^3}{\sqrt{a^2+2b^2}} \geq \sqrt{3}(a^2+b^2+c^2).$$

【审题策略】　审题教师采取特殊值代入的方法即发现该不等式不成立,例如,取特殊值 $a=1$,$b=1$,$c=2$,左边 $=\frac{1}{3}+\frac{\sqrt{6}}{6}+\frac{8\sqrt{3}}{3}\approx 5.36 < 6\sqrt{3} =$ 右边.

【修改建议】　试题在命制过程中,命题者若对不等式的适用范围及变形考虑不全面,也容易出现疏漏.本题可以使用由柯西不等式变形推广的权方和不等式来加以检验修改,修改为下列形式:

设 a、b、$c > 0$,求证:

$$\frac{a^3}{\sqrt{b^2+2c^2}}+\frac{b^3}{\sqrt{c^2+2a^2}}+\frac{c^3}{\sqrt{a^2+2b^2}} \geq \frac{\sqrt{3}}{3}(a^2+b^2+c^2).$$

2. 参照系检测

【原题呈现】　已知函数 $y=(m-2)x^{m^2-3}+m+1$ 是一次函数,则该一次函数解析式可表示为 _____.

【审题策略】　本题通过改编含字母的表达式而成,由解答思路 $m^2-3=1$ 且 $m-2\neq 0$,所以 $m=-2$.故该一次函数解析式可表示为 $y=-4x-1$.初看起来,命题教师有效地利用了这类学生作业中常见的一次函数题目的易错点进行命题,即防止只想到一次函数,则一定要求自变量 x 的指数要为 1,而忽略 x 的系数不能等于 0,出现令 $m^2-3=1$,解得 $m=\pm 2$ 的错误.

但本题函数是关于什么自变量(参照系)的函数没有明确指出,不可断言自变量为 x,如果是关于 m 的一次函数,是否可能? 当然可能,如果是关于 m 的一次函数,只要 x 为 0,那么该一次函数解析式可表示为 $y=m+1$.

【修改建议】 为了明确题意,试题必须明确是关于 x 的一次函数,修改为下列形式:

已知关于 x 的函数 $y=(m-2)x^{m^2-3}+m+1$ 是一次函数,则 m 的值为 _____.

三、多角度检测

【原题呈现】 已知四条线段 a、b、c、d 成比例,并且 $a=2$,$b=\sqrt{2}$,$c=\sqrt{15}$,则 $d=$ _____.

【错误解答】 ∵ 四条线段 a、b、c、d 成比例,并且 $a=2$,$b=\sqrt{2}$,$c=\sqrt{15}$,

∴ $a:b=c:d$,即 $2:\sqrt{2}=\sqrt{15}:d$.

解得 $d=\dfrac{\sqrt{30}}{2}$.

【错因分析】 忽略了四条线段成比例概念中情况的多样性,只默认了 $a:b=c:d$ 这一种情况. 四条线段成比例可以写成比的形式,同时也可以写成乘法的形式,例如:$ad=bc$. 此题有多种情况,用比的形式则需讨论的情况太多,用乘法的形式更为简单.

【正确解答】 此题根据四条线段成比例的概念,需要分三种情况讨论:$ab=cd$,$ac=bd$,$ad=bc$.

当 $ab=cd$ 时,$d=\dfrac{2\sqrt{30}}{15}$;

当 $ac=bd$ 时,$d=\sqrt{30}$;

当 $ad=bc$ 时,$d=\dfrac{\sqrt{30}}{2}$.

四、完备性检测

【原题呈现】　已知三个非零平面向量 a、b、c 两两夹角相等,且 $|a|=1$,
$|b|=2$,$|c|=3$,则 $|2a-b+3c|=$ _____.

【错误解答】　因为三个非零平面向量 a、b、c 两两夹角相等,

所以 $\langle a,b\rangle=\langle b,c\rangle=\langle a,c\rangle=120°$.

所以 $|2a-b+3c|=\sqrt{(2a-b+3c)^2}$

$$=\sqrt{4|a|^2+|b|^2+9|c|^2-4a\cdot b+12c\cdot a-6b\cdot c}$$

$$=\sqrt{4+4+81+4-18+18}$$

$$=\sqrt{93}.$$

故填 $\sqrt{93}$.

【错因分析】　导致上述错误解法的原因为三个非零平面向量 a、b、c 两两
夹角相等,除 a、b、c 中任意两个向量的夹角都为 $120°$ 的情况外,还包括任意两个
向量的夹角都为 $0°$,即 a、b、c 共线的情况.

【正确解答】　当 a、b、c 中任意两个向量的夹角都为 $120°$ 时,

$$|2a-b+3c|=\sqrt{(2a-b+3c)^2}$$

$$=\sqrt{4|a|^2+|b|^2+9|c|^2-4a\cdot b+12c\cdot a-6b\cdot c}$$

$$=\sqrt{4+4+81+4-18+18}=\sqrt{93};$$

当 a、b、c 中任意两个向量的夹角都为 $0°$ 时,

$$|2a-b+3c|=|2|a|-|b|+3|c||=|2-2+9|=9.$$

综上,$|2a-b+3c|$ 的值为 $\sqrt{93}$ 或 9.

故填 $\sqrt{93}$ 或 9.

五、概念性检测

【原题呈现】　已知复数 z 满足条件 $z^2-|z|-6=0$,则复数 $z=$ _____.

【错误解答】　由 $z^2-|z|-6=0\Leftrightarrow(|z|-3)(|z|+2)=0$.

因为 $|z|+2\neq0$,所以 $|z|=3$,则在复平面内以原点为圆心、3 为半径的圆上
的所有点对应的复数均符合要求. 故此题答案不唯一,可填 $3i$.

【错因分析】 将复数 z 的模等同于实数的绝对值,误认为 $|z|^2 = z^2$.

【正确解答】 设 $z = x + y\mathrm{i}(x、y \in \mathbf{R})$,

则依条件得 $x^2 - y^2 + 2xy\mathrm{i} - \sqrt{x^2 + y^2} - 6 = 0$.

依复数相等的充要条件,得 $\begin{cases} x^2 - y^2 - \sqrt{x^2 + y^2} - 6 = 0, \\ 2xy = 0, \end{cases}$

解得 $\begin{cases} x^2 - \sqrt{x^2} - 6 = 0, \\ y = 0, \end{cases}$ 或 $\begin{cases} y^2 + \sqrt{y^2} + 6 = 0, \\ x = 0 \end{cases}$ (无解).

由 $\begin{cases} (\sqrt{x^2} - 3)(\sqrt{x^2} + 2) = 0, \\ y = 0, \end{cases}$ 解得 $\begin{cases} x = \pm 3, \\ y = 0. \end{cases}$

故解得 $z = 3$ 或 -3.

第十章　数学命题的错误案例分析

命题是一件需要认真细致去做的工作,确保科学性是数学命题的底线,任何疏忽大意可能带来的影响及后果都是难以预料的,因此每个命题者都要谨慎、再谨慎!

如何确保不出错? 除了具有良好的数学素养,以认真的态度学习评价理论和编制数学试题理论之外,多看一些曾经出现的错题,分析其命制过程中易忽视的点或层层迷雾中难以识别的陷阱,将有助于提升命题教师的命题素养,防止出现命题的疏漏.

命题出错的原因一般分两类:一类是试题语言、图形、图象或条件出现缺漏、错误、多余而导致无解或矛盾;另一类是试题本身没有问题,但其参考答案所给出的解答考虑不全面、评分标准有误而导致无法正常阅卷.

通过对一些典型性、规律性和普遍性的错误题例深入地进行剖析,寻找导致错误的原因,并通过分析归纳,寻求正确的命题思想和命题方法,这对提高教师分析问题和设计问题的能力,无疑是很有帮助的.

第一节　知识性错误案例分析

例 10‐1　【原题呈现】　已知圆锥的底面半径为 20,侧面积为 400π,则这个圆锥的母线长为_____.

【错因分析】　本题的错误在于命题与审题者心中认为这是一目了然的简单题,套用公式,口算即知结果.殊不知数据出错,造成题目条件自相矛盾.由圆锥侧面积公式 $S_{侧}=\pi Rl$(R 为圆锥底面半径,l 为圆锥母线)可以求得本题母线 $l=20$. 此时,如图 10‐1,$l=AB=20$,$R=OB=20$,而 $\triangle AOB$ 为直角

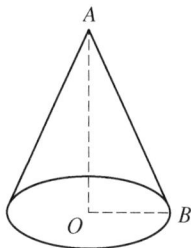

图 10‐1

三角形,AB 为斜边,不可能和直角边 OB 长度相等,因此题目出错.

【修改建议】 可以修改题目数据,将底面半径改为 10,其他条件不变,则这个圆锥的母线长为 40,此时在 $Rt\triangle AOB$ 中,斜边 $AB >$ 直角边 OB,符合实际.

例 10-2 【原题呈现】 设 a、b 是方程 $2x^2 - 6x + 5 = 0$ 的两个实数根,则 $\left(a + \dfrac{1}{a}\right) \cdot \left(b + \dfrac{1}{b}\right)$ 的值为 _____.

【错因分析】 本题考查一元二次方程根与系数的关系,展开后得 $ab + \dfrac{b}{a} + \dfrac{a}{b} + \dfrac{1}{ab} = ab + \dfrac{(a+b)^2}{ab} - 2 + \dfrac{1}{ab}$. 由根与系数关系得 $ab = \dfrac{5}{2}$,$a + b = 3$,代入根与系数关系得很快就能得出所求结果为 $\dfrac{9}{2}$,这与出题人所期望的结果是一致的,但由于此一元二次方程 $2x^2 - 6x + 5 = 0$ 的判别式 $\Delta = 36 - 40 < 0$,此方程是没有实数根的,故本题的提问失去了存在的前提,题目缺乏数学知识的严谨性.

第二节　图象型错误案例分析

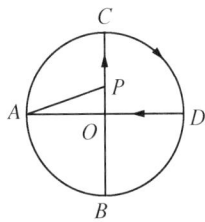

图 10-2

例 10-3 【原题呈现】 如图 10-2,AD、BC 是 $\odot O$ 的两条互相垂直的直径,点 P 从点 O 出发,沿 $O \to C \to D \to O$ 的路线匀速运动,设 $\angle APB = y$(单位:度),那么 y 与点 P 运动的时间 x(单位:秒)的关系图是(　　).

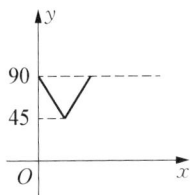

A.

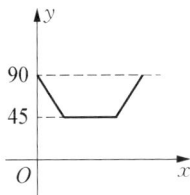

B.

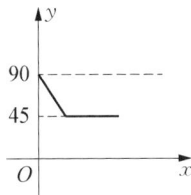

C.

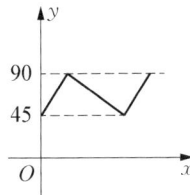

D.

【错因分析】 本题错误在于选项 B 的函数图象,该图象的首尾两段不是一次函数,图象不是直线而是曲线.

一次函数的核心本质是"匀速变化",即 y 的增量与对应的 x 的增量的比为定值 k,因而检验是否是一次函数的特征是:当 x 匀速变化时,y 是否也匀速变化;或者说当 x 的增量相等时,y 的增量是否相等.

本题中的 P 点匀速运动时,$\angle APB$ 的度数变化并不是匀速的. 如图 10-3,当 $OP = PD$ 时,$\angle PAO \neq \angle PAD$. 此时 $\angle PAO > \angle PAD$,所以当 P 点从 O 向 D 匀速运动时,$\angle APO$ 角度的变化速度是在减小的. 或者换个角度,如图 10-4,当 $\angle PAO = \angle PAD$ 时,$OP \neq PD$,此时 $OP < PD$,可知当 P 点从 O 向 D 匀速运动时,$\angle APO$ 角度的变化速度在减小.

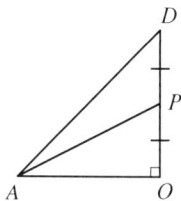
图 10-3

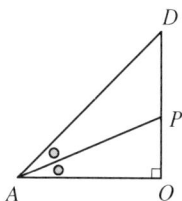
图 10-4

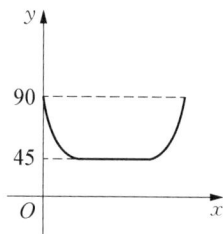
图 10-5

【修改建议】　本题应把选项 B 的图改为图 10-5,因为从体现变化趋势来看,一次函数是一种匀速变化,而二次函数是一种加速变化(从顶点向两侧变化速度逐渐增大).

第三节　推理性错误案例分析

例 10-4　【原题呈现】　已知 $\dfrac{3-1}{3^2-1^2} = \dfrac{2}{2(3+1)} = \dfrac{1}{3+1} = \dfrac{1}{4}$;

$$\dfrac{7-5+3-1}{7^2-5^2+3^2-1^2} = \dfrac{2\times2}{2(7+5)+2(3+1)} = \dfrac{2}{7+5+3+1} = \dfrac{1}{8};$$

$$\dfrac{11-9+7-5+3-1}{11^2-9^2+7^2-5^2+3^2-1^2} = \dfrac{3\times2}{2(11+9)+2(7+5)+2(3+1)}$$

$$=\frac{3}{11+9+7+5+3+1}=\frac{1}{12};$$

······

求 $\dfrac{[(2n+3)-(2n+1)]+\cdots+11-9+7-5+3-1}{[(2n+3)^2-(2n+1)^2]+\cdots+11^2-9^2+7^2-5^2+3^2-1^2}$ 的值（其中 n 是正整数）.

【错因分析】　命题者根据条件中所给的三个化简式子的数字特征,采用归纳、类比和推演的方式,提出新结论并要求解.而如此推理是否只建立在奇数的一般字母替换上即可圆满完成呢？ 如果注意到题目所求 $\dfrac{[(2n+3)-(2n+1)]+\cdots+11-9+7-5+3-1}{[(2n+3)^2-(2n+1)^2]+\cdots+11^2-9^2+7^2-5^2+3^2-1^2}$ 的值（其中 n 是正整数）,结论表述中特值与一般表达式可能存在问题,就会发现此处所给限定 n 是正整数不合理,若 n 为奇数,则表达式本身就有矛盾.比如 $n=3$,则 $[(2n+3)-(2n+1)]=9-7$,与题目所求表达式分子中的 $11-9+7-5+3-1$ 矛盾;$[(2n+3)^2-(2n+1)^2]=9^2-7^2$ 与题目所求表达式分母中的 $11^2-9^2+7^2-5^2+3^2-1^2$ 矛盾.所以分子和分母通项的表达式是错误的,不能为 $(2n+3)-(2n+1)$ 和 $(2n+3)^2-(2n+1)^2$.

原题分子和分母通项表达式的错误原因在于,看到 1、3、5、7、9、11 就联想到奇数 $(2n+3)$、$(2n+1)$ 一类的通项表达式,而没有注意到 1、3、5、7、9、11 这些数字前出现的符号是正负相间的,实际上呈现的是 -1、$+3$、-5、$+7$、-9、$+11$,忽视奇数前正负相间的符号,而直接套用奇数 $(2n+3)$、$(2n+1)$ 一类的通项表达式就出现了错误.

仔细观察可以发现,题目中成对增加的两个数如 -1、$+3$,-5、$+7$,-9、$+11$,其差皆是 4 的倍数,所以成对出现的数组的通项必然以 4 为公差的等差数列不是 $(2n+3)-(2n+1)$,而应该是 $(4n+3)-(4n+1)$.

第四节　策略性错误案例分析

例 10-5　**【原题呈现】**　红星中学为调查学生对相关知识的了解情况,从全校 610 名学生中随机抽取 n 名学生进行测试,得到一个样本数据,进行整理后分成 5 组,并绘制成如图 10 - 6 所示的频数分布直方图和扇形统计图.

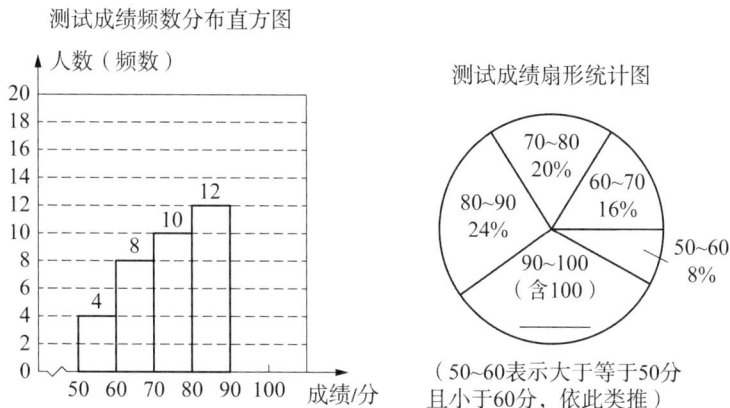

测试成绩频数分布直方图

测试成绩扇形统计图

(50~60表示大于等于50分且小于60分,依此类推)

图 10 - 6

请根据图中信息解答下列问题:

(1) 补全频数分布直方图和扇形统计图.

(2) 已知"80~90"这组的数据如下:81,82,84,85,85,85,86,86,86,86,88,88.①所抽取的 n 名学生测试成绩的中位数是_____分,"80~90"这组数据中的众数是_____;

② 若成绩≥85 分为优秀,请你估计该校学生中测试成绩为优秀的人数.

解: (1) 成绩为 90~100(含 100)的人数是 16,

扇形图中的空格处应填 32%.……4 分

(2) 共 12 个数,第 6 个数是 85,第 7 个数是 86,所以中位数是 85.5,86 有 4 个数,所以众数是 86.……8 分

(3) $\frac{25}{50} \times 100\% \times 610 = 305$(人).

答:估计该校学生测试成绩为优秀的人数为 305 人.……12 分

【错因分析】 命题者在命题中所给条件与解答中的分析所指不同,(2)①所抽取的 n 名同学与"80~90"的人数不一样.在解答(2)中求①所抽取的 n 名学生测试成绩的中位数是_____分,是针对全体样本的,而不是针对"80~90"这组数据的.答案中误以此组数据处理,得出中位数是 85.5.

若试题所给条件说明不变,则解答及评分标准要作出调整. 正确的解法:由题意知成绩为 80~90 的人数是 12,占比 24%,求出总抽样数 $n = 50$(人). 根据题意可求得在 $90 \sim 100$(含 100)的人数是 16,由此推出实际 50 人成绩的中位数应该是第 25 人与第 26 人的平均数,即"$80 \sim 90$"这组数据的第 3 个数 84 和第 4 个数 85 的平均数,应该为 84.5.

第五节　臆测性错误案例分析

例 10-6 【原题呈现】　如图 10-7,F_1、F_2 分别是双曲线 $\dfrac{x^2}{a^2} - \dfrac{y^2}{b^2} = 1 (a > 0,b > 0)$ 的左右焦点,过 F_1 的直线 l 与双曲线交于 A、B 两点,且 $A(1,\sqrt{3})$,若 $\triangle ABF_2$ 为等边三角形,则 $\triangle BF_1F_2$ 的面积为(　　).

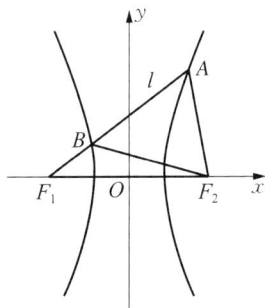

A. 1

B. $\sqrt{2}$

C. $\sqrt{3}$

D. 2

图 10-7

【原题解析】　由已知得 $|BF_2| - |BF_1| = 2a$,$|AF_1| - |AF_2| = 2a$,又 $\triangle ABF_2$ 为等边三角形,所以 $|AF_1| - |AF_2| = |BF_1| = 2a$,所以 $|BF_2| = 4a$.

在 $\triangle AF_1F_2$ 中,$|AF_1| = 6a$,$|AF_2| = 4a$,$|F_1F_2| = 2c$,$\angle F_1AF_2 = 60°$,由余弦定理得 $4c^2 = 36a^2 + 16a^2 - 2 \cdot 6a \cdot 4a \cdot \cos 60°$,所以 $c^2 = 7a^2$,$b^2 = c^2 - a^2 = 6a^2$,所以双曲线方程为 $\dfrac{1}{a^2} - \dfrac{3}{6a^2} = 1$,解得 $a^2 = \dfrac{1}{2}$,即 $a = \dfrac{\sqrt{2}}{2}$,所以 $S_{\triangle BF_1F_2} = \dfrac{1}{2} \cdot 2a \cdot 4a \cdot \sin 120° = 2\sqrt{3}a^2 = \sqrt{3}$. 故选 C.

【错因分析】　命题者在刻意创新处做了大胆尝试,但科学性是创新时必须首先关注的. 此处的解析看似没有问题,但是我们进一步在解析的基础上多角度

分析并求解,又产生"殊途不同归"的现象.$\triangle AF_1F_2$ 的面积通常有两种表示方法:

一种是 $S_{\triangle AF_1F_2}=\dfrac{1}{2}\cdot 6a\cdot 4a\cdot \sin 60°=6\sqrt{3}\,a^2$;另一种是以 A 的纵坐标为

$\triangle AF_1F_2$ 的高的值,可得 $S_{\triangle AF_1F_2}=\dfrac{1}{2}\cdot 2c\cdot \sqrt{3}=\sqrt{3}\,c$.显然若 $6\sqrt{3}\,a^2=\sqrt{3}\,c$,又 a^2

$=\dfrac{1}{2}$,此时 $c=3$.而根据解析中得到的数据可得 $c^2=a^2+b^2=7a^2=\dfrac{7}{2}$,至此产生

矛盾.因此断定该题为错题.那么产生错误的原因是什么呢?

　　我们单纯从两点距离来看 $\mid AF_1\mid=\sqrt{(1+c)^2+\left(\sqrt{3}\right)^2}$,$\mid AF_2\mid=$

$\sqrt{(1-c)^2+\left(\sqrt{3}\right)^2}$,如果 $A(1,\sqrt{3})$ 真的如题意能使得 $\triangle ABF_2$ 为等边三角形,则

应该由 $\dfrac{\mid AF_1\mid}{\mid AF_2\mid}=\dfrac{6a}{2a}=\dfrac{\sqrt{(1+c)^2+\left(\sqrt{3}\right)^2}}{\sqrt{(1-c)^2+\left(\sqrt{3}\right)^2}}$ 化简可得到关于 c 的一元二次方程

$2c^2-5c+8=0$,而该方程显然无解.因此若双曲线过 $A(1,\sqrt{3})$,则根本无法形成

题设中的等边三角形,创新构造的等边三角形只是臆测的图形而已.

第六节　定式性改编错误案例分析

　　例 10-7　**【原题呈现】**　　如图 10-8,图(1)是一个扇形 AOB,将其作如下

划分:

　　第一次划分:如图(2)所示,以 OA 的一半 OA_1 为半径画弧,再作 $\angle AOB$ 的平

分线,得到扇形的总数为 6 个,分别为:扇形 AOB、扇形 AOC、扇形 COB、扇形

A_1OB_1、扇形 A_1OC_1、扇形 C_1OB_1;

　　第二次划分:如图(3)所示,在扇形 C_1OB_1 中,按上述划分方式继续划分,可

以得到扇形的总数为 11 个;

　　第三次划分:如图(4)所示……依次划分下去.

　　(1)根据题意,完成下表:

划分次数	扇形总个数
1	6
2	11
3	
4	
...	...
n	

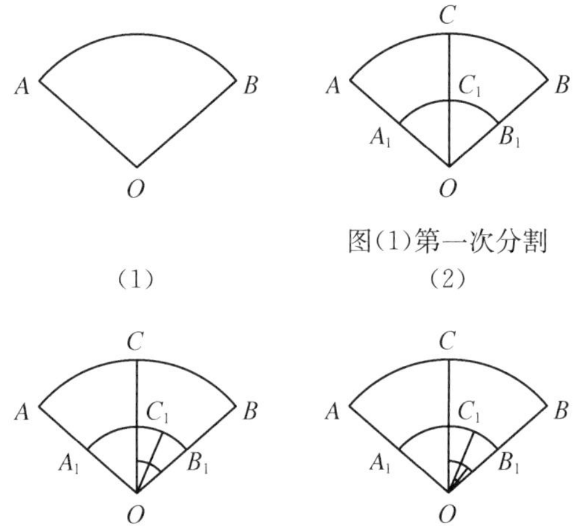

图(1)第一次分割
（2）

图(2)第二次分割
（3）

图(3)第三次分割
（4）

图 10 - 8

（2）根据上表，请你判断按上述划分方式，能否得到扇形的总数为 2 005 个？为什么？

【原题解析】 （1）第一次划分后的扇形的总个数为：$1+5=6$；第二次划分后的扇形的总个数为：$1+2\times5=11$；第 3 次划分后的扇形的总个数为：$1+3\times5=16$；第 n 次划分后的扇形的总个数为：$1+5n$. 从上至下依次填 16，21，$5n+1$.

（2）让 $1+5n=2005$，看是否有整数 n 即可. 不能够得到 2 005 个扇形，因为满足 $5n+1=2005$ 的正整数 n 不存在.

【错因分析】 本题的扇形分割，第一次划分后的扇形的总个数为：$1+5=6$；命题者以为第二次划分后的扇形的总个数为：$1+2\times5=11$. 其实不对！扇形分割第 2 次，扇形的总个数不是 11，而是 12，增加了一个左下方由两个相邻扇形组合而成的扇形 OA_1C_1 这个小扇形.

本题错误的主要原因在于原型题对改编题起到误导作用. 本题的原型题为正方形分割（图 10 - 9），正方形第一次分割后增加 4 个小正方形，共得到 $1+4=5$ 个正方形；正方形第二次分割后又增加 4 个小正方形，得到 $1+2\times4=9$ 个正方形. 以后都是按此规律计数的，但这对改编为扇形分割却起到误导作用.

如果换个图形，比如长方形代替正方形，则会跳出思维定势. 如果原型题中在大长方形中分割研究长方形个数，则不会对改编试题起到误导作用. 如图 10 - 10，

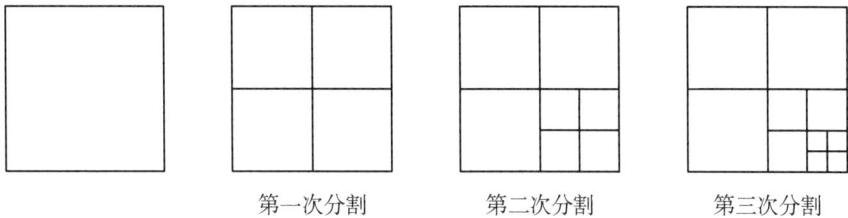

第一次分割　　　　第二次分割　　　　第三次分割

图 10 - 9

长方形第一次分割后增加 8 个小长方形,得到长方形个数为 $1+8=9$;长方形第二次分割后除了增加 8 个小长正方形外,自左向右和自上而下又增加 2 个分别由两个相邻长方形组合而成的稍大一点的长方形,得到长方形个数 $1+2\times8+2=19$. 以后都是按此规律分割并计数的,在长方形分割中研究长方形个数变化情况对改编为扇形分割就不会起到误导作用.

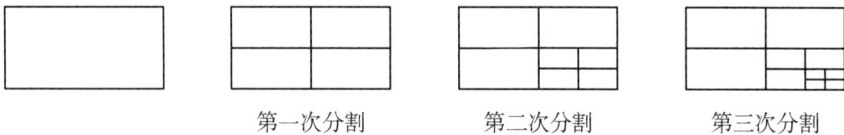

第一次分割　　　　第二次分割　　　　第三次分割

图 10 - 10

第七节　条件冲突性错误案例分析

例 10 - 8 【原题呈现】　如图 10 - 11,在 $\odot O$ 中过 O 作 $OC\perp AB$ 于 C,连结 AO 并延长,交过点 B 的 $\odot O$ 的切线于点 D. 若 $AB=8$,$BD=12$,$OC=3$,则 $AD=$ _____.

【原题解析】　答案:18.

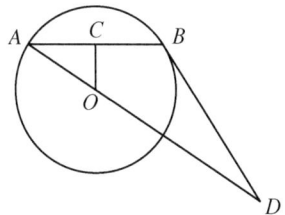

图 10 - 11

连结 OB,因为 BD 是 $\odot O$ 的切线,所以 $OB\perp BD$.

因为 $OC\perp AB$,$AB=8$,所以 $BC=4$. 又 $OC=3$,可得 $OA=OB=5$,所以 $OD=13$,故 $AD=OA+OD=18$.

【错因分析】 阅卷中有学生解法如下:连结 OB,作 $BH \perp OD$ 于点 H,则 $BH = \dfrac{5 \times 12}{13} = \dfrac{60}{13}$.

由 $S_{\triangle AOB} + S_{\triangle BOD} = S_{\triangle ABD}$,可得 $\dfrac{1}{2} \times 8 \times 3 + \dfrac{1}{2} \times 5 \times 12 = \dfrac{1}{2} \times AD \times BH$,解得 $AD = 18.2$. 初看本题构图简洁,叙述清楚,数据齐整,主要考查圆的基本性质、切线的性质和勾股定理,属于基础题. 但是,为什么出现看似两种合理的思路却得出不同的结果呢? 是不是构图出现了问题呢? 从作图的先后顺序上看并没有逻辑问题. 那么是不是数据出现了前后矛盾?

$\tan \angle A = \dfrac{3}{4}$,$\tan \angle BOD = \dfrac{12}{5}$,由题意,$\angle BOD = 2\angle A$.

但是 $\tan \angle BOD = \tan 2\angle A = \dfrac{2\tan \angle A}{1 - \tan^2 \angle A} = \dfrac{24}{7} \neq \dfrac{12}{5}$,所以 $\angle BOD \neq 2\angle A$,即 A、O、D 三点不在一条直线上.

所以,原卷给出的试题的条件冲突,不会出现 BD 是切线且数据与题中条件完全吻合的图形,由此原题解答和学生的解答都不正确.

第十一章　数学命题设计中的纠错与评价机制

第一节　数学命题中的校对

命题的最后一个环节是校对.校对有两大任务:一是对比样稿与原稿是否一致;二是承担着再审的任务.

命题教师应对试卷进行完整地仔细试做并通读,再填写错误清单.根据命题会议备忘及审校要求对试卷选题、体例框架、内容编排等方面进行审核校对,并提供具体的审校稿意见及修改措施.

校对需做的工作有:

(1)以负责的态度,严肃、认真、细致地做好审校稿工作,对所审校试题应明确表示自己的见解.具体审校稿意见要求彻底全面,应本着对社会、命题团队和考生负责的态度,认真审核校对、确保科学;

(2)逐字逐句通读,检查是否符合课标及评价要求、考点是否覆盖全面、考查方式是否全面、难易度梯度是否合理;

(3)逐题验证,尤其注意答案是否准确、精练,整卷试题编写风格是否一致;

(4)检查题序是否准确,做到不缺题、不多题、不重题,题号层级准确、统一;

(5)核算分值(核算整卷的分值,每个栏目下的小分值也要核算),同时注意解答题中前面附分值的标准是否统一,例如,有的题目是"(本题满分 12 分)",有的是"(本小题满分 12 分)".

此外,数学试卷的常规校对还包括如下任务:

(1)试卷名称、登分表、说明、页脚的标注(数学试卷页码、总页数)、题目序号、题目要求的表述、题目正文的表述、标点符号等是否与原稿一致;

(2)正文中的字母是否合乎要求

代数中,除了有特定含义的字母或字母组合,如三角函数符号 sin、cos、tan,

单位符号如 cm、m、kg 等要求用正体外,表述变量、常量、未知数的 a、b、c、x、y、s、t 等都用新罗马斜体小写字母;几何中,表示点的字母如 A、B、C 都用新罗马大写斜体形式,表示线段的字母 l、m、n 等都用新罗马小写斜体形式,字体字号选择时通常用 Times New Roman 新罗马 5 号字,等等;

(3) 图文是否匹配,图形的大小是否适宜,线条的粗细是否适当,图形中字体字号是否正确,虚线画得是否正确,图形中的字母与对应点的位置是否相近适当,情境图或表是否简明扼要;

(4) 总分加起来是否等于预定分数,如 120 分或 150 分;

(5) 选择题中选择支序号是否统一及字体是否正确;

(6) 排版是否规范、美观,空位是否得当,题目是否存在跨页现象(题目及配图不宜跨页),等等.

校对模式多种多样,有时采用"一人读,众人听"的方法;有时采用每人独立静思的方法;有时边看边对照,或边看边做. 凡此种种做法,只为多变换角度、多次反复地进行校对,以杜绝差错.

对试题的再审,主要集中在内容的科学性上,而对试卷的校对主要集中在形式的规范性与美观性上. 一般情况下,不宜再作大的修改. 当然校对时若发现了某个潜在的重大错误,则一定要及时提出,以避免失误产生.

第二节　几何画板动态演示查错

近年中考试题中出现了越来越多的动态几何题作为压轴题,在命制这类动态几何压轴题的过程中,科学性、完备性的检验特别重要,稍不留神可能就会造成考虑不全面的失误情况发生.

例 11-1　如图 11-1(1),点 P 在经过点 $B(0,-2)$、$C(4,0)$ 的直线上,Q 点在函数 $y=\dfrac{4}{x}(x>0)$ 的图象上,$PQ \perp x$ 轴.

(1) 若 PQ 过点 $A(1,0)$,求 P、Q 的坐标及 $\triangle OPQ$ 的面积.

(2) 如图 11-1(2),当 PQ 在线段 OC 上水平移动 a 个单位后,得到 $P'Q'$,求

$\triangle OP'Q'$面积关于 a 的函数关系式.

（3）PQ 移动到何位置时$\triangle OP'Q'$面积最大?

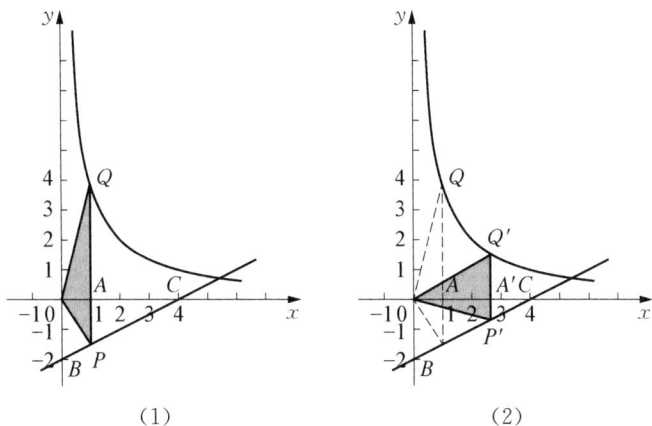

图 11-1

解：(1) 据题意,易得过点 $B(0,-2)$、$C(4,0)$的直线的解析式为 $y=\dfrac{1}{2}x-2$.

$\because PQ\perp x$ 轴,且过点 $A(1,0)$, P 在直线 $y=\dfrac{1}{2}x-2$ 上,Q 在 $y=\dfrac{4}{x}(x>0)$ 的图象上,$\therefore P\left(1,-\dfrac{3}{2}\right)$, $Q(1,4)$.

$\therefore |AP|=\dfrac{3}{2}$, $|AQ|=4$, $|OA|=1$.

$\therefore S_{\triangle OPQ}=\dfrac{1}{2}|OA|(|AP|+|AQ|)=\dfrac{1}{2}\times\left(\dfrac{3}{2}+4\right)=\dfrac{11}{4}$.

（2）方法 1:PQ 水平移动 a 个单位(定义向右为正),其中 $-1\leqslant a\leqslant 3$,则设 $P'\left(1+a,\dfrac{1}{2}a-\dfrac{3}{2}\right)$, $Q'\left(1+a,\dfrac{4}{1+a}\right)$.

$$S_{\triangle OP'Q'}=\dfrac{1}{2}|OA'|(|A'P'|+|A'Q'|)$$
$$=\dfrac{1}{2}(1+a)\left(\dfrac{3}{2}-\dfrac{1}{2}a+\dfrac{4}{1+a}\right)$$
$$=-\dfrac{1}{4}a^2+\dfrac{1}{2}a+\dfrac{11}{4}=-\dfrac{1}{4}(a-1)^2+3.$$

方法 2: PQ 水平移动 a 个单位(定义向右为正),

其中 $-1 \leqslant a \leqslant 3$.

$\because S_{\triangle OA'Q'} = \dfrac{1}{2} x_{Q'} y_{Q'}$, $y_{Q'} = \dfrac{4}{x_{Q'}}$, $\therefore S_{\triangle OA'Q'} = 2$.

$\because S_{\triangle OP'A'} = \dfrac{1}{2}(1+a)\left(\dfrac{3}{2} - \dfrac{1}{2}a\right) = -\dfrac{1}{4}(a-1)^2 + 1$,

$\therefore S_{\triangle OP'Q'} = S_{\triangle OA'Q'} + S_{\triangle OP'A'} = -\dfrac{1}{4}(a-1)^2 + 3$.

(3) 当 $a = 1$ 时, $S_{\triangle OP'Q'}$ 有最大值,最大值为 3.

【如何查错】 本题第(1)小问很简单,从第(2)小问开始问题的难度加大,需要防止出错. 这时可以借助几何画板将图形作出,利用测量工具先测出 PQ 在线段 OC 上水平移动 a 的大小,再测出 $\triangle OP'Q'$ 的面积,看看在 a 的值发生变化时, $\triangle OP'Q'$ 面积的值是否满足我们计算得到的函数关系式. 如满足则所求正确;若不满足,则需寻找产生疏漏的原因. 第(3)小问也同样可以进行测量检验,检查当 $a = 1$ 时, $S_{\triangle OP'Q'}$ 的最大值是否为 3.

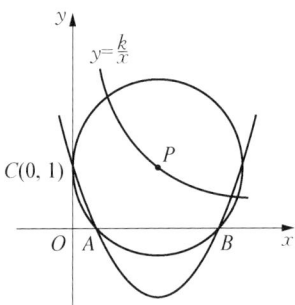

图 $11\text{-}2$

例 $11\text{-}2$ 如图 $11\text{-}2$,已知 $\odot P$ 的圆心在反比例函数 $y = \dfrac{k}{x} (k > 1)$ 图象上,并与 x 轴相交于 A、B 两点,且始终与 y 轴相切于定点 $C(0, 1)$.

(1) 求经过 A、B、C 三点的二次函数的解析式.

(2) 若二次函数图象的顶点为 D,问当 k 为何值时,四边形 $ADBP$ 为菱形?

解:(1) 如图 $11\text{-}3$,连结 PC、PA、PB,过 P 点作 $PH \perp x$ 轴,垂足为 H.

$\because \odot P$ 与 y 轴相切于点 $C(0, 1)$,

$\therefore PC \perp y$ 轴.

$\because P$ 点在反比例函数 $y = \dfrac{k}{x}$ 的图象上,

$\therefore P$ 点坐标为 $(k, 1)$.

$\therefore PA = PC = k$.

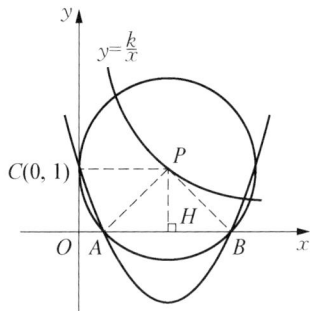

图 $11\text{-}3$

在 Rt$\triangle APH$ 中，$AH = \sqrt{PA^2 - PH^2} = \sqrt{k^2 - 1}$，

$\therefore OA = OH - AH = k - \sqrt{k^2 - 1}$.

$\therefore A(k - \sqrt{k^2 - 1}, 0)$.

$\because$ 由 $\odot P$ 交 x 轴于 A、B 两点，且 $PH \perp AB$，由垂径定理可知，PH 垂直平分 AB.

$\therefore OB = OA + 2AH = k - \sqrt{k^2 - 1} + 2\sqrt{k^2 - 1} = k + \sqrt{k^2 - 1}$. $\therefore B(k + \sqrt{k^2 - 1}, 0)$.

故过 A、B 两点的抛物线的对称轴 PH 所在直线的解析式为 $x = k$.

可设该抛物线解析式为 $y = a(x - k)^2 + h$.

由抛物线过 $C(0, 1)$、$B(k + \sqrt{k^2 - 1}, 0)$，得

$$\begin{cases} ak^2 + h = 1, \\ a(k + \sqrt{k^2 - 1} - k)^2 + h = 0. \end{cases}$$

解得 $a = 1$，$h = 1 - k^2$.

$\therefore$ 抛物线解析式为 $y = (x - k)^2 + 1 - k^2$.

(2) 如图 11-4，过点 P 作 $PH \perp x$ 轴，垂足为 H，延长 PH 交抛物线于 D，则 D 为抛物线顶点. 连结 PC、PA、PB、AD、BD. 由(1)知抛物线的顶点 D 坐标为 $(k, 1 - k^2)$，

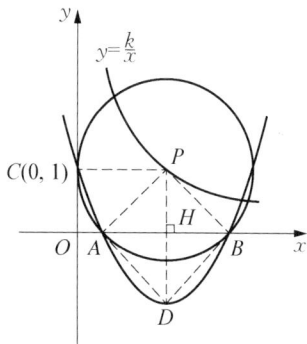

$\therefore DH = k^2 - 1$.

若四边形 $ADBP$ 为菱形，则必有 $PH = DH$.

$\because PH = 1$，$\therefore k^2 - 1 = 1$.

又 $\because k > 1$，$\therefore k = \sqrt{2}$.

$\therefore$ 当 k 取 $\sqrt{2}$ 时，PD 与 AB 互相垂直平分，则四边形 $ADBP$ 为菱形.

图 11-4

【如何查错】　本题中的圆为一动态变化的圆，再加上二次函数图象的顶点为 D，讨论当 k 为何值时，四边形 $ADBP$ 为菱形就变成为一个用动态几何演示的经典案例. 拖动圆心，二次函数随之发生变化，四边形也发生形变，非常直观地显示出其变化. 通过动态演示，可以发现一些不够严密的地方，以便进行调整.

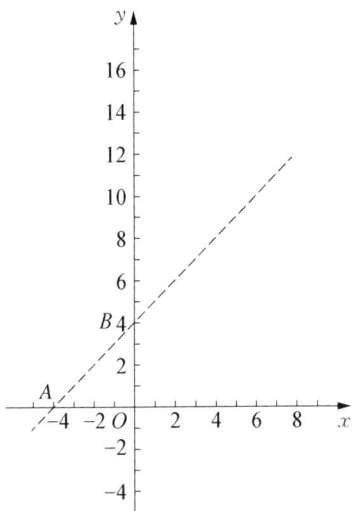

图 11-5

例 11-3 如图 11-5,已知 $A(-4,0)$,$B(0,4)$,现以点 A 为位似中心,相似比为 $9:4$,将 OB 向右侧放大,B 点的对应点为 C.

(1) 求点 C 的坐标及直线 BC 的解析式;

(2) 一抛物线经过 B、C 两点,且顶点落在 x 轴正半轴上,求该抛物线的解析式并画出函数图象;

(3) 现将直线 BC 绕点 B 旋转与抛物线相交于另一点 P,请找出抛物线上所有满足到直线 AB 的距离为 $3\sqrt{2}$ 的点 P.

解:(1) 如图 11-6,过 C 点向 x 轴作垂线,垂足为 D,由位似图形性质可知 $\triangle ABO \backsim \triangle ACD$,$\therefore \dfrac{AO}{AD}=\dfrac{BO}{CD}=\dfrac{4}{9}$.

由已知 $A(-4,0)$,$B(0,4)$ 可知 $AO=4$,$BO=4$,

$\therefore AD=CD=9$,$\therefore$ 点 C 的坐标为 $(5,9)$.

易得直线 BC 的解析式为 $y=x+4$.

(2) 设抛物线解析式为 $y=ax^2+bx+c(a>0)$,由题意得 $\begin{cases} 4=c, \\ 9=25a+5b+c, \\ b^2-4ac=0. \end{cases}$

解得 $\begin{cases} a_1=1, \\ b_1=-4, \\ c_1=4, \end{cases}$ 或 $\begin{cases} a_2=\dfrac{1}{25}, \\ b_2=\dfrac{4}{25}, \\ c_2=4. \end{cases}$

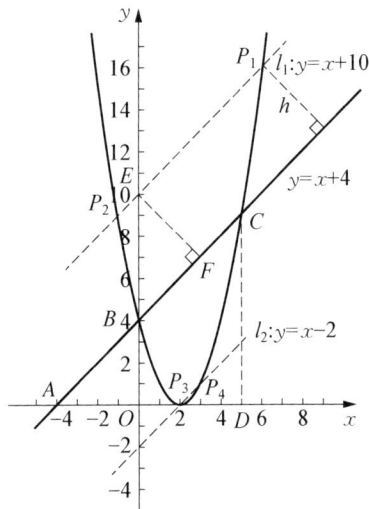

图 11-6

$\therefore$ 抛物线解析式为 $y_1=x^2-4x+4$ 或 $y_2=\dfrac{1}{25}x^2+\dfrac{4}{25}x+4$.

又 $\because y_2=\dfrac{1}{25}x^2+\dfrac{4}{25}x+4$ 的顶点在 x 轴负半轴上,不合题意,故舍去.

∴ 满足条件的抛物线解析式为 $y = x^2 - 4x + 4$.

（3）将直线 BC 绕点 B 旋转与抛物线相交于另一点 P，设 P 到直线 AB 的距离为 h，故点 P 应在与直线 AB 平行且相距 $3\sqrt{2}$ 的上下两条平行直线 l_1 和 l_2 上.

由平行线的性质可得两条平行直线与 y 轴的交点到直线 BC 的距离也为 $3\sqrt{2}$.

如图 $11 - 6$，设 l_1 与 y 轴交于点 E，过 E 作 $EF \perp BC$ 于点 F.

在 Rt$\triangle BEF$ 中，$EF = h = 3\sqrt{2}$，$\angle EBF = \angle ABO = 45°$，

∴ $BE = 6$，

∴ 可以求得直线 l_1 与 y 轴交点坐标为 $(0, 10)$.

同理可求得直线 l_2 与 y 轴交点坐标为 $(0, -2)$.

∴ 两直线解析式 $l_1 : y = x + 10$；$l_2 : y = x - 2$.

根据题意列出方程组：（1）$\begin{cases} y = x^2 - 4x + 4, \\ y = x + 10; \end{cases}$　（2）$\begin{cases} y = x^2 - 4x + 4, \\ y = x - 2. \end{cases}$

解得 $\begin{cases} x_1 = 6, \\ y_1 = 16; \end{cases} \begin{cases} x_2 = -1, \\ y_2 = 9; \end{cases} \begin{cases} x_3 = 2, \\ y_3 = 0; \end{cases} \begin{cases} x_4 = 3, \\ y_4 = 1. \end{cases}$

∴ 满足条件的点 P 有 4 个，它们分别是：$P_1(6, 16)$，$P_2(-1, 9)$，$P_3(2, 0)$，$P_4(3, 1)$.

【如何查错】　本题的检查重心在第三小问. 通过几何画板作出二次函数图象，再将直线 BC 绕点 B 旋转，检查其与二次函数交点的情况. 命题组一开始只是想用位似变换，差一点漏掉有两种情况，后来通过几何画板演示才发现还有另一种情况，于是修改了原稿，经过反复拖动明确只有以上四种情况，才最后定稿.

第三节　考试的功能与测量指标

考试作为检查教学效果的手段、测定学生学业成绩的工具以及进行教育科研的方法，具有如下功能：

（1）反馈功能. 教育是一个连续性的长期过程，对于教与学双方都需要通过考

试获得反馈,及时了解情况,及时作出补救.学生可以根据反馈情况,进一步自律;教师可以根据反馈情况,作出诊断与调整.

(2)激励功能.通过考试对前段教学效果作出测定,对教师的教育实践与研究以及学生的学习都具有极大的激励作用,使成绩优异者获得成功的喜悦,从而更加奋发上进,向更高目标攀登;使成绩不良者,更加清醒地认识自己,争取下一阶段的成功.

(3)导向功能.一次成功的考试,尤其是大规模命题考试,客观上起着指挥棒作用,它引导教者与学者进一步明确教学目标、重点与难点,克服教学实践与教育研究中的偏差与弊端,使教育实践与研究沿着正确的航向前进.

(4)评价功能.考试是对师生教和学的情况作出的客观测定,是评价教学水平与学生成绩的主要依据.

以下仅就效度和信度两个测量指标阐述如下:

1. 效度

效度是指测量的准确性和有效性的指标,也就是测量的结果与所要达到的目标二者之间的符合程度.根据测验的目的,弗伦奇(Frech)和米歇尔(Michbie)把效度分为内容效度、结构效度和效标效度.

所谓内容效度,是指题目内容的代表性,即试题在多大程度上概括了所要测量的整个内容.试题的内容与学科内容一致性程度越高,内容效度也越高.

所谓结构效度,是指测试结果能够说明理论的某种结构或特征的程度,如智力,其结构包括判断、理解和推理能力.如果测试智力的题目包括了以上三个因素,就可以认为测验具有结构效度.

所谓效标效度,又称效标关联效度,是指测试结果与预测结果的相关效度.效标,就是借以参照的效度标准,一般应以课标与教材为效标.

要提高效度,必须注意以下几点:

第一,要控制系统误差,即控制测试过程的误差,包括测量标准的失真、题目的复杂现象、题目与指导语有暗示性、答案具有明显的规律性等.

第二,精心编制测试题,分析教学目标,编制双向(多维)细目表,测试题表述简明易懂,测试题有必要的覆盖面.

第三,妥善组织测试等.

内容效度与结构效度一般没有适当的计算方法.效标关联效度一般用积差相

关系数表示,如,求出入学测验分数与期末测验分数的相关系数. 效度指标一般认为在 0.6 以上是有效测验.

2. 信度

信度是指测验结果的可靠性程度,亦即指实际测验分数与该生真实水平相关的程度.

提高测试信度必须注意以下几点:

(1) 测试题要有一定数量. 题目较少,测题抽样越受偶然性影响,信度也越低.

(2) 测试题难度要适中. 难度太大或太小,得分普遍高或普遍低,就会降低信度.

(3) 测试题内容要单纯集中,不宜过于庞杂.

(4) 测试时间要充分.

(5) 试题评分标准制定要科学,评分要客观.

信度系数的计算主要有以下几种方法:

(1) 稳定性系数. 即同一测试题对相同学生在不同时间内(时距要适当)两次测验的实得分数的相关系数. 这就是用"重测法"获得的信度系数.

(2) 等值性系数. 即对用两个等值(题型、题量、难度、区分度等方面都大致相同)而具体内容不同的测题,在尽可能短的时间内,对相同应试者施行两次测验所得的分数,求出的相关系数. 这是用"复份法"获得的信度系数.

(3) 内部一致性系数. 这是求同一次测验的奇数测题与偶数测题这两部分得分的相关系数,用两种方法计算:

① "分半法"是用皮尔逊积差相关公式计算出相关系数,然后再用斯尔曼-布朗公式予以校正. 其公式为

$$r_u = \frac{2r_{x_1 x_3}}{1 + r_{x_1 x_2}}.$$

式中,r_u 为校正后的信度系数,$r_{x_1 x_2}$ 由皮尔逊积差相关系数公式计算出的分半信度系数.

② 库得—理查森法,即根据各人总分的平均数和标准差求信度,此法用于求客观性试题信度最合适. 其公式有两个:

$$r_{KR20} = \frac{K}{K-1}\Big(1 - \frac{\sum pq}{S^2}\Big).$$

式中,r_{KR20} 为整个测验的信度系数,K 为测验题数,p 为各题正确反应人数占总人数的百分数,q 为各题错误反应人数占总人数的百分数,S^2 为各应试者各题的得分和的方差.

$$r_{KR21} = 1 - \frac{\sum \overline{X}(K - \overline{X})}{KS^2}.$$

式中 $\overline{X}$ 是各人总分的平均数,S^2 是各人总分的方差,K 是题目数.

信度和效度在命题和审题中是相当重要的两项指标,客观分析这两项指标有助于提高命制试题质量.

第四节　数学试题评价量表简介

在中国教育学会数学教育研究发展中心全国数学考试评价研究会近年发布的《全国中考数学考试评价报告》给出的数学命题的评价指标量表中,将评价划分为六项一级指标:效度;信度;区分度;可推广性;自洽性;教育性. 而对每项一级指标又具体细分了一些操作性强的二级指标,对每项指标分别给出了评价和操作要点. 为了使用方便,现简述如下:

(1) 效度评价的二级指标:①体现数学课程标准所规定的学习要求;②有利于考生展示自己在数学课程学习中取得的成就;③试题的科学性;④评分标准的合理性;⑤题型使用的合理性;⑥分数与能力一致性的程度.

(2) 信度评价的二级指标:①试卷所规定系统误差的可行性;②评分标准的准确性;③试题陈述的准确性;④试题呈现的规范性.

(3) 区分度评价的二级指标:①封闭题不同解法之认知水平要求的等价性;②试题记分所对应的考查层次清楚;③区分达到数学课程标准所规定的毕业水平的程度;④试卷总分划分有利于评定不同层次数学成绩达标者的数学成绩;⑤各数学成绩水平主要得分试题的可区分性;⑥试卷及评分标准适合等级表示.

(4) 可推广性评价的二级指标:①题目所考查直接问题可推广的程度;②题目所考查的直接目标的可再抽象性;③整卷结论的可推广性.

（5）自洽性评价的二级指标：①试卷题目间相互校正测量误差的功能；②试卷确保同一水平考试结果成绩一致的功能；③试卷逻辑结构的合理性；④试卷题型结构的合理性；⑤试卷厚重度的合理性.

（6）教育性评价的二级指标：①体现义务教育性质；②试卷所体现的数学价值观；③试卷所倡导的数学学习方式；④试卷所倡导的数学教学方式；⑤试卷的时代性和地方特色.

理解和掌握这些指标对于灵活运用素材，编写与评价试题，进而提升命题质量将会起到较大的益处.

第十二章　如何使数学试卷设计得更美观

第一节　文字录入和排版

　　每个命题教师都应该具有一定的信息技术素养,至少能熟练使用 Word 和 Excel 等字表处理软件.这样在命题过程中对命题的修改和难度值的预估等会带来方便,能减少过去那种一遍又一遍的誊抄和计算.过度的誊抄和反复低水平的运算费时费力,会极大地降低工作效率.每个命题者在明确初稿后就可以将初稿试题录入计算机,为修改工作做好准备.

　　试卷定稿必须"齐"、"清"、"定".

　　(1) 齐.试卷及参考答案、图稿齐全,并且每页注明页码,从头到尾连续编码,无错页、漏页.

　　(2) 清.正文、图应整洁、清楚,各种标注应清楚易于辨认,增删清晰不乱.文中修改处需书写勾画清楚.若修改过多或涂改杂乱,应按成稿形式,重新打印.

　　(3) 定.正文、辅文、图、表格等内容确定,无须再作增补、删节和修改,无遗漏问题或项目.

　　例 12-1　作图及字母要端正美观.

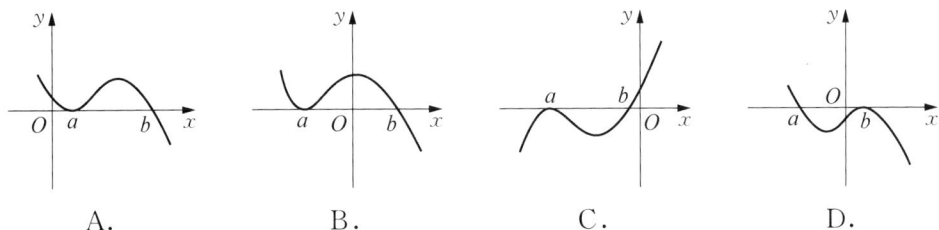

A.　　　　　　B.　　　　　　C.　　　　　　D.

　　【修改建议】　选择项字母与选项图形偏移,建议调整排版.

　　例 12-2　选项没有对齐.

6.在等比数列$\{a_n\}$中，$a_3=10$，$a_7=40$，则$a_5=($　　$)$。

　　A. 400　　　B. 20　　　　C. ±20　　　D. 25

7.设$\boldsymbol{a}=(2,-1)$，$\boldsymbol{b}=(m,4)$，若$\boldsymbol{a}\perp\boldsymbol{b}$，则$m=($　　$)$。

　　A. -8　　　B. 8　　　　C. 2　　　　D. -2

例12-3　用词不准确.

8.满足条件$(-2,1)$且倾斜角为$135°$的直线方程是（　　）。

　　A. $x+y+1=0$　　　　　　B. $x-y+1=0$

　　C. $x+y-3=0$　　　　　　D. $x-y-3=0$

【修改建议】　用词不准确，建议将"满足条件"改为"经过点".

例12-4　选项需重新排版.

4.如图，正三棱锥$P-ABC$的底面边长AB为$2\sqrt{3}$，高PO为3，则其侧面积为（　　）。

　　A. $6\sqrt{2}$　　　　B. $3\sqrt{30}$

　　C. $2\sqrt{30}$　　　　D. 8

【修改建议】　建议选项并排放.

例12-5　用字不准确.

9.函数$y=2\sin(2x+\dfrac{\pi}{4})$的部分图像如图，则阴影部分的面积是（　　）。

　　A. $\dfrac{3\pi}{2}$　　　　B. $\dfrac{3\pi}{4}$　　　　C. $\dfrac{\pi}{2}$　　　　D. π

【修改建议】　将图像改为图象.

例12-6　字或标点多余.

3.若函数$y=f(x)$对任意x_1,x_2都满足，则$f(x_1+x_2)=f(x_1)+f(x_2)$，则$f(0)=($　　$)$。

　　A. 0　　　B. 1　　　C. -1　　　D. ±1

【修改建议】 将",则"删去!

例 12-7 图中字母不规范.

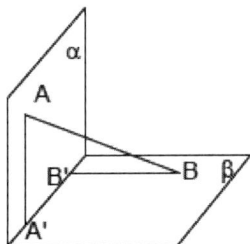

【修改建议】 图中字母不规范,要用新罗马斜体!

例 12-8 图中实线和虚线不能混淆.

2. 如图所示,在正方体 $ABCD - A_1B_1C_1D_1$ 中,二面角 $B - DD_1 - C$ 的平面角大小为（　　）。

A.$\dfrac{\pi}{2}$　　B.$\dfrac{\pi}{4}$　　C.$\dfrac{\pi}{6}$　　D.$\dfrac{\pi}{3}$

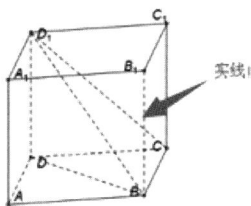

【修改建议】 图中虚线 BB_1 改为实线.

如图所示,五面体 $ABCDEF$ 中,$AD \perp$ 平面 ABC,$AD /\!/ BE /\!/ CF$,

且 $AD = AC = \dfrac{1}{2}CF = \dfrac{1}{2}BE$,设 $\angle ACB = \theta$。

(1)当 $\theta = \dfrac{\pi}{3}$,$AC = BC = 1$ 时,求三棱锥 $E - BDF$ 的体积;

(2)若 $DF \perp BD$,求 θ 的值。

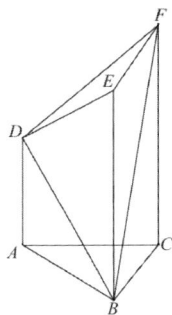

【修改建议】 线段 AC 在立体图的后部且被遮挡,应该用虚线呈现.

例 12-9 文字与式子没有水平对齐.

$$a_1 + a_7 + a_{13} = 3a_7 = 4\pi\,,\text{所以}\ a_7 = \frac{4\pi}{3}\,,\text{所以}\ a_2 + a_{12} = 2a_7 = \frac{8\pi}{3}\,,$$

$$\text{所以}\ \tan\frac{8\pi}{3} = -\sqrt{3}\,.\text{故选 B.}$$

【修改建议】　文字与表达式没有水平对齐,建议重新排版!

例 12‑10　字母格式不正确.

若 $z = 4 - 3i$,则 $\dfrac{z}{|z|} = ($ 　　$)$。

A. 1　　　　　　　B. -1　　　　　　C. $\dfrac{4}{5} + \dfrac{3}{5}i$　　　　D. $\dfrac{4}{5} - \dfrac{3}{5}i$

【修改建议】　字母格式不正确,虚数单位 i 由于具有特殊含义,应用正体呈现.

例 12‑11　字母格式不统一.

如图,不共线的三个向量 a,b,c 以圆心 O 为起点,终点落在同一圆周上,且两两夹角相等,若 $c = xa + yb$,则 $x + y = ($ 　　$)$。

A. -2　　　　　　　　　　B. $-\sqrt{3}$

C. $-\sqrt{2}$　　　　　　　　　D. -1

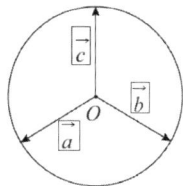

【修改建议】　题干中的向量与图中的向量字母表示不一致,此处向量应该都用加粗新罗马斜体.

第二节　数学文档的排版要求

数学试卷与其他人文学科试卷在排版上最大的区别,也是最让专业排版感到麻烦或头痛的就是公式的排版. 在命题人员使用的 Word 软件中可以插入 MathType 软件,这就是通常数学专业人员录入数学公式的软件,中文名称为公式编辑器.

因为用 MathType 在 Word 里编写公式时,会在字体大小、行距等方面影响整个页面的排版效果,而用 Word 中的"域"编写的公式则不会对页面有任何影响,所以最好使用"域"在 Word 中进行公式编写.

一、字体、常用符号

1. 字体、字号、行距

正文中文用 5 号宋体，英文用"Times New Roman"（新罗马）字体，单倍行间距.

2. 常用符号

中文中数学符号与 MathType 中的有所差别，具体如下：

（1）加号：Word 中用"＋"，MathType 中用" + "；

（2）减号：Word 中用"－"，MathType 中用" − "；

（3）乘号：Word 中用"×"或"·"，MathType 中用"· "，不用"· "或" • "；

（4）除号：Word 中用"÷"，MathType 中用"÷"；

（5）等号：用"＝"，不用"="；

（6）不等号："＞""＜""≥""≤""≠"；

（7）圆周率：π；

（8）度：是"°"，若用中文输入法输入得到的宋体"° "，可在输入后将默认的宋体"° "改为"Times New Roman"字体的"°"；

（9）比：用"∶"，不用"："；

（10）撇：$A'C'$.

上述（1）~（9）中的符号，可由"搜狗拼音"直接输入汉字后选择对应符号即可，有的需要将默认的宋体改为"Times New Roman"字体.

二、斜体、正体

1. 斜体

（1）表示变量、点、函数的字母用大写或小写的斜体英文字母（Times New Roman）：如 $f(x) = x^2 - 2x + 3$、点 A、线段 l、四边形 $ABCD$ 等；

（2）面积"S"、周长"C"、体积"V"、概率"P"等均为大写斜体；

（3）希腊字母，如平面 α、$\angle\theta$、$\angle\gamma$ 等均用斜体.

2. 正体

（1）大写的正体主要指具有特定含义或指向的，如有选择支中的 A，B，C，D 等；

直角三角形符号"Rt△"与判别式符号"△"；排列组合符号中的字母 P，A，C 均为正体，如"C_5^2"等；表示集合的字母，若已约定，用加粗正体新罗马字体，如自然

数集 **N**,整数集 **Z**,实数集 **R** 等.

（2）小写的正体主要包括：特定含义和表示常值的量,如"π""e"等；各种量的单位,如 m、cm、dm、km、m^2、m^3、min、h、t、m/s、km/h、g、mg、kg 等；"$a+bi$"中的虚数单位"i"等.

三、标点符号

1. 关于标点符号的字体

中学数学试卷所用的标点符号接近西文科技文献的格式,一般采用宋体半角标点.要注意的是：试题中的句号用".",而不用"。"；逗号用","而不用"，"；引号用宋体""而不用 Times New Roman 体""；可以在写完后用"替换"进行统一修改.

2. 间隔字母用逗号

如"A、b,$c \in$ **R**"应为"A,b,$c \in$ **R**"；"分别与 AB、AC 交于点 D、E"要写成"分别与 AB,AC 交于点 D,E".

3. 花括号式子中的标点符号

（1）方程组 $\begin{cases} x+y=8, \\ x-y=2 \end{cases}$ 的解是 $\begin{cases} x=5, \\ y=3. \end{cases}$

（2）解下列方程组：

① $\begin{cases} x+y=8, \\ x-y=2; \end{cases}$ ② $\begin{cases} x+y=8, \\ 2x-y=7. \end{cases}$

（3）解方程组：$\begin{cases} x+y=8, & ① \\ x-y=2. & ② \end{cases}$

（4）① $x-1 \geqslant 1-x$；   ② $y=\begin{cases} x-1(x>0), \\ x^2(x\leqslant 0); \end{cases}$ ③ $\begin{cases} x=3\cos t, \\ y=2\sin t \end{cases}$（$t$ 是参数）.

注：MathType 中的"≥"和"≤"不规范,中学数学试卷中应该用"$\geqslant$"和"$\leqslant$",可在中文输入法特殊数学符号中找到.

四、空格要求

1. 数字留空

（1）整数位：超过三位的整数从个位起,每三位空四分之一格,如"12 465 800"

（年份中不要留空，如"2020 年 11 月"）.

（2）小数位：小数部分超过三位的从小数点后第 1 个数起，每三位空四分之一格，如"3.141 592 65".

2. 三角函数名与变量名之间留空

"sinα"，"Arctanθ"应排成"sin α"，"Arctan θ"；三角函数相乘时，中间也需要留空，即不要出现"sinαcosα"这种形式，应为"sin α cos α". 但与函数名紧邻的不是变量时就不要留空，如"$\sin^2\alpha$，$\cos 2\alpha$，$3\tan\alpha$"等.

3. 数字与单位要留空

如：20 m，30 min，150 km/h.（长度和质量单位不要用 Word 自带的"符号"和"特殊符号"中的单位符号）

4. 对数符号后面要留空

如"$\lg x$，$\ln 10$". 但在有底数时，就不要留空，如"$\log_2 x$"等.

5. MathType 中加入空格的方法

按住 Ctrl＋Alt，再按 Space（空格键），每按一次 Space 键出现一个空格.

五、易混淆符号

1. 英文"Times New Roman"和希文"Symbol"混淆

如，将"$y=\sin(\omega x+\varphi)$"中"ω"排成"w"等.

2. 大小写混淆

混淆较高的有 C，c；O，o；P，p；S，s；Z，z；如在研究解三角形时，易将顶点 C 或角 C 与表示边长的 c 混淆；在"直角坐标系 xoy 中"，字母 O 应大写成"直角坐标系 xOy 中"等.

3. 特殊符号混淆

三角形符号"△"与判别式符号"Δ"（希文）易混淆（注意"△"与"Δ"的区别，公式编辑器中没有"△"；"$a:b$"应为"$a：b$"，冒号与"比"易混为一谈；表示"度"的圈与指数（上标）上的数 0 易混淆，如"2°"写成"2^0"；"^{0}C"应为"℃"，还要注意不要把集合的并"∪"与字母"U"、逻辑连接词的符号"∨"与字母"V"、属于"∈"与希文"ε"混淆等.

第十三章　试卷评价报告的撰写

试卷评价报告的撰写,对于总结命题过程的经验、反思存在的不足、指导今后的命题工作都起到非常重要的作用,因此需要对命题教师开展试卷评价报告撰写方面的培训,以利于他们在命题与反思提升方面更好地发展.

第一节　试卷评价报告的撰写要求

一、试卷评价报告撰写

试卷评价报告是大规模考试评价过程中的重要环节,是总结命题与评价信息,了解考生考试状态,引导教育教学,反思命题科学性、有效性的重要手段. 一般可以分以下几个部分:第一部分:考试名称、评价单位、考情简要介绍;第二部分:试卷特点评析、试题命题意图、考生实际作答情况;第三部分:有待完善的情况说明;第四部分:对今后教育教学的指导性建议.

评价报告需要给出一些量化指标和图表. 常用的量化指标有全卷满分、最高分、最低分、平均分、标准分、变异系数、难度、信度等. 其中平均分、难度、区分度指标的计算公式如下:

某题的平均分:$\bar{x} = \frac{1}{n}\sum_{i=1}^{n} x_i$,其中 x_i 为各考生该题的得分,n 为考生人数.

某题的难度:$P = \frac{\bar{x}}{x}$,其中 $\bar{x}$ 为该题的平均分,x 为该题的满分值.

某题的区分度:$D = \frac{H - L}{n(x_H - x_L)}$,其中 H、L 分别表示高、低分组得分总和,n 表示高分组(低分组) 的人数,x_H 表示该题的最高分,x_L 表示该题的最低分.

图表较常用的是频率分布直方图、累积频率分布曲线.

试卷评价报告样例：

××年××市中考数学考试评价报告

评价单位

××年××市中考数学考试评价课题组

××年××市中考数学考情简要介绍

初中毕业升学考试与《义务教育数学课程标准(2011 年版)》(以下简称为《课程标准》)背景下的初中毕业学业水平考试两考合一.

一、评价的原则与标准

(一) 评价原则

本次中考试卷评价遵循以下基本原则：

原则 1：×××××××；

原则 2：×××××××；

原则 3：×××××××.

(二) 评价标准

本次评价的标准由效度、信度、区分度、可推广性、自洽性和教育性等一级指标构成. 各指标的要点如下.

效度指标要点：体现数学《课程标准》所规定的学习要求；有利于考生展示自己在数学课程学习中取得的成就；试题的科学性；评分标准的合理性；题型使用的合理性；存在"高分低能"可能性的程度.

信度指标要点：试卷所规定系统误差的可行性；评分标准的准确性；试题陈述的准确性；试题呈现的规范性.

区分度指标要点：封闭题不同解法对认知水平要求的等价性；试题得分点所对应的考查层次清楚；区分达到数学《课程标准》所规定的毕业水平的程度；试卷总分划分有利于评定不同层次达标者的数学成绩；各数学成绩水平主要得分试题的可区分性；试卷及评分标准适合等级表示.

可推广性指标要点：题目所考查的直接目标的可再抽象性；整卷结论的可推广性.

自洽性指标要点：试卷题目间相互校正测量误差的功能；试卷确保同一水平考试结果成绩一致的功能；试卷逻辑结构的合理性；试卷题型结构的合理性.

教育性指标要点:体现义务教育性质;试卷所体现的数学价值观;试卷所倡导的数学学习方式;试卷所倡导的数学教学方式;试卷的地方特色.

二、试卷特点评析

××年××地的中考试卷,在试卷的效度、信度、区分度、可推广性、自洽性及教育性几个方面进行了有益的探索,呈现出不同的特点,既推进了中考命题技术的发展,又为进一步改进和完善初中毕业学业水平考试积累了大量的实践经验.

（一）以考查数学素养为核心确保试卷的效度

各地以数学《课程标准》为依据,努力创设情境,合理设计试题,精心编制试卷,通过考查"核心知识、通性通法"较好地保证了试卷的效度.

（二）改进建议

从××年的中考试卷暴露出的问题来看,在命制××年的初中毕业学业水平考试数学试卷中应该注意做好以下几方面的工作.

三、有待进一步改进和完善的问题

××年的中考试卷也暴露出一些问题.在这些问题中,有的是中考考试改革探索中的问题,需要在××年的命题实践中继续加以探索解决.但是,有的问题已经有较为成熟的解决方法,导致问题的原因主要在于命题人员的理念方面,这个问题需要在××年的中考中引起高度的重视.

四、结论与改进建议

二、高中学业考试试卷评价指标体系设计

学业水平考试试卷评价量表的建立和使用按照以下思路进行:一是试卷整体评价与个性分析相结合,对学业水平考试试卷具备的功能进行全面评价,同时关注不同学科试卷的特点;二是第三方评价(非命题者和非被试对象的考生),站在第三方的角度开展评价,客观分析试卷是否符合学业水平考试的要求;三是定量评价(客观数据)与定性评价相结合,评价教师运用自己教学积累的经验分析统计结果,探究影响教学的种种因素和产生问题的原因,提出改进建议.具体指标见表13－1.

表 13-1　高中学业水平考试评价测量指标体系

项目		内　　　容
① 学科整体分析 ② 题目逐题分析 ③ 细分小题分析	指标汇总	平均分、最高分、最低分、难度、区分度、标准差、差异系数、鉴别指数、信度系数、峰度、偏度
	图类汇总	总分分布曲线图、分数分布曲线图、难度曲线图、分组难度曲线图
	表类汇总	试卷总分次数分布表、等级成绩分析、题目或题组等级得分率分析表、客观题选项等级分析表、客观题选项分组分析表、主观性试题得分分组分析表
学科相关分析		主客观题组块相关分析表、知识组块相关分析表、能力组块相关分析表、基础性试题和发展性试题相关分析表、教材板块相关分析表

同时还应设计高中学业水平考试试卷命题定性评价表(见表 13-2),规范试题质量评价标准.

表 13-2　高中学业水平考试试卷命题定性评价表

评价维度	内　容　标　准
试卷结构科学、合理	考查题型比例配置适当,各种难度的试卷比例适当,试卷长度合适等
试题符合相应题型的编制要求	试题测试目标明确,立意、情境、设问科学,试题情境素材选择符合公平性准则,试题表述方式合理、有效等
参考答案和评分标准科学、准确	参考答案科学、准确、没有争议,评分参考的赋分合理,便于操作,评分参考有利于控制评分误差等
试卷考查的知识内容满足要求	考查内容具有合理的覆盖面和比例,教材体系中不同知识板块考查比例合适,注重教材差异,突出主干、核心观念的考查,素材背景的导向良好等
试卷考查的能力要求全面合理	不同试题考查的能力分类分层均有体现,试卷注重考查基础或发展性能力,联系实际问题能力、科内综合或跨科综合能力突出考查等
试卷考查的学科素养全面合理	全面考查学生学科核心素养的发展状况和学业质量标准的达成程度.情境的设计、知识的运用、问题的提出与解决均应有利于实现对学生核心素养的测试
试卷测量指标(难度、区分度等)符合要求	符合既定的设计目标,内容(知识)难度、能力难度、题目位置难度、区分度等符合要求
试卷符合科学规范的要求	格式、学科语言和符号的规范等

此外,在考试结束后可用 SPSS 软件或 EXCEL 进行全样本的考生数据分析,获得学业水平考试试卷的数据报告,可以进行基于标准的定量数据分析.

考试后按照所列的项目撰写学科评价报告,一方面可使评价的过程标准量化、有据可依,增加了评价报告的规范性和可读性,也能使教育管理者或命题教师一目了然地熟悉试卷评价诊断反映出的问题,便于后续命题改进,同时也是对教师教学质量和学生学业质量进行诊断评估的重要依据,是提升学业质量的重要保障.

对于各试题也可以按"素养为本"试题分析模式分析(表 13-3).

表 13-3　各小题核心素养维度及素养级别

题号	考查的核心素养	核心素养的表现	素养级别

第二节　试卷评价报告的撰写案例

案例 1:2016 年安徽省中考数学试题总体评价及复习建议
——基于芜湖市区 11 377 名考生数据的统计分析

2016 年的安徽省初中数学学业水平考试命题工作坚持以课程标准为依据,结合安徽全省初中的数学教学实际,重点强调了掌握数学和通过学习数学而达到的自身发展三大方面的要求:获得"四基"、发展能力、养成科学态度.其中蕴含的评价理念既有利于促进全体学生的学,也有利于优化教师的教;既注重全面考查基础知识和基本技能,也注重数学思想方法和数学活动经验的考查;既重视问题解决,也重视提升学生的数学素养和挖掘学生的学习潜能;既注意体现试题的教育价值,也注意激发学生学习数学的自信心和对数学的良好情感.

2016 年安徽省初中毕业学业考试数学试卷在保持结构和难度基本稳定的前提下,通过调整试题的难度分布,合理、恰当地区分学生的数学学习水平,更好地兼顾了毕业与升学选拔要求.继续进行试题创新,在考查学生的创新意识和探究能力的同时,引导和促进初中数学教学改革,发挥考试对教学的积极导向作用,引领初中数学教育教学上台阶.

一、试卷结构分析

1. 试卷的内容分布

2016 年安徽省初中毕业学业考试数学试卷有选择题 10 题、填空题 4 题、解答题 9 题,共计 23 题.从题型和题量看与 2015 年一样.考查的知识主要为初中数学基本内容,具体的知识点如表 1 和表 2.

表 1 2016 年安徽省中考数学试卷的考查内容和难度系数(芜湖市区)

题号	题型	分值	考查内容	难度系数(芜湖)
1	选择题	4	绝对值的概念	0.94
2	选择题	4	幂的运算	0.86
3	选择题	4	科学记数法	0.89
4	选择题	4	三视图	0.91
5	选择题	4	分式方程的解法	0.88
6	选择题	4	增长率与一元二次方程	0.79
7	选择题	4	扇形统计图的识别和应用	0.61
8	选择题	4	三角形相似性质及应用	0.66
9	选择题	4	一次函数的图象和应用	0.75
10	选择题	4	圆周角、三角形三边关系	0.17
11	填空题	5	一元一次不等式	0.85
12	填空题	5	因式分解	0.93
13	填空题	5	切线基本性质、弧长公式	0.79
14	填空题	5	矩形性质、折叠变换、勾股定理	0.50
15	解答题	8	实数运算	0.76

题号	题型	分值	考查内容	难度系数（芜湖）
16	解答题	8	解一元二次方程	0.70
17	解答题	8	图形平移、对称	0.89
18	解答题	8	找规律、归纳总结	0.61
19	解答题	10	解直角三角形	0.70
20	解答题	10	一次函数与反比例函数	0.65
21	解答题	12	简单概率、数据的估测	0.68
22	解答题	12	二次函数的性质及应用	0.43
23	解答题	14	三角形全等、相似及特殊四边形的综合运用	0.21

表 2   2016 年安徽省中考试卷内容分布

	数与代数			图形与几何			统计与概率
	数与式	方程与不等式	函数	图形的认识与证明	图形与变换	图形与坐标	
题号	1、2、3、12、15、18	5、6、11、16	9、20、22(2)	4、8、10、13、19、23	14、17	22(1)	7、21
分值	33	21	21	41	13	5	16
	75			59			
权重	50%			39.3%			10.7%

注：知识模块的划分参考了《义务教育数学课程标准（2011 年版）》中的内容，其中数与式包括有理数、实数、代数式、整式与分式.

上表说明 2016 年安徽省中考数学试卷基本覆盖了课程标准中二级内容项目：数与式、方程与不等式、函数、图形的认识与证明（图形的性质）、图形与变换（图形的变化）、图形与坐标、统计、概率等，体现了与课程标准要求的一致性，保证了试卷在考查内容方面的有效程度，维护了课程标准的地位和重要性，对初中数学教学有良好的导向性.

试卷结构科学合理，严格依据《义务教育数学课程标准（2011 年版）》的要求.试题设置梯度合理，有利于学生的正常发挥.题型和题量比例恰当.整份试卷中"数与代数"约占 50%，"图形与几何"约占 40%，"统计与概率"约占 10%，均接近于前几年中考各部分所占比例的平均值.

2. 方法与核心概念

2016 年安徽省初中毕业学业考试试卷不仅所选取的考查内容具有较高的覆盖性和较好的代表性,而且试卷在注重考查基础知识同时,突出考查化归、函数与方程、数形结合、分类讨论等主要数学思想方法(见表3).

表3 2016 年安徽省中考试卷结构情况——思想、方法与核心概念

序号	项目类别	题　　号
1	数感	1、21
2	符号感	2、3、15
3	空间观念	4、14、17、19、23
4	统计意识	7
5	随机思想	21
6	分类讨论	20、22
7	数形结合	9、10、14、18、22、23
8	转化思想	5、8、10、18、23
9	方程思想	5、6、14、22
10	函数思想	9、20、22
11	整体意识	10、18
12	模型思想	10、14、18、22
13	几何直观	4、13、14、17
14	待定系数法	20、22
15	归纳法	18
16	配方法	16
17	构造法	10、19、22
18	运算能力	2、5、7、11、12、13、14、15、16、22
19	推理能力	8、10、13、14、20、22、23
20	应用意识	7、19、22

二、试卷特点

2016 年安徽省中考数学试卷注重选择与学生实际生活背景联系较紧密的素

材,考查内容依据《义务教育数学课程标准(2011年版)》,体现正确的价值取向,作为初中阶段的学业水平考试试卷,命题坚持面向全体学生,体现基础性;问题的背景呈现科学合理并考虑到城乡差异,没有偏题、怪题,主要试题均为改编和原创,没有直接使用陈题,体现了公平性;坚持了评价制度改革方向,部分试题有一定的开放性、实践性,问题联系现实,能较好地引导教学,体现了一定的时代特征;部分试题设问新颖,在全面考查基础知识与基本技能的同时,强调对数学素养和数学方法及探究能力的考查,具有创新性.

2016年数学试卷正卷的文字量为1938个,与近几年试卷文字量相当(2014年文字量为1964个,2015年为2010个),保持在一个稳定的水平,阅读量降低使得学生有更多的时间深入思考问题,有利于学生探究解决数学问题的本质.今年和往年相比,试题在文字语言的表述方面秉承了简洁的风格,大多数试题图文并茂,表述直观明了,降低了学生理解的困难,有利于学生水平的发挥.

1. 精心选择素材,体现试题的教育价值

今年的数学试题在选材上充分考虑到人文性和思想性,试题编拟过程有意识地融入了国情和政策教育,既丰富了试题的背景,又使学生在答题时,自然接受国情、政策教育.

例1 【2016安徽省中考试卷第3题】2016年3月份我省农产品实现出口额8362万美元,其中8362万用科学记数法表示为(   ).

A. 8.362×10^7 B. 83.62×10^6

C. 0.8362×10^8 D. 8.362×10^8

【考点】科学记数法.

【分析】科学记数法的表示形式为$a \times 10^n$的形式,其中$1 \leqslant |a| < 10$,n为整数.确定n的值时,要看把原数变成a时,小数点移动了多少位,n的绝对值与小数点移动的位数相同.当原数绝对值>1时,n是正数;当原数的绝对值<1时,n是负数.

例2 【2016安徽省中考试卷第6题】2014年我省财政收入比2013年增长8.9%,2015年比2014年增长9.5%,若2013年和2015年我省财政收入分别为a亿元和b亿元,则a、b之间满足的关系式为(   )

A. $b = a(1 + 8.9\% + 9.5\%)$ B. $b = a(1 + 8.9\% \times 9.5\%)$

C. $b = a(1 + 8.9\%)(1 + 9.5\%)$ D. $b = a(1 + 8.9\%)^2(1 + 9.5\%)$

【考点】建模、列代数式.

【分析】根据 2013 年我省财政收入和 2014 年我省财政收入比 2013 年增长 8.9%,求出 2014 年我省财政收入,再根据 2015 年比 2014 年增长 9.5%,2015 年我省财政收为 b 亿元,即可得出 a、b 之间的关系式.

2. 恰当地考查双基,体现初中数学课程的基础性

初中数学课程是培养公民素质的基础课程,学生通过学习,将获得适应社会生活和进一步发展所必需的数学基础知识、基本技能、基本思想和基本活动经验,毕业学业考试必须体现义务教育的基础性、普及性和发展性. 必备的知识技能是数学思考、问题解决和情感态度的基础,理应是初中毕业学业考试考查的重点.

鉴于以上两点,2016 年安徽省初中毕业学业考试数学试卷对四基进行了恰当地考查,主要表现为:

(1) 选取核心内容进行考查,保证考试内容的代表性与内容搭配的合理性,既注意对某些内容在单一层次的考查效度,又注意对核心内容的多层次整体考查,从而确保了考试的效度.

(2) 考查的准确性. 精心谋划,合理设置难度因素(学科知识因素、经验因素和心智因素),设置三点压轴(选择题、填空题、解答题各一题)、多题把关,在注重知识技能考查的同时,关注过程方法、数学思想的渗透考查,确保了考查目标的准确性.

数与代数方面,较多地考查学生对基本概念、法则及运算的理解和运用水平,杜绝了繁难偏旧的题目. 如第 1 题、第 3 题、第 15 题,分别考查了绝对值、科学记数法及实数的运算;第 2 题、第 12 题考查了幂的运算法则和因式分解的知识;第 5 题、第 6 题和第 16 题考查了分式方程的解法、列方程和解一元二次方程. 对函数内容的考查是试题的重点,全卷中有 3 道函数题,分值达 26 分.

几何内容方面,注意考查学生对几何事实的理解、说理、作图和推理能力,淡化了对几何证明技巧的考查. 如第 4 题、第 13 题,第 14 题分别考查学生的识图能力、几何计算和推理能力. 第 14 题、第 17 题涉及图形的平移和对称变换知识;第 8 题、第 10 题、第 14 题、第 19 题、第 23 题,涉及了较多知识,将全等三角形、相似三角形、勾股定理等知识综合运用.

统计与概率内容方面,不强调单纯的计算,而是通过设置现实生活中的问题

情境,考查学生能否从所给数据、统计图表中获取信息,作出分析和判断.第 9 题分别考查了从统计图、表读取信息;第 21 题考查了学生用概率统计的基本思想求概率的常用方法.

例3【2016 安徽省中考试卷第 20 题】如图,一次函数 $y=kx+b$ 的图象分别与反比例函数 $y=\dfrac{a}{x}$ 的图象在第一象限交于点 $A(4,3)$,与 y 轴的负半轴交于点 B,且 $OA=OB$.

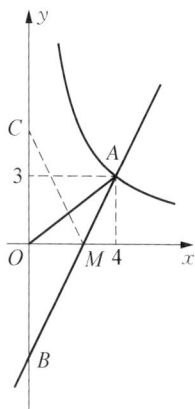

(1) 求函数 $y=kx+b$ 和 $y=\dfrac{a}{x}$ 的表达式;

(2) 已知点 $C(0,5)$,试在该一次函数图象上确定一点 M,使得 $MB=MC$.求此时点 M 的坐标.

【分析】本题第(1)问易知 A 点坐标为 $(4,3)$,B 点坐标为 $(0,-5)$,利用待定系数求函数表达式.

第(2)问可以这样入手,若 $MB=MC$,则 M 点必然在线段 BC 的中垂线(x 轴)上,结合 M 在一次函数图象上,易知 M 为一次函数和 x 轴的交点,从而求出 M 点坐标.

第 20 题图

本题渗透了数形结合、分类讨论思想,问题的设置具有一定的探索性和开放性,激发学生的学习兴趣和探究欲,在解决问题的过程中学生的思维水平逐步上升,学生的能力得到较大的发挥和拓展.

例4【选择题压轴题】【2016 安徽省中考试卷第 10 题】如图,Rt△ABC 中,$AB \perp BC$,$AB=6$,$BC=4$,P 是 △ABC 内部的一个动点,且满足 $\angle PAB=\angle PBC$,则线段 CP 长的最小值为(　　).

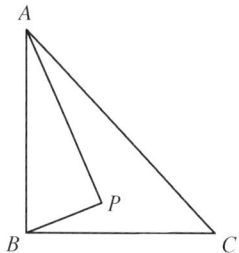

A. $\dfrac{3}{2}$　　　　　　　　B. 2

C. $\dfrac{8\sqrt{13}}{13}$　　　　　　D. $\dfrac{12\sqrt{13}}{13}$

【考点】点与圆的位置关系、圆周角定理、勾股定理.

【分析】首先证明点 P 在以 AB 为直径的 $\odot O$ 上,连结 OC 与 $\odot O$ 交于点 P,此时 PC 最小,利用勾股定理求出 OC 即可解决问题.

例5【填空题压轴题】【2016 安徽省中考试卷第 14 题】如图,在矩形纸片

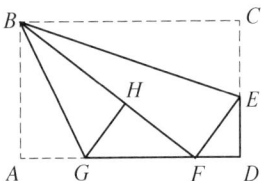

第 14 题图

$ABCD$ 中，$AB=6$，$BC=10$.点 E 在 CD 上，将 $\triangle BCE$ 沿 BE 折叠，点 C 恰落在边 AD 上的点 F 处；点 G 在 AF 上，将 $\triangle ABG$ 沿 BG 折叠，点 A 恰落在边 BF 上的点 H 处.有下列结论：

①$\angle EBG=45°$；　　②$\triangle DEF \backsim \triangle ABG$；

③$S_{\triangle ABG}=\dfrac{3}{2}S_{\triangle FGH}$；　④$AG+DF=FG$.

其中正确的是_____.（把所有正确结论的序号都选上）

【分析】本题考察了特殊四边形、勾股定理、相似三角形、翻折、推理能力、运算能力、空间想象力等. 由翻折性质可知：$\angle CBE = \angle FBE$，$\angle ABG = \angle HBG$，再结合矩形的每个内角为 $90°$，可证 $\angle EBG = 45°$，所以 ① 正确.同时也易得知 $BC = BF = 10$，$AF = \sqrt{BF^2-AB^2} = 8$，$BH = BA = 6$，$HF = 4$，此时利用勾股定理，在 $\mathrm{Rt}\triangle GHF$ 中，$GH^2 + 4^2 = (8-GH)^2$，解得 $GH = 3$，$HF = 4$，$S_{\triangle HBG} : S_{\triangle GHF} = BH : HF = 3 : 2$，所以 ③ 正确.由 $GF = 5$，$AD = 10$，所以 ④ 正确.

【评注】本题选材公平（考试草稿纸即为矩形纸片），对学生操作和体验数学的过程可以深入的考查，其中蕴含的对称变换、全等与相似、勾股定理、分类讨论、建模列方程求解等相关内容和思想方法非常丰富，几乎覆盖了初中重要的知识点，应引起特别关注.

例6 【解答题压轴题】【2016 安徽省中考试卷第 23 题】如图 1，A、B 分别在射线 OM、ON 上，且 $\angle MON$ 为钝角，现以线段 OA、OB 为斜边向 $\angle MON$ 的外侧作等腰直角三角形，分别是 $\triangle OAP$、$\triangle OBQ$，点 C、D、E 分别是 OA、OB、AB 的中点.

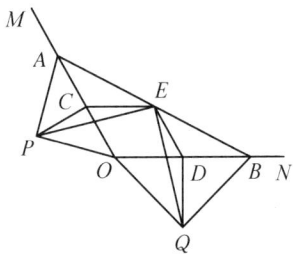

第 23 题图 1

(1) 求证：$\triangle PCE \cong \triangle EDQ$.

(2) 延长 PC、QD 交于点 R.

① 如图 1，若 $\angle MON = 150°$，求证：$\triangle ABR$ 为等边三角形；

② 如图 3，若 $\triangle ARB \backsim \triangle PEQ$，求 $\angle MON$ 大小和 $\dfrac{AB}{PQ}$ 的值.

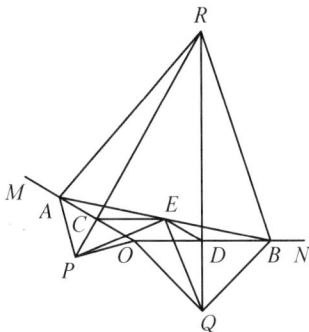

第 23 题图 2

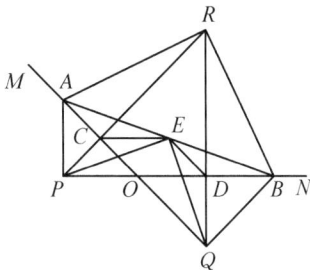

第 23 题图 3

【考点】全等、相似形及特殊四边形.

【分析】(1) 根据三角形中位线的性质得到 $DE = OC$，$DE \parallel OC$，$CE = OD$，$CE \parallel OD$，推出四边形 $ODEC$ 是平行四边形，于是得到 $\angle OCE = \angle ODE$，根据等腰直角三角形的定义得到 $\angle PCO = \angle QDO = 90°$，根据等腰直角三角形的性质得到 $PC = ED$，$CE = DQ$，即可得到结论.

(2) ① 连结 RO，由于 PR 与 QR 分别是 OA、OB 的垂直平分线，得到 $AR = OR = RB$，由等腰三角形的性质得到 $\angle ARC = \angle ORC$，$\angle ORQ = \angle BRQ$，根据四边形的内角和得到 $\angle CRD = 30°$，即可得到结论；

② 由(1)得，$EQ = EP$，$\angle DEQ = \angle CPE$，推出 $\angle PEQ = \angle ACR = 90°$，证得 $\triangle PEQ$ 是等腰直角三角形，根据相似三角形的性质得到 $\angle ARB = \angle PEQ = 90°$，根据四边形的内角和得到 $\angle MON = 135°$，求得 $\angle APB = 90°$，根据等腰直角三角形的性质得到结论.

3. 注意联系实际，重视对数学建模和应用意识的考查

数学来源于社会生活实际，又应用于指导实践活动. 能促使学生用数学的眼光认识世界，并用数学知识和数学方法解决具有实际意义的问题是初中数学教学的一个重要目标，这就是要求学生建立数学模型解决有一定难度的实际问题. 这样不仅能有效地考查学生的应用意识，而且有利于引导初中数学教学关注学生生活中的数学，关注身边的数学，帮助学生从实际问题中抽象出数学模型，形成学数学、用数学的意识.

例 7 【2016 安徽省中考试卷第 9 题】一段笔直的公路 AC 长 20 千米，途中有一处休息点 B，AB 长 15 千米. 甲、乙两名长跑爱好者同时从点 A 出发，甲以 15

千米/时的速度匀速跑至点 B,原地休息半小时后,再以 10 千米/时的速度匀速跑至终点 C;乙以 12 千米/时的速度匀速跑至终点 C.下列选项中,能正确反映甲、乙两人出发后 2 小时内运动路程 y(千米)与时间 x(小时)函数关系的图象是( ).

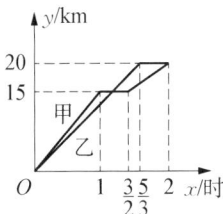　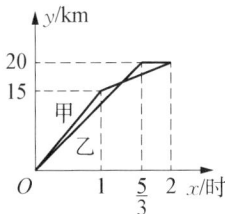　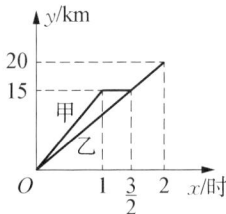　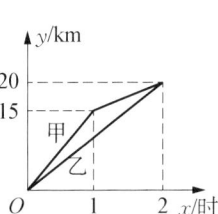

　　A.　　　　　B.　　　　　C.　　　　　D.

【考点】函数的图象.

【分析】分别求出甲、乙两人到达 C 地的时间,再结合已知条件即可解决问题.

例 8 【2016 安徽省中考试卷第 19 题】如图,河的两岸 l_1 与 l_2 互相平行,A、B 是 l_1 上的两点,C、D 是 l_2 上的两点,某人在点 A 处测得 $\angle CAB = 90°$,$\angle DAB = 30°$,再沿 AB 方向前进 20 米到达点 E(点 E 在线段 AB 上),测得 $\angle DEB = 60°$,求 C、D 两点间的距离.

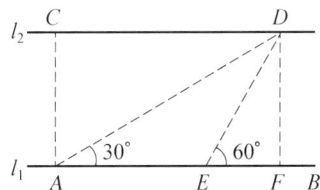

【考点】两点间的距离.

【分析】直接利用等腰三角形的判定与性质得出 $DE = AE = 20$,进而求出 EF 的长,再得出四边形 $ACDF$ 为矩形,则 $CD = AF = AE + EF$,从而求出答案.

4. 重视问题解决,考查探究能力和创新意识

问题解决是学生数学学习的重要目标,其核心是通过"观察、思考、猜想、交流、推理"等数学活动,对所呈现的问题情境能够自主探究,进而发现问题、提出问题、分析问题和解决问题.它往往需要学生根据积累的数学活动经验,进行深入的数学思考,寻求解决问题的策略.能深刻地考查学生的数学能力,尤其是当问题具有探索性和开放性时,它还能有效地考查学生的探究能力和创新意识.

例 9 【2016 安徽省中考试卷第 21 题】一袋中装有形状大小都相同的四个小

球,每个小球上各标有一个数字,分别是 1、4、7、8. 现规定从袋中任取一个小球,把对应的数字作为一个两位数的个位数;然后将小球放回袋中并搅拌均匀,再任取一个小球,把对应的数字作为这个两位数的十位数.

(1) 写出按上述规定得到的所有可能的两位数;

(2) 从这些两位数中任取一个,求其算术平方根大于 4 且小于 7 的概率.

【考点】随机事件、概率的计算.

【分析】本题以学生熟悉的"摸球"游戏,考查运用已学的列表法或者树状图法,计算随机事件概率的能力. 试题引导学生用概率知识分析问题的同时,也通过第(2)问综合考查了学生用有理数估测无理数取值范围的能力.

【评注】我省已连续 3 年在解答题中考查概率计算了,在此前的 10 多年里(除 1 年以外),概率计算大都出现在选择题和填空题中,而解答题中都为统计读图计算题.

例 10【2016 安徽省中考试卷第 22 题】如图,二次函数 $y = ax^2 + bx$ 的图象经过点 $A(2, 4)$ 与 $B(6, 0)$.

(1) 求 a、b 的值;

(2) 点 C 是该二次函数图象上 A、B 两点之间的一动点,横坐标为 $x(2 < x < 6)$,写出四边形 $OACB$ 的面积 S 关于点 C 的横坐标 x 的函数表达式,并求 S 的最大值.

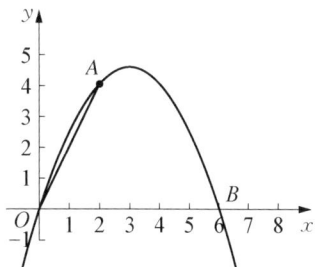

【考点】待定系数法求二次函数解析式、二次函数的最值.

【分析】(1) 把 A 与 B 坐标代入二次函数解析式求出 a 与 b 的值即可;

(2) 如图,过 A 作 x 轴的垂线,垂足为 $D(2, 0)$,连结 CD,过 C 作 $CE \perp AD$,$CF \perp x$ 轴,垂足分别为 E、F,分别表示出 $\triangle OAD$、$\triangle ACD$,以及 $\triangle BCD$ 的面积,它们的和即为 S,确定出 S 关于 x 的函数解析式,并求出 x 的范围,利用二次函数性质即可确定出 S 的最大值,以及此时 x 的值.

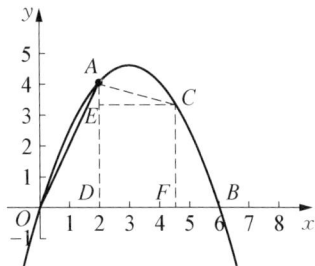

重视问题解决是当前数学教学改革的一个热点,也是近年来安徽省的中考数学试卷的考查重

点.在2016年安徽省初中毕业学业考试数学试卷中也刻意创新设置了这样的问题,如第18题要求学生借助观察,发现规律,再通过分析数与形的联系,用含 n 的等式予以刻画.在"探"与"究"的活动中,考查学生能否发现问题、提出问题并进行数学解释.又如第23题是一道创新题,考查学生获取信息及利用所获得信息解决问题的能力,有利于引导培养学生形成良好的学习习惯,学会学习.试题三问层次递进,坡度明显,完整再现了问题解决的探究过程,体现了对积累探究经验的重视.第(3)小题通过"究"的问题逐渐提升挑战性,融合情推理与演绎推理于一体,较好地考查了学生的反思意识和思维的理性水平.

三、芜湖市区考生答题情况分析

(一) 选择题的答题情况分析

题号	1	2	3	4	5	6	7	8	9	10
平均分	3.75	3.44	3.57	3.64	3.50	3.17	2.43	2.65	3.01	0.67
难度系数	0.94	0.86	0.89	0.91	0.88	0.79	0.61	0.66	0.75	0.17

(二) 填空题的答题情况分析

题号	11	12	13	14
平均分	4.25	3.73	3.14	2.48
难度系数	0.85	0.93	0.79	0.50

(三) 解答题的答题情况分析

题号	15	16	17	18	19	20(1)	20(2)	21(1)	21(2)
平均分	6.10	5.62	7.15	4.91	7.00	4.11	2.34	4.94	3.29
难度系数	0.76	0.70	0.89	0.61	0.70	0.69	0.58	0.82	0.55

题号	22(1)	22(2)	23(1)	23(2)①	23(2)②
平均分	3.63	1.64	1.96	0.57	0.52
难度系数	0.72	0.23	0.39	0.14	0.10

（四）芜湖市区中考数学统计分析

参考人数	最高分	最低分	平均分	标准差	区分度
11 377	150	2	98.19	37.917	1
高分率	优秀率	良好率	及格率	低分率	得分率
13.04%	37.61%	57.91%	67.97%	14.78%	65.46%

四、对复习教学的建议

1. 抓好基础，重视核心内容的教学

初中学业水平考试命题依据是课程标准，这要求我们理解并领会课程标准的基本评价理念和基本要求，加强数学核心内容（包括基本概念、定理、公式、法则等）的教学。要注重知识的形成过程，让学生在经历数学知识的发生、发展过程中，积累数学活动经验，领悟蕴涵其中的数学思想方法。

教学中要引导学生从本质上把握数学知识之间的联系，使学生在头脑中形成一个条理化、排列有序、知识之间关系清晰分明的"数学认知结构"。这样，在解题时，就能从记忆系统中很快检索出与题目提供的信息有关的知识和解决问题的方案，而且还能从多个可以联系的知识点中，选取与题目的信息构成最佳组合，促使解题过程的优化。

2. 以学生为主体，着眼于能力的提高

能力考查是初中学业水平考试的命题方向，学生除了应掌握较扎实的基础知识外，还应具备较强的运算能力、空间观念、统计观念及应用意识与推理能力，因此培养学生的能力应作为教学的主要目标。运算能力的培养，应要求学生明确算理，着重在解题过程的条理化和规范性化上下功夫，努力避免加大训练量和不必要的重复训练等现象的发生。教学中关注学困生，规范他们的数学语言的表达。阅卷时我们发现有部分学生因看不懂题干而无法做题；有部分学生因解题不规范，证明时语言不准确、思维混乱而失分。在教学中我们要加强学生数学语言的训练，让学生能够进行各种数学语言间的转化（文字语言、字母符号语言、图表语言等），能够用数学语言准确、简洁地表达自己的观点。

3. 联系实际，重视数学的实际应用

教师应重视提高学生学习数学的兴趣和愿望，努力营造学生主动学习、合作学习、探究学习的氛围,挖掘学生的潜能,及时发现学生学习方法上的问题并采取具体的措施.在教学中要从实际出发,因材施教,落实数学的应用价值.从答卷看,解决实际问题是学生的薄弱点,究其原因不是难在对某个技巧的掌握及其熟练程度或者问题本身的复杂程度上,而是难在数学思维水平和应用意识的要求较高,这反映出数学建模的教学有待加强.因此,平时教学要注意数学知识与学生生活经验、其他学科知识的联系.一方面在教授数学模型时,应注意从生活情境中引入,体现数学化的过程;另一方面帮助学生有意识地运用所学的数学知识解决自己所遇到的简单问题,用数学的思想方法分析和看待实际问题,从而逐步培养和发展学生用数学的意识和用数学的能力.

要重视课本中"综合与实践活动"的教学,让学生经历"由问题的提出,到策略、方案的选择,到实际的操作和具体的求解,到问题最后解决"的完整过程,要让学生自主思考,自主探索,自己发现问题,这样学生才会逐渐养成自觉思考、自觉探索的习惯.为了帮助学生真正理解数学知识,教师应多组织学生开展实验、操作、尝试等活动.近年中考中常考的矩形纸片的折叠问题,就强调考查学生操作、观察、分析、抽象概括,以及运用所学数学知识进行判断和解决问题的能力.

4. 重视探究,培养学生的创新意识

中考试题中,开放性、探索性试题频频出现,体现了数学的应用价值,也是中考命题的一个改革方向.这就要求学生不能用单一的思维方式去思考问题,应多方位、多角度、深层次地去进行思考.教师要以教材为蓝本,创造性使用教材,课堂教学要更加重视学生的学习过程,多让学生动手操作,获得丰富的切身体验;积极引导和鼓励学生大胆思维,勇于发表自己的观点,让学生拥有更多的参与思考、讨论交流的机会;在平时教学中对例题、习题等不能就题论题,要以题为载体,变换呈现形式,适当进行一题多解、一题多变的训练,探究通性通法,将解题的一般方法不断地加以推广,以提升学生的灵活应对能力和自信心.

综上,安徽省近年中考数学命题特色明显,试题质量较高,高度重视学生今后的发展,强调操作、体验、理解和应用数学.通过阅卷后的数据统计分析也可以看出试卷的难度、区分度符合要求,有利于"两考合一"精神的落实,考试结果在社会上的反响较好.

案例2:2019年安徽省普通高中学业水平测试试题评价及分析报告

2019年安徽省普通高中学业水平考试数学试题基本坚持了近几年命题的基本思想,延续了安徽省学业水平测试命题的一贯风格,高度关注学生和教师的适应程度.在保持整体稳定的前提下,注重创设新颖情境和设问方式,注重考查贴近生活的应用问题,充分发挥学业水平测试的积极导向作用,引导教师转变教学观念和教学行为,较好地体现了为普通高中的改革和发展服务、为素质教育服务的指导思想.从各学校的反馈来看,师生们对2019年数学学业水平测试试卷都比较满意,均给予了较高的评价.

1. 对试题的具体分析

1.1　试题的双向细目表

试题的双向细目表见表1.

表1　双向细目表

题型	题号	考查具体内容	纲要要求			难度			分值	模块
			A	B	C	易	中	难		
选择题	1	有限集合的交集		√		√			3	①
	2	偶函数的判断		√		√			3	①
	3	通过茎叶图求平均数		√		√			3	③
	4	一元二次不等式的解集		√		√			3	⑤
	5	指数型函数过定点		√		√			3	①
	6	分层抽样	√			√			3	③
	7	几何概型		√		√			3	③
	8	已知角终边上一点的坐标求角的余弦		√		√			3	④
	9	已知直线方程求倾斜角		√		√			3	②
	10	向量平行的坐标表示		√		√			3	④
	11	特殊角的三角函数值		√		√			3	④
	12	圆的标准方程			√	√			3	②
	13	函数的零点个数		√			√		3	①
	14	求异面直线所成的角		√		√			3	②
	15	对立事件的判断		√			√		3	③
	16	平面向量的几何表示		√			√		3	④

续表

题型	题号	考查具体内容	纲要要求			难度			分值	模块
			A	B	C	易	中	难		
填空题	17	不等式组所表示的平面区域		✓		✓			3	⑤
	18	长方体型房屋的最低总造价问题			✓			✓	3	⑤
	19	古典概率模型			✓	✓			4	③
	20	点到直线的距离公式			✓		✓		4	②
	21	对数的运算	✓				✓		4	①
	22	斜坐标系下的平面向量问题		✓				✓	4	④
解答题	23	求三角形的内角		✓			✓		4	④
		求三角形一条边的边长			✓	✓			6	⑤
	24	立体几何(证明线面垂直)		✓			✓		5	②
		立体几何(求三棱锥的体积)		✓			✓		5	②
	25	求等差数列的通项公式			✓	✓			3	⑤
		求数列的前 n 项和			✓		✓		3	⑤
		数列求和与不等式问题			✓			✓	4	⑤
合计			7	63	30	61	28	11	100	

1.2 试题结构

从双向细目表可以看出,本次考试数学试卷共有选择题 18 道,共 54 分;填空题 4 道,共 16 分;解答题 3 道,共 30 分;全卷共计 25 题,总分 100 分.本卷全面覆盖了高中数学必修课程的基本内容,五个模块的分值分别为模块一 16 分,模块二 23 分,模块三 16 分,模块四 20 分,模块五 25 分,各模块知识点考查比例符合要求.从难度上看,容易题和中等题较多,整体较简单.

1.3 试题特点

1.3.1 立足课程标准,重视"四基"考查

"四基"包括基础知识、基本技能、基本思想和基本活动经验.数学"四基"不仅是具备其他数学素养的前提和基础,而且也是学生适应社会生活和进一步学习所必需的.2019 年学业水平测试数学试题的一个重要特点就是着重考查学生对数学"四基"的掌握情况.如第 1~11 题、第 17 题、第 19~21 题、第 23~24 题基本都是来源于教材,或由教材中习题改编得到,学生可直接运用基础知识解决.同时,本

卷还考查了三角函数、立体几何初步、函数、数列以及不等式等核心内容和数学思想方法,部分试题较好地体现了对学科能力的考查.

1.3.2 倡导通性通法,淡化解题技巧

2019年学业水平测试试题明显淡化了解题技巧,倡导了通性通法.数学试卷没有偏题怪题,很多题目都从简洁中体现常规.如第1题考查了集合的运算、第4题考查了一元二次不等式的解法、第9题考查了直线的倾斜角和斜率的关系、第10题考查了平面向量共线的坐标表示、第20题考查了点到直线的距离公式等等,这些题目的解决没有特殊的技巧,主要是概念理解和公式计算.这些考题充分体现了以知识为载体、以方法为依托和以能力为考查目标的命题指向.

1.3.3 试题梯度层级明显,体现分层功能

本套试卷科学、合理地设计了各层级的题目,充分兼顾试题的难易搭配,如选择题1~11题、填空题19~21题、解答题第23题等都是易于上手、容易得分的题;选择题第18题、填空题第22题、解答题第25题第(3)问属于难题,让优秀的考生也有一定的发挥空间.所以,本试题较好地体现了思维层次与能力要求,有效地确保了试卷的区分度与效度.

1.3.4 落实课程目标,重视数学文化

数学是人类文化的重要组成部分,也是人类进步的产物.教育部2017年新修订的《普通高中数学课程标准(2017年版)》中增加了数学文化的考查要求,因此,学业水平测试在考查数学文化方面也做了一些努力和尝试.本卷第14题选用中国古代数学名著《九章算术》中的"堑堵"为背景设置题目,有利于强化考生的爱国主义精神和民族自豪感,引导他们深入发掘中国文化内涵.

1.3.5 精心设计问题情境,体现新课程改革理念

新教材强调数学与生活以及其他学科的联系,提升学生应用数学解决实际问题的能力,同时注重数学文化的渗透.本卷第18题考查了体育器材室造价最低的实际应用问题,考查了学生运用数学知识解决实际问题的能力,对数学教学也起到了积极的导向作用.

2. 考生成绩分析(芜湖市全市)

2019年芜湖市全市参加普通高中学业水平测试的共有21729名考生,成绩基本参数见表2、表3、表4、表5、表6.

表2　芜湖市全市数学成绩统计

参考人数	平均分	及格率	标准差	方差	难度系数	偏度	峰度
21 729	75.45	78.36	20.41	416.57	0.75	−1.09	0.48

表3　各县区均分和及格率

县区	均分	及格率
市区	76.23	77.78%
芜湖县	75.13	79.82%
繁昌县	73.90	78.04%
南陵县	74.58	78.19%
无为县	75.64	78.77%

表4　全市考生选择题各分数段人数和比例

区间段	人数	比例
0	94	0.43%
(0, 5)	4	0.02%
[5, 10)	30	0.14%
[10, 15)	41	0.19%
[15, 20)	263	1.21%
[20, 25)	602	2.77%
[25, 30)	501	2.31%
[30, 35)	1 412	6.50%
[35, 40)	2 312	10.64%
[40, 45)	1 737	7.99%
[45, 50)	5 493	25.28%
[50, 54)	4 467	20.56%
54 分	4 773	21.97%
选择题总分54,全市均分:45.08		

表5 全市考生非选择题各分数段人数和比例

区间段	人数	比例
0	123	0.57%
(0, 5)	892	4.11%
[5, 10)	1 283	5.90%
[10, 15)	1 170	5.38%
[15, 20)	1 170	5.38%
[20, 25)	1 294	5.96%
[25, 30)	1 830	8.42%
[30, 35)	3 316	15.26%
[35, 40)	5 131	23.61%
[40, 46)	5 359	24.66%
46 分	100	0.46%
非选择题总分46,全市均分30.37		

表6 主观题分段统计

题号	满分	0 分人数比例	满分人数比例	平均分	难度系数	区分度	标准差	得分率	偏度	峰度
19	4 分	1.12%	98.88%	3.96	0.99	0.03	0.42	99.00%	−9.96	89.05
20	4 分	22.97%	77.03%	3.08	0.77	0.66	1.68	77.00%	−1.29	−0.34
21	4 分	34.46%	65.54%	2.62	0.66	0.79	1.9	66.00%	−0.65	−1.57
22	4 分	63.14%	36.86%	1.47	0.37	0.75	1.93	37.00%	0.55	−1.7
23	10 分	12.93%	41.72%	7.2	0.72	0.73	3.84	72.00%	−0.98	−0.76
24	10 分	8.22%	42.24%	7.19	0.72	0.68	3.46	72.00%	−0.99	−0.44
25	10 分	15.29%	0.97%	4.85	0.49	0.55	2.7	49.00%	−0.59	−0.58

3. 具体试题抽样分析

从改卷情况反馈来看,基本情况与往年一样.今年的平均分(去年均分72.47)、及格率(去年及格率72.91%)都比去年有所提高.从学生的反馈来看,都感觉做题比较顺手.但改卷中我们发现还有部分考生容易题没有拿到分,得低分的人较多,同时得高分的人也不少,呈现两极分化的现象.

下面就部分题目作简单分析.

第 6 题　一支田径队有男运动员 56 人, 女运动员 42 人. 用分层抽样的方法从全体运动员中抽出一个容量为 28 的样本, 则应抽取男运动员的人数为(　　).

A. 12　　　　　B. 14　　　　　C. 16　　　　　D. 18

分析: 本题考查分层抽样、比例关系. 从学生得分情况来看, 本题均分 2.71, 满分人数为 19 664, 占参考人数的 90.5%. 说明本题比较简单, 大部分同学得了满分.

第 8 题　在平面直角坐标系中, 已知角 α 的终边经过点 $(3, 4)$, 则 $\cos\alpha =$ (　　).

A. $\dfrac{4}{3}$　　　　B. $\dfrac{3}{4}$　　　　C. $\dfrac{4}{5}$　　　　D. $\dfrac{3}{5}$

分析: 本题考查的是任意角三角函数的定义, 也是基础的问题. 从学生得分情况来看, 本题均分 2.39, 满分人数为 17 334, 占参考人数的 79.8%. 直接通过余弦函数的定义, 由 $\cos\alpha = \dfrac{x}{r} = \dfrac{3}{\sqrt{3^2+4^2}} = \dfrac{3}{5}$ 即可得到正确的答案. 但遗憾的是有很多考生没有答对.

第 12 题　已知点 $A(4, 9)$, $B(6, 3)$, 则以线段 AB 为直径的圆的标准方程是(　　).

A. $(x+5)^2+(y+6)^2=40$　　　　B. $(x-5)^2+(y-6)^2=40$

C. $(x+5)^2+(y+6)^2=10$　　　　D. $(x-5)^2+(y-6)^2=10$

分析: 本题考查圆的标准方程、中点坐标公式和两点间的距离公式, 本身并不困难, 但从学生得分情况来看, 本题均分 1.93, 满分人数为 13 946, 占参考人数的 64.2%. 经统计, 本题是选择题得分最低的一题. 学生答错的原因主要是公式不熟.

第 13 题　函数 $f(x)=\ln x+x-3$ 的零点个数是(　　).

A. 0　　　　　B. 1　　　　　C. 2　　　　　D. 3

分析: 本题考查函数的零点的概念、零点存在定理以及函数的单调性. 从学生得分情况来看, 本题均分 2.05, 满分人数为 14 824, 占参考人数的 68.2%. 容易看出函数 $f(x)$ 是单调增函数, 由 $f(1)f(3)<0$ 即可判断函数有唯一零点.

第 18 题　如图, 树人中学欲利用原有的墙(墙足够长)为背面, 建造一间长方体形状的房屋作为体育器材室. 房屋地面面积为 18 m², 高度为 3 m. 若房屋侧面和正面每平方米的造价均为 1 000 元,屋顶的造价为 6 000 元,且不计房屋背面和地面的费用,则该房屋的最低总造价为(　　).

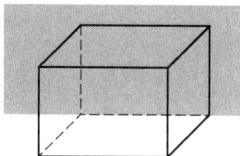

第 18 题图

A. 4 000 元　　　　　　　　B. 42 000 元

C. 45 000 元　　　　　　　　D. 48 000 元

分析:本题考查长方体的表面积、不等式、数学建模.从学生得分情况来看,本题均分 2.37,满分人数为 17 188,占参考人数的 79.1%.本题可以利用地面面积和高度为定值,设出长和宽,根据题意列出表示总造价的函数,再利用函数的性质或不等式的知识求最值.

第 21 题　计算:$2\lg 2 + \lg 25 =$ _____.

分析:本题考查对数的运算公式.从学生得分情况来看,本题均分 2.62,满分人数为 14 242,占参考人数的 65.5%.由 $2\lg 2 + \lg 25 = \lg 4 + \lg 25 = \lg 100 = 2$ 即得.有的学生对对数的定义理解不到位,得到错误答案 10.

第 22 题　如图,设 Ox、Oy 是平面内相交成 $60°$ 角的两条数轴,e_1、e_2 分别是与 x、y 轴正方向同向的单位向量.若 $\overrightarrow{OP} = xe_1 + ye_2$,则把有序实数对 $\langle x, y\rangle$ 叫做向量 $\overrightarrow{OP}$ 在**斜坐标系** xOy 中的坐标,记作 $\overrightarrow{OP} = \langle x, y\rangle$.在此斜坐标系 xOy 中,已知 $a = \langle 2, 3\rangle$,$b = \langle -5, 2\rangle$,a、b 夹角为 θ,则 $\theta =$ _____.

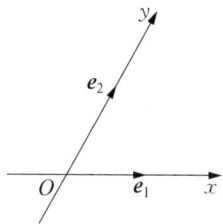

第 22 题图

分析:本题考查了斜坐标系、向量的坐标表示、向量的夹角、向量的数量积等,是一道难度较大的题目.从学生得分情况来看,本题均分 1.47,满分人数为 8 010,占参考人数的 36.9%.学生答错的主要原因是对题意理解不到位、运算出错、公式选择不当等,根本原因还是对向量知识没有真正的理解.

第 25 题　已知数列 $\{a_n\}$ 是等差数列,S_n 是其前 n 项的和,且 $a_1 = 1$,$2a_2 + a_3 = 11$.

（Ⅰ）求数列 $\{a_n\}$ 的通项公式;

（Ⅱ）求数列 $\{a_n\}$ 的前 n 项和 S_n;

（Ⅲ）求证:$\dfrac{1}{S_1} + \dfrac{1}{S_2} + \dfrac{1}{S_3} + \cdots \dfrac{1}{S_n} < \dfrac{7}{4}$.

分析:本题考查等差数列的通项公式、等差数列的前 n 项和公式、不等式的证明等.从学生得分情况来看,本题均分 4.84,满分人数为 211,占参考人数的 0.97%.零分人数 3 233,占参考人数的 14.9%.第(Ⅰ)问较简单,均分 2.42;第 (Ⅱ)问是求数列的前 n 项和公式,也是基础题,均分 2.04;第(Ⅲ)问是数列求和的综合问题,较难,均分仅有 0.38.

4. 教与学的问题反馈

4.1 学的问题反馈

(1)基本概念理解不清,基础知识不扎实.例如,第 7 题把圆的直径当作半径进行计算;第 8 题对任意角的三角函数中余弦的定义不清楚;第 15 题对对立事件的概念不清;第 23 题对正弦定理、余弦定理公式记得不牢;等等.

(2)计算能力不强.从填空题和解答题的答案中看出,部分考生由于计算失误而扣分.如第 11 题 $\sin\dfrac{5\pi}{6}$ 求不出来;第 20 题部分考生求出了"$\lg 100 = 10$"的错误结果;第 22 题存在大量空白答案与随意编造答案的现象;第 24 题的第(Ⅱ)问中,部分考生三棱锥的体积不会求.

(3)缺乏良好的学习习惯.有的学生在做解答题时随便列上一些条件,直接得出结论,浑水摸鱼;有的学生在做解答题时,省掉必要的过程与步骤,只重得出的结果,表述毫无逻辑性;碰到难题(例如第 22 题、第 25.Ⅲ题),不少学生缺乏战胜困难的决心,解到中途弃之,实在可惜.

(4)创新意识、综合能力较弱.由于部分考生创新意识与综合能力弱,利用基本知识点分析和解决综合性问题的能力欠佳,对规律的理解不透彻,导致解答发生错误.

4.2 教的问题反馈

(1)教学眼高手低的情况仍时有发生,在教学设计上有时仍然过高的估计了学生的真实水平;

(2)由于学业水平测试的难度不大,部分教师不重视;

(3)分层教学实施不到位,造成两极分化严重;

(4)教师检查学生落实方面较为欠缺.

5. 教学及复习建议

5.1 复习要回归教材,夯实基础

学业水平测试的特点是结构合理、题量适中、难度适宜、注重基础知识和基本

技能的考查. 近几年学业水平测试数学命题坚持"对数学基础知识的考查, 要既全面又突出重点, 对于支撑学科知识体系的重点内容, 要占有较大比例"的原则, 试卷结构、考查的主干知识相对稳定. 除了极少部分的把关试题, 大部分的题目是很基础的, 甚至直接来源于教材. 因此, 在复习教学中, 教师应切实抓好教材, 全面复习.

5.2 注重通性通法, 狠抓双基训练

学业水平测试重视对通性通法的考查, 淡化特殊技巧. 在回归教材的同时, 我们还要通过习题让学生掌握通性通法. 在习题教学中要注重变式训练, 练习的重点应放在夯实基础、通性通法上. 同时, 教师在教学中要做到教学用语专业准确、思路清晰.

5.3 突出规范, 养成良好的习惯

从近年的学业水平测试的结果来看, 大多数试题都很容易, 多以常规面目出现, 但是高分却没有我们想象的多. 很多学生解题时对"解答题应写出文字说明及演算步骤"视而不见, 用直觉感知代替理性分析. 所以, 我们教学时不能"只重视思路分析, 不重视规范书写". 教师要充分发挥自己的示范功能, 使学生经历观察、思考、调整、优化的过程, 逐步完善自己的答题步骤, 避免隐形失分. 平时练习时教师要有意识地训练学生的书写与表达, 解答题要求学生将解答过程完整地写出来, 不能满足于知道思路就行了.

5.4 关注不同群体, 实施分层教学

结合学生的实际情况, 教学时要有所区别, 既要培优又要辅差, 针对不同的学生群体应采用分层次教学.

5.5 心理换位, 多题把关

命题教师要正视学生的学习现状, 经常进行换位思考, 只有这样, 才能命出真正的好题、好卷. 同时, 学业水平测试试题既要充分面向全体学生, 也应该有一定的区分度. 建议再降低试卷的起点, 适当增大试卷的难点, 难点可分散在最后两道选择题、最后一道填空题和最后两大题的最后一个小题中, 其分值在 15 分左右并要控制好难度.

第十四章 数学命题人员的培养与队伍建设

第一节 命题设计者的培养

一、命题设计者的素质

命题人员的培养,实际上既是数学学科素养的落实、评价理念的渗透,也是审美思想和专业设计的体现. 培养命题设计人才,将有助于数学评价服务于教育教学质量的提升,发挥中国数学教育与评价的传统优势,使中国数学教育走向良性发展的道路,为社会培养更多高素质、高能力、有审美修养的复合型命题人才. 只有培养一大批有良好数学素养和崇高的评价理念命题设计人才,才能做好基础教育的数学评价工作.

随着计算机技术在考试命题领域的应用,计算机化考试已成为全球考试方式的未来趋势,因此需要命题设计者具有良好的信息技术素养. 一方面题库系统建设已要求相关命题人员能够充分运用信息技术丰富试题、试卷的呈现方式,确保题库建设高效运转;另一方面纸笔考试向机考转变需要考试命题及在线测评系统维护人员能进行在线测评系统的开发与维护.

二、命题设计者的心理特征

命题教师心理特征是指命题教师在情感、意志、兴趣和能力等心理品质方面的特点. 它在命题评价实践中形成和发展. 情感特点表现在热爱数学评价工作、考生和所测学科. 意志特点表现在完成命题评价任务中目的明确,既坚定目标,又果断处理,沉着、自制,有耐心和毅力. 兴趣特点表现在将命题评价工作视为自身事业发展的需要和自觉追求的目标,专心细致地从事命题评价、考情分析工作和命题设计理论研究.

命题教师要有稳定的心态,对命题评价要有持之以恒的追求,对命题素材的选取也要孜孜不倦,要耐得住寂寞,经受得了磨难,不断在创新方面有所建树.只有稳定的心态才能在入闱的环境和冥思苦想的琢磨中产生精品.

命题教师的能力特点表现在:全面掌握和善于运用教材、课标和相关命题素材;熟练运用信息技术和书面语言;了解考生的总体学习情况,努力做到"因材施考";善于组织、领导相关考前调研活动,独立思考,创造性地解决教育评价、教学导向的问题;能较准确预测教育评价效果,践行"立德树人"教育评价理念.

三、数学命题人员培养的重要性和必要性

目前,国内外对数学命题人员的培训很少有明确的理论指导,其形式基本为保密环境下的命题教师的"以老带新、口授言传",可以借鉴的研究成果大都是中学数学专业杂志上发表的一些零散的数学命题案例,很少有系统的关于数学命题人员培训方面的方案和相关理论.很多教师在常规命题方面大都凭借解题感悟、教学的经验去命题.即便在中考和高考两个高利害的数学考试中,命题组织单位所挑选的命题者水平也常常参差不齐,导致试卷质量忽高忽低、风格转向不定,考试难度波动较大的现象较为普遍.因此,有必要尽快的构建数学命题技术理论,以此培养一支精通评价理念,具有良好数学素养、胸怀教育未来的专业命题团队.

目前命题人员的培养主要形式为对教师的短期命题讲座,尽管取得了较好的效果,所辖地区重大命题的质量得到较大幅度的提升,但要发挥命题较好地引领课程教学改革方向、促进学生的健康成长和创新发展的作用,还必须构建较为系统的培训课程,并持续进行系统的命题队伍建设.这样才能从根本上将数学命题从"作坊式"变为"设计式",规范命题教师的命题行为,提升命题的质量,引导新课程评价改革,努力做到激发学生兴趣,培养创新思维,较好地推动新课程评价的有效实施.

目前命题人员的素质参差不齐,由于保密的要求,往往没办法提前进行针对性的培训,即使培训也是"蜻蜓点水"式的理念和政策学习.部分命题单位选用的命题人员对新课程评价理念并未真正地理解,命出来的试卷仍存"繁、难、偏、旧"的现象,没有对教学以较好地指导,没有减轻学生的学业负担.

针对此类现象,关注教育的有识之士已越来越感到有必要下大力气对新课程学业评价的质量进行分析与提升,而这需要一大批有志于新课程改革、具有高水

平评价能力的优秀教师来完成此重任,而这些教师的培养主要依赖于一整套完备的命题人员培养机制的形成和建立.

第二节　命题者的专业发展

一、命题者要有良好的评价理念

命题者要有对数学评价理念的深刻认识,只有这样才能命好题.要树立大教育的评价观,理解教育评价与测验的功能主要体现在教学诊断、教学评价、促进学生学习等三大方面,明确作为命题人的教育使命.

命题者要努力使教育评价结果既可以用来诊断教育行为中的问题,也可作为评定教学目标的达成状况,让教师知道目前的教学状况是否达到了预设的教学目标? 如果没有达到,则距离目标还有多远? 造成这种情况的原因是什么? 这样的考试结果除了评定学生的学、教师的教,还促进了教师认真反思自己的教学得失,为制定后继内容的教学方案提供了重要参考.

二、熟悉试题的特征与功能

随着新课程改革的深入,评价改革中暴露出来的问题也日益增多,结合《普通高中数学课程标准(2017 年版)》和《义务教育课程标准(2011 年版)》提出的有关评价新理念、新方法,命题者应系统研究高中和义务教育阶段的命题技术.

考试质量的优劣很大程度上依赖于试卷的命制质量.考后的试卷分析可以向教师提供有关试卷与试题的各种技术指标值(如信度、效度、难度、区分度等),如果再结合教学内容与考查内容分析、学生答卷分析等研究,就可以鉴定试题的优与劣,认清不良试题的不足,并进行修改和完善.命题教师如果在这方面经常性地留心学习,就可以掌握命题技巧、提高命题水平.

对试题特征的研究可以借鉴"植物分类学"的研究成果.试题的多样性与植物的多样性是可以类比的,可以结合分类学深入研究关于题库建设中的编题要求,确立数学试题分类法的基本关注点:主要包括考试模式、题目内容、能力层次、题目类型、题目参数、试卷编号、试测和实测时间、题目使用频数等方面的要求.在这些关注点之下,首先对知识内容进行分类及编码,接着对能力层次进行界定及编码,利用参数和变量记录一个从认知加工的广度、深度以及过程的复杂度等方面界定题目能力层次的要求.

除了从知识和能力分析试题特征,还可以运用经典测验理论和题目反应理论,通过试测或其他途径估计题目参数.通过实测,收集数据,统计出题目难度、区分度、猜测度、题目功能性差异、题目与教学或年龄阶段的恰当性、题目间的兼容性等.把每一次题目使用的参数估计值都记录在试题编制卡中,以方便日后的研究.

三、"知己知彼"方能"百战不殆"

命题能否成功的另一关键要素就是必须了解考查对象的学情,只有"知己知彼"方能"百战不殆",只有提前了解学生才能命好题,不了解学生的命题,是无的放矢,错误引导教学.在新学段、新学年的评价开始前,实施摸底调研,目的是为了评估学生已有的知识储备、技能掌握水平、能力发展情况.根据摸底调研的信息反馈,选择适当的评价深度与难度,制定适当的评价方案,这样就可以有的放矢地开展有效评价.根据考后对学生答题情况的分析,向教师提供丰富的学生学习状况信息,这样教师既可以较为全面地了解学生掌握知识的状况与水平,又可以从中查清学生在认知结构上存在的缺陷与不足,从而为实施补救教学提供详实的参考.

命题教师在阶段性评价后,通过总结与反思,可以发现学生在学习方法、习惯及知识方面的缺陷与漏洞、困难与疑惑,以及学生在概念、法则、性质与定理、技能与方法等方面的学习状况,为终结性评价提供信息.由于不同阶段的教学测验,对象年龄结构不同,有针对性地命题不仅能够帮助教师更好地诊断教学问题、改进教学活动,也能够激发学生的学习动机,促进个人成长.一份编制高质量的试卷,可以向师生提供多方位的信息,对学习目标的检核、学习方法与技巧的引导以及学习成果的反馈,都会起到较好的效果.

四、优秀教师也要"命好题"

"教好书、上好课"不等于"命好题","教好书"是优秀教师所追求的,但很少有教师在命题方面下功夫.而要真正做一名优秀教师,是应该精通评价的,至少在选题测验方面具有敏锐的判断力.这样才能够有针对性地、高效地检测出学生存在的问题,诊断学生学习状况,了解学生的能力水平.应从平时的测验卷的命制入手,通过测验后的试卷分析,不断反思,逐步提高命题水平.

五、广泛涉猎,开拓视野,锻炼思维

命题教师要广泛地进行数学阅读,深入理解数学文化及其背景."他山之石,可以攻玉."博采众家之长是每个命题爱好者的成长之路.

除此之外,命题者如果思维的灵活度不够,自身的逻辑推理能力、数学运算能力、空间想象能力欠缺,将难以命出好题.命题者必须多做题,但仅仅有丰富的解题经验,缺乏思考和创新,也不一定能命出好题.当然没有丰富的解题经验,是绝对命不出好题的.尤其在命制解答较为复杂、内涵比较深奥的难题时,其编制过程不亚于对自己的数学潜能进行深层开发.

六、微赛异构,团队奋进

在命题培训的过程中,可以成立命题爱好者团队,开展更加深入的命题方面的研究.

这种命题教师培训的根本构成是教师学习,这种学习分为两种:垂直学习与横向学习.前者是指教师从命题专家那里自上而下地进行学习,后者是指教师与其同伴间的相互学习.教师横向学习的形态就是教师在命题专业化学习共同体中发生的专业学习.

在这种培训模式中,团队竞争不可避免,通过"同素异构"试题进行"命题、说题、评题"的"微赛",促进教师在命题能力方面得到提升.通过平行学习、行动学习、实践社团活动,让教师面对面或同在网络社区分享并发展专业命题知识与技能,由此构建一个围绕以命题爱好为导向的专业命题与共享的实践社团.通过搭建命题爱好者交流平台,锻炼高水平的命题队伍.

七、建设题库,共享资源

在命题团队建设实践中,探索建设"微题库",将团队成员分 A、B 组,将同一命题任务分解为编题和组卷两部分,A、B 组分别负责,交叉审查.以编题为中心做以下工作:(1)题目的编写和录入;(2)题目的审查与修改;(3)题目搜寻与组卷;

(4)试卷制作与审批;(5)题目阅卷与评分;(6)题目与试卷分析;(7)测验标定与等值;(8)分数转换与报告.

以组卷为中心做以下工作:(1)根据测验蓝图设定测量内容标准;(2)根据条件和需要设定选题的标准;(3)生成具体的试卷方案;(4)检测试卷方案中测试内容与测验蓝图的符合程度;(5)审阅并编辑正式试卷,然后测试.

期间,经常开展团队内的自我测试和同伴测试,加强试卷校对期间的复审机制,提升成员对评估标准的认识,以此锻炼教师的审辨性思维和命题元认知水平.通过命题预设的介绍和实测的比较,使团队教师分享命题体验和感受命题技术的重要性和魅力.

第三节 数学命题人员的培养与队伍建设的案例分析

一、让专业的数学作图,给命题者插上理想的翅膀

数学命题技术中作图是非常重要的一个方面,如何培养命题教师的作图能力? 是简单的作图还是专业的作图,不同测试环境对此要求不一. 作为命题人员的基本素养之一,笔者认为命题者要学会使用作图软件,会利用专业化软件(coreldraw12软件+几何画板)进行数学命题中的专业化精准作图. 这样数学命题者再也不用担心作不出复杂图形,而束缚了命题的创新,从此数学命题者的命题思维就可以插上理想的翅膀,在自由命题地空间中翱翔.

二、命题故事的撰写,促进命题者走向成熟

数学试题命制的途径主要有两大类:第一类是依据已有的数学题目(如教材中的例习题、往年的考试题、各种参考资料中的习题等),按照一定的技术进行改编,形成数学试题;第二类是根据所选取的考查内容,按照考查的要求,选取合适的素材,打破常规,形成原创性试题.原创性试题的编制一般都经历比较复杂的过程,其中的酸甜苦辣只有命题者才能体会到.每个命题者可以将每次命题的经过和感受,以故事的形式叙述出来.

命题故事案例：口红与几何体

【原题】

口红是生活中常见的物品，现有一枚口红，它的底座与其上部的膏体如图 1 所示，底座是一个边长为 2 cm 的正方体，底座上部的膏体是一个被斜切一小部分的圆柱.如图 2 所示，斜切部分①与斜切部分②是被椭圆截面等分的两部分，部分②的下方是圆柱体③，求这个口红的体积.

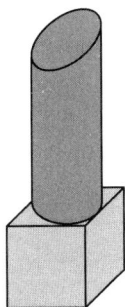

图 1

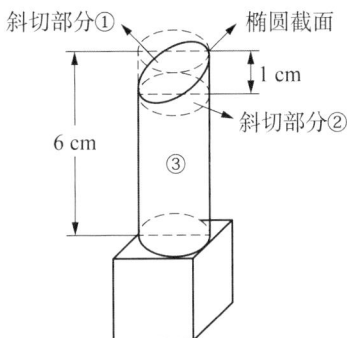

图 2

【编制过程】

一、编制题目的最初动机

柱体是生活中常见的物体，为了调动学生学习的兴趣，便于学生理解柱体的概念，利用大量的生活模型教学.数学教学需要贴近生活，让学生体会"学数学，用数学".

二、编制题目的起点

在平时的作业中，经常会出现计算简单几何组合体体积的习题，为了让学生将几何体的计算用于生活，抽象地考查学生运用简单几何体的知识分析生活中的数学现象.

三、编制的策略与方法

1. 策略

很多女孩在小时候都有用口红的愿望，也有小男孩很好奇口红，电视经常播放口红的广告，因此，口红是学生熟悉的物品.学生不一定仔细观察过口红的形状，其实部分口红的底座是一个正方体，上部是圆柱外壳，圆柱外壳内的膏体是一个圆柱体被斜切了一部分,如图 1 所示.如果把这些与数学几何体的知识结合起来,一定可以命出切合生活的题目.

2. 方法

圆柱与棱柱组合,结合立体图形的平分、对称知识点,设计关于计算口红抽象图形的体积的题目,其中忽略口红底座上端的圆柱外壳.

此题的参考答案如下:

解:∵ 斜切部分①与斜切部分②组合在一起是一个底面半径为 1 cm、高为 1 cm 的圆柱,且斜切部分①与斜切部分②是被椭圆截面等分的两部分,

∴ 部分②的体积 $V_2 = \frac{1}{2} \cdot \pi \cdot 1^2 \cdot 1 = \frac{1}{2}\pi(\mathrm{cm}^2)$.

又∵ 部分③的体积 $V_3 = \pi \cdot 1^2 \cdot (6-1) = 5\pi(\mathrm{cm}^2)$,

正方体的体积 $V' = 2^3 = 8(\mathrm{cm}^2)$,

∴ 这个口红的体积 $V = V' + V_2 + V_3 = 2^3 + \frac{1}{2}\pi + 5\pi = 8 + 5\frac{1}{2}\pi(\mathrm{cm}^2)$.

四、问题与克服

问题 1:如何把握实际与数学抽象的关系?

题目最初是棱柱与圆柱的组合体的计算,将几何体的计算与生活联系,将口红抽象为数学几何模型,于是实际问题被改造成了几何体计算问题.

问题 2:如何解决口红上端尖角部分的体积的计算问题?

口红上端尖角部分可以看成是一个圆柱的一半,利用对称解决体积计算问题.

三、重视命题失误的案例,从中吸取宝贵的教训

命题成功的案例很多,但即便是高利害考试中的数学命题也出现过一些问题,有些是科学性问题.暂且不去讨论其造成的负面影响,但这些问题的出现一定有其偶然性也有其必然性,不然不会从诸多专家眼前蒙混过关的.

命题失误案例

【原题】第十章例 10-7.

【作答】(1)请仔细分析上面试题,指出其错误所在:＿＿＿＿＿＿＿＿＿＿

（2）请根据试题命题原理，说出错因并分析：_____

_____

_____

_____

_____

_____

_____

（3）请修改原题为正确试题：_____

_____

_____

_____

_____

_____

四、数学命题人员的培养和队伍建设的感悟与反思

命题人员的培养创新要从教学实践中发现并提出与命题有关的问题，引导广大教师注意与思考，并探讨具体解决此类问题的方法．特别要制定科学严格的命题纠错、审核以及互查试做的纠错机制，避免思维定式的误导，以此确保创新命题质量．一线教师若能如此始终如一地坚持新评价理念，就能"教好书、育好人、命好题"．

数学命题人员的培养是正确引导数学评价改革的一个关键性工程．人才的培养不是一朝一夕能够完成的，要在汲取其他地区优秀成果的基础上，大胆扬弃，创新地提出命题中方便的、可操作的诸多标准和原则，通过时间的积累和汗水的浇灌，下功夫将命题者的"绣花针"磨细，用它在数学教育评价的画布上，绣出绚丽的花朵．

命题教师专业发展案例：数学命题说题大赛的活动方案

为了提高我校初中数学教师的创新能力及学科素养，进一步引导教师深入钻研教材、研究考试，充分发挥考试的诊断和改进功能，提升数学试题评价的质量和效率，促进教师专业发展，经学校研究，决定举行命题说题大赛. 相关方案及要求如下.

一、活动主题

提高数学命题创新能力，促进数学教师专业发展.

二、参加对象

初中数学老师.

三、比赛内容及要求

1. 比赛范围：参赛选手自主选择素材.

2. 每位参赛选手需自我命制 A（选择题＋填空题各一题）或 B（解答题一题）. 具体要求如下：

（1）命题背景（来源、改编、原创）.

（2）命题意图（知识技能与思想方法、考查能力要求、解题方法的多样性、解答时所采用的思维方式、解题规律）.

（3）教学评价（审题、分析、解答的思维过程及规律，包括教学活动设计、变式题组铺垫、预计效果等）.

（4）解题反思（解题方法与策略、提炼改进与拓展）.

四、命题说明

（1）意图（题目的来源、背景和前后知识的联系、价值等）.

（2）审题（说条件和结论、知识点、解题方向、思想方法等）.

（3）解法（步骤、解答的格式和表述、检查、解法优化等，要"说思维"、自己的想法和猜测、解题方法是如何想到的、为什么这样想、创新点在哪里）.

（4）小结（解题的回顾与拓展）.

五、奖级设定

特等奖（　）名、一等奖（　）名、二等奖（　）名、三等奖（　）名.

数学说题大赛评分标准

参赛者姓名				
项目	分值	评 分 要 点		得分
说题意	10	◆ 说题目涉及的知识点； ◆ 说清楚已知和未知之间的关系； ◆ 说明题目的基本背景		
说思路	30	◆ 说题设条件(隐含条件)、结论等对思路形成的作用； ◆ 说解题思路形成的路径； ◆ 说形成解题思路的关键点如何突破		
说思想	10	◆ 说问题涉及的主要技巧及其作用； ◆ 说解决问题使用的数学思想和方法； ◆ 说解决问题中的数学思维过程		
说推广	10	◆ 说本问题的变式,即不改变本质结构的推广； ◆ 说本问题的探究,本问题可否形成一个类别,或改变条件,使得问题有本质的改变,或与中考考试题、著名数学问题的联系		
说价值	10	◆ 说问题的评价功能,对于解题者形成数学技能、理解数学有何实践意义； ◆ 说问题与教材内容、命题的联系与区别		
教学技能	30	◆ 表达准确、富有条理,无逻辑性错误； ◆ 体现数学思维过程,有独特见解； ◆ 回答主次分明,重点突出,层次清晰		
总分	100			

参考文献

［1］中华人民共和国教育部.义务教育数学课程标准(2011年版)[M].北京:北京师范大学出版社,2012.

［2］中华人民共和国教育部.普通高中数学课程标准(2017年版2020年修订)[M].北京:人民教育出版社,2020.5.

［3］人民教育出版社课程教材研究所小学数学课程教材研究开发中心.小学数学学业评价标准[M].北京:人民教育出版社,2015.11.

［4］北京师范大学,华东师范大学全国初中毕业、学业考试评价组.全国初中毕业、学业考试评价:1999年度评价报告[M].上海:华东师范大学出版社,2000.3.

［5］教育部考试中心.高考文科试题分析(2017年版)[M].北京:高等教育出版社,2016.12.

［6］教育部考试中心.高考理科试题分析(2017年版)[M].北京:高等教育出版社,2016.12.

［7］汉唐.科举述要[M].沈阳:辽海出版社,2017.4.

［8］戴再平.数学习题理论[M].上海:上海教育出版社,1996.

［9］朱文芳.数学考试理论与方法[M].北京:北京师范大学出版社,2017.6.

［10］李家林.考试评价概论[M].广州:世界图书出版广东有限公司,2014.3.

［11］王鼎.国际视野下大规模数学测评研究[M].上海:华东师范大学出版社,2017.9.

［12］张远增.考试评价论[M].上海:华东师范大学出版社,2018.10.

［13］梅松竹.国际视野下试卷质量评价研究:理论、方法与实践[M].北京:科学出版社,2015.6.

［14］臧铁军.考试评价分析与诊断[M].北京:教育科学出版社,2011.7.

［15］袁智斌.数学试题编制原理与技术[M].北京:教育科学出版社,2015.9.

［16］李金波.让考试更科学——基于命题视角的研究[M].武汉:武汉大学出版社,2012.1.

［17］董建功.如何命数学题[M].上海:华东师范大学出版社,2009.10.

［18］李萍,苏耀忠.中考数学命题蓝皮书(2021)[M].西安:世界图书出版社,2020.10.

［19］任学宝.数学命题技术研究[M].杭州:浙江教育出版社,2017.

［20］廖平胜.考试学[M].武汉:华中师范大学出版社,1988.7.

［21］廖平胜.考试学原理[M].武汉:华中师范大学出版社,2003.9.

［22］关松林,刘莉,武文,庄瑞杰.普通高中学业水平考试的理论与实践研究[M].北京:高等教育出版社,2015.2.

［23］龚雷.听雨轩文集[M].杭州:浙江大学出版社,2014.6.

［24］王伟宜,王晞等.考试与评价——从胡塞尔的观点看[M].福州:福建教育出版社,2008.8.

［25］L·W·安德森,等.学习、教学和评估的分类学——布卢姆教育目标分类学修订版[M].皮连生,译.上海:华东师范大学出版社,2007.11.

［26］吴有昌.中学数学学业评价内容体系的研究[M].广州:广东高等教育出版社,2013.5.

［27］许世红.基础教育学生评价研究——历史沿革、现实状况与未来走向[M].广州:广东高等教育出版社,2014.3.

［28］[澳]凯·斯泰西(Kaye Stacey),罗斯·特纳(Ross Turner).数学素养的测评——走进PISA测试[M].曹一鸣,等,译.北京:教育科学出版社,2017.1.

［29］孙崇文,伍伟民,赵慧.中国教育评估史稿[M].北京:高等教育出版社,2010.1.

［30］张远增.发现性教育评估质量控制研究[M].北京:高等教育出版社,2011.8.

［31］史宁中.数学基本思想18讲[M].北京:北京师范大学出版社,2016.10.

[32] [日]黑木哲德.数学符号理解手册[M].赵雪梅,译.上海:学林出版社,2011.8.

[33] [美]保罗·贝纳塞拉夫,希拉里·普特南.数学哲学[M].朱水林,应制夷,等,译.北京:商务印书馆,2003.2.

[34] [美]诺曼·E·格伦隆德,C·基恩·沃.学业成就评测[M].杨涛,边玉芳,译.北京:教育科学出版社,2011.12.

[35] 黄光扬.教育统计与测量评价新编教程[M].上海:华东师范大学出版社,2013.6.

[36] 马云鹏.数学教育测量与评价[M].北京:北京师范大学出版社,2009.11.

[37] 朱德全,宋乃庆.教育统计与测评技术[M].北京:西南师范大学出版社.2013.3.

[38] [美]丹奈尔·D.史蒂文斯(Dannelle D. Stevens)著.评价量表——快捷有效的教学评价工具(第二版)[M].陈定刚,译.广州.华南理工大学出版社.2014.9.

[39] 黄荣金,李业平.通过变式教数学——儒家传统与西方理论的对话[M].董建功,译.上海:华东师范大学出版社,2019.12.

[40] 冯绪宁,袁向东.中国近代代数史简编[M].济南:山东教育出版社,2006.3.

[41] 李文林.数学史概论(第三版)[M].北京:高等教育出版社,2011.2.

[42] 胡爱民.用《论语》思想提升数学教育智慧[M].重庆:西南师范大学出版社,2010.4.

[43] 张志勇.基于 GEOGEBRA 的数学实验与可视化教学[M].长春:东北师范大学出版社,2018.2.

[44] 郑毓信.数学教育哲学[M].成都:四川教育出版社,2001.9.

[45] 张景中,彭翕成.数学哲学[M].北京:北京师范大学出版社,2017.4.

[46] 陶建文.数学实在论的现象学辩护——从胡塞尔的观点看[M].济南:人民教育出版社,2007.5

[47] 齐民友.数学与文化[M].大连:大连理工大学出版社.2016.1.

[48] 徐利治.数学方法论十二讲[M].大连:大连理工大学出版社.2018.7.

[49] 张奠宙,过伯祥,方均斌,龙开奋.数学方法论稿[M].上海:上海教育出版社.2012.12.

[50] 郭书春.中国古代数学[M].北京:商务印书馆.1997.4.

[51] 黄建国.从中国传统数学算法谈起[M].北京:北京大学出版社.2016.7.

[52] [荷兰]弗赖登塔尔.作为教育任务的数学[M].陈昌平,唐瑞芬,等,编译.上海:上海教育出版社.1995.3.

[53] [美]约翰·R.塞尔.意向性——论心灵哲学[M].刘叶涛,冯立荣,译.上海:上海人民出版社.

[54] [美]R·柯朗,H·罗宾.什么是数学——对思想和方法的基本研究[M].左平,张怡慈,译.上海:复旦大学出版社,2017.3.

[55] [美]R·L·怀尔德.数学概念的演变[M].谢明初,陈念,陈慕丹,译.上海:华东师范大学出版社,2019.7.

[56] [日]米山国藏.数学的精神、思想和方法[M].毛正中,吴素华,译.上海:华东师范大学出版社,2019.10.

[57] 张顺燕.数学的思想、方法和应用[M].北京:北京大学出版社.2009.8.

[58] G·波利亚.怎样解题[M].涂泓,冯承天,译.上海:上海科技教育出版社,2011.11.

[59] [美]乔治·波利亚.数学的发现——对解题的理解、研究和讲授[M].刘景麟,曹之江,邹清莲,译.北京:科学出版社,2006.7.

[60] 奚颖瑞.数学、逻辑与现象学[M].杭州:浙江大学出版社.2018.3.

[61] 高新民,储昭华.心灵哲学[M].北京:商务印书馆.2002.7.

[62] [德]胡塞尔.现象学的观念[M].倪梁康,译.北京:商务印书馆.2018.12.

[63] 赵毅衡.哲学符号学:意义世界的形成[M].成都:四川大学出版社.2017.5.

[64] [美]威廉·佩珀雷尔·蒙塔古.认识的途径[M].吴士栋,译.北京:商务印书馆,2012.11.

[65] 李兴昌.科技书刊标点符号用法解析[M].北京:清华大学出版社,2015.11.

[66] 刘能强.设计心理学基础[M].北京:人民美术出版社.2014.8.

［67］ 郭菲.设计语言学概论［M］.苏州：苏州大学出版社,2014.6.

［68］ 王路.逻辑的观念［M］.北京：商务印书馆,2016.5.

［69］ 黄华新,陈宗明.符号学导论［M］.上海：东方出版中心,2016.1.

［70］ 吉尔·德勒兹(Gilles Deleuze)著.差异与重复［M］.安靖,张子岳,译.上海：华东师范大学出版社.

［71］ 张平.CorelDRAW X5 平面设计与制作［M］.北京：高等教育出版社,2013.7.

［72］ 焦灵,张苒.CorelDRAW X7 平面设计与制作［M］.北京：高等教育出版社,2017.3.

［73］ Jaap Scheerens，Cees Glas and Sally M. Thomas. Educational Evalution，Assessment，and Monitoring——A Systemic Approach. New York. Taylor & Francis. 2007.

［74］ Milton J. Dehn. Essentials of Processing Assessment(Second Edition). New Jersey：Wiley. 2007.

［75］ 任子朝,赵轩.高考试题难度预估研究［J］.数学教育学报,2018,27(5)：13－16.

［76］ 王晓华.多种测量理论相结合的命题质量评价［J］.中国考试,2010(6)：11－17.

［77］ 李华,胡典顺.基于数学核心素养评价框架的试卷测评研究——以 2019 年高考全国卷为例［J］.数学教育学报,2020,29(2)：18－23.

［78］ 任子朝,陈昂,赵轩.数学核心素养评价研究［J］.课程·教材·教法,2018(5)：116－121.

［79］ 任子朝,陈昂,黄熙彤,赵轩,张敏强.高考数学新题型试卷质量分析研究［J］.数学教育学报,2019,28(1)：1－7.

［80］ 任子朝,赵轩,陈昂.深化高考内容改革 助推素质教育发展［J］.中国高教研究,2019(1)：38－42.

［81］ 李萍.基于课程标准的中考命题改革探索与实践［J］.人民教育,2020(9).

［82］ 孔凡哲.论数学试题的质量标准［J］.中学数学教学参考,2008(3)：41.

［83］ 孔凡哲.试卷质量的影响因素与质量分析指标体系［J］.教育测量与评价,2009(4)：41－47.

［84］ 陈吉.基于标准的大规模数学学业评价之命题研究——中美比较［D］.上海：华东师范大学,2012.

后 记

　　《如何命数学题》已经出版 10 多年了. 这 10 多年来教育教学评价改革风生水起. 包括《义务教育数学课程标准》和《普通高中数学课程标准》都进行了修订, 其中关于考试评价的很多理念都发生了巨大的变化. 从原来依据《考试大纲》《考试纲要》《考试说明》和《课程标准》的协同命题, 到如今只依据新修订的《课程标准》的评价理念和要求进行命题, 从重视双基的考查到重视"四基""四能""三会"以及"核心素养"的考查, 可以说排除旧的评价顽疾和推进新的评价改革的力度空前.

　　反思这一切变革的根源, 在于社会与教育的进步, 教育评价日益受到全社会的高度重视. 如何落实"双减"政策, 切实减轻学生日益繁重的课业负担? 如何降低家长的教育焦虑? 如何引导学校重视学生学科核心素养的培养, 而不走应试刷题、牺牲学生休息和创新为代价的歧途? 想从根本上改变这一切, 首先应将教育评价的关键、考试制度改革和命题质量提升落实到位.

　　数学命题质量的提升和命题理论的构建是我一直以来的期盼和愿望. 自从《如何命数学题》在华东师范大学出版社出版以来, 我一直有修改和再版的想法. 10 多年来, 我一直希望能把数学命题变成一门科学, 当然这需要理论的提升. 通过近 20 年的数学命题实践, 对相关命题技术和思考进行了梳理, 特别是对有关命题评价的关键概念进行了理论的提升. 在历时 2 年翻译《通过变式教数学——儒家传统和西方理论的对话》的体验中, 我深入研究了很多蕴含丰富儒家传统和西方学习理论的书籍, 重新从"现象学"角度思考当前的数学教育和命题评价实践活动, 深深地感到回到事物(数学命题)本身去研究的必要性.

　　我常思考数学命题过程中接触到的文字语言、数学符号、数学思想、课程标准、评价理念等等, 经常从语言学、符号学、设计学、数学哲学、数学教育哲学等多方面自问:"我们为什么要考试? 我们的考试给学生带来怎样的负担? 我们呈现给学生什么样的试卷? 有美感吗? 如何从命题角度出发遏制刷题现象蔓延? 如何减轻命题心理负担? 能否更科学地进行命题?"

　　亲力亲为方可知真谛, 有时候我会和我们的命题老师座谈, 常问到:"你们真的回到纯粹的事物(数学命题)本身去研究了吗？是否受各种社会、文化、教育焦虑的影响？能否真正地从评价理念出发科学、合理地检测出核心素养？如何去引导好教学？如何将考试指挥棒舞动得更加科学，让孩子们的将来是阳光明媚的?"

本书的改写历时 10 多年，其间受到许多同行的鼓励和帮助，在此表达我深深的敬意，字里行间断断续续加入了一些关于评价设计的哲学思考，参考了同行在评价方面取得的成果，借鉴了跨学科的有益的设计理念，在研究生命题指导方面收获不少新的思路，在引领芜湖市中学数学命题团队建设方面收获了许多经验与教训. 当然数学命题评价工程之大，非一本书可以覆盖，本书在很多方面还有待进一步完善. 谨以此书表明构建数学命题设计之理论的心志，期望数学同仁以此为"铺垫"，夯实基础、添砖加瓦、努力共建，早日建成数学评价的科学大厦！

董建功

2021－6－8

至 2024 年 7 月重印时,《数学命题设计》一书中提出的数学命题设计学理论已在笔者教授的安徽师范大学教育硕士课程和"国培"课程中分段实施多年,并在安徽省高等学校科学研究项目(哲学社会科学)的重点项目"推动'双减'政策有效实施的数学命题设计与核心素养测评研究"(2022AH050139)、新时代育人质量工程项目(研究生教育)的一般项目"提升教育硕士作业设计能力的实践研究"(2022jyjxggyj173)、中国教育学会"义务教育数学课程标准研究(初中)"专项课题"基于义务教育数学课程标准(2022 年版)的初中数学作业设计研究"(22ZS121415ZB)中推广应用. 由于提出的评价与命题设计的观点比较系统、创新,有较强的操作性,编拟的原创性作业、试题成为高质量作业和试卷中的亮点,在具体实测和评价中效果较好. 基于此,期望本书能有效提升师范生和在职教师的数学作业设计与命题能力,在构建中国特色的考试评价话语体系和哲学思考方面尽一份力,以提升中国的创新教育研究,有效落实对学生学业负担的减负增效.

董建功

2024 年 7 月